U0142504

行政理論與行政法

Handbuch der Verwaltungslehre und des Verwaltungsrechts

史坦恩（Lorenz von Stein）著　張道義 譯注

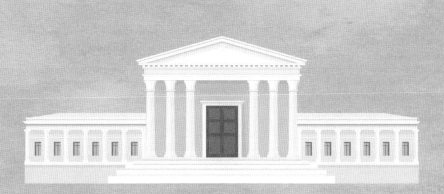

五南圖書出版公司 印行

譯者序

2008年我在國科會經典譯注計畫的資助下，出版史坦恩（Lorenz von Stein, 1815-1890）的《國家學體系：社會理論》中文譯著，整個過程讓我收穫豐富，該書就被我當作國家理論或者社會法的教科書，在教學過程中，必須用不同的方式講解史坦恩的社會與國家，我自己大都能融入其中，碩博士生們也都盡力配合的點頭稱是，我固然覺得安慰，但心中知道只有社會理論也只算辛苦打了半場好球。藉著社會理論譯作問世，以及陸續發表的期刊論文，倒是與國內外學者建立不錯的學術聯繫，彼此交換史坦恩研究的心得與著作，不時會收到國內外學生與研究同仁詢問是否會有行政理論的譯著。2011年6月開始這本《行政理論與行政法》的翻譯，終於可以在2017年順利出版，我在書中增加註腳說明，方便讀者對照我國相關的行政制度，目次編排也依據中文讀者的閱讀習慣重新調整。

這兩本書在內容上是密切相關的，如果將社會理論理解成社會問題的理論體系，那麼行政理論就是國家面對社會問題的機制，尤其是內務行政；如果放在國家學體系的視野上，社會理論可以是國家學的哲學基礎，行政理論就是國家學的實證內涵；社會理論分析社會概念及其構成要素，闡釋社會秩序及其變動終究難逃對立與鬥爭的矛盾，它的理論終點就只到國家的必要性與國家任務，至於國家要用何種權力機制調和社會矛盾，權力作用的範圍與界限，就在於《行政理論與行政法》。史坦恩在社會問題的分析上找到行政理論的著力點，社會矛盾的深刻與否必定與行政組織的權力作用維持有機互動，所以隨著封建社會、市民社會、工業社會的歷史發展，必定出現更全面、更有效率的行政作用，這就是國家勞動與文明提升，相反的就是文明停滯與沉淪。

社會理論的導讀是以史坦恩的生平經歷為主，讓我和讀者能夠近距離的認識這位國家法學者；行政理論的導讀就不再重複既有的資料，改以史坦恩的學說著作為核心，按著學說體系編年排序的呈現他的理論圖像，有興趣的讀者可

以對照兩份導讀，就可以認識更全面的史坦恩。

他的學說值得介紹的原因在於「體系」，建立的理論不只是批判與對立，也不是片面的概念與知識，而是一個完整的有機關係，又能夠印證到社會歷史的規律，主觀的理論與客觀的歷史得以展現和諧，不僅分析個別時代的社會主軸，也深刻主導國家權力的互動與行政治理的內容，至今還是歐洲政府治理的典範之一。除此之外，他的學說提供一個理論的高度，讓我們能夠清楚觀察日本、中國、美國在憲政與行政的思想淵源與發展脈絡，在眾多的影響軌跡中，總是能看到史坦恩畫出的圖像。一百四十年年後重讀這本《行政理論與行政法》，難免疑問他的行政與社會二元分析，如何定義我國現行的行政權呢？在戒嚴時代，國家權力不分，正當性集中在國家元首，國家元首行使統治權就是以行政權的形式與機制，行政的核心在於命令，所以命令就是法律，那是一段國家透過行政單向定義社會的時代；解嚴之後，國會全面改選，立法權基於全民意志取得新的正當性，得以從統治權分離，取得自主地位，擁有全新正當性的立法權面對的仍是混合在統治權、無法自主的行政權，行政權的正當性仍然來自於國家元首，只間接對國民負責，於是進入法律保留、國會保留的時代，強調以法律取代命令，除非法律明確規定或明確授權，行政的規範不具正當性，「這種情形下，雖然擁有自由，但是整體生活卻會停滯不前」。原因在於「私益的支配作用必定逐漸取代立法的規範作用，也必定出現只對私益效忠的行政權力，我們有了法律制度，卻埋葬行政權力與整體自由的互動關係」。民主共和所呈現的如果只是有權力者對無權力者的統治，所追求的如果只是統治階級利益的極大化，公共利益就注定消失在階級利益中，它的終點就是社會發展停滯，出現真正的不自由。我們如果認為行政與立法的自主有機互動才能創造下一階段的歷史，擺在我們面前的將是行政權如何脫離統治權，重新定位真正的自主性與正當性：自主性建立在完全的責任制，分別在合憲行政、依法律行政、自治行政三個權力層次，以司法制度維持完整的法律責任與政治責任；正當性建立在國民生活的連接，國家元首基於在位免責的特性，統治權應回歸主權的調和功能，行政權以文官制度執行依法行政，並妥善結合公共輿論與教育水準，以有效維持行政與立法兩權（命令與法律）的自主與和諧關係。

理論不是用來膜拜，經典所蘊藏的力量，必須不停的接受檢驗，才能夠展現時代意義與客觀價值。藉著這兩本書，希望能激發更多的經典閱讀與經典譯

注，回到理論的原點，讓我們更清楚理論的目的，在歷史與現實之間建立精神上的連結，我們會有更開放的心胸，領略更開闊的世界。

　　能夠完成《行政理論與行政法》的譯著，必須感謝科技部對於下列研究計畫的支持，書中的導讀也是這些研究計畫的部分成果：

- 〈史坦恩與日本明治憲政－對我國法制的繼受與啟發〉NSC100-2410-H-110-011
- 〈史坦恩的社會法學研究〉NSC101-2410-H-110-022
- 〈史坦恩行政法學研究－兼論美國行政理論的繼受〉NSC102-2410-H-110-025

　　為了研究的目的，我們利用有限的經費與人力開設史坦恩中文研究網頁（http://www2.nsysu.edu.tw/lorenzvonstein）收錄相關的資料，歡迎有興趣的讀者隨時參閱，提供改進意見。此外，中山大學自由的學術風氣讓我能夠專心從事這類經典的譯著，譯著的成果也能夠在課堂上與同學共同學習，同學的提問與批評常常讓我有不同角度的思考，如果欠缺教學相長的機會，是不可能有這麼具體的成果。

張道義

2017年7月於高雄西子灣

導讀

壹、本書介紹

　　讀過行政法的人都知道，我們的學習範圍通常以行政法總論爲主，聚焦在行政程序法，或者兼顧行政執行與行政罰法，但都以法律概念爲主，並未涉及具體行政內容，或者僅以公權力行政與私經濟行政、干涉行政與給付行政、裁量行政與羈束行政等概念簡單帶過，影響所及，行政法的學習僅限於規範行政的法律作用，運用行政處分、法規命令、行政規則、行政契約等法律概念去認識或分析行政問題，這樣的認知方式根本不涉及行政本身；至於行政學教科書通常只涉及行政組織、人事、預算等議題，鮮少論述行政內容，也無從認識行政。行政法不涉及行政，行政學不分析行政，雖然目前可以看到個別行政法領域的著作，但是對於行政整體的分析則不多見，遑論以內務行政爲主題的論著。這本書之所以在一百四十年後仍然有出版與閱讀的價值，原因就在於它從行政本身分析行政的本質與體系，而不是從法律條文去論述行政作用與行政法，它的內容不會因爲法律條文的更迭而減損價值；其次，本書所建立的體系論，是一種介於總論與各論之間的中層學術架構，進行體系性的歸納與整理，使讀者能夠在龐雜的行政法律之外，循序漸進的掌握行政的內涵，藉著體系論可使讀者眞正進入行政領域，重新思考行政與行政法的關係。

　　史坦恩（Lorenz von Stein, 1815-1890）出生於單親家庭，幼年生活環境困頓，1835年入學德國基爾大學，就讀法學與哲學，1839年以極優異成績通過法學國家考試，1840年以丹麥民事訴訟爲題完成博士學位。隨後到柏林與巴黎遊學，這段遊學經歷開啓他對於社會議題的關注，成爲他一生學術著作重要的著力點。他一直爭取大學教職，1855年經過友人的推薦才獲聘奧匈帝國維也納大學政經學院教職。本書出版於1870年，當時的史坦恩已經在維也納大學任職十五年，夏季學期開設法哲學與財政學，冬季學期開設國民經濟與行政理論，

這本書不僅累積多年教學經驗，也結合他自己多本的行政理論著作，堪稱是相當成熟的代表作。本書雖然在1876年二版，但是目前市面上重新出版的兩本《行政理論與行政法》都是依據初版，也是中譯本的依據：

Lorenz von Stein, Handbuch der Verwaltungslehre und des Verwaltungsrechts, Elibron Classics series. 2005, Adamant Media Corporation. ISBN 1-4212-2673-1，該書爲原版重製，花體字，出版地美國，458頁；
Lorenz von Stein, Handbuch der Verwaltungslehre und des Verwaltungsrechts, Utz Schliesky (Hrsg.), 2010, Mohr Siebeck Tuebingen. ISBN 978-3-16-150366-5，該書由德國基爾大學史坦恩研究中心將原著花體字轉換成現代字體，出版地德國，394頁。

全書分成三個部分，首先是**國家行政總論**，探討行政與國家行動力的關聯性，分析行政的概念與本質，以及行政作爲國家行動力的完整機制。將行政比擬成國家行動力，使得行政的概念超越依法行政的範疇，也超越法學概念式的分析，則是本書相當獨特之處，行政成爲國家行動的機制，它是「國家的行政」而不僅限於「法律的行政」，也因爲這個擬人化的處理，所以本書的行政組織型態相當全面，包括政府機關、地方自治與人民團體三個層次的分工合作，行政（廣義的）也在這三個層次與代表國家意志力的權力機制進行互動，分別表現在合憲行政、依法行政與自治行政的作用中。

這種行動力的概念與建制對於當今行政法與公共行政的讀者顯得相當陌生，我們在研究與教學大多借助概念與定義，不會再有擬人化的想像，本書以國家行動力理解行政概念，除了政府機關的權力作用，還涵蓋地方自治與人民團體成爲行政的組織型態，它的理論基礎與目的何在呢？要釐清這個問題，必須回到史坦恩的國家社會二元論，依據兩者的互動關係，瞭解國家行動力的建制問題。史坦恩將國家理解成一個所有國民自由的統一體，它的本質必定代表個體與整體的自由，爲了達到這個目的，國家必須時時對抗公權力被特定社會階級、甚至單一階級（資產或無產階級）所掌控，代表國家意志力的議會民主容易淪爲上層階級掌握資源與分配資源的機制，所以國家必須結合在精神能力、經濟資源與社會地位都是弱者的下層階級，使得他們在各個層面都能夠平

等的參與國家行政權力，藉著參與人民團體與地方自治的運作，使得下層階級得以參與國家行政，成為國家行動力的一環，進而在法律地位上取得與社會上層平等的機會，否則被支配者與下層階級單以己力是永遠不可能達到，因而人民團體與地方自治所代表的「自治行政」不僅與政府治理成為相提並論的權力機制，而且具有高度的社會意義。

至於實際的行政領域，本書也有擬人化的區分，具體的國家行政區分成對外與對內的作用，對外則區分軍務、外務與領事行政：軍務屬於國家人格彼此間物理力的對抗、外務屬於國家人格彼此間和平對等的關係、領事則處理國家人格與他國人民的關係；對內則區分財務、法務與內務行政，財務決定國家人格生存的物質基礎，法務則處理國家人格與個別人民，以及個別人民彼此間的法律制度與權利義務關係，內務行政的目的在於提升全體國民，它的行政作用與國民生活最密切相關，因此成為最重要、也最詳盡的行政作用，本書提出生活圓滿的觀點，進而推論內務行政的概念與體系，書名雖然為《行政理論與行政法》，核心則落在內務行政。

至於國家對內行政為什麼以財務、法務與內務行政這三個領域就足以涵蓋完整呢？這個問題的答案應該已經在1856年出版的《國家學體系：社會理論》就已經定調：人的基本需求。史坦恩分析人有三種基本需求：生存維持、權益保障與自我提升，盡力滿足自我的基本需求，這既是個人的道德，也是利益所在，社會團體如果具備道德正當性，必定發展出迎合個人道德的功能與分工，這會表現在軍事、司法、禮神的社會功能，以及軍職、法職、神職人員的職業分工，使得社會團體具備最基本的道德正當性，因為它滿足個人的基本需求。這個依據個人需求所建構的道德概念，使得道德能夠脫離傳統權威與宗教的定義，成為每個個人能夠理解的概念，也使得道德即使在十九世紀中葉歐洲面臨社會主義與共產主義的思想衝擊時，仍然具有與時俱進的意義，能夠重新定義工業社會的社會倫理。在這個理論基礎上，史坦恩不僅發展社會理論，推論社會與國家的理論藍圖，也得以建構擬人化國家對內的三種基本行政分工：財務、法務與內務，分別對應國家與國民全體的生存維持、權益保障與自我提升的基本需求，成為國家行政的道德基礎，也使得國家行政與社會倫理具有相同的道德正當性。

本書第二個部分為**內務行政總論**，史坦恩將內務行政歸類成為一個獨立

的行政與行政法領域，所以在分析內涵之前必須先建立內務行政的基本認識，以此建立內務行政的學術架構，他的分析包括基本概念與理念、基本原則、法體系、法制史、比較法，有了這些基本認識，使得內務行政具有客觀存在的必要與價值，並且在學術上成為一門獨立存在的行政法學領域。但是，我們在二十一世紀重讀這樣的內務行政總論，必須要問的是，這些總論的知識與訴求是否具有時代意義呢？我們如果比較現行有效的行政程序法，作為行政法的總論，是否也有類似的作用呢？行政程序法開宗明義就必須界定總論適用的範圍，排除了民意、司法與監察機關的行政行為，以及外交、軍事、國安、領事、特定法務行為、特別權力關係（學校管理、人事行政、考試評分）等行政領域之後，行政程序法的適用範圍與史坦恩的內務行政概念，在制度原意與立法精神上堪稱契合，而時間上則相去一百三十年。我們進一步比較，史坦恩將內務行政的理念定位在全人發展與生活圓滿，因此有了具體特定的行政範圍，對照現行行政程序法的立法目的：「為使行政行為遵循公正，公開與民主之程序，確保依法行政之原則，以保障人民權益，提高行政效能，增進人民對行政之信賴，特制定本法。」這個立法目的就顯得疊床架屋，立法用語也顯得飄忽不定，法律制度如果脫離了人的生活，似乎也只剩華麗詞藻，失去方向與定位，這應該是史坦恩行政理論對現代行政法與公共行政最有價值的啟發。

本書認為內務行政的理念在於實現「**全人發展**」，這是個人的終極目的，之所以稱之為理念，因為這個道理不證自明。理念與概念的區別，在於概念是人類依其意識作用，所發展出的各種理論與制度，以實現理念。所以內務行政的概念泛指所有的國家行為，以提供個人自身所需，卻無法自力完成的發展條件，因為概念的生成是人類的意識作用，所以它可能因時、因地、因文化而有差異，呈現理論與制度的不同，但是內務行政在所有國家不變的則是全人發展的理念。

內務行政的基本原則表明行政作用的範圍與界限，國家行政固然應該扶助個人，但是每個個人仍然保有其自主的人格，個人的自主性不應該消失在行政作用中。基於這個自主的人格，每一個個人只有透過自身的勞動所得，才能夠達到個人的真實發展。因而國家內務行政的基本原則就在於：凡是個人能力所及，就不應該是共同體的任務，行政所提供的並非個人的某種發展狀態，不論精神的、身體的、經濟的或者社會的發展狀態，行政所提供的應該是發展的**條**

件。這個基本原則也成為國家應對社會問題的界限，也就是社會國的公權力界限：個人人格自主性。

如果要以內務行政建立成完整獨立的行政法，就必須掌握它的歷史演進知識，所以必須在總論中分析內務行政的法制史，也在歷史的脈絡中歸納行政法的階段特性，透過法制史的分析，我們尤其應該認知到行政與社會問題的關聯性，也在社會變遷觀點上掌握內務行政的變遷脈絡。內務行政的法制與法治都必須以一個自主國家為前提，這通常開始於統一國家的君王政體，在德國約是十五世紀，在此之前屬於封建領主時期，封建諸侯也會建立專屬於個人意志的行政機制，處理財務、法務與內務相關的行政事務，這基本上屬於個人專制，專制手段只構成形式意義的行政，專制內涵只是社會秩序的本質，建立在有產者對無產者的支配關係，稱不上行政治理，在此同時歐洲社會雖然逐漸出現職業階層與行會制度，也建立優於封建專制的自主管理機制，但是職業階層只代表特定職業團體利益，這些自主管理機制在規範建立上仍然代表特殊利益，不能代表公共利益，它們終究會因利益對立走向對抗鬥爭，如何緩解特殊利益對立，也有賴統一國家的君王與政府運用國家行政的法制。十六世紀之後出現穩定的君王政體，才開始發展真正的內務行政，首先是以國家公權力名義所建立的警察法，它的意義在於取代封建領主時期建立在社會支配與特殊利益的管理關係。在警察法發展的同時，君王政體多能接受國民福祉原則作為統治正當性，國家行政也以追求整體幸福為目的，所以國民經濟的理論學派就成為行政與行政法的主流，不論是重農主義、重商主義、工業主義等國民經濟理論都以其主張成為行政與行政法的內容，但是這段時期還未建立行政的通說，所以關於國民福祉的各項行政領域仍然統稱為官房學、警察學、警察法等概念，這些不同的學說卻形成一個共同的趨勢，那就是國家對內治理除了財務、法務之外，還需要一個整體的論述，成為國家的目的，畢竟君王政體只對自己負責，不對國民負責，國家權力的本質也不是建立在自由與不自由的概念。這種情況到了十九世紀開始進入新的階段，它為國家內務行政注入新的理念與內涵，那就是社會發展的觀點，這個觀點源自於貧窮問題，到了十九世紀中葉之後人們才清楚認知到貧窮現象背後的階級對立問題，這是內務行政終究必須面對的問題，大家迫切的想知道國家在階級流動上應該做什麼？能夠做什麼？當人們清楚的認知到社會問題的本質，就更能清楚知道社會問題與社會流動並不是單獨

存在、自我隔離的議題，它其實貫穿整個內務行政的領域。如果說史坦恩的社會理論就是社會問題的理論體系，那麼內務行政就是國家面對社會問題的機制，這個放在國家公權力下的設計，使得他的理論有別於同時代的社會主義、共產主義，他以社會觀點解釋新時代的行政任務，也不同於自由主義專注經濟發展的主張。

本書第三個部分為**內務行政體系**，依據前述說明，特別的地方在於「體系」兩個字，因為是體系論所以有別於單純羅列所有可能的行政類型，也不同於內務行政的各論，作者認為內務行政類型必定包羅萬象，但是它的理念與概念必定在於國民生活，能夠掌握基本理念與概念，就不會迷失在龐大紛雜的行政作用中，也就能夠歸納它的基本脈絡。依據國民生活圓滿的原則，本書區分內務行政為個人生活、經濟生活、社會生活三大領域，各有其獨特的行政治理及其有機衍生的領域，三大領域又共同構成一個有機互動的整體。

所謂個人生活的行政，指的是自然存在的個人作為一個獨立的個體，具有生理層面與精神層面的生活，如果遭遇個人無法解決的困境，以及個人無法自行完成的條件，必定限制個人自主性，無法成為一個獨立的個體，所以如何排除這些困境，提供這些條件，就成為內務行政首要任務。精神層面專指教育行政（包括當今的文化行政），生理層面則依據個體與整體的互動程度發展出人口行政、衛生行政、警察行政與監護行政。史坦恩的行政理論將個體列為首要目的，但是個體卻不是唯一目的，因為個體的目的必須在整體之中才成為可能。

具有自主性的個體如果繼續發展，就必須在經濟資源與社會流動這兩個層面展現個人的特殊性與差異性，如何創造經濟發展的條件、促成社會流動的自由就是經濟行政與社會行政的目的。所謂經濟生活的行政，目的在於透過整體的行動，創造國民經濟的實質條件，使得每個人都能達成其經濟目的，這個經濟目的必須在有機關係中實現，亦即一個人（或者經濟部門）獲利的條件，往往繫於他人（其他經濟部門）能力的發揮。這種有機關係的經濟行政，不同於經濟資源極大化的經濟理論，所以**經濟行政**在歷史發展的過程，是後於**國民經濟與國家經濟**的階段，前者強調自由競爭，後者強調國營事業，也在歷經自由經濟與共產經濟的鬥爭之後，經濟行政的目的應該在於實現利益和諧的理念，它應該證明和諧之中也能包容利益對立，達成共同進步與整體自由。由於經濟

的原初定義就是人對自然的開發，如何以國家力量促成開發的條件，就是經濟行政必須著力之處，它必須面對的還是人與自然兩個要素。所謂人的要素，指的是經濟行政通常必須先面對私有財產的存在，國家發展經濟，資源通常來自於個人擁有的私有財產，針對這個存在事實，本書建構出「公益使用」的概念，繼而推論出平均地權、公用徵收與緊急動員等三個次體系。所謂自然的要素，指的是避免遭受自然力的侵害，以維持經濟成果，同時也保障勞動成果，針對水災、火災、自然災害發生的事實，本書建構出「資源保護」的概念，繼而推論出消防制度、水利制度與產物保險等三個次體系。分析過「公益使用」與「資源保護」兩個概念後，才真正進入「經濟貿易」的議題，國家要如何創造條件促進經濟貿易與商業行為呢？本書提出四種基本的行政制度：交通設施、交通機構、流通制度與信用制度，讀完這些內容不禁讓人回想起「人盡其才、地盡其利、物盡其用、貨暢其流」的建國道理，東方西方儘管文化不同，但是對於建立現代國家的心情則是如出一轍。

　　至於社會生活的行政則屬本書相當獨特的論述，在進入社會行政的體系之前，本書先分析何謂社會生活？如何建立社會的概念？如何認識社會中法律與權利的作用？具備完整有效的社會認知，才能完整有效的分析國家行政的應對。史坦恩在國家理論最重要的貢獻就是將社會概念從經濟概念與國家概念中區分出來，使得社會現象不再依附於經濟理論與國家理論，成為一個獨立的研究對象，並且重新分析三種體系對國民生活的相互影響與有機關係。簡單的區分，經濟的概念指的是人與自然的關係，人對自然的開發，進而取得支配地位；社會的概念指的是人與人的關係，包括倫理關係、財富分配與階級對立所形成的上下差異與支配現象，進一步分析社會結構及其歷史規律，提出不同於經濟問題的社會問題，它會表現在倫理關係的上下層、財富關係的有產無產、階級關係的勞資對立與和諧，但是本質上則是階級利益導致階級固定，影響所及，下層階級的勞動無法獲得相對的財富，以提升自我的社會地位，也喪失自我的社會意義，這些分析即使到了二十一世紀仍然足以說明當代的社會問題。本書的社會行政針對社會問題的三重特性，因而有針對倫理關係的社會自由行政，以國家的法規範排除社會變動的障礙；針對市民社會有產、無產對立的社會救助行政，由國家興辦社會救助取代個人或團體的救助事業，以創造急難困境中個人自主的物質條件；以及針對工業社會勞資階級必然對立的狀態，如何

建立上層對下層**扶助**與階級**互助**，進而以社會自治達成向上提升的階級流動，稱為社會進步的行政。

貳、行政理論

內務行政固然是本書的核心，但是史坦恩之所以能夠完成這本以內務行政為核心的行政體系論，是因為已經累積了大量行政理論的著作，以下依出版年份分析其內容，回顧這些著作更能理解本書的特殊意義，以及史坦恩在這個領域的特殊貢獻。

1865年《行政理論第一部：國家行動力》，在本書中史坦恩將行政概念放在國家學的架構下，所以他所理解的是廣義的國家行政，行政的範圍因此包括政府治理、地方自治與人民團體三個層次，並且以國家行動力作為這三個行政組織的上位概念。原本只有一本的《行政理論第一部：國家行動力》，經過四年的教學，到了1869年國家行動力已擴充成三本，分別論述三個行政組織型態：《行政理論第一部第一冊：國家行動力總論與各論》，國家行動力的總論分析合憲的行政，再分析合憲的政府權力做為行動力各論的首章，總頁數448頁；《行政理論第一部第二冊：地方治理及其法制》，總頁數355頁；《行政理論第一部第三冊：人民團體及其法制》，總頁數309頁。特別值得說明的是，史坦恩將行政視為整體國家權力作用之一，並且理解成擬人化國家的行動力概念，已經奠基在1865年國家有機體的理論，為了明確表達這個概念，所以又以這三本著作詳細分析政府治理、地方自治與人民團體三層行政組織。如果我們將史坦恩的行政與行政法定位成「國家的行政」，這種理解方式不同於「法律的行政」，因為是「國家的行政」，所以行政的權力作用包括合憲行政、依法行政與自治行政（地方自治與人民團體）三個層次。相對而言，「法律的行政」強調法律對行政機關的拘束力，就只能片面呈現行政的權力作用，行政也容易被窄化成法律規範的對象，行政法也會被解釋成約束行政權的法規範，如此則無從發揮積極主動的行政權力本質，也不符合權力分立的意旨。這樣的對比關係尤其能呈現「國家學行政法」與「法律學行政法」的差別。

我們如果將以上對於行政的論述對照當今的行政法，史坦恩以行政有機體的概念分析行政組織權，這包括政府組織（行政機關、公務員法）、地方自

治與人民團體；行政命令權與行政執行權構成行政行爲的核心，行政命令區分爲授權命令、職權命令、緊急命令與執行命令四種類型；行政訴訟制度目的在於建立合憲的行政法秩序以實現公共利益，藉著國家法院與行政法院的司法審查，維繫合憲行政與依法行政，建立國家行政的政治責任與法律責任，這部分的體系與出版在後的1870或者1887年行政理論相當一致，而且以行政組織、行政行爲、行政執行與行政訴訟四位一體的論述方式，不僅成爲後世行政法總論的論述體系，也成爲其他國家繼受行政法的理論模式。

　　1866年《行政理論第二部：內務行政總論與人口行政》，本書以內務行政爲對象，以學術方法建立它的概念、內容與體系，從這個論述方式與寫作計畫可以推論史坦恩從本書開始，就以內務行政作爲行政理論的核心，因爲內務行政眞正主導了全人發展與生活圓滿的行政理念。除了內務行政的基本說明之外，本書更將人口行政與行政統計列爲內務行政的首要領域，353頁。

　　1867年《行政理論第三部：衛生行政》、《行政理論第四部：警察行政》，衛生行政一書於1881年再版，在總論的部分除了說明衛生行政對於國家學的意義與重要性，並且強調「衛生治國」（das Gesundheitswesen als Staatswissenschaft）的理念，全面分析衛生行政對於外交領域（國際衛生條約、國際衛生法與國際醫學會議）、軍事領域、國家經濟、財政與法務行政，尤其是民事與刑事法醫學的重要性，希望建立衛生行政成爲一門獨立的行政領域，隸屬專業的政府機關與獨立的預算編列，全書頁數爲456頁。史坦恩對於衛生行政的重視，源自於國家有機體的理論，任何有機體都會有健康與病態的差別，對照國家政治必定會有進步與退步的發展，藉著衛生原理就能夠有效地建立國家生活圓滿。衛生行政體系包括專業行政組織；醫藥職業與醫療院所管理；尤其重要的是疾病防治與國民健康的分工，前者消極，後者積極；國民健康又區分一般國民、商業經營、社會安全三個領域，分別分析一般國民的住宅與營養問題、商業經營的勞工、設備與場所的安全衛生，以及社會安全意義下的勞工住宅、學校環境、公共場所、監獄場所的安全衛生與營養問題。《行政理論第四部：警察行政》頁數爲198頁，區分爲治安警察與行政警察，功能主要爲預防犯罪，對於已經發生的犯罪則屬於司法範疇，本書也清楚看出，史坦恩清楚定位警察的行政功能，而且以行政理論取代歐洲傳統警察學或警察法的國家治理功能。

1868年《行政理論第五部：教育行政第一冊》，本書主要處理義務教育與職業教育，並且比較英國、法國與德國的制度。在1883年本書二版時，增加相當篇幅分析歐洲遠古時代教育史與東方教育史（包括埃及、印度與猶太教育史），歐洲教育史則涵蓋希臘城邦到羅馬帝國的教育制度，全書頁數高達455頁。

1868年《行政理論第六部：教育行政第二冊》，本書主要處理文化教育。同樣在1883年本書二版時，增加相當篇幅分析歐洲中古時代十四、十五、十六世紀教育史，此時歐洲除了傳統農業社會之外，還興起職業階層社會，尤其是教會所推行的教育制度，以及教會創設歐洲大學教育的歷史過程，另外也專章分析這個時期歐洲即將進入市民社會之前的思想基礎，那就是宗教改革與人道主義的思潮，在人道主義與大學普世價值的交互作用下，才開啓日耳曼教育行政的契機，進而以國家力量興辦教育制度，全書頁數高達541頁。至於十六世紀到十九世紀中葉的歐洲教育制度，則是彙整在1884年出版的《行政理論第八部：教育行政第三冊》，這段時期歐洲經歷了宗教改革、三十年戰爭與十八世紀的啓蒙運動，書中詳細分析這些重大的歷史變動如何深刻影響歐洲國家的民族觀、國家理論、法治文化與教育制度，全書頁數爲530頁。史坦恩以三冊的份量分析德意志與歐洲從遠古時代、中古時代、直到十九世紀的教育制度演進過程，尤其展現了歐洲精神文明的發展脈絡，以及教育制度與國家意識的深刻連結。

1868年《行政理論第七部：經濟行政》，這本以經濟行政爲名的著作，其實只處理「公益使用」的概念，這個高度抽象的概念涵蓋國家公權力在農業社會爲了解放土地與農奴，推行農村土地改革所採行的平均地權、土地重劃，以及市民社會時代爲促成公共建設所興起的公用徵收與緊急動員等制度與措施。頁數348頁。

以上分析的行政理論，集結成市面上所出版的史坦恩行政理論全集，通稱爲「八部十冊」，原版花體字：

Lorenz von Stein, Die Verwaltungslehre, 8 Teile in 10 Baende, 1975, SCIENTIA VERLAG AALEN, ISBN 3.511.02800.0.

「八部十冊」行政理論書名以中文羅列如下：

1869年《行政理論第一部第一冊：國家行動力總論與各論》，448頁。

1869年《行政理論第一部第二冊：地方治理及其法制》，355頁。

1869年《行政理論第一部第三冊：人民團體及其法制》，309頁。

1866年《行政理論第二部：內務行政總論與人口行政》，353頁。

1881年《行政理論第三部：衛生行政》，456頁。

1867年《行政理論第四部：警察行政》，198頁。

1883年《行政理論第五部：教育行政第一冊》，455頁。

1883年《行政理論第六部：教育行政第二冊》，541頁。

1868年《行政理論第七部：經濟行政》，348頁。

1884年《行政理論第八部：教育行政第三冊》，530頁。

　　如此大量的行政理論內容難以讓人順利掌握其全貌，所以在1870年有了這本濃縮版的問世，一方面綜合教學經驗，另一方面則是將內務行政為核心的行政理論提升到單一的學門（Wissenschaft），這本《行政理論與行政法》除了將上述已經開頭的經濟行政繼續完成之外，還新增社會生活的行政，並且以個人生活、經濟生活與社會生活的行政共同構成內務行政體系，再加上內務行政總論與國家行政總論，使得內務行政得以在學術上成為一個獨立的領域。本書另外一個特點就是以詳盡的10頁目錄呈現內務行政治理的有機內涵，它其實保留了之前八部行政理論主要的目錄，依據這份詳盡的目錄也可以使讀者迅速地掌握論述脈絡，因此也可以算做是本書的實質內容之一。中文譯著也依據這個精神，更有邏輯的整理排列目錄文字，修正原著中欠缺一致性的排列方式，方便中文讀者掌握內容，五南編輯另行整理出的簡目更有提綱契領的效果。

　　但是史坦恩對於行政理論並未以此自滿，十七年之後，72歲高齡的他更將行政理論與國家學相互結合，將《行政理論與行政法》又擴大成三冊《行政理論》，除了內務行政之外，再納入財務行政、法務行政、外務行政、軍務行政，成為國家學體系下的五大行政領域。

　　1887年《行政理論第一冊：行政的概念與國家學體系》，本書應用勞動的概念分析國家生活，提出「國家勞動」等同國家行政，憲政與行政的交互作用構成國家勞動的內涵，建立國家人格的自主；本書分析外務行政與國際法的

關係；軍務行政中區分國防憲法與國防行政的概念，指揮體系與行政體系的區分；財務行政中區分憲法與行政法的作用，行政法層次再區分國家收入、國家支出、國家預算等三個領域；法務行政則區分憲法、行政法、市民法（含民刑法）三個法體系，分別分析法律的制定、修正、法院組織、訴訟程序等領域，頁數428頁：

- 外務行政分別處理國際法意義下的國家主權、國際法的意義與體系（交戰法、和平法、國際條約與協定）、國際法內涵（國家類型、合憲的外交關係、國際行政法，包括交戰規則、自主國際行政、國際條約規範下的國際行政）；
- 軍務行政，以1872年出版的軍事學為基礎，區分國防（das Herr）與軍事（die Armee）兩個領域，前者再分為國防憲法、國防行政與國防組織（部長、總動員令與緊急處分），後者再分為軍事指揮與敵前指揮、軍事命令與交戰規則；
- 財務行政分別處理財務憲法與財務行政法，國家收入包括國家經濟行為（國有財產、行政規費、其他經濟受入），以及國稅收入、國家信用與國家公債；國家支出應依法定方式、項目、程序；國家預算則包括會計與主計制度；
- 法務行政則依前述三個法體系分別分析行政作用的內涵，首先是法制行政（法務部、法制行為的法律與命令、行政函釋的注意事項），其次是司法行政（法院組織、律師事務、訴訟類型與程序）。

　　1888年《行政理論第二冊：個人生活行政與經濟生活行政》，頁數843頁。

　　1888年《行政理論第三冊：社會生活行政》，頁數256頁。

參、財政理論

　　史坦恩驚人的著作數量還不以行政理論為限，1860年為了教學目的出版《財政學》，頁數565頁；1871年再版時加入法國、英國、德國的財政制度比

較；1875年第三版加入法國、英國、德國、奧國、俄國的財政制度與財政法比較；1878年出版《財政學》第四版，分爲兩冊，將原有的國家財政擴及到自治行政的財政，各國比較則包括法國、英國、德國、奧國、俄國、義大利等六個國家；1885年出版《財政學》第五版，篇幅已擴大成兩部，合計四冊，書名均加註歐洲財務行政，各國比較除了上述六個國家再加上比利時、荷蘭、丹麥、瑞士，以及殖民地財政與國際財政的領域，「兩部四冊」財政理論簡述如下：

1885年《財政學第一部》總論爲國家與財政的關係，區分爲國家財政、自治行政財政、聯邦與國聯財政、國際財政等四種關係；財政憲法分成三個部分，首先是財政立法、預算的法律性質，其次則是財政與國家行動力的關係，財政主管機關及其行政命令權與行政執行權，第三部分則是合憲的財政權，包括合憲審查的政治責任，以及權利救濟的法律責任兩個層次，頁數爲476頁。《財政學第二部第一冊》財政行政法同樣分成三個部分：國家預算、國家支出、國家收入；國家收入又分成財稅總論與財稅各論，頁數爲561頁。

1886年《財政學第二部第二冊》專門處理財稅各論，稅目分爲直接稅、間接稅、薪資所得稅三大類型，直接稅又分爲財產稅、營業稅、交易稅三種，財產稅包括土地稅、房屋稅、不動產資本利得稅，營業稅包括個人營業稅、自營作業者營業稅、工商業團體營業稅，交易稅是指印花稅、證券交易、期貨交易等行爲的課稅；間接稅主要爲消費稅、針對民生物資、奢侈品、菸酒報章雜誌、進口貨品等課稅，頁數爲435頁。《財政學第二部第三冊》分析國家信用制度，包括財政信用（銀行管理）、貨幣信用、國家公債、國債清償等四個領域，頁數爲427頁。

肆、國家學體系

綜觀史坦恩一生的學術著作，其所要呈現的應該就是國家的學術體系，他最爲後人津津樂道的正是他在國家學的學術貢獻。依據這個體系的內涵，根本可以理解成是一整套建立現代國家的理論體系，這不禁讓人聯想到孫中山在1914年二次革命失敗後，開始撰寫的建國方略、建國大綱、民權初步等著作，也有類似的著力點，差別只在著作的規模。介紹過史坦恩的行政理論與財政理論，如果要進入國家學體系，就不能忽略他在更早年代就已經完成的經濟理論

與社會理論著作，這四個理論彼此之間是有機的，經濟理論與社會理論成為國家學的哲學基礎，行政理論與財政理論則構成國家學的實證內容，藉著整合經濟理論、社會理論、行政理論與財政理論，成為完整的國家學體系：

1842年，27歲的史坦恩利用在法國巴黎遊學的經歷，出版了他的第一本社會著作《法國當代社會主義與共產主義》，書中整理了他對法國大革命之後社會變動的觀察，1848年增訂二版，1850年增訂三版時就分成三冊，並改用新書名《1789年以來法國社會運動史》，書中除了記錄法國大革命之後，法國社會的變動及其對於政治體制的衝擊，也首度提出社會概念的體系化研究，指出社會問題、秩序與變動將成為國家歷史的主導者。他依據法國社會歷史的演進，歸納社會與國家的二元關係，將社會層面的理論提升到相對於國家理論的高度。這三冊的社會理論使得史坦恩成為家喻戶曉的學者，也使得社會問題有了不同層面的論述，當時所謂的社會理論，泛指法國社會主義與共產主義對於社會問題與改革所提出的行動哲學，他針對這些理論作出批判與修正，具體提出「社會改革的國家」（Sozialer Staat），主張國家應該將全面性的社會改革內化為自身的目的，以此建立工業社會國家的自主性與正當性，否則將難以擺脫社會利益的支配作用，使得國家自我矮化為一種社會化的機制，甚至淪為階級支配的工具。他非常劃切的呼籲他的德國同胞，應該在民族統一運動之外，重視社會變動的力量，因為如何避免社會革命，對於當時的德國與歐洲社會才是擺在眼前的當務之急。本書最重要的部分便是提出「社會改革君王制」（Soziales Koenigtum）、「社會改革的行政」（Soziale Verwaltung）以及「社會民主」（Soziale Demokratie）等重要的概念，提供社會問題與社會改革的理論基礎。從這裡也可以看出，對於政治途徑的選擇，他已經走在一條迥異於民主共和的主張，以及共產主義、社會主義的道路，社會改革的主張就在於取代政治革命與社會革命的歷史規律。這三冊的法國社會運動史在1921年由德國社會學家Gottfried Salomon重新出版，1959年再重印出版，可見它的時代意義：

Lorenz von Stein, Geschichte der sozialen Bewegung in Frankreich von 1789 bis auf unsereTage, in 3 Baende, Gottfried Salomon (Hrsg.) 1959, Wissenschaftliche Buchgesellschaft Darmstadt.

三冊書名以中文羅列如下：

　　《1789年以來法國社會運動史第一冊》主要說明社會概念，以及法國大革命之後直到1830年的社會變動過程，507頁。

　　《1789年以來法國社會運動史第二冊》主要說明工業社會的概念，1830年到1848年的法國社會主義，567頁。

　　《1789年以來法國社會運動史第三冊》主要說明1848年二月革命之後法國社會所發生的君王政體、民主共和及其主權問題，411頁。

　　1852年出版《國家學體系第一冊》，本書以統計理論、人口理論與國民經濟理論作為內容，史坦恩在導論指出「國家學體系」在於分析國家概念的體系與內涵，他的國家學思想不同於德國傳統唯心論所主張的抽象概念，例如康德與費希特的理性、黑格爾的精神與總體意志等，他將唯心論導向具體存在的個人，他以哲學觀點思考人的目的與發展，據以成為國家的目的與發展，如此，國家便如同個人般具有自主的目的，以及健康或者病態的發展概念，並且整合個體與整體關係，論述個體必定在整體中才有自由，而整體的目的則在於個體的充分自由，564頁。

　　1856年出版《國家學體系第二冊》，本書主要分析社會概念與社會階級，相較於之前的社會理論是以法國革命歷史作為分析藍本，這本書則以學術方法，更深化社會問題的理論體系，以及如何將社會改革內化為國家的理論體系。進一步分析社會有機體的結構要素與變動現象，這些要素構成社會秩序與階級秩序，以及秩序發展所產生的變動現象，建構更完整的社會理論，431頁。

　　這兩本國家學1964年原版再製，重新出版：

- Lorenz von Stein, System der Staatswissenschaft, Erster Band, System der Statistik, der Populationistik und der Volkswirtschaftslehre, 1964, Otto Zeller Verlagsbuchhandlung.

- Lorenz von Stein, System der Staatswissenschaft, Zweiter Band, Die Gesellschaftslehre, Der Begriff der Gesellschaft und dieLehre von den Gesellschaftsklassen, 1964, Otto Zeller Verlagsbuchhandlung.

伍、海外影響：日本、中國、美國

　　史坦恩在學校退休之後，還以70歲高齡出版「兩部四冊」的財政學，72歲時更將《行政理論與行政法》擴大成三冊《行政理論》，原因就不再只是出本專書，賺取出版費用了，我們必須將觀點放在更開闊的時代意義上。當時的歐洲國家，不論是君主立憲或者民主共和，已經普遍接受憲法與憲政的必要性，憲法的規範內容及其對政治秩序的拘束性，也已經屬於文明國家的共識，除此之外，歐洲國家努力建立的則是取代官房學與警察學的行政理論，如何以行政治國更是政治主流，我們可以從本書開宗明義的那句話「隨著文明的繼續發展……我們已經跨越憲法建構的時代，下一個發展的重點會是行政領域……我們已經站在憲政建設的基礎上，發展到行政建設的階段。」這句話清楚指出十九世紀歐洲國家在憲政與行政的努力成果，也清楚對照出世界其他國家發展的困境，尤其是亞洲與美國。回顧這些國家建立現代憲政與行政的諸多影響因素，史坦恩學說總是其中之一。

　　十九世紀末，亞洲的日本與清朝同時面臨國內外立憲的壓力，日本更早採取行動，造就了明治憲政，使得日本政治現代化。任何日本史或者日本政治史的書，在明治憲政的章節，都會提到伊藤博文的歐洲憲法調查，提到這一段也必定會說明史坦恩對伊藤博文的影響。

　　1882年（明治15年）伊藤博文接受天皇的敕令，組成調查歐洲憲法調查團，同年3月14日從橫濱出發。伊藤博文在德意志與奧地利停留了8個月，首先諮詢的對象是當時柏林大學法學教授格奈斯特（Rudolf von Gneist, 1816-1895）。格奈斯特自5月27日到7月26日每週講授3次，另外再指派其學生莫設（Isaac Albert Mosse, 1846-1925）為伊藤博文講授普魯士憲政的內容，除星期六及星期日之外，每日講述一次，自5月25日到7月29日，由伊東巳代治紀錄，共計25編。格奈斯特與莫設都以德文授課，再透過現場翻譯，講聽雙方無法直接溝通相互討論；其次是授課內容上，莫設按照普魯士憲法逐條講解，對於早已看過日文翻譯的伊藤博文，也只是重複聽這些他已看過的條文，伊藤博文對於憲法條文的個別解釋毫無興趣，這在日本國內已經有許多學者整理完成，在柏林大學的憲法課並沒有給他多大的鼓舞。

　　暑假期間格奈斯特無法繼續授課，伊藤博文接受他人的建議，前往維也

納向史坦恩請教憲法問題。1882年8月8日伊藤抵達維也納，立刻前去拜訪史坦恩。史坦恩從歷史演進觀點講解歐洲憲法理論，以及它在英國、法國與德國政治領域的實際運用，這種宏觀的解釋，使伊藤留下十分深刻的印象。除此之外，史坦恩以英語進行授課，兩人可以直接問題討論，不同於格奈斯特的高不可攀，史坦恩事必躬親的態度，都讓伊藤博文感受到善意，並且在思想上讚賞與認同。8月11日，伊藤博文寫信給岩倉大臣，表達他內心的感動與收穫，認為他遇此良師，「現今已死而無憾。」除此之外，伊藤也告知岩倉，他已和史坦恩討論日本想要建構新憲法的計畫，並且獲知歐洲國家政府體制的解釋，意即，雖然不同國家都有國會，但是在政府體制中運作的方式都不一樣。另外，在君主立憲制中君王仍然握有所有立法及行政權，並對法律與政策有認可權，並不妨礙政府議會的兩權分立。如果換成擬人化的說法，君王是政府的大腦，正如在人體中，是身體所有血脈與器官活動的源頭。同樣，君王就是國家所有公權力的結合，具有主權特性。另外，伊藤博文也認為，支持英、美、法憲法觀點的自由民權派其實只是將他國憲法的金科玉律照本宣科，而不了解國家運作的實際狀態，如果急速變革成民權政體，將會對日本帶來許多壞處。

　　史坦恩的國家學說受到伊藤極大的認同，在9月18日到10月31日之間，伊藤正式向史坦恩學習國家學，共授課17回，授課過程由伊東巳代治紀錄，後來將授課筆記整理成《純理釋話》與《大博士斯丁氏講義筆記》在日本國內出版。

　　伊藤博文回國後採取二項重要的做法。首先成立制度取調局，制定現代文官體制取代舊有的官制。其次，大力鼓吹政府官員赴歐拜訪史坦恩，以獲取更多人的支持與認同，因而改變了政治與法律文化。伊藤博文聆聽史坦恩課程的意義，不只是讓伊藤博文擁有全面廣博的知識，得以制定憲法，另一個意外的收穫就是行政制度的建立，隨著史坦恩的行政理論，使得日本得以憲政與行政雙軌運作達成有效的政治現代化。在這風潮帶領下，日本政治菁英趨之若鶩的來到維也納，「參拜史坦恩」一時謂為風潮，它更讓整個政治機制共同參與其中，共同追尋現代國家的運作體制。如果說日本明治憲政時期有個統整政治思想的「史坦恩學校」也不為過，對於日本國家現代化確實有著不可忽視的貢獻。

　　「參拜史坦恩」的學員們依身分可以區分為三大類：皇室成員、政治人物

與行政官員,主要的人物整理如下。必須先說明的一點是,史坦恩的授課並不是犧牲奉獻的做公益,而是按鐘點計費,每三個月由日本駐維也納大使館敬送酬金,這筆進帳倒也填補了史坦恩因為投資溫泉旅店失利所蒙受的經濟損失,大大的改善晚年家計。

皇室成員部分,1882年10月4日與7日,有栖川宮熾仁親王(Arisugawa Taruhito, 1835-1895)旁聽史坦恩對伊藤博文的私人授課。在1887年時,有栖川宮熾仁親王參與審議憲法草案的帝國議會(元老院議長),席次為第一號。1887年2月11日小松宮彰仁親王(Komatsunomiya Akihito, 1846-1903)聆聽史坦恩的私人講學,皇室教師三宮義胤(Sannomiya Yoshitane)隨同在維也納深入學習皇室典範。1889年12月16日有栖川宮威仁親王(Arisugawa Takehito, 1862-1913)拜訪史坦恩,並聆聽史坦恩的私人講學。另外,伊藤博文派遣藤波言忠(Fujinami Kototada)等政府官員到維也納,向史坦恩學習,目的是將他的憲法理論,忠實呈現給明治天皇。1887年,藤波到維也納將伊藤的信送交史坦恩,並請求他撰寫憲法講義,呈現給明治天皇。史坦恩向藤波的授課內容,是關於新憲法結構與配套的制度與法令。因為要再向天皇報告,所以史坦恩詳盡、反覆解釋他的理論,直到藤波完全理解。藤波回到日本後,將他製作的史坦恩講義筆記,呈獻給天皇,並且從1887年12月到1888年3月,總共會見天皇33次。皇室成員向史坦恩學習憲法與國家學的意義,首先是為了明治憲法的制定,確定皇室地位與功能,其次則為學習皇室典範,以維持國家象徵的威嚴。

政治人物部分,1885年6月底,後來擔任日本第12、14任首相的西園寺公望(Saioni Kinmochi, 1849-1940),前往維也納擔任日本駐奧地利大使,在駐奧期間,西園寺公望與史坦恩保持著良好友誼。其實,兩人之間的關係可溯源於1882年伊藤博文訪歐時,西園寺公望是當時的跟隨者之一,由於其優異表現獲得伊藤博文賞識,受到提拔。西園寺公望後任貴族院副議長、文部大臣、外務大臣、樞密院議長、元老等,封公爵。1887年1月4日至19日,黑田清隆(Kuroda Kiyotaka, 1840-1900)前往維也納向史坦恩學習,特別關注歐洲政治的問題。同年,黑田清隆返回日本後,就任首次伊藤內閣的農商務大臣;翌年,在伊藤博文之後繼任為第二任內閣總理大臣。1889年6月山縣有朋(Yamagata Aritomo, 1838-1922)率領代表團拜訪史坦恩,同年12月接任第3任

首相，他的訪問似乎只是象徵性，目的卻不爲學習國家學。1898年11月就任第9任首相。另外，1886年，松方正義（Matsukata Masayoshi, 1835-1924）派遣財政部銀行管理會主委加藤齊（Kata Wataru）至維也納，尋求關於建立土地銀行的建議。此時，松方正義任職財政部長，而後出任日本第4、6任首相。

　　行政官員部分，河島醇與渡邊廉吉早在1879年就已經向史坦恩學習，河島醇曾任日本駐維也納代表，他常參與史坦恩的私人課程，學習預算與財稅制度，後來成爲日本興業銀行的初代總裁；渡邊廉吉則進入制度取調局協助伊藤博文制定明治憲法草案，並進行史坦恩行政理論的翻譯工作，對推廣史坦恩思想有重大貢獻。1883年，陸奧宗光（Mutsu Munemitsu, 1844-1897）接受伊藤博文建議，到歐美遊歷，其中在1885年6月20日，他向史坦恩學習國家學並且勤作筆記，直到8月15日，後來他與史坦恩也保持通信。1890至1892年，陸奧宗光先後擔當山縣有朋和松方正義內閣的農業大臣。1892至1896年，他出任日本首相伊藤博文任內第二內閣成員和外交大臣。1894年，他負責與英國簽署日英通商航海條約，成功廢除了西方國家在德川幕府時期對日本所訂下的不平等條約與治外法權。中日甲午戰爭時，他在日本的外交政策方面扮演重要的角色，主張與中國一戰，史稱「陸奧外交」。1895年4月，他與伊藤作爲日方代表，與中國清政府簽署馬關條約，台灣因此成爲日本殖民地。

　　1884年2月時任倫敦大使館員森有禮（Mori Arinori, 1847-1889），是日本著名的現代教育改革者，他將其憲法改革計畫「論日本政府代議制」寄給史坦恩，並請求評論。在1888年時，森有禮以文相身分參與帝國會議審議憲法草案，席次是第14號，期間針對憲法第五條內容「天皇經帝國議會的承認行使立法權」提出疑問。他最大的貢獻爲建立日本現代教育體系。同年4月高等法院法官三好退蔵（Miyoshi Taizo, 1845-1908）與本多康直向史坦恩學習2星期的課程。三好退蔵曾任日本大審院院長、日本檢視總長以及司法省次官，對日本司法制度的建立影響很大。1884年9月倫敦大使館秘書末松謙澄（Suematsu Kencho, 1855-1920）帶著伊藤博文的推薦信，前往維也納欲拜訪史坦恩。末松謙澄在1881年就讀於劍橋聖約翰學院，1884年獲得法學文憑。1886年返日後，在伊藤第四任內閣中任交通部及內務部首長，後與伊藤博文次女結婚。1884年10月14日，司法相山田顯義（Yamada Akiyoshi, 1844-1892）請史坦恩編輯日本民事訴訟法的教科書。

　　1885年3月12日日本外務大臣井上馨請教史坦恩關於日本與清朝之間關係的意見。後來曾擔任農商務大臣、內務大臣。1885年11月曾任三形縣令的三島通庸（Mishima Michitsune, 1835-1888）拜訪史坦恩。三島通庸後任警視總監、建築局總裁等，封子爵。1887年1月乃木希典（Nogi Maresuke, 1849-1912）到德國留學時前往維也納拜訪史坦恩，兩人討論體育教育。中日甲午戰爭時任師團長，日俄戰爭時任軍司令官，後晉升大將，任學習院長，敘伯爵。曾任台灣第三任總督（1896-1898）。明治天皇死時，與夫人剖腹自殺殉葬，被尊為軍神。

　　1887年7月，海江田信義（Kaeda Nobuyoshi, 1832-1906）與政治家丸山作樂（神道家）、丸山雅彥、留學生有賀長雄（Ariga Nagao, 1860-1921）帶著伊藤博文的推薦信共同拜訪史坦恩，並且聆聽史坦恩的私人講課，直到1888年1月。有賀長雄回國後擔任早稻田大學法學教授，曾為清朝制憲考察大臣解說憲法制度，1913年有賀長雄被袁世凱聘任為法律顧問，助其制定中華民國約法，進而影響袁世凱稱帝。1889年11月27日，金子堅太郎（Kaneko Kentaro, 1853-1942）將1889年2月11日頒布的日本憲法英文版帶給史坦恩，尋求他的意見。金子堅太郎曾是伊藤博文的秘書，先後擔任伊藤內閣的秘書官、農商務大臣、司法大臣等職，並參與《大日本帝國憲法》起草。

　　循著史坦恩對日本的影響軌跡，這一道弧線也劃進了中國，透過日本的引介，這股國家現代化的動能深刻影響著我國清末民初的立憲運動，我們不難發現他的國家理論與行政理論隨著「參拜史坦恩」的學員們間接影響著我國早期的憲政與行政。1905年清朝派五大臣分赴各國考察政治，發布《派戴澤等分赴東西洋考察政治諭》。10月15日啟程，分成二路，戴澤、尚其亨和李盛鐸一行前往日本、英國、法國、比利時，戴鴻慈和端方一行前往美國、德國、義大利、奧地利與俄國。其中戴澤一行對日本憲政的考察從1906年1月16日開始，包括考察現代設施、與各界人士交流，以及聽取日本憲法教授的授課。授課者為伊藤博文、金子堅太郎，以及著名憲法學者穗積八束，共同為考察團講解憲法。9月6日五大臣向朝廷進呈合計十八章的《歐美政治要義》，陳述君主立憲制之可行，促成朝廷正式下詔，開始立憲準備工作。1907年6月，袁世凱上奏派遣憲法視察團分別前往日本、德國與英國，這次出團目的就在於憲法草案。派遣到日本的官員以學部侍郎達壽為首，依據憲政編查館指示的調查項目進行

考察。日方原本交由伊藤博文進行主持的授課，正值他就任韓國總督，於是另交由同樣具有起草明治憲法經驗的伊東巳代治接手主持課程規劃，而伊藤博文也委託當時首相西園寺公望、內閣成員桂太郎與大隈重信等人協助推薦憲法課程講授者，大隈推薦法學者清水澄，另外，達壽於早稻田大學訪問時拜訪高田早苗與有賀長雄，也使得有賀長雄加入憲法授課的名單內。最後的授課者包括伊東巳代治、穗積八束、有賀長雄、清水澄，以及貴族院書記長太田峯三郎，依其專長分別講述憲政。講述的內容包括：「日本憲法的歷史」、「各國憲法的比較」、「議院法」、「司法」、「行政」、「財政」等六項目，達壽親自聆聽憲法課程，但由於半年後達壽必須就任理藩部左侍郎，只聆聽前三項後就回國，後三項項目由李家駒繼續完成。

　　授課者之中以有賀長雄最爲活躍，其講授憲法的內容與過程記載於《有賀長雄博士講述憲政講義》，共計60回，授課時間從1908年2月到1909年7月。第1回至第30回授課時間從1908年2月4日至5月31日止，聆聽者爲達壽，講述明治維新引進歐美憲法的過程、憲法制定與具體實施準備階段、日本憲法與歐洲憲法的比較，並且比較歐美國家的憲法產生與發展的歷史背景，有賀強調日本與歐美的社會狀況差異，導致憲法制定的內容必定也有所不同，接著具體講解憲法、皇位、政府、議會、臣民的權利義務等問題。第31回至第60回授課時間從1908年11月8日至1909年7月9日止，聆聽者爲李家駒，講述中央官制、地方官制、中央政府與地方政府之間的關係、地方自治制度與文官制度。達壽回國後，進呈考察事件，附帶《日本憲政史》、《日本憲法論》，以及《議院說明書》等共計五類十一冊的報告書，最核心的論述在於確定制定憲法無害於皇室，並且有利於政治改革與安定。李家駒回國後，進呈奏摺以官制編、自治編、官規各編爲主，重點在於行政組織、文官制度與地方自治，李家駒提交憲政編查館的調查報告書，則是以《日本官制通譯》、《日本官規通譯》等書爲基礎的日本官制，並參照西歐現行法規做成的《官制篇》三冊，其內容與有賀長雄講課的內容相當一致。清廷依據考察結果頒布《預備立憲大綱》，1911年3月學部侍郎李家駒連同度支部侍郎陳邦瑞與民政部參議汪榮寶，共同任命爲協纂憲法大臣，同年7月在紫禁城武英殿西側煥章殿內從事欽定憲法起草作業。李家駒直接受教於有賀長雄，而汪榮寶留學日本三年，就讀早稻田大學期間，亦受教於有賀長雄。根據《汪榮寶日記》記載，當時起草憲法的項目

有：（一）皇帝、（二）攝政、（三）領土、（四）臣民、（五）帝國會議、（六）政府、（七）法院、（八）法律、（九）會計、（十）附則。這十個項目以強大的皇帝權限為前提，類似明治憲法結構。憲法起草作業依各階段完成項目分批呈報纂擬憲法大臣傅倫與戴澤，前者時任資政院總裁，後者時任度支部尚書，1911年9月李家駒與汪榮寶完成合計十章八十六條的憲法草案，並且由纂擬憲法大臣分批進呈攝政王戴澧，即使爆發武昌革命，也未影響進度。但是這份憲法草案畢竟屬於朝廷內部程序，未經公開討論，武昌革命後清朝透過體制內資政院通過限制皇權的《重大憲法信條十九條》，反而成為全國注目焦點，原憲法草案就停留在進呈攝政王的階段，直到1912年2月12日清朝下詔退位，這部參考德意志、奧地利與日本君主立憲、預計轉型中國千年專制王朝的首部憲法草案，來不及昭告天下，就成了歷史灰燼。

帝國結束，民國成立，還是需要立憲。中華民國第一任總統袁世凱有感於以國民黨為主的國會即將制訂出限制總統權力的內閣制，為了提出與此對抗的憲法理論，於是主張聘請外籍憲法顧問，其中最著名者為美國學者古德諾（Frank J. Goodnow, 1859-1939）與前述日本法學者有賀長雄（Ariga Nagao, 1860-1921）。這些外國顧問共同組織憲法研究會，並邀集政學界重要人士共同參與，所獲得的見解常提供袁世凱憲法意見所用。名義上憲法顧問以古德諾為首，但因古德諾本身事務繁忙，經常無法參加憲法研究會議，實際上則是以有賀長雄的意見為主。有賀長雄於1913年3月連同助手兼通譯青柳篤恒抵達北京之後的三個月內，在憲法談話會中提出了憲法要點十項目，內容即針對當時中國的國情與政治局勢，提出的一系列的憲政觀點，這些討論要點後來集結成一部著作，由陳寶琛命名為《觀奕閑評》，其內容陸續發表在《憲法新聞》與《順天時報》。《觀奕閑評》中所闡釋的憲法制定意見，許多部分與後來袁世凱主導制定的《中華民國約法》內容相符，這本合計九章、約五萬餘字的憲法意見書，應該可以視為袁世凱《中華民國約法》的理論基礎。相對於《臨時約法》與《天壇憲草》的理論基礎來自於民主共和與社會契約，《觀奕閑評》提供完全不同的視野，這是有賀長雄表現在國家學等著作中基於德國國家理論的觀點。這二種理論都對西方國家產生重大的影響，民國初年的憲法爭論正好是這二種理論何者適用於中國社會的辯論實例。

總體而言，有賀對於民國初期的憲政進行國家學的分析，不只是理論上的

思辨，還兼具歷史事實的印證，人畢竟都只能以其所學、所見成為知識來源，有賀長雄的基本論點當然來自日本明治憲法的基本原理，以及他從歐洲學習的憲政理論，我們如果翻閱他在明治22年出版的國家學著作，不僅書名附上德文原文的國家學體系，第二頁就直接印上史坦恩、格奈斯特與英國社會學家史賓塞三人圖像，首章就提出國家有機體，以及國家社會的二元關係，如同史坦恩對於伊藤博文的啟發，憲法不能仿照或是直接搬移，而須自國家歷史傳統延續而成，更重要的是衡量當前的情勢制定適合的規範。因此，有賀長雄對於當時中國國家權力的建構，認為須以國家有機論的看法，進行國家元首對於國家行為與國家意志的整合，他將大權集中在總統身上，不過是依據國家理論及歷史經驗而建構，目的在於元首大權集中，調整當下紊亂的憲政秩序，擺脫因社會主義意識形態與社會階級利益糾葛造成的失序狀態。這種主張看得到史坦恩的國家學思想，但是對於崇尚英美式自由民主共和理論之革命派，當然視之為異端。袁世凱死後，有賀長雄仍然擔任北洋政府的法律顧問，直至1919年返回日本，1921年病逝。

　　清末民初的立憲運動多執著於國體與政體的安排，過程只是擺盪在對立的理論之間，沒有建立有效的憲政，然而「法治建國」則從理念到行動，深刻影響知識分子的學習行動。1901年清廷改變兩年前限定科技與實業的留學政策，鼓勵留學生學習法政學科，甚至舉辦留學生回國考試，及格者授予科舉身分，並授予官職，以利推行新政，這項政策開啟法政留學的風潮，赴日學習尤其是首選。除了李家駒與汪榮寶屬於在職進修，吸收有賀長雄等人的知識，歸國後立即在體制內從事法制建設，我們再依據當時幾位具代表性留學生完成的行政法著作，可以更清楚觀察到史坦恩行政理論透過日本學者相當程度的烙印成我國早期的行政法學：

　　夏同龢（1868-1925），貴州都勻府人，曾為1898年清朝狀元，出國留學前已歷任翰林院修撰、武英殿纂修、國史館協修、湖南鄉試副主考等公職，1904年公費留學日本法政大學，類似公務員奉派出國進修，1905年回國後擔任新成立的廣東法政學堂監督，還兼任兩廣師範學堂監督、廣東地方自治講習所所長等職務，廣東法政學堂後改制為廣東法科大學、廣東大學，也就是現今中山大學前身。民國成立後，同樣歷任要職，1913年擔任眾議院議員、憲法起草委員會理事，參與撰擬天壇憲草。日本法政大學為清朝留學生開設為期一年的

法政速成科，留學生是以建國的心情積極學習新知，課程安排全年無休，1905年學成之後集眾人之力，將法政知識編輯成叢書出版，夏同龢編撰的《行政法》為《政法粹編》叢書的第三本，這套叢書當年只在日本東京發行，並未在中國出版，編輯目的似乎是為了留學生持續研讀法政新知的參考，今日的版本由大陸學者重新點校，維持繁體字，由大陸鳳凰出版社於2013年出版，依據書末所附當年編輯科目，幾乎涵蓋了現今大學法律系的必選修科目，可見留學生們是如何急切的心情學習新知，並且分工合作有組織的呈現成果。依據重新點校的夏同龢《行政法》，全書分上下兩卷，上卷總論，137頁；下卷各論，105頁。總論分別分析憲法與行政法、行政與行政法、行政組織、行政行為、行政監督等五個主題；各論分別是軍務行政、外務行政、司法行政、財務行政、內務行政，體系上與史坦恩完全一致，比較特別的是，內務行政只區分保安警察與助長行政，助長行政的概念出自日本學者，也有學者使用保育行政，類似民生福祉的概念，書中的助長行政再區分為衛生行政、經濟行政與教育行政等三項，可能受限於學習時間，範圍並不完整。

　　曹履貞，曾為清朝舉人，1904年公費留學日本法政大學，回國後擔任兩湖總師範學堂第一任學堂堂主，類似兩湖師範大學校長的職務。曹履貞在另一套《法政叢編》的第三本編撰《行政法》，全書75頁，在《政法粹編》叢書的第十七本則編撰《國際私法》。《法政叢編》是由湖北籍留學生組成湖北法政編輯社，地址設在東京清國留學生會館，兩套叢書出版的範圍類似，差別在於，湖北法政編輯社當年同時在日本與中國發行，藉著書局販售與通路，較有知名度。曹履貞《行政法》，全書體系也可分成總論與各論，內容則為總論、行政機關、行政行為、行政監督、內務行政、財務行政、軍務行政、外務行政、司法行政等九編。

　　曹履貞與夏同龢在總論中所使用的行政監督，也是日本學者使用的上位概念，依據兩本書的整理分別涵蓋了命令與處分的撤銷與廢止，以及訴願與行政訴訟，依據它的內涵比較偏向現今行政爭訟制度。除了概念上的出入外，體系與架構都相當一致，曹履貞《行政法》以75頁篇幅只能做到綱舉目張、簡單扼要的處理核心概念，但也因為有利傳播，比較符合讀者即時吸收法政新知的需求，所以流傳較廣，影響較大。他在出版例言中指出：「吾國無行政之成書，其有論者，不過一二賢能，就己所閱歷者，敘述一二。……求其會通國體、政

體，明述內外法制，使人一見可曉者，絕不可得。」可見在他之前以中文為名的行政法不僅罕見，而且片斷不成書，曹履貞認為「博士先生因時日促迫，所講甚略。今參以法學學士松元順吉《講義》，始略具大體焉。」而他的寫作目的就在於成就一本「使人一見可曉」的行政法。夏同龢的學習動機就更全面，他能夠以一年的學習期間，編成體系完整、內容詳盡的行政法總論與各論，可見他當時相當專注在行政法，除了參考講授者清水澄博士的著作，他在出版序言中指出：「及聞行政法講述，殊簡略不足以廣吾意，乃參考各家著書，且實驗諸行政官府及市町村之所有事，然後之行政之意義、範圍、實質、形式，與夫機關之組織、運用、監督之方術，軍事、外交、財務、法務、警察、助長，一切內容駁括之薄博。」可見他同樣不滿意清水澄過於簡略的講述，於是廣泛參考其他日本學者著作，甚至還參觀過行政實務；另外在出版凡例中列出參考書目：筧克彥《行政法大意》、岡實學士《行政法論》、美濃部達吉《行政法總論》、上杉慎吉《行政法原論》、富岡康郎《行政法理研究書》、小原新《行政法總論》、穗積八束《行政法大意》。他對於行政法的體認，尤其表現在序言中指出行政法的學習順序與法學架構，「於國法學，見國家社會締構之原理與政權分立之精神，則可知行政必先樹立根據於此；於刑法、裁判構成法、民刑訴訟法，則可知司法權與行政權之界限；於民法、商法、經濟學、財政學、國際公私法，則可知政界之廣遠。」

　　曹履貞與夏同龢均受教於清水澄，我們翻閱清水澄的行政法各論，同樣發現軍務、外務、法務、財務、內務行政五大領域的架構，以內務行政為例，書中區分為警察行政、衛生行政、宗教行政、神社行政、古文物行政、土木行政，救貧行政、教育行政、農工商行政、遞信行政（郵便電報電話、鐵道、船舶）等十章，項目眾多卻未交代分類標準為何，我們如果依據史坦恩內務行政的三分法，就可以比較輕鬆的掌握這些項目：關於個人生理生活行政，可以收納上述警察行政、衛生行政；關於個人精神生活行政，可以收納上述教育行政、宗教行政、神社行政、古文物行政；經濟生活行政則收納土木行政、遞信行政、農工商行政；社會生活的行政則收納救貧行政。透過這樣的比對，不僅能掌握他的行政分類，也能看出缺失的行政項目。清水澄的行政法各論倒是反映日本神社文化的重要性，卻突顯社會行政的低度發展，書中對於警察概念的分析，倒是可以看出作為國家治理理論基礎的警察學與行政學兩者的傳承脈

絡：「警察之意，其始本指國權作用之全體。繼則除關於宗教之行政作用外，其他國權，皆包含在內。後並司法、財政、軍事等行政作用亦除之，所謂警察者，僅指內務行政之全體。然今之所謂警察，又但指關於內務行政作用中，備左列二要素：強制限制自由，維持公共秩序與臣民之幸福。」這些行政法各論的類型除了展現「國家學行政法」的特質，也反映當時日本行政法的主流。

除了日本法政大學的曹履貞與夏同龢，另外兩位代表性人物則是東京帝國大學法學部政治科畢業的白鵬飛與鐘賡言。前兩者出國前都帶著科舉身分，留學類似公職進修，歸國後果真為國所用，投身實務工作，出版的行政法無暇再做更新。後兩者以學生身分留學日本，不僅時間較長，並且獲得學位，歸國後則從事法學教育工作，出版的行政法著作影響更為深遠。

白鵬飛（1889-1948），廣西桂林人，1911年廣東官費留學日本東京帝國大學法學部政治科，赴日留學十三年，遍修法學、政治、經濟、獸醫、統計等專業，1924年畢業於日本東京帝國大學，獲法學碩士，師承美濃部達吉，著作有《法學通論》、《勞動法大綱》、《比較勞動法大綱》、《行政法大綱》、《行政法總論》等書。

白鵬飛的《行政法總論》出版於民國16年，民國17年再版，316頁；《行政法大綱》則出版於民國21年，民國24年再版，330頁，因為排版較寬，所以頁數較多，其實內容相當簡明易懂。據《行政法大綱》序言，原本民國19年預計配套出版行政法各論，交由商務印書館印行，卻因為淞滬戰役，毀於兵火，版本竟成灰燼，讀來讓人心情沉重。這兩本行政法總論，出版期間歷經政府體制變動，從憲法的「議會政府制」，改變成約法的「國民政府制」，對於行政法學的影響同樣反應在序言中「年來法令紛更，舊著與現行法不盡吻合，茲將原稿重新編訂，字數較原著減約去十分之四……悉依照國民政府所頒布之法令，以為敘述上理論上之根據。」比對這兩本總論，尤其能夠觀察到國家政體變動下行政法的尷尬困境。以中央官制為例，《行政法總論》處理民國元年臨時約法的國務院、國務總理、各部總長，民國3年袁世凱另立中華民國約法，國務院改稱國務卿，徹底改變中央官制，民國5年恢復臨時約法，到了民國17年的中央官制，「實際乃折衷於民國元年與民國3年諸官制」；民國21年的《行政法大綱》完全略去前述各種官制，「至國民政府，建都南京，統一全國以來，而吾國乃完全入於黨治矣。」中央官制則改為國民政府與五院，分掌五

權。

　　白鵬飛的行政法各論雖然毀於兵火，但是在兩本行政法總論分析行政權的作用時，都提到形式意義的行政權作用作為分類的依據，基本上也採用軍政、外政、法政、財政的區分，雖然沒使用內務行政的專有名詞，卻類似夏同龢編撰的《行政法》區分為警察行政與保育行政，保育行政也成為一個更為普遍使用的行政類型。比較特別的是，他將行政與行政訴訟都列入行政權作用，不同於其他行政法著作，原因只在於他個人對法政的定義：因為他將法政定義成私法作用，這似乎是一種誤解，其實民刑法都可列入法政範疇；他將行政訴訟理解成「法規維持」，沒提人民權利保障，所以列為行政權的作用，其實是窄化行政訴訟功能，不過瑕不掩瑜，行政訴訟制度都歸類在行政爭訟的範疇。

　　白鵬飛的《行政法總論》雖然多處提到歐洲各國法制與學者主張，甚至使用中德對照的專有名詞，但是都顯簡略，他似乎更重視整體的介紹，所以在內容上「散漫混淆，在所不免，幸世不重學，而吾學亦非法令全書之比，其記誦印版文章之現行法令，只索責之刀筆小吏，而不可有待於吾儕；且法學貴在發見，不貴在創設，世之所謂創設者，非佞即偽耳。」他認為著作的詳盡與否並不是評價的重點，重點是讓讀者有所依據，進而發現知識，激發興趣，「其充類至盡者，亦不過探究法理，而闡明其運用之規律，此則吾儕今後之所願努力者也。」民國21年的《行政法大綱》就完全不見這些感性用語，反而更強調「全書於理論方面，較之舊著為簡明暢達；於實際方面，則較之舊著為切於實用。」與白鵬飛學術風格相反的，就是同樣受業於美濃部達吉、畢業於東京帝國大學的鐘賡言。

　　鐘賡言，浙江海寧人，生平資料相當欠缺，推測是1882年出生，1903年由京師大學堂選派出國，留學日本，1906年24歲，由東京第一高等學校畢業，進入東京帝國大學法學部政治科，1911年29歲畢業，獲法學士學位，赴日留學八年，歸國後授予法政科進士，列名宣統三年「游學畢業進士」。民國成立後，1912年在農林部任職辦事員、編纂，後擔任國務院法制局參事。在北京大學、朝陽大學擔任憲法與行政法教授，著作有《憲法講義大綱》、《行政法總論》、《行政法各論》、《現行地方自治法令講義》、《經濟原論》等書。朝陽大學於1923年陸續以朝陽大學法律科講義為名出版其編寫的《行政法總論》、《憲法講義》、《經濟原論》，被譽為中國行政法學開山始祖。鐘賡言

之所以有這樣的美名，與他長期從事教職、不斷更新著作，以及有能力兼顧各國法制有關，京師大學堂同時期選派赴日的30名留學生，選讀法政科就有15人，歸國後或任公職、或任律師，均有相當的貢獻與成就，如果依據當初選派目的在於師資培育，鐘賡言倒是名符其實，始終如一。

依據大陸學者重新點校、轉換為簡體字版、由大陸法律出版社於2015年再出版的《鐘賡言行政法講義》，該書的寫作依據，外文尤其是德文資料延續到二十世紀初的著作。就這點而言，鐘賡言雖然閱讀日本文獻卻不受限於日本學者，反而能夠以日文作為平台，廣泛掌握歐洲各國法制與學者理論，直接與歐洲法學接軌，足見他用功之深；相較於同時期的行政法著作，本書值得享有較優的評價。本國法制則延續到1923年（民國12年）的中華民國憲法，詳盡收錄當時有效的民國法制，全書的出版體系分成總論（緒論與行政法總論）、行政法各論（警察行政、公企業法公物法、公用徵收法、軍政法）、自治行政論等三卷，970頁，如果加上點校學者的導讀文章，全書已達千頁。緒論含目次合計52頁，主要處理國家理論與行政法法源；行政法總論合計216頁，除了行政組織、行政作用、行政執行、行政爭訟之外，還用了相當篇幅論述公法上法律關係；行政法各論含自治行政合計700頁。民國以來政治相當不穩定，為了配合法令修訂，本書應該歷經過各版本的修訂，才能因應教學需求。緒論與行政法總論的架構與上述行政法著作類似，都反映當時日本學者的通說，本書的內容則更豐富，只是引用資料太豐富，卻可能模糊了論述本旨。

行政法各論含自治行政占本書十分之七篇幅，這種總論各論兼備的寫作特性，充分表現在清末民初的行政法學，他注意到當時通行的五大行政領域，但卻認為「從學理上而考察之，是否可謂為正當之分類，要尚不能無疑。」那麼應該怎麼做行政分類呢？「蓋法律學之研究，其足以為編別之基礎者，要不可不以法律上之性質為依據。」鐘賡言更注意到「國家學行政法」與「法律學行政法」之間的理論分野，耐心分辨之後，他將行政法各論定位成國家與人民之間所有法律關係為目的的領域，行政分類也就以這些法律關係為基礎，他認為法律關係皆由意思與利益為基礎，國家與人民關係也就依此二元素而區別，所謂「意思與利益」其實就是源自於人的「意志與利益」，屬於有機體理論的應用，他分析國家理論同樣定義國家為有機體，具有國家人格特性。書中並沒有進一步說明如何以這兩個要素構成完整的各論體系，我們只能依其意旨推論，

國家有自身的利益所以需要建立財務行政，國家需保護私人間法律關係的秩序所以需要建立法務行政，國家需保護社會全體的利益所以需要建立內務行政，至於意思的要素，國家以單方意思命令所屬，這是軍務行政與警察行政，國家以單方意思針對私人間法律關係行其干涉者，這是公用徵收法，國家以一己經營之企業或經營權，特許私人者，這是公企業法，國家以物之所有者而支配所有物，這是公物法的由來，儘管這個分類方式還是模糊，鐘賡言仍然建立了行政各論合計七個類型：警察權、公企業法與公物法、公用徵收法、財政法、軍政法、法政法與外政法、自治行政法，《鐘賡言行政法講義》則收錄了警察行政、公企業法與公物法、公用徵收法、軍政法等四部行政各論，自治行政法另外成為本書第三卷。

　　這看似奇特、內容龐大的行政法各論，其實仍然有前述行政五大領域的脈絡，只是做了不同的組合。鐘賡言的行政法各論集中處理內務行政與軍務行政兩個領域，而且廣泛使用警察概念取代行政，推究原因，應該在於日本當時處於警察學與行政學的混用年代，所以有可能以警察學的「良善警察」概念涵蓋當時國家事務，對於歐洲新興的行政取代警察，還不能完全消化適應。對於這種重新組合的行政法各論，如果欠缺前述行政五大領域的認識，是很難掌握他的內在邏輯。

　　鐘賡言對於警察採的是廣義警察的概念，管理範圍幾乎等同於內務行政的全部，書中的警察各論包括保安警察、衛生警察、風俗警察、交通警察、產業警察，前三項可納入史坦恩個人生活行政的範圍，後兩項則屬於經濟生活行政；其他促進經濟生活的行政作用卻都歸納在書中的公企業法與公物法，包括道路法、鐵路法、公水法、公之通信企業、貨幣及銀行、權度行政、原始產業行政、工業行政、商業行政、教育行政，公用徵收法也可歸納在促進經濟生活的行政。經過這樣比對，可以發現鐘賡言使用公企業法、公物法、公用徵收法三個概念涵蓋國家經濟發展，相當重視經濟生活的行政，卻對社會生活的行政隻字未提，可能也沒有意識到行政與社會發展的關係，我們如果注意到鐘賡言的《經濟原論》，就能夠理解他同時涉獵國家經濟與國民經濟的理論，並且轉換成行政法各論的內容。

　　綜合上述分析，我們經歷了師承日本早稻田大學有賀長雄的李家駒與汪榮寶，翻閱了師承日本法政大學清水澄的曹履貞與夏同龢，以及師承日本東京帝

國大學美濃部達吉的白鵬飛與鐘賡言，透過這些行政法著作，可以發現共同的特點：都以緒論、行政法總論、行政法各論三個學術架構論述行政法，**緒論**都以國家為立論基礎，闡釋國家、憲法、行政三個概念的有機關係；**行政法總論**必定包括行政組織、行政行為、行政執行、行政爭訟四位一體的有機關係，個別著作會處理公法法律關係或者國家賠償與損害補償制度；**行政法各論**則涵蓋軍務、外務、法務、財務、內務行政五大領域的有機關係，而且都以內務行政為核心，這個「三四五」的學術架構充分展現「國家學行政法」的特質，除了反映當時日本行政法的發展狀況，也完整呈現我國清末明初行政法學的學術圖像。

後來的行政法學者，都歷經政權變動、法令更迭的困境，「緒論、行政法總論、行政法各論」三個學術架構，卻呈現發展上的差異：總論持續發展，各論無以為繼。趙琛與管歐的行政法各論可以算是這個學術傳統的最後亮點，從此行政法學就走上獨尊行政法總論的時代。

趙琛（1899-1969），浙江東陽縣人，日本明治大學學習法律，1924年獲碩士學位回國，於民國21年由上海法學編譯社出版行政法各論，372頁，該書三年間發行四版，頗能反映當時的行政法制，在體系上參照國民政府五權制度，分為純粹行政、立法行政、司法行政、考試行政、監察行政五部，純粹行政實質上就涵蓋前述的五大行政領域，書中則區分成內務行政、外交行政、實業行政、交通行政、教育行政、財務行政、軍事行政，職權最複雜的內務行政則依據積極與消極兩個面向，消極者維持現狀、預防消除危害，如警察；積極者於現狀之上，增進福利者，所以內務行政可區分為警察、衛生、民治（人口、撫卹）、土地、禮俗等五項行政業務。

管歐（1904-2002），湖南祁陽縣人，1930年畢業於北平朝陽大學，於民國25年由上海商務印書館出版行政法各論，312頁，該書在體系上仍採內務行政、財務行政、外交行政、軍事行政等四部，全書依據訓政時期國民政府政體，「吾國現在以黨治國，以三民主義為治國之原則，以五權憲法為施政綱領，吾人於此所謂實質的行政，亦僅指五種治權中之行政而已，所謂行政法，亦僅指屬於此種行政範圍內之一切法規。」內務行政則區分警察行政與保育行政兩大類，類似前述夏同龢與白鵬飛的分類，區分的理由也採前述消極與積極的行政作用，保育行政實質上涵蓋國家對內的主要行政作為，包括國籍行政

（含人口與統計）、交通行政、農業行政、公水行政、林墾行政、漁牧行政、礦業行政、工業行政、商業行政、度量衡行政、文化行政（含禮俗、教育、著作權）等十一項。該書出版序言提及行政法學者的三項責任，其一是法制的整理，「現行行政法規已蔚爲大觀……其中重複、牴觸或分期之處，所在多有，殊有從新估價，刪繁就簡，以整個的整理之必要。」其二是法治的實行，「法律貴在實行，若實際上之運用，與法規並不相符……爲法治國家之累，如何使法必實行，行必受其規律。」其三則是法實證與法哲學的兼顧，「法律含有非意識的舊元素與意識的新元素，此兩種元素，乃長居互相爭雄之狀態中，社會之改進，即基於此種新元素之滋長發達。行政法規既爲國家行政之軌範，一方固應使該項法規適合國情，期切實用；一方亦應不忘以新的意識，鎔鑄爲法規之新元素，以推進政治之先導。」從這段文字中既可以看到法制與法治的二元關係，也可以看到行政與社會的有機關係，仍然有參考價值。

兩本行政法各論都有提出方法論的問題，分析如何建立行政各論的體系：依據法律關係之性質或者行政作用之目的，兩本書都採用後者，因爲相同的法律關係可能散見不同的行政法規，而同一法規又可能處理多種權利義務型態。法律關係的分類是由鍾賡言的行政法各論所採用，必須另外建立更上位的概念涵攝行政內容，呈現出的往往是更爲抽象的體系；行政作用的分類「雖不免繁瑣，然系統井然，是其特點。」可見當時學者多採行政作用的分類，形成通說。

但是這樣的通說卻未能延續行政法各論的學術生命，上述的政權變動與法令更迭固然使得寫作困難，然而更重要的，應該是學者們所採用的分類方式，都容易偏向羅列架構，只計較行政架構，卻忽略架構之間的有機關係，成爲上述著作的共同盲點。行政各論的有機關係指的是行政與社會的二元關係，借用上述管歐的說法，就是行政法的法令舊元素，應該時時對照人的生活，這個時時變動的新元素會表現在生活的各個層面，包括經濟與社會的層面。如果行政法學忽略促成它變動的力量，不能夠將新元素納入法學範疇，也就只能觀照行政法令，羅列法規架構卻掌握不到法的精神，行政法的精神就在於掌握經濟生活與社會生活的特性，以及它們對於行政法制與法治的主導作用，這個屬於行政法各論的內在因素，正是史坦恩建立內務行政體系論的關鍵所在，卻是身爲繼受法的日本與我國最無能爲力的地方。相較之下，行政法總論純粹概念式的

建構理論體系，既不受政權變動與法令更迭的影響，也不用顧慮經濟與社會的差異，持續發展成爲我國行政法學主流。民國32年同樣畢業於北平朝陽大學的林紀東（1915-1990），出版《中國行政法總論》，以及民國47年管歐出版的《中國行政法總論》，這兩本行政法總論開啓了台灣的行政法學，也奠定日後行政法學朝向「法律學行政法」的發展，行政法總論幾乎就等同於行政法的教學、研究、考試，行政法各論或者體系論既不見諸行政法，也不見諸行政學，這到底是法學的進步或者退步呢？

史坦恩的國家有機體與行政有機體不僅跨越太平洋，直接、間接地影響日本與我國的立憲與行政，也跨越大西洋影響美國的行政理論與行政法。美國的民主制度實行到十九世紀中葉之後，落得個「分贓政治」的名號，1887年的美國政治學期刊一篇行政學研究的文章形容進到市政府的感覺：政府受到議會牽制，人事預算由議會控制，到處充斥著組織鬆散、士氣低落、毫無效率的氛圍，政府實質上受到政黨控制，政黨又是特殊利益的代言人，造成行政機關朝令夕改、任意舉債、破壞財政紀律等現象。文章作者是威爾遜（Woodrow Wilson, 1856-1924），他被尊稱爲美國行政學之父，這篇行政學研究的觀點自然具有時代意義，他認爲美國要脫離上述政治困境，應該向德國學習行政知識，在政府與議會的關係之外，開創獨立的行政機制，仿效歐洲將行政當作一個獨立領域進行研究；同時期被尊稱爲美國行政法之父的古德諾（Frank Johnson Goodnow, 1859-1939）更擴充威爾遜政治與行政分離的理念，1900年出版《政治與行政》進行更有系統地闡述，成爲政治與行政分合理論的另一位開創者。這兩位美國行政法學開創者，都深受德國有機國家理論的影響，將國家有機體意志力（憲政）與行動力（行政）二分的觀點，應用在政治與行政的二分，開啓行政研究的典範。他們兩位對於行政法的定義都認爲應該廣義地看待行政與法律的關係，更重視政府運作，而非實證法的作用，行政法並非源自法規範體系，而是因應政府運作的需求，行政法應該反映政府運作原則，而不是以法原則看待行政，比較接近「國家學行政法」、並且排斥「法律學行政法」的觀點。

威爾遜日後在普林斯頓大學的行政學授課講義多處提及德國有機國家論的伯倫知理（Johann K. Bluntschli）與史坦恩，史坦恩《行政理論與行政法》開宗明義的那句話「隨著文明的繼續發展，我們可以更清楚的體會一個明顯的

趨勢,那就是我們已經跨越了憲法建構的時代,下一個發展的重點會是行政領域。但這並不代表憲法不再具有意義,而是我們已經站在憲政建設的基礎上,發展到行政建設的階段。」更是直接使用在威爾遜的行政學授課講義。他的授課講義指出政府行政的判斷標準,如果人民藉由政府提供的條件而穩定生活,就是好的政府;反之則是壞的政府,「自由更多取決於行政管理,不再取決於憲法。」憲法提出的是自由的原則,實際的自由則依賴行政的安排,他進一步指出八種促進人民生活的行政類型:

- 個人生存與社會活動的條件,例如認證個人的出生、婚姻與死亡;法人的申請與核定;提供個人獨立生存與權利的認知條件。
- 透過統計提供社會自我認知的方式,並依各領域及其組織提供社會、經濟自我管理的工具。
- 對社會與個人保障,使其避免生活失序與危險的困境。
- 提供個人衛生保護,如衛生制度、醫院的建立與維護等。
- 基本經濟能力的保障,如濟貧制度、儲蓄銀行等。
- 基本的精神能力提升,意即教育制度。
- 經濟與其他社會活動的提升,如公路航運建造、電郵制度的建立、鐵路的監管、貨幣制度的建立、市場的建立等。
- 財產的保障。

　　行政組織涵蓋各項領域,包括司法與財政,軍事與外交,以及更重要的內政,這些行政體制的建構,可以明顯看到史坦恩內務行政體系論的脈絡。

　　古德諾的行政法學著作也受到格奈斯特(Rudolf von Gneist)與史坦恩的影響,古德諾論述行政權,主要還是基於政治行政分合理論的基礎上,早在1893年《比較行政法》一書中,已經明確載述政治(立法)與行政之間的區分與協調,政治行政分立不能基於權力分立的理論,他也注意到分贓政治使得公共行政喪失自主性與一致性,透過有機國家理論才能認知憲政與行政的二元對立與整合關係,瞭解憲政秩序的相對性,重視公共行政對於文明發展的關鍵意義。該書開宗明義就依據功能與特性區分行政類型,包括外交行政、軍事行政、司法行政、財務行政與內務行政。

　　威爾遜與古德諾都依據的政治行政分合理論建立行政自主性，使得國家得以因應工業社會發展，建立有效的行政管理機制，但是，史坦恩的有機國家是建立在君主立憲體制上，憲政（意志力）與行政（行動力）的對立與整合還有賴君權的機制，三者構成君主立憲的三權分立，但是民主共和的美國並沒有君權體制，政治與行政如何協調不分立呢？古德諾並不寄望法律制度內的機制，而是交由一種自建國以來一直存在的法外機制，那就是政黨。政黨作為政治與行政之間的連結，意即國會與行政機關的協調者，政黨若不嚴守選民意志與協調平台的分際，將會造成政黨制的失敗。威爾遜則是重新建立行政的倫理基礎，行政不只是單純的執行立法，而是必須參與人民的日常生活，使行政連結社會生活共同體，整合共同體內部產生的多元複雜利益。因此，行政的原動力是來自於整體人民，而不是涉及特殊利益的立法代表，如何調和社會特殊利益與行政的對立，首先在於公共輿論，透過輿論一方面制衡立法者的政治力，另一方面整合整體的意識；其次則是建立文官制度，具有良好教養和獨立精神，足以理性且精力充沛的執行任務，透過選舉與公開透明機制，保持與國民思想的緊密聯繫；第三則是提升教育水準，使國民直接判斷行政的理由與方式。古德諾寄望政黨機制扮演君主立憲政體的君王功能，似乎過於理想，完全忽略政黨畢竟還是代表特殊利益的本質，相較之下，威爾遜的文官制度、公共輿論與教育制度就顯得具體可行，這個主張類似史坦恩的「社會改革君王制」，改革的機制不在於政府與議會，而在於文官制度與職位公開。

　　美國行政學者Robert Miewald認為「如果威爾遜與古德諾被稱為美國行政學之父與行政法之父，那麼史坦恩應該被尊稱為阿公」。這樣的形容作為三人學術關係的註解頗為傳神。

陸、時代意義

　　1950年代，德國法學界開始討論憲法位階的「社會國」以及「社會法治國」如何具有時代意義，又如何在自己的歷史中，建立「社會國」的憲法史。他們對於社會國的意義，分別從三個觀點進行討論，為社會國尋找它的憲法定位：基於基本法的憲法條文、基於憲法歷史、基於行政法各種領域，尤其重要的便是社會國與法治國的關係。1954年，福斯多夫（Ernst Forsthoff, 1902-

1974）討論社會法治國（Sozialer Rechtsstaat）的議題時即指出，德國憲法史上，史坦恩首度提出「社會國」概念以界定工業社會的國家目的。福斯多夫並且指出社會概念的二元特性：社會概念的核心在於資源分配，具有雙重特性，既可以用於質疑或批判現行資源分配機制，成為變動的力量，同時社會概念又是一個整體的現象，涵蓋現行法制下的資源分配秩序，所以它本身又代表著穩定的力量，因而社會國理論也有相當的特性；在憲法層次上，社會國與法治國各有獨特的意義，對於德國憲法而言，社會國是個詮釋國家目的的理念，其位階得以拘束政策裁量、立法行為與法令解釋；它不是法律概念，而是國家概念。1958年，沃爾夫（Erik Wolf, 1902-1977）在《德國法學思想叢書》第十四冊中也指出，史坦恩在十九世紀以民刑法為主的法學環境中，就已經指出行政理論與行政法的重要，並將行政視為國家的核心功能，以從事社會改革，與憲法同列為國家目的的實踐途徑。沃爾夫並強調，史坦恩基於社會改革所建立的「行政國」（Verwaltungsstaat）理念，與當時格奈斯特（Rudolf von Gneist, 1816-1895）所提倡的「法治國」（Rechtsstaat），具有相同的時代意義。

　　1970年代開始，德語學界興起一股更全面的「史坦恩復興」（Lorenz-von-Stein-Renaissance），這段時期關於史坦恩研究的文獻數量相當多，範圍涵蓋史坦恩國家學體系下的四個領域：國民經濟、社會理論、行政理論與財政理論。關於史坦恩的社會國思想，德國法學界也陸續出現相當全面而且體系化的研究，研究的重點在於憲法、行政法與法制史的學者。1972年福斯多夫出版以史坦恩為名的論文集，他在文中分析德國基本法社會國理念下的給付行政與生存照護，與史坦恩的社會國思想具有歷史上的關聯；憲法史學者琥伯（Ernst Rudolf Huber, 1903-1990）分析史坦恩的人格、社會與國家的概念，指出社會作為一個相對於國家的概念，具有反對性與批判性；但是社會又是一個整體的現象，本身就涵蓋許多互相對立的要素，例如有產與無產、勞動與資本、貧窮與巨富，只有透過這些對立，才能夠顯現社會整體；所以對於社會國的討論，不僅在於社會與國家的二元，而且必須掌握社會自身的對立要素，如何影響國家的權力結構，甚至必須認清國家權力結構中的社會現象，這種基於社會理論重新定義國家的思考過程，使得史坦恩的社會理論就等於國家理論。對於社會問題的形成，國家必須負起「生存照顧」的責任，琥伯認為史坦恩建構的「社會改革君王制」能夠避免涉入社會特殊利益的衝突，並且具有調和社會衝突，

提升下層的作用，如此得以建構出「社會國原則」。

貝肯佛德（Ernst-Wolfgang Boeckenfoerde）則詳細探討史坦恩在《1789年以來法國社會運動史》所做的分析，他認為史坦恩「與十九世紀的一些思想家不同，他的論證形成一個完整的體系，而且是依據歷史規律所發展的理論體系。這是依據國家與社會的歷史變遷所獲得的學術成果。……他理解到社會生活必然發展的巨大力量，這種力量源自於新、舊社會秩序之間的矛盾與對立，這其中也展現出個別時代的社會理念，以及實際歷史變動之間必然的關聯性。」貝肯佛德進而討論史坦恩在該書中所做的社會學式的分析，他認為史坦恩透過社會與國家的變動理論，解釋三個不同時期的社會型態。第一階段是從封建社會到法國大革命爆發，社會型態從封建社會過渡到市民社會，產生了「自由理念」以及「法律平等」的概念。第二階段是法國大革命後經濟社會的形成，在此「自由理念」提供人獲取經濟發展的機會，但是機會掌握在有產者手中，無產者毫無獲取經濟利益機會；透過選舉權的財產限制，有產者逐漸掌握政治權力，包括立法以及行政上的支配權，此時的民主政體也顯現其無能。第三階段就是工業社會的危機，有產者壟斷生產工具，使無產者依賴有產者，無產者提供勞動力卻只能獲得低額薪資，勉強滿足生存而已，欠缺薪資的盈餘，無產者根本沒能力脫離貧困，有產者不勞動卻能享受生產利潤，於是產生嚴重的社會對立與鬥爭，導致社會與國家的分裂。貝肯佛德認為史坦恩所提出的「社會改革君王制」是解決社會問題的方法，但在君王制逐漸退出歷史舞台的當下，必須採取「社會民主」（die soziale Demokratie）的理念，賦予民主政體相應的社會意義，也就是當今德國與歐洲社會國的基本意識型態與價值觀。

1978年由史努爾（Roman Schnur, 1927-1996）所編輯的論文集，可說是目前研究史坦恩思想最重要的參考資料。在這本論文集中，除了史努爾所寫的導論外，共集結了24篇文章，分成「基礎問題」、「社會國」、「行政」以及「史坦恩影響」四個部分。史努爾在導論中回應社會學家所羅門（Gottfried Salomon, 1892-1964）在1921年重新出版史坦恩《1789年以來法國社會運動史》三冊時所寫的導論，後者認為史坦恩是「保守的社會主義者」。史努爾認為史坦恩到底是不是社會主義者有待討論，但更重要的是，應該務實地重新認識史坦恩的社會與國家思想，尤其是他的社會改革的立場如何形成？其理論依

據爲何？另外，在本書中同樣重要的部分，是編纂整理的史坦恩的原典著作，以及二手研究資料的參考文獻書目，關於史坦恩的二手研究文獻書目多達473篇，其中以史坦恩爲主題至少有272篇，大致以德語資料爲主。

　　1985年塔西克（Heinz Taschke）整理分析史坦恩遺稿，提出更全面的法制史研究成果。塔西克整理史坦恩二篇授課大綱的手稿，重新認知史坦恩的人格哲學，及其與德國法哲學思想的傳承關係，除了探討康德、費希特以及黑格爾等人的思想對史坦恩人格哲學的影響，也指出史坦恩與傳統唯心論的差異。

　　1989年克斯洛夫斯基（Stefan Koslowski）藉著分析史坦恩著作中人與共同生活體的關聯，闡述史坦恩在德國唯心論與社會國思想之間，獨特的論述風格。本書分成二部分，第一部分探討史坦恩思想中「人類學的基礎」（Anthropologische Grundlagen），主要分析史坦恩論述的核心概念，例如人以及共同生活體（Person und Gemeinschaft）之間的關係，如何透過人格與自然的辯證而連結在一起。第二部分探討史坦恩的社會國思想的內涵，一方面透過分析個體、共同生活體、社會與國家之間的關係，討論自由的變動與阻礙；另一方面，則是分析社會與國家的對立中，國家以行政力量進行社會改革以解決社會問題，並且指出國家勞動（arbeitender Staat）的體系作爲德國社會國的架構。而他在2005年所出版另一本專門討論史坦恩經濟與法律的哲學著作，也是延續此書的觀點進一步深化，其中比較特別的是，他將史坦恩的觀點與黑格爾、馬克思、狄爾泰與韋伯等人並列比較，試圖找出他們在思想與方法論上的關聯性，以此突顯史坦恩思想的價值與重要性。

　　2014年，德國《國家理論叢書》（Staatsverstaendnisse）第六十三冊以史坦恩社會國爲主題，由克斯洛夫斯基（Stefan Koslowski）擔任編輯，重新檢視史坦恩理論的時代意義，以及對於當代國家與歐盟組織是否仍有啓發，本書特別提出史坦恩和馬克思對於當時的普魯士都是不受歡迎的人，但是史坦恩不同於馬克思與恩格斯的地方在於承認人的差異性，這個差異性不僅是哲學分析的結果，更是人類生活最大的動力，因爲這個基本認識也使得史坦恩不同於馬克思，但也逐漸遠離黑格爾哲學的封閉體系，對於國家與社會有了全然不同的主張，也就是體系化的行政理論。史坦恩不僅依據歷史關係與理論體系建構出理性的國家行政，而且以行政功能使得國家得以從封建與階級桎梏中獲得解放，接著推行普遍的選舉權與納稅義務，使得國家進一步建立穩固的財政基

礎、體系化的財政理論，以及承認個人自由權利。他的社會國理論仍然能夠成為當今德國與歐洲的參考指標，更重要的，也指出社會國的界限所在。

學者普遍認為史坦恩基於國家社會二元論的觀點，除了釐清兩者的本質，賦予理論與實踐的可能，也使人重新認識社會問題，國家以其公共利益的正當性，能夠避免涉入社會特殊利益衝突，具有調和社會衝突、提升社會下層的作用，因此建構出德國社會國原則。除此之外，德國法學界1970年代之後流行以行政機制作為資源分配的主體（Verwaltungals Leistungstraeger），強調史坦恩行政理論對於給付行政的貢獻，也使得他的行政理論得以結合法治國原則，並且賦予法治該有的社會意義，成為社會法治國的典範。

雖然他被譽為德國社會理論、行政理論與財政理論的建立者，然而他並未刻意要建立這些學門，他的學術企圖始終就在國家學，他要建立的是經濟、社會、行政、財政與國家的連結，分析這四個學術領域因為國家而有共同目的，彼此構成有機關係，儘管這些學門今日都有更豐富的方法論與理論內涵，但也很難抹滅史坦恩的原初貢獻，他也被譽為德國社會國的思想先驅，德國基爾大學也成立史坦恩研究中心，作為該校行政學、行政法與財政學的教學研究單位。

詳 目

❧行政理論與行政法❧

第一部　行政與國家行動力：概念與本質

第二部　內務行政總論

第三部　內務行政的體系

第一篇　個人生活的內務行政　　　65

第一部

行政與國家行動力：
概念與本質

第一篇

行政的概念與本質

　　隨著文明的繼續發展，我們可以更清楚的體會一個明顯的趨勢，那就是我們已經跨越了憲法建構的時代，下一個發展的重點會是行政領域。但這並不代表，憲法不再具有意義，而是我們已經站在憲政建設的基礎上，發展到行政建設的階段。

　　我們當代的重大使命，不僅在於建立行政的體系，更必須探究行政內含的原理原則，以使行政的體系與理論成為公領域生活的寫照。如果到目前為止，我們仍處於憲法發展的階段，每一個國民都必須清楚認知他的國家與憲法，未來我們可以說，參與公領域生活的真實正當性必定在於行政，在於清楚的認知行政的基本原則、基本目的及其相應的法律制度。這個關於行政的論述，雖然只會按部就班的轉化成國民共識，但是我們畢竟生活在一個快速發展與持續變動的時代中，必定迎向全面的行政時代。

　　因而，我們應該如此強調，憲法之外，如果沒有行政理論及其法制的配套，根本談不上是完整的國家建構。換言之，完整的行政理論就是國家學的法典化，本文以下所論述的行政體系，其目的就在於具體呈現國家學成文法典所需要的各種制度。

　　為了達到上述目的，對於行政領域的認知，其方式及途徑與所有知識領域都是相同的。任何個別領域都是依據整體的存在而決定其本質與內涵。這個整體的存在就是國家的現狀，任何國家都是依據其絕對的有機要素：領土與人民、經濟與社會，在有機要素的多元組合下，而在歷史中呈現出不同的國家圖像。如果行政的功能被廣泛的認知，那麼未來的行政理論必定能夠成為上述有機要素多元組合的基礎，這正是我們目前必須努力的地方。因而，為了正確的理解整體國家生活的存在，並且充分認知個別生活領域對於整體國家的意義，國家理論勢必將行政法的各項制度列為自身最基本的要素。這種理解過程，也同樣呼應以下這句格言：論證任何個別事物的真實性，往往不在於它自身的存在，而在於它與整體事物的關聯性上。

　　在國家理念與行政理念之間的關聯性，尤其是國家理念與內務行政之間的關聯性，就是建立在國家行動力的概念與內涵（die vollziehende Gewalt）[1]。

---

[1]　史坦恩所使用的行動力，也可以理解成執行力的概念。但是執行力的概念，在後續的論述中，卻可能與行政的執行權（Vollzugsrecht）產生混淆，因此中文文本使用行動力的專有名詞。

行動力本身是一個巨大自主的有機體，透過行動力的建制，憲法的基本原理原則才得以轉換到行政的領域。意即憲法雖然能夠提供行政功能所需要的基本法則，但卻無法直接落實，只有透過行動力的機制運作，才能夠落實行政功能。因而在具體國家權力運作中，憲政、行政與行動力這三者可以是分立的概念。釐清它們的關係，正是行政法的基本目的。

第一章

國家的有機概念：國家及其有機要素

　　人的共同生活體本身就是一個基於個別存在的人及其人格本質所呈現出的現象。作爲一種本質，它必定不是任意、偶然或者隨機的現象，而是透過各種概念所推論出的整體生活型態，這種共同生活體本身也將會形成一種人格。任何共同生活體如果向上提升整合成一個具備自在、自爲與自我認知的人格，就是國家的概念。

　　國家作爲一個具備人格的共同生活體，它必定擁有人存在的所有要素。首先，人的存在是一種自然的事實，他是由身體與心靈所組成。其次，他具有自主性，他的自主性是由三個概念組成：他具有自我（das Ich）、有意識的意志（bewusster Wille），以及行動（die That）。人之所以能夠具備日益進步的人格發展狀態，原因就在於上述三個要素個別、自主的發生作用，以成就一個具有發展功能的有機體[2]。

　　要區分個別要素，必須先區分其個別獨特、自主運作的功能。個別的功能各有不同的目的。個別要素所共同發揮的整體功能，就是我們所稱的國家生活。一個有秩序的國家生活，個別機關必定各司其職。同理可知，如果某個機關取代其他機關的功能，那必定是一個失序無機的國家生活。在這樣的分析下，國家因而具有健康與病態的概念。健康國家與病態國家也只有在有機的國家概念之下，才有意義。而這個有機的國家概念，其實就是將人格自主的概念及其三個要素投射在國家自主的概念與要素上。如果我們進一步對照兩者個別

---

[2] 身體與心靈屬於人的自然現象，自主性則是超越自然現象的抽象要素，本文所謂人存在的所有要素，指的就是身體、心靈、自主性，這三者共同構成人格自主。在史坦恩的理論中，人格自主就等於自由，他使用人格自主的概念取代康德的理性（Vernunft）、黑格爾的精神（Geist），使得自由的概念不再附身於過度抽象的理性與精神，回到人自身的理論，每個人都能夠依其自身的存在，進而理解與掌握自由的意義。

的專有名詞，就更能理解兩者的關係。

國家的身體便是它的領土（das Land）。國家領土的多樣性，就如同人體功能的多樣性一樣的重要。對於領土的分析與記錄，就是地理知識，對於領土更抽象的理解，就會形成國家生活的生理面向。

國家的心靈便是它的人民（das Volk）。對於民族多樣性的分析與記錄，就是民族學知識。如果將民族提升到建構國家的要素，並且分析民族的特殊性，便是人口理論。相較於民族學，人口理論具有更高度的抽象性。

國家在它的領土與民族之中，形成自身的個體性（die Individualitaet）。領土與人民持續且相互的影響彼此。理解這兩個要素相互的作用，就構成理解國家的結構及其發展的源頭與基礎。基於領土與人民的相互關係，會形成我們所稱的國家的外在生活（das natuerliche Leben）。任何國家都具有這種基於自身特殊結構所形成的自然現象。雖然外在生活並非國家生活的全部，但是欠缺這個部分的知識，就不可能完全理解實際存在的國家。

相對於國家的外在生活，便是國家的自我生活（das persoenliche Leben）。國家自身第一個、而且最重要的機關，便是代表國家自我的元首（das Staatsoberhaupt）[3]。它的功能在於代表所有國家機關，就如同個人基於其人格自主性而表現在外的統一性，它也代表全體國民的存在與意志。這就是國家的自我（das Ich）。所有的國家都必須具備這種最高的自主性，因爲它的存在就代表國家的生活已經超越所有內在的特殊、分歧與利益，呈現出個人人格的最極致統合，並且能夠發揮實際的影響力。

國家的第二個機關便是代表國家意志（der Staatswille）。如果我們將國家比擬成個別人格的統一性，那麼國家的意志首先也只能比擬成國家元首擬人化的意志。然而所有個別人格的本質都具有自主性，如果全體國民個別人格的自主性不能完整的形成國家意志，那麼這個國家意志本身也就是不完整的。但是所謂的自由（die Freiheit）必須是所有個人的自主性都被接納在國家的統一性之中，所以國家的自由必須建立在國家意志的完整與有機之上。要將全體國民的個人自主性完整形塑成國家的意志，首先需要某種的有機機制，進一步依據所有個人的自主性建構出統一的意志，這必然需要一定的程序。依據這個程序

---

[3] 「國家自我」的概念，在憲法上的意義就是國家主權。

建構自由國家意志的有機機制，我們稱之為憲政（die Verfassung）[4]。每一個國家都會有個別存在的意志，但是要達到自由的國家意志，必定會歷經漫長艱辛的權力鬥爭與歷史變遷。這個權力鬥爭的過程也就是國家自由的發展史，分析這段歷史過程，並掌握其變動法則，就是憲法學的學術內涵。

　　第三個機關是國家的行動。所謂的國家行動，指的是憲法中有機存在的國家意志如何落實在實際的生活關係中。這個生活關係就等同於領土與人民、經濟與社會多元且持續變動的現象。然而國家的意志本身卻必然是統一的意志。所以，一方面是構成國家內容的特殊且多元的自然事實，另一方面則是國家必須以其統一的意志支配這些特殊且多元的自然事實，兩者之間存在著永恆的矛盾對立，為了達到更高層次的個人人格發展理念，兩者之間永遠進行著互動。這個邁向未來的發展過程，在其中國家人格與其自然事實的種種互動形式，就是國家的生活。如果我們對於國家的理解，都能夠回復到構成要素的有機理解，這也就是國家的歷史。只有人類能夠在國家的理解中，形成歷史的知識，因為只有人的存在，才會衍生出時間的概念，自然事物的存在只會有規模大小的概念。以上所論述的不僅適用於國家這個整體的概念，同時適用於理解國家概念之下的個別領域。我們這裡所強調的個別領域就是行政（die Verwaltung）。

---

[4] 憲政的概念包括憲法與法律兩個層次，憲法專指國家意志的建立及其程序機制；法律則專指國家意志的內涵與表達機制。

第二章 ▶▶▶
行政的有機概念及其內涵

　　行政的有機概念屬於國家有機生活的一個領域，藉著特定機關的行動力將國家意志落實在國家的自然生活與個人生活領域。如果將立法（Gesetzgebung）比擬成展現意志的國家，行政就是付諸行動的國家。

　　基於行政概念的有機特性，我們得以區分出以下兩個層面。首先，就像人的各種動作，行政的外在形式呈現出一種具有體系性的有機整體；其次，行政有機體必定具有它的有機內容，以形塑具體的國家生活。

第一節　行政的整體特性

　　國家之所以具有高度發展的本質，原因在於，它的人格內在要素，都能夠延伸成為具有獨立功能的外在機關。所以行政本身除了具備行動力的概念（die Vollziehung），還包括實際發生的各種行政作為，這兩者分別屬於兩個層次，前者代表行政的本質，後者則是基於這個本質所呈現的行政現象。

第一款　行政的本質：國家行動力

　　不論行政功能的各種態樣，或者特定的行政任務必須採取何種的實際作為，所有的行政功能都可歸納在執行與實踐的概念。執行的功能表現在外的是有機分工，為此目的而設立各種有機組織；表現在內的則是為了執行功能所提供的必要條件，亦即各種配套的法制。這種具備自主功能的機關與法制，以執行國家意志，便是國家行動力。

第二款　行政的現象：實際行政分工

　　如果我們觀察國家自主生活所呈現的各項特色，在前述立法與行動力的

概念之外，各種的國家生活共同構成行政領域的概念，不同的行政領域及其分工就構成實際的行政，在憲法規範的國家組織意義下，就等同於所有的部會組織。

依據國家的本質，實際的行政可區分成兩種基本類型。首先是國家之間的事務，其次是國家內部的生活關係。

國際之間的首要任務在於規範和平共處的關係。和平共處的關係兼指國家人格之間，以及各國國民之間。前者我們稱之為外交事務，後者我們稱之為領事事務（das Consulatwesen）。國際之間相互主張榮譽與權力的自主性，屬於國防武力的事務。

上述國際之間的行政法制，通稱為國際法（das Voelkerrecht）。外交與領事事務屬於政治學範疇（die Staatskunst），國防武力屬於軍事學範疇（die Kriegswissenschaft）。

國家內部事務的首要行政領域，其性質為國家自身的經濟生活，我們稱之為財務行政。對於財務的行政管理屬於財政部。相關的法令構成財政法，財政的基本原則屬於財政學的範疇（die Finanzwissenschaft）。

國家內部事務的第二行政領域，其性質為維護國民個人之間的不可侵犯性，或者是實現私權的法制。所有民、刑法相關法令都屬於規範私權的法制。落實民、刑法相關法令的權益，屬於民、刑訴訟法制，相關的學術領域屬於法律學，實際的行政領域則屬法務行政（die Rechtspflege）。

國家內部事務的第三行政領域，其特質為全體國民的向上提升，因為實際的國家是由全體國民所組成，所以個別國民的發展程度也就等同於國家自身的發展程度。因而促進每個個人的提升必定成為整體生活的核心任務，這個部分的國家行為，我們稱之為內務行政（die innere Verwaltung）。相關的法令構成內務行政法制，所依循的基本原則屬於行政理論，其有機組織一般通稱為內政管理。

第三款　行動力作為行政的總論

依據上述三大行政領域的分析，我們已經呈現國家的行動力概念及其個別行政行為彼此之間的有機關係，所有行政領域都可以歸納在國家行動力的概念

之下，因而我們可以強調，行動力是所有行政部會的上位概念，也是所有實際行政領域的上位概念。關於行動力的理論，不僅適用於內務行政的管理理論，更是所有行政的總論。本書之所以在論述內務行政之前強調行動力，一方面是因為目前文獻欠缺行政總論的分析，另一方面是內務行政最能彰顯行動力的概念，以下的內容就專注在國家行動力與內務行政這兩大主題。

第二節　行政的有機內容

　　所謂行政的有機內容，係指行政與國家意志的互動關係，也就是行政與立法的互動關係。人的生活如果只有意志，是不可能呈現全部的本質。在實際的行動中，人的生活才開始展現生命的內涵。如果行政代表國家的行動，那麼只有行動與意志完全區分各自的功能，人的生活才得以隨之區分出兩個彼此分立的功能。如果行政只能夠單向的執行國家所表示的各種意志，這必定不是充分完整的生活，因為行政的功能在於管理所有實際存在的生活現象，所以行政不僅必須落實法律，它有時甚至必須取代某種程度的立法功能。從而行政不應該只是立法的下位階權力，它應該與立法共同協力，以完整呈現國家的本質與內涵。這才是行政應有的高度，具有無可取代的意義。不論是行政的行動力及其有機體特質，或者實際的行政領域，通常在內務行政的管理上，最能彰顯上述行政的特殊意義。行政理論的核心也在於內務行政，但是如果不從國家的有機本質與內涵分析行政的功能，行政也不可能獲得高度的意義與完整的發展，也只有在有機國家的觀點下，行政不僅僅代表所有生活秩序的實證知識，同時也代表國家學的完整落實。

第三章

行政法的概念、法制史與比較法

　　如前所述，國家的有機概念是基於國家本質發展而成，那麼國家的法制概念便是國家本質的第二個基本內容。因而有必要繼續探討，何謂國家法的概念，以及何謂行政法的特殊意義。

第一節　公法的概念與內涵：行政法的特殊意義

　　法與權利（das Recht）的形式意義就在於確立兩個獨立個人之間互不侵犯的界限。這個功能的前提在於，個人人格的作用得以充分表現在外，亦即人格的自主性本身得以成為互不侵犯的具體象徵。如果我們要知道法與權利的保障範圍，就必須進一步確定人格自主性的具體發展程度為何。也由於人格自主性的任何發展階段與行為都屬於法與權利的保障範圍，因而法與權利也就成為人格自主的具體內容，它對於任何其他個人不再只是哲學思考的產物，而是一種客觀存在的事實。只有在法與權利存在的前提下，一個個人的人格自主性相對於另一個個人的人格自主性，才成為完整的存在，相對的，法與權利的概念也成為具體的生活關係。

　　如前所述，所有的法與權利的概念只為具體存在的人格有其意義，既不為自然狀態，也不為某種精神狀態而存在[5]。因而，特定法與權利的內涵勢必與人格的本質與發展相互呼應，因為只有人本身才能真正的限制自身人格，法與權利的目的不在於限制，而在於符合人格的本質與發展。由此推論，理解法與權利的關鍵在於其源頭，也就是人的生活本身。如果只能夠理解法與權利本身的成文字句，只是「法匠」（die Rechtskunde）。但如果能夠進一步將成文字

---

[5]　史坦恩主張法與權利的概念源自於人格及其生活的概念，所以會批判自然法學派以自然狀態，以及歷史法學派依據民族精神作為法源的理論。

句與人格本質連結，並且將成文法理解成人格本質的有機生活發展，才能稱爲「法學」（die Rechtswissenschaft）。

由於國家所代表的是全體國民個別人格的擬人化統一體，因而它必須明確保障所有個別人格的自主性。在這裡必然衍生出統一體本身與所有個別人格自主性的界限問題，確定這個界限便構成國家生活的核心，因爲它是完整統一體本身與所有個別人格自主性的自由活動界限。所有由此而生的法令，我們稱之爲公法（das oeffentliche Recht），而與公法相對應的便是私法（das Privatrecht），私法的規範對象爲個別人格彼此之間的自由。所以，公法的概念就包含了全體國民個別的人格自由與國家人格本身的區分及其法令的總稱。

也由於國家本身具有如此的有機特質，因而在它所有組成的要素，依據有機生活的原則，同樣發展出具有各自對應概念的法與權利。

從而我們得以建構公法體系的概念，也就等同於國家法的概念（das Staatsrecht），專指國家人格本身的法制與體系。國家法的內容包括：代表主權的國家元首的法制（das Recht des Staatsoberhauptes），憲政的法制（das Recht der Verfassung），以及行政的法制（das Recht der Verwaltung）。在行政法的範圍內，則包括國家行動力的法律制度，以及所有實際發生的行政領域的法律制度。前述關於法匠與法學的區分，在此也有適用，法匠的作用僅限於理解實證法令，而公法學則依據國家本質發展法學知識。依據前段論述，行政法學所理解的行政法，其意義在於提供整體行政功能的法治前提與法律效果，因而所謂的行政法本身並非獨立存在的學術領域，而是與行政理論交互作用的領域，行政法使得行政功能具有法實證性並發生法律效果，而行政理論則賦予行政法有機的內容，因而行政法與行政理論具有高度的內在關聯。以上就是公法體系的基本概念，由此可以推論，不可能存在獨立的行政法體系，行政法必須與它的有機體系同步建構與發展。

第二節　法制史的內涵

公法的概念與內涵已如上述，如此理解下的行政法，所留下的問題便是如何解釋法制變遷的歷史發展。國家擬人化的國家人格概念，雖然可以解釋國家彼此之間何以不同，卻不能回答國家概念的內涵。所有的法制中，以行政法的

變動最為頻繁，在如此頻繁的變動下，適足以明確區分出法匠與法學。唯有將實證法提升到學術層次的法制史知識，才能夠突顯出法制現象中最有趣、而且主導行政法制建構的核心。

這個主導行政法制建構的核心知識便是社會理論。社會生活可以區分出三種主要的社會類型，在全世界各處都是如此，差別只在於彼此組合的方式與程度，或者彼此互相對立與磨合的不同。第一種社會類型是宗族社會（die Geschlechterordnung），宗族社會的基本特性在於以血緣與出身（die Abstammung）整合所有成員成為共同生活體；第二種社會類型是階層社會（die staendische Ordung），它的基本特性在於以職業歸屬作為共同生活體的目的與基礎；第三種則是市民社會（die staatsbuergerliche Ordnung），它的基本特性在於個人的自由與平等作為共同生活體的基本原則。

每一種的社會秩序都會產生專屬自身的特殊生活內容與結構，依據這些內容與結構再產生出相應的法制。因而我們可以推論，每一種社會秩序都會產生與其自身特性相符合的國家法，亦即主權、憲政與行政的法制，同理可知，每一種社會秩序也會產生各自特性相符的私法。因而社會的變遷史也將成為行政及其法制發展與變遷的歷史，行政法制史變遷的基本法則在於，所有的實證行政法制均源自於主要的社會秩序；而行政法制的變遷與發展則是源自於不同社會類型之間的對立與互動。前述社會類型的對立與互動過程，或者彼此之間呈現的消長與互補，又源自於下述三大要素的互動作用。

首先是整體理性或精神所發揮的作用（arbeitender Geist），它的結果就構成法哲學的內涵（die Rechtsphilosophie）。其次是財富的作用（der gewerbliche Besitz）。第三大要素則是國家理念是否充分認知自身的本質（die Idee des Staats），亦即國家人格充分認知到自身發展的規模與程度，完全取決於全體國民個別人格發展的規模與程度。所以在國家法的整體領域，以及個別行政法的領域，都會形成公平正義的法哲學理念，持續對抗基於現行社會秩序（即財富秩序）所產生的實證法制，前者面對後者必定不停的主張自身的存在與影響。這種法理念與法實證的矛盾衝突，正是舉世公認最巨大的有機過程。在這個發展過程中，整體理性或精神以其自身的勞動不斷戰勝所有實際存在的現象，並且取得支配地位，而這就是真實永恆的國家生活。這種充滿矛盾衝突、涵攝過去又主導未來的變遷過程，就構成世界歷史的發展動力。由於行政理論

本身的變動代表著整個世界歷史的發展，從而行政理論不應該只是現行制度的有限領域，它應該是人類歷史發展過程中，代表最極致學術的一種特定結構，且只有在這個特定結構的動態發展中，才是行政理論的自我完成。

第三節　比較行政法

　　比較行政法的理論基礎在於，每一個社會與國家都依其自身特質，建構與發展前述法理念與法實證的互動關係，所以每一個社會與國家都在其整體行政作用以及個別行政領域中，展現社會與國家的個體特性（die Individuali-taet）。也就在這些個別的差異性中，世界歷史也呈現其最眞實的價值，這個取用不盡的價值就在於行政的領域及其法制。比較行政法首先進行的是「形式比較」，也就是法匠式的比較。羅列、蒐集不同的行政法制，形式比較的意義只在於爲實質比較提供素材。「實質比較」就是進行有機比較，將現行行政法制的差異性視爲社會特性及其生活的現象與結果。實質比較的基礎，除了一方面研究、分析個別國家的經濟、社會與政治，另一方面則是就其民族特性的探討。實質比較的完成，足以呈現所有歐洲國家內在的有機生動關係。在我們的歐洲文化世界中，可以區分出三種國家內部運作的有機圖像，英國、法國與德國都具備行政法制構成要素的高度同一性，同時又在實際行政法制中呈現高度差異性，英國具備法律上自由且平等的個人，然而政府卻只有有限的權力；法國的中央集權政府卻享有太大的權力；德國本身屬於諸侯林立、民族多元的世界，一直以學術力量在英、法兩者間尋求中庸之道，也在部分的立法中落實這種和諧的可能。其他的歐洲民族都處在上述基本模式之間，因而本文在討論行政類型時，將以這三種類型爲主。以下將以學術體系建立與分析行政歷史及其實證法制，並進行比較研究，首先討論國家行動力，接著闡明國家對內的內務行政體系。

第二篇

國家行動力的概念與本質

　　依據國家人格理論，行動力代表國家自主性所展現出的國家作為，它自身也是一個有機體，具有相應的法規範，它的內涵就是行政[1]。行動力位居國家意志力與國家統治對象之間，不論是整體的生活範圍或是個別的生活型態，行動力都可以在國家意志力與實際統治的領土、人民之間發揮作用。行動力雖然在國家生活及其權力作用中無所不在，但是在「內務行政」領域卻能夠發揮最具體的權力作用，「內務行政」也最足以彰顯該國行動力的特色與效果[2]。因而「內務行政」不僅是國家學獨立完整的個別領域，也位居首要地位。

　　關於行動力的分析，總論的部分主要分析各種行政權力的權力作用（die Vollzugsgewalten）、行政組織型態（die Organisation），以及這兩者相關的法規範與法秩序（das Recht derselben）等三個部分，個論的部分則包括這三種基本概念如何應用在政府治理、地方自治與人民團體等三個領域。

---

[1]　行動力是相對於意志力的概念，兩者同屬擬人化國家的構成要素，可以視為國家有機體的構成要素；行政權則是相對於立法權的概念，兩者同屬國家權力的構成要素；行政權是國家行動力發生效果的基礎，其他使行動力發生效果的基礎，還包括行政組織與行政法規，合計三個要素。在史坦恩的行政理論中，行動力與行政權力分屬不同層次的論述。

[2]　內務行政與人民生活密切相關，它泛指財務行政、法務行政以外的所有國家對內行政事務。

第一節　行政權與國家統治權

　　使行動力發生作用的各種權力現象與構成要素，我們可以總稱爲行政權。這些權力現象與構成要素源自於抽象國家人格的行動力概念（die That），共同構成行動力的條件，再進一步具體區分成三種下位階權力概念，這些下位階權力概念使得國家統治權付諸實踐，成爲任何具體行政措施發生實際效果的前提要件，並且只有在國家權力的作用下呈現獨特的現象。這三種下位概念，首先便是任何具體行政措施所必須具備的自主意志，這種行政權對於具體行政事務所展現的自主意志，就是行政命令（die Verordnung），與行政命令上下相承的配套概念，則是更下層行政組織對於個案的執行意志，我們稱之爲行政處分（die Verfuegung）；其次則是執行上述具體行政措施所必須的分工與架構，我們稱爲行政組織（die Organe）；第三種則是外在物理力量的運用，其目的在於壓制自然暴力或者某種個別意志的反抗，以貫徹任何公權力的具體落實，這就是行政執行的概念（der Zwang）。所有的行動力概念都涵蓋這三種下位階概念所具有的權力現象與構成要素，首先是行政命令、行政處分及其各種可能的名稱；其次是行政組織，以及第三要素的行政執行。作爲行政權的權力作用，我們稱這三種要素分別爲命令訂定權（die Verordnungsgewalt）、行政組織權（die Organisationsgewalt），以及行政執行權（die Zwangsgewalt），成爲所有國家統治固有的權力，這三者又構成一個整體的概念，可以總稱爲國家統治權（die Staatsgewalt）。國家之中的任何行政機關都具有程度不一的國家權力，如何分配國家權力及其組織型態，就成了行動力本身作爲一個有機體所面臨的重要課題。

第二節　國家行動力的有機組織型態

行動力的概念既然來自於有機國家的概念，那麼行動力的基本組織型態也同樣來自於國家的有機本質，國家行動力原本就必須實踐國家權力的有機本質。

因而行動力就像國家有機體的概念，首先它本身也是一個擬人化的統一體現象，這個擬人化統一體的行政組織型態就是政府（die Regierung）。這個擬人化政府同樣內含無數個獨立自主的個別人格及其所代表的行政組織，為了使這些獨立自主的個別人格與組織型態也能參與行政的功能，並且成為整體行政功能的個別組成部分，因而有必要在政府之下，形成自治行政的概念（die freie Verwaltung）[3]。自治行政的兩種組織型態分別是地方自治（die Selbstverwaltung），以及人民團體（das Vereinswesen），兩者各有其獨特的基礎與功能。國家行動力概念下的有機權力分配，就是由上述政府治理、地方自治與人民團體共同組成，任何時代、任何國家均是如此。

當然，這三種行政組織型態，以及它們彼此之間的互動關係，在不同的時代會呈現不同的現象，這也會構成合憲行政法（das verfassungsmaessige Verwaltungsrecht）的不同態樣[4]。也就在這些不同態樣中，適足以展現不同國家與社會的個體特性。上述行動力有機組織型態的整體變遷過程，也構成國家法的內部變遷歷史。前述行動力有機發展的程度與範圍愈廣，個別行政組織型態的特徵也愈明顯。對於這些個別組織型態的探討，並且涵攝國家概念之下，就構成合憲行政法的體系。

第三節　國家行動力的法規範：合憲行政法的概念

依據前述行動力的概念與有機分析，它的法規範與組織型態所及的範圍，實際上涵蓋全部的國家生活，然而行動力的本質，卻只是擬人化國家的一

---

[3]　國內行政法教科書通常以「直接國家行政」與「間接國家行政」區分這類的行政組織型態。參閱陳敏，行政法總論，民國88年2版，頁18、918-955。

[4]　為什麼不同時代、不同現象的行政組織型態，會跟「合憲行政法」的概念劃上等號？因為憲法理論必須與時俱進的表達出社會主流價值，實質上等於社會理論，所以行政組織型態如果能夠適當的反映出社會變遷的規律，能夠在不同時代呈現不同態樣，也就是一種「合憲行政法」的概念。

個面向[5]。因而行動力法規範的意義，等同於國家依其自然狀態為其自身所設定的行為規範與界限，這個法規範的基本原則在於：行動原則上應該服從意志。國家意志力的表現在於法律。我們可以更清楚的說，行動力法規範的基本原則在於，只要有法律生效施行，包括行政命令、行政組織以及行政執行等行政權力，都必須依據法律運作，但是在有必要或者欠缺法律規定的情形下，行動力就必須取代法律。以上就是行動力法規範的基本原則。

上述原則更重要的意義在於，如果欠缺這樣的認知，會出現意志力服從行動力，國家整體被它的個別行政組織所支配，造成國家整體的不自由。因而一個國家整體的真實自由必定建立在立法權力（Gesetzgebung）與行政權力（Vollziehung）的正確互動，並且奠基於嚴謹的法治基礎。然而行政權力是一種長期以來就存在且持續發生作用的權力，費時千百年之久，人們才能夠從行政權力中，區分出法律的概念及其規範作用，並且逐漸落實在法律與行政命令兩大規範領域的差異之中。法律與行政命令的區分，同時構成國家政治活動的合憲性基礎，也唯有在這個基礎上，才有可能討論合憲行政法的問題。因而合憲行政法的發展史，其實也就是法律的概念及其規範作用如何漸趨明確，並且形成普遍的認知。這段行政法的發展史同時呈現出行政法基本原則的三大發展階段，或者三大基本型態。

最原始的階段，法律與行政命令都源自於國家元首的個人意志，在這個階段，所有的行政命令都是法律（jede Verordnung ist Gesetz）。它的結果是，行政權力取代立法權力，支配所有的國家政治活動，原因在於立法者不用負任何責任，而法律又具有絕對效力。由於這個階段的行政權力又是屬人的權力，所以整個國家生活勢必臣服於國家元首的個人意志，這是一種不自由。這種國家生活狀態，我們稱之為帝制，如果君王的意志具有絕對效力，就是我們所稱的絕對專制（Despotismus）；如果君王的意志在於促進整體民族的進步，就會形成開明專制（aufgeklaerter Despotismus）；如果君王的統治意志只在於維持支配權力，就會形成暴力獨裁（Tyrannis），不論統治的型態如何，都是國家的不自由。最典型的例子就是東方的帝制，在帝制的歷史階段，所有民族與國家，以及個人的自由，都屬於不發展的低度政治文明。

5　另一個面向則是意志力。

　　相反的情形，則是行政權力不獨立的國家歷史階段，在其中立法權力基於全民意志，具有更高的正當性以取代行政權力。這就是法律取代行政命令的階段（jedes Gesetz zugleich Verordnung）。它的結果是，除非法律明確規定或者具體授權，行政權力的規範作用將不具備任何的正當性，這種情形下，雖然擁有自由，但是整體生活的實質發展卻會停滯不前。原因在於私益的支配作用必定逐漸取代立法的規範作用，也必定出現只對私益忠實的行政權力，最終導致社會的不發展，反而形成自由的最大障礙。這種狀態我們稱之爲民主共和（die Republik），在其中有權力者對於無權力者的統治，是基於階級支配狀態下的階級利益，被支配階級對抗支配階級的方式就是內戰，內戰的結果則是整體自由的毀滅。最典型的例子，則是在古希臘與古羅馬，在前兩者的政治文明中，形成了法律的概念及其規範作用，但是卻因此埋葬了行政權力與整體自由的相互關係，所以古希臘與古羅馬的歷史也無能發展出行政法的概念。

　　一直到日耳曼時代，歷經漫長的政治權力鬥爭，立法權力才得以與行政權力分離，並且形成穩定原則。作爲擬人化國家的意志力，立法權力的建制原則就在於呈現有組織狀態的全體國民；但是雖然作爲一種獨立的國家權力，它仍是君王體制下的國家權力。因而在日耳曼時代，法律概念的核心意義在於代表國民意志，相反的，行政命令則是代表國王意志。即使歷經百年歷史，在日耳曼皇室文化中，代表國家元首的君王，他的法制與其他國家公權力機制的法制仍是無從區分的[6]，縱然社會生活型態歷經宗族秩序與階層秩序的階段，這兩種社會秩序中的公法特性正足以說明君王權力與行政權力的不分，這種權力合一不分的結果是，基於君王權力的免責特性，如此一來就不可能發展出眞正自由的行政法制，也不可能在法治意義上，明確區分法律與行政命令的本質與功能[7]。一直到市民社會的階段，才眞正在制度與法治層面出現法律與行政命令的區分。立法權力的自主性由各級議會（die Kammern）行使，行政權力的自主性則由全體部會（die Ministerien）行使，國家元首自然位居兩者之上，這三大權力要素如果對照國家自身及其意志力與行動力的關係，必然的衍生出行政法制。但是關鍵性的機制還是必須建立法律的自主性及其規範作用，因而法

---

[6]　指皇室法律與行政權、立法權不分的法制。
[7]　因爲行政權與立法權欠缺明確的監督制衡與責任機制。

律具有法治的規範意義，便是這個階段的開始，它代表透過議會制定並經國家元首同意施行的國家意志，具有與行政權力同等的獨立自主。只要進入這個階段，行政法制的建立就兼指行政命令與法律的規範作用，兩者具有同等的自主性，這也就是我們所強調的合憲的行政法。當然在這個開始的階段，上述合憲的行政法仍然只是個權力互動原則。它的完全發展必須取決於更進一步的行政功能，亦即行動力的本質不能夠僅限於實踐現行有效的法律，它必須具備觀照國家全面的功能，在每一個個別領域都必須超越法律條文的功能，它不僅實踐法律規範意旨，在必要時甚至必須具有替代法律的規範功能。在前述法治的認知下，可以推論行政權力的第二個本質，亦即在自身自主功能的前提下，仍然必須與法律規範維持和諧、不衝突的可能。為了維持這種和諧關係，因而必須發展某種調和的過程，以預防衝突的發生；即使已經發生，也得以有效的回復和諧關係。由於這個調和過程本身也必須具有法制的形成，因此就會逐漸發展出合憲行政法的體系。這個體系當然必須涵蓋所有個別存在的行政權力，所以這個體系內含的各項基本原則，也就等同於前述的命令訂定權、行政組織權以及行政執行權的本質與概念[8]。

　　合憲行政法的首要原則在於，只要有法律生效施行，下位階的行政命令就不得牴觸上位階的法律。如果發生行政命令牴觸法律，就必須藉由訴訟程序（die Klage）確定行政命令違法，以回復正確的法位階關係；如果行政處分與行政命令牴觸，則透過訴願程序（die Beschwerde）確定行政處分的法效果。訴願與訴訟程序都屬於國民的憲法上權利。如果行政命令的越位規範，是發生在欠缺法律規定的情形下，就必須由行政權力負擔全部責任，以使國家的意志力與行動力的和諧狀態不僅僅依據法律文字，更能夠依據法律精神（Geist der Gesetzgebung）確保兩者的和諧。這就是合憲的命令訂定權的概念。

　　合憲行政法的第二個原則在於行政組織權的正當性問題，行政組織功能的正當性源自於行政組織本身的組織法。我們稱之為行政職權（die Compe-tenz）。行政職權決定著行政組織在具體事件所行使的管轄權正確與否[9]，這個

---

[8]　合憲行政法的首要原則，在於行政權力的行動力本質不能夠僅限於法律優越的範圍，還必須發展到法律保留與法律明確的層次，也就是從消極行政到積極行政；其次則是維繫兩者和諧關係，方式在於建立責任機制與規範審查機制。

[9]　行政職權（die Competenz）；管轄權（die Zustaendigkeit）。我國行政程序法針對行政機關的管轄權有明文規定，管轄權依組織法規或其他行政法規，非依法規不得設定或變更。但是同法第15、16條關於委

問題同樣透過訴願與訴訟程序確保，行政組織的合法職權與合法行使管轄權構成合憲行政法的第二個要素。

合憲行政法的第三個原則在於明確劃分行政執行的合法界限。這個明確的合法界限必須輔以執行機關的個別法律責任原則（individuelle Haftung），再透過訴訟程序予以確定。它的法制發展則構成合憲的行政執行權。

上述的三個公法基本原則，共同構成合憲的行政法[10]。這三個公法原則如果要繼續發展成完整的公法體系，就必須應用到行政權力的三種基本組織型態，亦即政府治理、地方自治與人民團體三個行政治理層次，再依次在這三個治理層次中，形成各自合憲的行政法內涵。每一個治理層次當然再建構出各自的法制、法秩序與法制史。這樣也就能夠建構出合憲的行政法的各論體系。

任、委託、行政委託則使用「權限」的概念，此處的權限就等同於行政職權的概念，參閱陳敏，行政法總論，民國88年2版，頁811。另外，現行地方制度法多處使用職權的概念，第27條規定各級地方政府為辦理自治事項，得依法定職權訂定自治規則；第29條規定各級地方政府為辦理委辦事項，得依法定職權訂定委辦規則；第35條以下規定各級地方議會之職權。職權的概念更是憲法據以規範憲政、國家機關的權力。憲法第50條與憲法增修條文第2條代行總統職權；憲法第63條立法院職權；憲法第77條司法院職權；憲法增修條文第6條考試院職權；憲法增修條文第7條監察院職權與監察委員獨立行使職權；憲法增修條文第3條國家機關之職權以法律為準則性規定等。

[10] 這三個指標類似今日行政法的權力分立、依法行政、權利救濟、司法審查、國家賠償與補償等基本原則。

第二章 ▶▶▶
國家行動力各論

第一節　政府治理與合憲的政府權力

第一款　政府的概念及其有機機制：國家元首與狹義的政府

　　政府所代表的意義是國家行動力的人力組織與結構，並且是國家人格概念下，國家行動的代理者。

　　因而政府的概念包含兩個要素；其一是國家元首（das Staatsoberhaupt），它同時也是立法權力與狹義政府的領導者；其二則是狹義政府，它專指行動力的人力組織與結構所形成的有機機制。這兩個要素在行政組織與法制的差異，源自於功能的差異，兩者的結合則是基於行政的事物本質。

　　國家元首，專指行政權力的最高領導者，這原本專屬於君王一身，隨後在政治高度發展的國家逐漸形成專屬於君王的各種有機機制，有機機制的內部分工必定符合行政權力的特殊功能與法制。

　　國務府（das Cabinet）與內務府（der Hof）專門處理國家元首的個人公、私事務，前者的功能在於處理國家元首的個人公開活動，後者則滿足其個人生活需求。

　　國璽（die Staatswuerde）代表國家的榮譽與尊嚴，君王制政體的國璽就是皇冠（die Krone）。

　　軍隊則是國家人格概念下有組織的身體力量。所以除了國家元首所代表的全體國民個人意志整合，軍隊是不可能服從其他意志。

　　國務資政（der Staatsrath）的功能不同於政務委員（der Ministerath）的地方在於，國務資政專為君王處理立法權力與行政權力的諮詢機關，在不同的國家會有不同的組織方式與諮詢程序，因而在國務資政的功能之下，會有相當複

雜的分工。

　　如果國家元首是基於個人意志掌握行政權力，那麼狹義政府就是基於組織與分工掌握行政權力，並且呈現體系化的具體行動，這些體系化的具體行動不僅反映國家任務及其統治對象的多元特性，並且發展成一種體系化的有機機制。

　　構成上述體系化有機機制的基本概念就是公務機關（das Amt），公務機關係指具有自主的管轄權，爲完成特定任務而由國家元首或者以其名義所設立，並且代表國家進行管理行爲的個別機關。

　　公務機關的體系可以進一步區分成政務機關體系（das Ministerialsystem），以及行政機關體系（das Behoerdensystem）[11]。政務機關體系是指五大行政領域，外交、軍事、財務、法務與內務的人力組織與結構。部長是該行政領域的最高首長，所有的部長再組合成總理府（das Gesammtministerium），總理府內設若干政務委員（der Ministerrath），以總理府名義對外行事。只有組成政務機關體系之後，行政權力才得以在組織形式上與立法權力完全區分，在這個基礎上，才能落實合憲行政法的體系。

　　行政機關體系的形成，或者是基於行政任務的本質，又或者是因地制宜的結果。在第一種情形，就必須依據國家生活的發展決定其體系內涵，或者調整體系分工；在第二種情形，就必須依據土地與人民的特性，區分出山地、平地、海岸、城市與鄉村等不同的行政機關體系。每個國家的個別特質，往往在行政機關體系中最能彰顯其特殊意義，相反的在政務機關體系，則會因爲個別國家政治事務愈趨同質的情形下，反而彰顯不出單一國家的特性。

　　政府治理的權力就是基於上述行政組織的發展同步發生作用，相同的政府概念，卻會展現完全不同的組織形式與權力互動關係。因而我們必須繼續深入觀察政府這個有機體的功能，因爲政府的功能必定進一步構成自身法制的基礎。

---

[11]　這個區分類似行政學通用的政務官與事務官體系。但是政務官與事務官的分類專指人員，不具有組織的意義，也不符合本文強調組織型態的意旨。本文所謂的「政務機關體系」專指必須與首長同進退的人員與政策，「行政機關體系」則屬常設性與事務性的行政組織與任務。

第二款　政府的功能

政府的功能依據上述政府概念的分析，就是國家意志的執行。然而這個功能還必須依據政府組織的體系與特性，再作進一步的分析。

國家元首以其個人行使的同意權（die Zustimmung），將政府的意志轉換成國家的意志。專屬國家元首的行政權，其行使不受狹義政府的拘束，這構成君王的特權（die Praerogative der Krone）。君王特權與政府之間的關係就在於，欠缺君王的同意，任何政府對外的意志均屬無效；獲得君王的同意，所有政府的行政措施都是以國家元首的名義執行，該意志為有效。

屬於政府本身的行動功能則依政務機關體系與行政機關體系區分不同的功能。

部會首長擁有行政命令訂定權與行政組織權。依據政府部會與表達國家意志的立法權力的關係，再進一步區分三種政府法令，這三種層次的行政命令同時構成合憲行政法的基礎。

依現行有效法律授權訂定者，稱之為授權命令（die Vollzugsverordnung）。

欠缺法律規定的情形下，但有全國一致的規範需求時，政府所訂定者稱之為職權命令（die Verwaltungsverordnung）[12]。

如果發生緊急事故，致使法律難以執行或者產生急迫危險者，政府得訂定緊急命令（die Nothverordnung），以暫停法律的效力，並以行政權力的意志暫代法律效力[13]。

行政機關則僅有個案行政處分，以及個案行政執行（die Verfuegungs-und Zwangsgewalt）的權力。

行政處分的效力範圍僅限於某種行政命令的執行意志。因而在體系上，行政機關的行政處分權同樣得依據行政命令的性質區分成三種層次，執行授權命

---

[12] 此處的行政命令就是我國傳統行政法著作中的授權命令與職權命令，或者委任命令、執行命令、緊急命令的區分，參見管歐，中國行政法總論，民國47年初版，民國80年27版，頁437以下；薩孟武，中國憲法新論，民國63年初版，民國69年再版，頁369以下；林紀東，行政法原論（下），民國55年初版，頁486以下，該書並節譯日本學者美濃部達吉著作內容，作為論述依據，依據節譯文字，可以看出日本行政理論與德國行政理論的延續關係，更可掌握我國行政理論發展的全貌。

[13] 本書將政府的行動功能區分為政務機關與行政機關兩種體系，前者有命令訂定權與行政組職權；後者則針對具體個案行使行政處分權與行政執行權。

令的行政處分，執行職權命令的行政處分，這兩類行政處分亦得填補行政命令規範的不足，至於執行緊急命令的行政處分，其目的在急迫危險時，暫停其他行政命令的效力。行政機關的行政處分權不得暫停有效施行法律的規範效力，只能在急迫危險狀況下，以行政處分填補欠缺法律規範的狀態。

行政執行的概念則是運用物理力量壓制個別發生的抵抗情形。所謂的物理力量具有下列三種特性：

首先，它是一種秩序裁罰（Ordnungsstrafe），由負責機關對不服行政執行者做成的罰則，並準用法院強制執行程序規定[14]。

其次，它是一種警告作用（Drohung），表明事務官的下達命令如果不被遵守，將由不服者自行負擔強制執行的危險與費用[15]。

第三則是即時強制（wirklicher Zwang）[16]。即時強制通常由主管機關自己執行，或者由機關內部人員，或者委由獨立的警察機關執行。警察機關擁有單行的組織法規與執行法規。警察機關與主管機關之間的關係，則依據警察機關是否基於本身職權獨立執行職務，或者只是主管機關的執行機制而有不同。

所有行政執行相關的規定與組織，其實都可說是廣義的警察概念（die Polizei）。關於廣義警察的名稱與分工，應該與一個國家的歷史密切相關。對於行政與行政法而言，警察一詞則限縮到專指治安警察（die Sicherheitspolizei）。

以上就是政府的基本功能，與基本功能密切相關的，則是政府的法制。

第三款　合憲的政府權力與法制

所謂的政府權力與法制，就是政府基於上述的基本功能，與其他國家權力機制與全體國民互動所產生的權力作用。而合憲的政府權力與法制的出現，則是必須等到議會所代表的國家意志力及其立法權，從傳統國家行動力分離之後，才逐漸形成。因為傳統國家行動力通常代表國家的統治，依其概念與權力本質，是無所不在、也無時不在的權力，這種權力合一的情形，必須等到立法

---

[14] 類似現行行政執行法所規定的代履行費用與怠金。
[15] 類似現行行政執行法對於公法上金錢給付義務，以及行爲或不行爲義務之執行，所涉及的履行期間與強制執行的告知。
[16] 類似現行行政執行法第四章所規定的即時強制。

權力的獨立性出現之後，才有可能在傳統國家行動力與國家統治行為之中，逐漸發展出明確的政府權力體系，也才形成完整的政府法制體系。

所有政府法制的基礎在於，意志與行為的二元，或者政府行政與議會立法在功能上必須各自獨立，所以兩者的權力內涵隨時可能發生矛盾對立。然而法律代表著國家最高的意志，因而政府權力與法制的基本原則就在於，必須持續凝聚立法與行政的和諧性。這個基本原則的實現，依據前述政府組織與功能，區分成下列三種型態。

首先是國家元首的政治免責權（unverantwortlich）。因為國家元首的意志發生效力的前提，是部會首長對其意志的副署（die Zustimmung）。基於副署的行為，部會首長為國家元首的意志負完全的政治責任。只有在某些特定情形下，可以免除部會首長的副署，此時國家元首的意志等同於國家的最高意志。這就是合憲的君王權力。

但是在政府權力的層次，就必須有政治責任（Verantwortlichkeit）與法律責任（Haftung）兩種型態，這兩種責任同時適用於部會首長的政務機關體系，以及行政機關體系。在兩個體系中，政治責任與法律責任各有不同的表現方式。

所謂的政治責任，其本質在於，法律除了既有的具體文字之外，還有某種抽象精神（ein Geist）的存在，而國家高於一切的本質，就在於體現這種抽象精神。因而政府有義務完整掌握國家與法律的精神，並且在所有行政行為中完整表達。法律責任的基礎則在於，個別行政機關的個別行政措施不得牴觸法律的明文規定。

部會首長的政治責任，是透過議會的審議，以認定行政的精神與法律的精神是否維持和諧關係；行政機關（die Behoerde）的政治責任，則是有義務在它的個案行政處分行為中，適當的展現出行政命令的精神，至於行政機關政治責任的判定，則是透過訴願制度（die Beschwerde），由上級機關認定具體行政行為是否符合行政命令的精神[17]。因而訴願權益應該屬於絕對的國民基本權利，就如同議會所行使的表決權利，若要建構合憲的政府法制，要件之一便是

---

[17] 此處的精神（Geist），頗類似現行訴願法第1條的規定意旨，行政處分必須同時滿足合法性與正當性的規範，並依此檢驗行政處分是否「適當」。

訴願制度必須具備法律保留的規範方式，其規範內容則應符合實質正當，並且與公務員懲戒制度成為配套的法制。然而，當今歐洲國家均欠缺這兩種制度。

關於部會的法律責任，必須分別情形判斷。部會的法律責任在於，依據管轄權所頒布的行政命令直接牴觸法律規定，或者未能落實法律規定。部會首長的個人法律責任在於，部會採行的具體行政措施，不屬於部會的管轄權範圍。同樣的情形，適用於行政機關的法律責任。行政機關及其上級監督機關的法律責任在於，所頒布的行政處分，以及接續的強制行為，一方面必須符合法律的文字規定，另一方面則必須符合行政命令的文字規定。行政機關事務官的個人法律責任則在於，具體行政行為不屬於或超出法定管轄權範圍。法律責任的確定，則必須依據訴訟程序。因而議會對於部會，以及國民個人對於行政機關，只要議會與國民個人基於法律所保障的權益遭受行政命令、行政處分，以及行政執行等三者的侵害，都必須保障其訴訟權益。有權審理訴訟的機關為法院，針對部會首長的審判權，屬於憲法法院（das Staatsgericht），針對行政機關的審判權，屬於普通法院（das ordentliche Gericht）。前述第一種情形，應以法律規定特別訴訟程序，第二種情形則適用一般訴訟程序。

上述的政府治理的基本原則雖然簡單，卻是歷經長久且深刻的權力鬥爭之後，才逐漸形塑出合憲的權力互動關係。從國家歷史的發展中，便可以觀察到所謂的部會首長的政治責任與法律責任，一直到十九世紀也只有在英國實現，而行政機關透過法院裁判所確立的法律責任制度，同樣到本世紀才在英國成為可能。目前的法制狀態則是政治責任與訴訟制度的混淆不清，對於部會首長而言，尤其欠缺的是建立政治責任的概念，這同時會混淆法律責任的界限，對於行政機關而言，則是普遍認為在職務行為的範圍內，行政機關的訴願制度得以排除訴訟制度。針對上述兩種情形，首度提出的解決方案則是行政法院的設置，它的構想來自於法國制度，這個法國制度可以看作是行政法院的過渡措施。法院依其權力本質與審判尊嚴，都應該擁有相應的法制以保障獨立行使職權，行政法院也享有相同的法制保障。但是要實現這樣的理念，有待市民社會發展到相當的程度。以上所論述的政府權力、責任與義務，它的相對面則是個別國民的服從義務（der Gehorsam），只要以法律規範服從義務的內容與界限，就是合憲的服從。依此推論，反抗政府（der Widerstand）本身就是一種

違法行為，但是，消極的反抗則是一種屬於個人的自然權利[18]，個人是否因此
負擔法律責任，仍應依據法律是否明文授權或者禁止。

第二節　地方自治

第一款　基本概念與有機組織

地方自治的形成，使得自治行政的理念得以逐步落實，並且轉換成權力結
構與組織型態，透過地方自治，同時確保國民在公共事務決策層次，以及個別
事務的管理層次，都能以有組織與合法的方式參與國家行動力的功能。促成地
方自治形成的深層因素，不僅僅在於行使個人自由且自主的意志，更在於維繫
歷史傳統關係下必然產生的自治權力。

因而，地方自治的內在體系，必定依據上述自然因素而定其體系。我們必
須清楚認知到，地方自治絕非偶然存在的概念，它不會、也不可能只有單獨存
在的功能，申言之，地方自治依其自然存在的基礎，其範圍涵蓋了整個國家，
所以除了政府體系之外，地方自治構成國家行動力的第二層組織型態，依據兩
者的互動關係，再衍生兩者的法制。

在我們實際日常生活中，兩大事務與行動力密切相關，而地方自治也依
據這兩大事務，形成最基本的兩種自治權力。這兩大事務，其一是利益（das
Interesse）；其二是固定且有限的土地（der Grundbesitz）。為了確保自身利
益，使得國民有組織的與參與行政權力的機制是地方議會（die Vertretung），
與土地事務相關的權力則屬地方政府（eigentliche Selbstverwaltung）。上述兩
種自治權力的組織體，並且在特定的區域內發揮功能者，就是我們所稱的地方
自治體（der Selbstverwaltungskoeper）。

如前所述，任何地方自治體的組織基本原則在於，促成每個人參與行政權
力的運作與功能，在整體國家權力的概念下，地方自治體一方面是個獨立自主
的有機體，另一方面，在抽象層次上則具有獨立自主的人格。為了確保這個基
本原則的實踐，地方自治體的內部組成機制必須基於所有成員的選舉產生，被

---

[18] 屬於個人自身的自然權利，不待國家法律規定。

選舉的代表有權力決定自治體的意志，並且實現這些意志。地方自治體決定自身意志的機制與程序，就是自治基本法；實現意志的機制與程序，就是自治行政。自治基本法與自治行政整合成地方住民的有機整體，這個有機整體由地方首長（das Oberhaupt）對外代表，地方首長同樣基於選舉產生。上述的基本原則再依據地方自治體各自的特性，而展現更多元的結構。

地方議會的功能，如果在於維護個別市民的自由意志與利益，針對行政權力的運作，表達願望或提出訴求，稱之為陳情或請願（Gesuche und Petitionen）；如果基於政府的要求，表達專業意見者，則屬評議（Gutachten）；如果基於政府的要求，形成全體參與者的共同意見，稱之為聽證（Vernehmung）。相反的，如果基於選舉而建立的常設性機制，則形成議會中的各種委員會（die Raethe）及其相應的行政任務，議會中的商業委員會（die Kammern）則專職經濟發展事務。地方自治如果發展到更成熟的階段，上述各種委員會的功能則會形成相對的公務行政體系，而經濟發展事務就轉換成為人民團體的功能。地方議會中具有較強勢行政功能者，為法國制的委員會制度，較自由的組織方式，則屬英國制的黨團（Associations），在德國則兩者兼具，尚未出現一致的組織方式。

地方政府，依其自然本質、功能與法制，可以區分成三種不同層次的自治體：首先是依據地方歷史傳統自然形成的地方自治體，地方歷史傳統包括曾經存在或者現存的諸侯列國、城邦領主與宗族勢力等特性，這是一般所稱的行省（die Landschaft）[19]。行省級地方自治體的特殊意義在於，愈是身處行政權獨大的專制國家，行省的自治權力愈形限縮，卻也更能突顯地方自治的重要性。因而在歐洲歷史中，於不同的年代與國家中，行省的自治權力也會有截然不同的命運。這種情形尤其在中歐最為明顯。行省級自治體的組織型態是所有自治行政概念下，最有能力維繫宗族社會與階層社會成為自身的權力構成要素，然而隨著市民社會的發展，行省的自治權力必定隨之自我限縮。

第二種則是縣市（die Gemeinde），屬於典型的區域型地方自治體。縣市層級的地方自治最適合在特定區域內，有限度的複製國家權力的組織與功能，並且據此展現前述合憲政府權力的諸項基本原則。在這種意義下，縣市地方自

---

[19] 「行省」相當於我國地方制度中的省（直轄市）。

治最有能力成爲引導個人邁向市民生活的教化者。縣市的自治組織也區分爲地方首長、縣市自治基本法[20]、縣市行政自治規則[21]，前述的組織權力分屬縣市長、縣市議會以及地方局處主管。縣市政府的局處主管原則上相當於部會首長的功能，並且準用部會首長的政治責任與法律責任制度。因而縣市層級屬於地方自治的核心，也是自治行政概念的最佳範例。一個國家如果欠缺自主的縣市地方自治，縱然已有憲法法典，也不能算是自由的國家，只可能是行政專制下的不自由國家。我們可以更具體的強調，憲法法典只是國家自由的第一步，而縣市地方自治所展現的自治行政則是國家自由的第二步。任何時代與國家之中，縣市的地方自治史更可以清楚的標示這個國家內部自由的程度。

　　但是縣市自治體如果只受限於依據傳統部落生活型態所形成的鄉鎮地方自治體（die Ortsgemeinde），那麼地方自治就不可能持續呈現有機發展的前景，因爲這種性質的鄉鎮自治體，對於相同自治事項，會有因地制宜、參差不齊的實務規模，在這種情形下，將很難繼續發展成更大範圍的地方自治體，更不可能持續建構出地方自治基本法與自治行政的法制。因而縣市地方自治的未來，應該致力於建立「行政型跨區聯合自治體」（die Verwaltungsgemeinde），這種以某種行政功能爲主，進而結合不同層級的地方自治體，將使得部落型的鄉鎮地方自治體轉型成爲一種執行機關[22]。目前歐洲各處嘗試進行的「聯合縣市自治體」（die Kreis-und Bezirkgemeinde），會是更高階地方自治的起步與契機，它們目前的功能僅限於特定自治事項的公務顧問機制，例如法國的制度；或者特定自治事項的聯合辦公機制，例如英國制的聯合自治體。德國未來將在部落型的鄉鎮地方自治體的基礎上，致力發展行政型跨區聯合自治體，以充分落實眞正的地方自治體系。

　　最後一種地方自治體則是合作事業（die Corporation），這是基於某種特定的公用事業與公益目的形成的自治體，並得擁有自己的財產。它的組織型態或者是職業行會（Koeperschaften），代表某種職業行爲的聯合組織，或者是

---

[20]　相當於我國憲法第108條、第110條、中華民國憲法增修條文第9條，以及地方制度法的規範意旨。

[21]　相當於我國地方制度法授權訂定的自治規則。

[22]　「行政型跨區聯合自治體」類似我國國民政府時期的行政督察專員公署，民國25年行政院公布行政督察專員公署組織暫行條例，第1條規定：行政院爲整頓吏治，綏靖地方，增進行政效率，得令各省劃定行政督察區，設置行政督察專員公署，爲省政府補助機關。這項制度係補助省縣兩級制，指揮不便與監督困難之缺陷，更早的公署制源自民國14年廣東省實施之分區行政委員制，參閱林紀東，中國行政法總論，民國32年初版，頁65以下；林紀東，行政法原論（上），民國55年初版，頁269以下。

基金會（Stiftungen），為特定社會民生目的而募集資金的合作事業體。職業行會的組織方式主要是依據職業階層秩序的原則，基金會的組織方式則依據捐助者的個別設定。如果國家基於這兩者愈來愈重要的意義，而必須挹注行政資源或資金時，這兩者的組織屬性與功能必定會轉換成國營機關（Staatsanstalten）。因而只有少數的合作事業體能夠持續維持地方自治的型態。

第二款　地方自治的功能

地方自治的功能在於繼受政府的管理，只要政府的功能得以依據事務本身的利益範圍與地區特性，就能進一步劃分成地方事務。由於地方自治只有個別利益與地區特性，所以它絕不會擁有全面性的立法權力，而且只有在例外的情形下，才有訂定行政命令的權力，它的功能原則上僅限於行政處分層次的行政機關。地方自治的功能，依據地方自治體的不同，而有不同的呈現方式。

地方議會（die Vertretungen）的本質在於將特殊利益導入政府的執行行為中，所以它本身不具個案規範的功能，而是諮議的功能。只有地方政府有權力作成行政處分，同時也具有行政執行權力，或稱之為警察權。由於地方自治體自身具有自主機制，同時又是國家整體機制的一環，所以它的行政處分與行政執行權力也兼具雙重性質，因此得以推論出雙重的法制。

地方自治體的功能如果是基於自身自主功能，這是一種自然的、或者自由的行政範圍，我們稱之為自治行政事項[23]，如果是基於國家有機體的不可分割關係，則是一種國家公權力移轉的行政範圍，我們稱之為委辦行政事項[24]。對於委辦事項，國家得以立法權力限縮或者擴大範圍。自治事項與委辦事項構成地方自治法制的核心規範，或稱之為地方制度法或者地方自治基本法，它的內容，在不同的國家又有不同的規範方式。

自治事項與委辦事項的範圍與內涵，將依據行省、縣市或者合作事業等三種地方自治體，而呈現不同層次的規範。但是基本原則不外下列數項。

關於法務行政（die Rechtsverwaltung）的功能，縱然得以委由地方自治辦

---

[23] 我國地方制度法區分三級自治團體，該法第18條明定直轄市自治事項；第19條明定縣（市）自治事項；第20條為鄉（鎮、市）自治事項。

[24] 我國地方制度法第29條第1項：直轄市政府、縣（市）政府、鄉（鎮、市）公所為辦理上級機關委辦事項，得依其法定職權或基於法律、中央法規之授權，訂定委辦規則。

理，仍然必須認為是國家行政的一環，同樣的情形也適用於軍事事務。

　　只要涉及財政事項，關於整體經濟發展的功能，亦屬國家行政事務，如果涉及地方自主的財源，則屬地方自治事項。

　　關於內務行政管理事項，只要符合因地制宜特性，原則上屬於地方自治事項，超出的部分則屬於國家行政事項。

　　上述的數項基本原則，同時構成地方自治行政的法制體系。

第三款　地方自治的法體系

　　地方自治法制體系的基本認知在於，上述的三種地方自治體，一方面屬於國家行政權力結構中的自主機制；另一方面又是自身成員的有機統一體。地方自治法制基本原則也具有上述雙重特性，基於前者，地方自治屬於國家公法體系；基於後者，地方自治具有地方法治體系。

　　在國家公法體系中的地方自治，必須明確的區分出彼此的權力界限，亦即在國家行政權力的行政處分與行政執行（in Verfuegung und Zwang）兩種作用下，地方自治如何維持自主性。

　　地方自治在國家公法體系所固有的基本原則，也就表現在行政處分權的本質及其應用範圍，判斷的標準可以適用前述的自治事項與委辦事項。對於自治事項，地方自治體擁有自由的行政處分權，只要不違反法律與行政命令的規定。地方自治體不得被迫違反自主意志，作出行政處分的行為，在這種情形下，地方自治擁有積極的抵抗權，任何其他行政機關均無權在自治事項中作出行政處分的行為，對於這樣的上級命令，地方自治體享有訴訟與訴願權利救濟，就如同任何自然人一般。但是在委辦事項中，地方自治體的公務機關就是一個行政機關，此時地方自治體有權力，而非有義務，作成行政處分並且行政執行。因而在實務上相當重要的是，盡可能明確的定義出自治事項的範圍，否則針對權限不明的個別案件，地方政府有權力在不中斷執行效果的前提下，直接命令執行機關採取必要的行政作為。

　　構成地方自治國家公法體系的三個基本概念為法人格（die juristische Persoenlichkeit）、自治權（die Autonomie），以及監督權（die Oberaufsicht）。

第一目　法人格

　　法人格的概念源自於，當所有個人形成的共同生活體，表現出統一的意志
與行動，並且被國家承認，賦與人格地位的時刻。在國家承認之前，上述共同
生活體只是某種民事契約關係的人格。而法人格的基本原則就在於，地方自治
體不論是行使權力或者對所屬成員課與義務，已經不是基於契約關係，而是基
於人格統一體的作用。依據人格統一體權力作用的內容，我們可以區分出三種
法人格：經濟性質的法人格，是爲商業目的所成立的人格統一體；行政法性質
的法人格，是在商業目的之外兼具行政權力的功能，而它行政能力的條件則依
據自身的財務狀況而定；國家法性質的法人格，既能參與行政權力，也能參與
立法權力，方式是選舉權或者特定事項同意權（Virilstimme）的行使。地方自
治體通常必定是行政法性質的法人格，部分特例，例如對於特定公用事業得以
行使的前述同意權，則兼具國家法性質的法人格。法人格作爲一個自主行爲的
統一體，通常透過地方首長行使各項權益。它的基本原則如同國家權力一般，
只有地方首長的核定才能視爲地方自治體的人格意志。

第二目　自治權

　　所謂的自治權是法人格所具有的權力，依其自身機關形成決議，再以其
自身行政權力作出行政作爲，在所屬成員間落實決議內容。自治權的行使，將
依據自治事項與委辦事項，而有不同的方式。在自治事項範圍內的自治權，決
議的機關本身即有訂定下位階命令的權力，行政權力本身即有強制權（警察
權）。其次，自治權的客體構成自治權的行政範圍。自治權行政的基本原則在
於優先執行法律所賦與的各種行政任務。所有地方自治權的行政任務構成地方
管轄權的概念。地方管轄權的法制目的，首先在於明確劃分地方自治管轄權，
在這個範圍內，排除上級機關的行政處分權；其次在於自行議決行政事務的財
源並自行管理；第三則是特定任務執行完畢後，剩餘經費的自主運用。相反
的，關於委辦事項的自治權，僅限於行政組織權，亦即自行議決委辦事項的執
行機關，並爲該執行機關籌措財源。其他事項原則上與一般行政機關相同。

第三目　監督權

　　監督權的目的並不在於預防上述自治權對於個人的侵害，地方自治的個人權益保障屬於地方自治內部的法規範。監督權的法制原則在於確保地方自治的實施仍然屬於國家整體有機要素的一部分。因而監督權法制的內容，在於確保地方自治體的自治權與國家法律的和諧，特別是地方自治基本法及其行政措施必須符合國家的行政法律。監督權的首要目的在於落實管轄正確，最終則是地方自治議會決議與行政作用的全盤掌握。監督權並得針對地方議會決議事項，暫停其效力或者使其無效，亦得解散地方行政組織，但應爲此承擔相關的法律責任。上述的概念與法制仍有待進一步的發展，也將因不同國家而有不同的法制內容，這個開闊的領域，也有待建立客觀的學術體系。

　　地方自治的內在法體系，本質是相當單純，然而實務上卻顯得空泛。原因在於地方自治基本認知的匱乏，也就是清楚而且有目的的區分三種地方自治的組織型態，尤其是縣市地方自治體行政權力與立法權力的區分。

　　這個法體系的基本原則在於，建立行政機關對議會機關的政治責任機制，以及建立行政機關對於任何行政措施的法律責任機制，尤其是違反現行有效的法律與行政命令時的法律責任。因而針對縣市地方自治體及其所屬機關的公權力行爲，應有訴願制度與訴訟制度，使得縣市地方自治體或者所屬機關都有可能成爲人民提起訴願與訴訟的對象。如果要順利發展地方自治的內在法體系，必須以行政型跨區聯合自治體取代部落型鄉鎮地方自治體，因爲只有前者有能力獨自發展行政組織，並建立相關法制，而這正是地方自治重大進展所在。

　　上述的基本法則當然隨著上位法律對於行省、縣市以及合作事業的規範，而呈現不同的法制現象，它們目前都在自由形成中，不同國家依據其不同的歷史條件、不同的宗族社會與階層社會的發展規律，而有不同的法制現象。在這個認知基礎上所展現的也就是地方自治的歷史。

第三節　人民團體

第一款　基本概念與體系

　　最廣義的人民團體涵蓋所有個人爲特定目的所從事的自由結社行爲。但是，作爲國家行動力的人民團體，專指爲實現某種行政目的而自由結合的人力與物力的人民團體。因而這部分的人民團體必然成爲行政理論，甚至行政權力的有機部分與法制結構，欠缺人民團體的分析，反而使得國家行動力的論述不夠完整。目前的立法與文獻顯然忽視整個人民團體對於行政的意義，以致於無從建立體系化的人民團體法制。

　　最原始的人類團體，部分源自於自然性別要素的婚姻與家庭；部分源自於交易行爲的消費與契約，但這兩種團體都不屬於本文所稱的人民團體。

　　眞正的人民團體，必須在其中能夠展現出人的生活要素，尤其是構成自主生活的要素，換言之，在身體與靈魂之外，能夠展現出自我、意志與行動等三個要素。只有在這個構成自主性的基礎之上，才可能建構出人民團體的體系。在這個體系中，才足以呈現出人民團體的各種類型，並且依據內含的目的與事務，進一步區分這些類型如下：

　　所謂的某種共同體（Gemeinschaften）專指建構在物質基礎，亦即某種財富類型之上的結社團體，這個過程通常具有濃厚的歷史特性。所以共同體的組成方式通常會繼續發展成某種的合作事業體。

　　所謂的某種集會（Versammlungen）目的在於表達某種共同的立場與觀點，結社的基礎通常在於純粹的精神特性。所以集合體的組成方式通常構成代議制的前身。

　　公司（Gesellschaften）的組成方式，目的在於成員的營利行爲，因而某個公司往往成爲個別成員達到經濟營利目的的平台。有限責任公司、無限責任公司、兩合公司（Commandit-Gesellschaft）都是這種人民團體。

　　股份有限公司（Aktiengesellschaft）則屬於眞正的人民團體的組織型態，因爲它的經營目的設定在公司的營利，所有的經營工具，亦即公司的股份，則依其市場價值與信用關係而定，遠遠超出原始公司的資本額度。因而股份有限

公司的組織與行為，縱然公司目的仍屬純粹的經濟營利，卻必然的成為行政法的規範對象。但是股份有限公司的目的如果是基於某種行政任務的營利行為，那麼它就是「具有行政任務的人民團體」（Verwaltungsvereine），並且依循相關的行政法制，針對股份的法規範分別屬於經濟性與社會性的行政法制[25]，針對公司的經營行為則屬於人民團體的法制[26]。

　　綜上所述，真正的人民團體關鍵在於，其目的必須長期經營某種行政任務。最有歷史傳統並以經營、管理經濟資源與利益為目的的人民團體，就是所謂的公益協會（Verband），例如水利會（Wasserverbaende）、學校協會（Schulverbaende）與路權協會（Wegeverbaende）。建立在勞動階層及其特殊利益之上的人民團體，就是傳統上的職業行會（Genossenschaften），例如各類型的同業工會（Zunft），以及手工業行會（Innung）等。不論是公益協會或是職業行會，都算是人民團體的傳統型態，在市民社會的發展年代中，它們都將被更多元的人民團體組成方式取代，只有在例外情形才會保留上述傳統名稱與組織型態[27]。

　　市民社會發展年代的人民團體，它的基本原則在於，公共事務的任何一個領域都能夠成為特定人民團體有組織而且持續投入的團體事務與活動。在這類人民團體之中，個人得以完全自由的投入公共事務，因為個人得以自行決定手段、目的甚至組織的運作方式。這類人民團體對於整體生活的意義在於，所有個別存在的個體（或者個人）得以藉著人民團體完全參與公共事務，否則個體以其自身力量永遠達不到這個層次的意義。因而在一個自由的國家之中，必定呈現出人民團體共同經營與管理公共事務，人民團體也依此現象成為整體生活不可或缺的一環，從而有必要進一步分析人民團體的共同特性，並且探討這些特性與行政權力的關係。這些特性我們也可以稱之為人民團體的有機概念，如果不先確立構成人民團體的基本概念，則不足以建構人民團體的法制。

---

[25] 本書所謂的經濟性行政法制，指的是商事法典中的公司法；社會性行政法制指的是合作社法或者信用合作社法。

[26] 此處所謂的人民團體法制，類似我國民法第25條以下社團法人與財團法人的規定。

[27] 本書對於人民團體的定義相當廣泛，只要符合法人格的實質要件，並經營某種行政任務都可歸納在定義範圍內。依據我國現行法制，民法第25條以下社團法人與財團法人；人民團體法所規範的職業團體、社會團體與政治團體；依公司法組織登記成立之公司社團法人；依農會法、漁會法、工會法、水利法、農田水利會組織通則、專門職業立法所成立之農會、漁會、職業工會、農田水利會、專門職業團體，都可歸類在本書人民團體的概念。

　　首先，所有的人民團體都具有法人格。法人格不需要法律的特定授權，它基本上屬於政府公權力不得撤銷的制度性保障（die oeffentliche Constituierung）。

　　其次，所有的人民團體都內含公司的本質，它基本上是一種經濟體，能夠擁有某種程度的財產，但是在組織運作上必須要有自己的所得收入。依據收入來源的不同，可以區分成會員制、相互性、股份制三種人民團體（Beitrags-, Gegenseitigkeits- und Aktienvereine）[28]。

　　第三，所有的人民團體都有特定的目的，特定明確的目的同時也具體表達出人民團體的組織活動，並且對內與對外宣示管理部門的職權範圍（Competenz）[29]。

　　第四，任何人民團體都是一個屬人的有機體，它必定有一個領導者，通常稱之為負責人；一個決議的機制，通常稱之為會員大會；以及一個執行的機制，通常就是行政部門的組織分工，如果準用事務官體系，行政部門人員可以區分為職員與工友。上述的有機組織愈明確，人民團體愈是高度發展；組織分工愈不明確，對於人民團體本身都是負面與危險，如果不能達到明確、有意識的組織分工，就愈不可能發展出人民團體的內部法制。

　　所有上述的四個基本概念，適用於所有的人民團體。透過所有成員意志所形成的人民團體運作秩序，它同時也構成制度性保障的基礎，我們稱之為組織章程（die Statuten）。組織章程就是人民團體的基本法，它本身同時構成人民團體法對於個別團體規範作用的基礎。

　　從人民團體的持續發展過程中，我們將可以觀察到，以個別成員穫利為目的的公司營利原則，將會逐漸轉換成人民團體的公益促進原則，尤其是股份制的人民團體[30]。但是這些發展卻不會改變人民團體的本質與法制。

---

[28] Beitrag也稱為分擔金，此處為加入人民團體的費用，因此稱作會員制團體似乎較貼切。會員制團體例如勞動協會與職業工會；相互性團體例如合作社組織與信用合作社；股份制團體例如公司組織、社團法人、財團法人。

[29] 管理部門的原文為Vorstand。

[30] 例如公司法兼具民法與行政法的性質，或者銀行兼具公司營利與整體金融秩序的性質。

第二款　人民團體的類型與功能

人民團體的功能往往表現在人民團體的類型，而類型則依據人民團體爲自己所設定的目的。依此推論，人民團體類型所構成的體系，其實也就是國家範圍內國民整體生活的體系。

我們首先得以區分出「政治性質人民團體」與「行政性質人民團體」兩大類型。

所謂的政治性質人民團體，其目的在於促進憲政與相關法制的發展。這類人民團體發揮作用的前提，往往在於現行憲法與國民期待之間存在矛盾對立，或者國內法制與現實脫節，亟待修訂。在第一種情形下，政治性質人民團體的活動對於現狀與當權者都是一種危險，往往成爲禁止與迫害的對象；在第二種情形下，政治性質人民團體適足以成爲時代的代言者，並且位居整體進步的關鍵要素。

行政性質人民團體，不論是股份制、會員制或者相互性的人民團體，其活動範圍涵蓋整個行政領域，因而只要符合行政對於國民生活的服務本質，都是這類人民團體的作用範圍。有些行政領域必須排除人民團體的作用；有些行政領域，除了政府與地方自治之外，仍有人民團體的參與；也有一些行政領域，只適合人民團體發揮作用，這些情形都在於落實整體生活充分發展的目的。所以，只有透過人民團體的全面分析，才使得國家行動力與行政權力的論述呈現完整眞實的圖像。

第一目　「個人生活」的人民團體

關於「個人生活」的人民團體，可以區分成生理發展與精神發展兩個層面。

促進個人生理生活發展的人民團體，一部分表現在人口行政的領域，假如對於移入人口、移出人口提供協助的同鄉團體或慈善團體，另一部分則表現健康照護的領域，這個領域通常會合併在扶助性（Helfsvereine）與救助性（Unterstuetzungsvereine）的人民團體中。

促進個人精神生活發展的人民團體，一部分的功能在於促進普及教育事業，例如讀書成長團體，一部分的功能在於促進成員專業成長，例如專門技術

與職業的教育機構、商業教育機構、學術研究團體等，一部分的功能在於公民
知識教育，例如民間補習教育，一部分則是生活通識教育。生活通識教育的團
體，通常指的是以某個精神領域為主旨的共同成長團體，尤其是藝術團體，以
及民俗文化團體等。如果某個文化教育設施，如劇院、博物館、圖書館等，是
以股份制成立[31]，那麼公司的個別成員營利的經營模式，就能夠與人民團體的
功能合而為一，這種既是人民團體又混合公司經營的組織型態，相當有助於人
民團體發揮功能，因為它將公司的管理行政導入人民團體的管理行政。

第二目　「經濟生活」的人民團體

　　關於「經濟生活」的人民團體，也可以初步區分成兩大類。第一大類是
事業經營團體（die Unternehmungsvereine），這類團體是以結社互助為手段，
其目的在於擺脫大額資本控制市場的經濟法則，又能取得大額資本的力量與
好處。事業經營團體的組織方式，或以股份的名義，募集小額盈餘成為整體
資本，或者結合個人信用與他人信用形成相互責任[32]，又或者是兩者的混合形
式，不論資本與信用均由團體成員集資完成。上述第一種組成方式，稱之為
股份制團體（die Aktienvereine），第二種為相互性團體（die wechselseitigen
Vereine），第三種組成方式，如果整體資本是由部分成員以股東身分募集，
而其他成員提供信用作為一種相互性責任，稱之為合作金庫（die Gewerbeban-
ken），如果資本與信用得由所有成員共同募集，並且集中管理者，稱之為信
用合作社（die Vorschußkassen）[33]。藉由上述說明，我們可以清楚看出，在所
有事業經營團體中，除了成員利益優先外，另外呈現明顯的公司本質與法制，
儘管事業經營團體的目的仍然在於促進整體的發展。因為合作事業具有這種雙
重特質，所以常常同時兼具公司與人民團體的名稱。

　　第二大類是經濟利益團體（die Interssenvereine），其目的不在於個別成員
的營利，而在於促進與創造某種單一經濟領域的發展條件，並且兼指精神與物

---

[31] 類似財團法人或者股份有限公司。

[32] 例如以土地或不動產入股。

[33] 我國類似的合作事業團體區分為信用合作、農業合作與消費合作三種，其中農業合作已併入農會信用部，我國的合作事業理念，其實是經由日本傳入的德國合作事業制度。合作事業團體的概念類似日本的信用組合、信用金庫、勞務金庫與農牧漁業協同組合；另外大陸也有農村與城市信用合作社的區分。

質兩個面向。這其中包括所有的商業團體、農業團體及其周邊組織。由於利益團體與整體經濟發展密不可分，所以通常會有國家資金挹注，部分利益團體甚至具有公營機構（Anstalt）的性質。

第三目　「社會生活」的人民團體

關於「社會生活」的人民團體，其目的在於以團體的資金與行動，促進向上提升的階級流動。它們可區分成三大類。

救助性團體（Unterstuetzungsvereine）是由上層階級集資成立，並自行管理。它的救助對象是下層階級的急難貧困，它的目的就在於緩解急難貧困造成下層階級的不發展與不流動，例如各種的濟貧團體、醫療保健團體與身障團體等。

扶助性團體（Huelfsvereine）是由上層階級向下層階級集資成立，以提供下層階級自助所需的資金，並爲下層階級的利益管理財務。最好的例子便是地區性自行組成的儲蓄銀行（Sparkassen），以及最基層的信用合作社（Vorschußkassen），但預付的資金僅限於消費目的，而不及於生產活動。

自助性團體（Selbsthuelfe）顯然是社會生活團體中最重要、也最有前瞻性的組織。它的範圍可以涵蓋所有的社會生活團體，並由下層階級自行成立，其目的在於所有成員透過互助方式，自行創造向上提升社會地位的條件。它再細分成兩類團體。

所謂的勞動協會（Arbeitervereine）是指勞動者個人之間自主成立的組織體，其目的在於透過集體力量創造獲利的條件，其方式是自行籌募生產關係所需要的原料、土地、機器、資金以及勞動力，這種勞動團體我們稱之爲生產合作社（die Arbeitergenossenschaft），另外一種情形則是爲了確保勞動盈餘歸己所有，不被物價或市場所稀釋，以集體的力量購買、管理生活必需品，或者自己經營、買賣生活必需品，這種勞動協會或者團體，我們稱之爲消費合作社（die Wirtschaftsgenossenschaften）。兩者都可能創造獲利與累積獲利，如果不再分配給社員，就可能會繼續發展成前述的信用合作社組織。由於信用合作社與這兩種合作社組織功能類似，非常容易混淆，但是卻不能因此抹煞這兩種合作社的高度社會意義。

　　所謂的工會組織（die Arbeiterverbindungen）則是專指勞動者的團結組織，其目的在於壓迫資方，以提高工資。這是一種勞資雙方有組織的經濟戰爭，雖然是無可避免，但是它的後果卻可能比一場真正的戰爭還要可怕。

　　以上就是人民團體的最基本類型。至於人民團體的功能，則在於所有類型同時發揮作用，在每一個生活領域都能實現利益追求，也能呈現個體多元，這樣就能藉著人民團體的功能，將個人的生活融入整體的生活，個人的發展也融入整體的發展。這是一個生動有力的現象，我們目前正處於發展的起點，接下來的成果則必須建立在一個事實之上，那就是在上述多元利益領域中，我們必然需要一種明確認知自身任務而且有能力調和多元利益的代議制，並且認真展現能力達成任務，這樣才足以維繫國家生活的統一性。這個統一性的基礎便是人民團體的法制。

第三款　人民團體的法體系

　　人民團體的法體系與自治行政的法體系相同，既有公法性質，也有團體自治法性質。但是法制度的基本原則卻很清楚，不論人民團體如何多元，也不論是公法性質或者團體自治法性質，法制的原則就在於平等適用。所以人民團體的法制即使趕不上利益團體的多元發展，法制的建立卻不見得困難。

　　公法性質的人民團體法，傳統的基礎建立在警察法的時代，將人民團體視為一種組織力量，因而是以危險控制的立場，作為傳統法制基礎。法制的主要內容在於建立嚴格的監督機制，主要的管制措施，在於原則禁止下的事前許可制，並輔以嚴格的事後監控權。超越上述危險控制的傳統警察法原則之後，就進入憲法規範的時代，在合憲性判斷的基礎上，人民團體原則上應該是完全自由的，在這個認知基礎上，人民團體的組織，它所代表的是積極主動的市民階級的興起，以及自主參與行政事務並自主管理的能力，在這個憲政基礎上，才是當代人民團體法所具有的法制原則。

　　公法性質的人民團體，就在於自治行政三大基本概念的完整應用，也就是法人格、自治權與監督權。

　　所有的人民團體依其向政府報備即享有的制度性保障，具有法人格。例外的情形，才需要設立的許可，這專指團體事務需要特殊的行政權力或者國家權

力的特別協助，例如鐵路事業或者發行貨幣準備的銀行等。

政府有權對人民團體的活動進行一般性的監控，亦得暫時停止人民團體的某類活動，或者全部活動，人民團體的解散原則上專屬法院的權力。

所有人民團體基於自身公共生活的屬性，必須向法院報備法人格，其活動也必須公開透明與公告周知。因而秘密活動的人民團體，本質上就不符合人民團體的屬性，應該禁止成立。依據法院報備原則，所有人民團體及其組織都應向法院登錄，依據公開透明原則，所有人民團體都應定期公告周知自身財務。

對於人民團體的決議事項，包括組織章程變更，只有在上述例外情形下，亦即在設立許可前提下的特殊人民團體，才需要送請監督機關核可。

至於人民團體內部的法規範，則在於區分自身的三大機制及其功能，這部分目前還欠缺明確的法律規範。尤其必須指出的是，股份制公司基於自身成員追求經濟利益的力量，最有能力發展出嚴謹明確的內部法規範模式，不論過去或者未來，股份制公司都會扮演這種積極的角色。

在人民團體的內部規範，負責人代表團體的統一性與完整性。首先是人民團體的對外行事，必須要有負責人的同意，才視同人民團體的行為。對內方面，負責人必須執行章程規定，並且要求內部組織遵守國家法令，因而負責人有權暫停執行人民團體的決議事項。負責人對於上述原則，不僅負政策責任，同時也負法律責任。

會員大會必然是決議機制。會員大會通過的決議對於人民團體的其他行政組織等同法律的約束力。人民團體之中沒有任何事務是會員大會無權議決的。如果章程對於特定事項有專屬會員大會決議的規定，就代表該特定事項未經會員大會的同意，根本不得進入會議程序。每一個會員不論其會員資格的取得可能是多元的，都有權參加會員大會；每一個會員都得行使投票權；每一個會員亦得行使質詢權。

行政部門則是人民團體行動力的機制。它享有訂定命令的權力，相對於會員大會的議事權力，行政部門得以訂定授權命令、職權命令、甚至緊急命令。行政部門對會員大會負政策責任，針對特定具體作為，則負法律責任。由於會員大會本身無從採取實際行為，所以上述行政部門的權力應該具有普遍適用性。

審議機制（die Controlle）是一種獨立自主的自我審查機制，例如機關團

體內自設的審查委員會，行使獨立查核並且具有獨立的地位。會員大會原則上應該依據查核結果作成決議。這個部分正是所有章程與法律最不明確的所在。

　　事務人員（die Direktion）則是準用事務官體系，但多有調整的空間。事務人員對行政部門負全面責任，對人民團體本身卻負法律責任。事務人員所負的法律責任，還擴及專業知識的充分與否，不僅限於故意、過失的責任範圍。職員與人民團體處於職務關係，就如同公務部門的職位編制一般，日常事務習慣上也會應用到公務部門的辦事準則與法制。至於能夠適用到什麼程度，則依據人民團體的類型與規模而有不同。

　　到目前為止，所有歐洲國家在立法方面均欠缺對於人民團體的共識，只有少數人民團體類型，具有較詳細的法規範。依據人民團體的本質與重要性，更應該將相關研究列為行政理論與行政法的核心任務。

第二部

內務行政總論

內務行政的概念與理念

　　內務行政的概念（der Begriff），泛指所有的國家行為，以提供個人自身所需、卻無法透過自身完成的各種發展條件。

　　內務行政的理念（die Idee），就是將全人發展當作所有個人的終極目的[1]。個人自身的完整發展不可能完全由自身承擔。只有透過人的共同生活體才有可能完成個別力量的不足，其方法則是運用共同生活體中的整體力量以扶助個體。每一個個體都是生活共同體的一員。透過整體扶助個體以獲得力量與發展，終究是提升並且擴大整體扶助個體的能量。因而透過整體機制以扶助個體進步，將會成為共同生活體興盛茁壯的條件，並使其更有能力扶助個體，在整體扶助個體的過程中，共同生活體其實在為己謀利，透過這個過程，也等於實現個體之間的互助互利，因而我們得以主張，內務行政體現出人類共同生活的最高原則，亦即所有個體得以互助發展，並且使得這個原則付諸行動與實踐。

　　要將上述內務行政全人發展的理念，當作自身意志所在，並且付諸行動，就在於國家人格的作用。基於國家人格的發展理念，透過國家的意志力形成行政的法律制度，實踐行政法制的機制則是國家行動力，這個行動機制表現在政府治理、地方自治與人民團體三者的共同合作。在內務行政領域，國家行動力的三個機制，為著全人發展的理想，各依其本質與功能，執行同樣重要的權力與責任。我們總合這三個行政組織型態的所有行為，就可以將內務行政理解成達到所有個人最極致發展的國家有機體所進行的勞動狀態。

　　依據這個有機國家的勞動狀態與界限得以推論出內務行政的基本原則；這個基本原則的特定內涵就表現在內務行政的**法制體系**；為了掌握內務行政基本原則的動態變遷過程，就必須闡明內務行政領域特殊的**歷史沿革**；進行內務行

---

[1] 史坦恩區分行政理念與行政概念的分析方式，源自於德國二元論的思想傳統，這樣的論點同樣見諸我國早期行政法著作，林紀東，行政法研究，民國58年初版，民國71年3版，頁94以下。該書論及行政法研究的基本觀點之一即為「理念重於概念」：概念之認識，係由法條之文字，闡明其內容與意義；理念之認識，則由根本處闡明法律產生之原因及其基本法理；不具概念之認識，不見法律之面貌，只有概念之認識，不再求理念之認識，則不知法律之精神。同樣的「理念重於概念」也見諸憲法研究方法，林紀東，中華民國憲法釋論，民國49年初版，民國68年37版，頁94以下。由於我國早期行政法多參考日本學者著作，而日本行政法則多沿襲德國，兩相對照，有助於建立理論脈絡。只不過德國二元論所處理的對立概念，其實是並重、有機的，沒有輕重之別。

政的**跨國比較**，有助於掌握歐洲文化；至於建立內務行政的**體系**，其目的則在於將內務行政發展成為一個有機的整體。

內務行政的基本原則

內務行政的基本原則在於，共同生活體中的每一個個人仍然保有其自主的人格。基於這個自主的人格，每一個個人只有透過自身的勞動所得，才能夠達到個人的真實發展。因而國家內務行政的狀態與界限就在於，凡是個人能力所及，就不應該是共同體的任務，行政所提供的並非個人的某種發展狀態，不論精神的、身體的、經濟的或者社會的發展狀態，行政所提供的應該是發展的**條件**。超出上述範圍的行政，必定腐蝕國家社會整體的進步；如果達不到上述範圍，則是阻礙國家社會整體的進步。所以內務行政的最佳理解方式在於，首先建立行政本質上的認識，然後在實際生活的變動中，確定「行政本質」與「行政實際」兩者之間最適當的互動關係。這當然不是個簡單的工作。

如果能夠確定最適當的行政原則與界限所在，就能夠創造出最高度的整體資源（das Gut），這才是實際的自由。一般所謂憲法層次的自由，是指國民有權，共同參與並形成國家的意志；至於行政層次的自由，則是指國民有權，在自治行政與人民團體的層面，參與國家行動力的運作；然而實際的自由卻必須是個人實際擁有自主發展的各種條件。內務行政的目的就在於此，它是實際自由的真實實踐者。因而內務行政就是一種國家勞動，以充分實踐個人自由所需要的各種最佳條件。如果要落實上述的說法，就必須對整體生活具有更高層次的理解。歷史經過千百年的演進，才沉澱出上述的法則。我們目前正處於這個時代的開端，國家也正開始認識行政的重要性，我們也正從憲法自由的時代過渡到個人自由的時代，也就是從憲法條文中完整規範國家概念與國家行為的歷史階段，逐漸發展到建立憲法價值的歷史階段，這個憲法價值必定建立在憲法保障行政實踐的程度上。

這種真實的體認並非全新的經驗，我們未來在行政領域的努力，其實就在於將行政的概念與終極理念貫徹在所有國家領域。基於行政的基本原則必須發展出行政學的體系與知識。他們的基礎必定先確立行政任務的體系，然後進一步掌握相關的歷史過程，以及歷史背後的精神。

內務行政的法制體系

　　內務行政的法制體系呈現出國家勞動功能的穩定結構。因而，法制體系在形式上代表著整體國家意志，以及實踐意志所必須的行政行為。法制體系的內在本質，不論人們是否有此認知，則是國家對外表達內在世界所認知的真實任務。我們稱之為內務行政法制的精神（der Geist）。它的最終表現方式往往是成文法律，但是要充分理解法制的精神，則必須統合不同行政領域的法律，只有在這個統合之中，任何時代與不同國家的內務行政法制就能夠呈現出它們各自所屬的完整性。內務行政法的真實理論就在於呈現這個完整性。

　　內務行政法可以區分成兩大範疇。內務行政法的總論（der allgemeine Theil）探討國家行動力的組織、原則與權力相關的法規範如何應用在內務行政之中。在內務行政的領域，政府治理、各層級行政作用與人民團體的權力本質都能夠發揮最佳的法規範作用。在內務行政的個別領域中，也都能區分出個別行政領域各自適用的總論，這部分的分析，相當重要卻也相當困難。

　　內務行政法的各論（der besondere Theil）或稱狹義的行政法，它則涵蓋所有內務行政領域的現行有效法令。這個對所有國家都是無限豐富與隨時變動的法令，可以形式上統合在行政體系（System der Verwaltung）的概念之下。更抽象的統合則必須深究法令背後的精神，畢竟所有的法令均源自於精神的作用。到目前為止，我們觀察到的各類型、領域行政法令卻都是自成一格，彼此之間毫無關係可言，所以要統合在某一個具體的體系之下，是非常困難的。然而在這些有效施行的行政法令之中，仍然可以依據某些觀點進行體系性的歸納與理解。

　　所有的行政法都可以在形式上區分成「依法律行政」（das gesetzmaessige Verwaltungsrecht），以及「依命令行政」（das verordnungsmaessige Verwaltungsrecht）兩大範疇。前者的內容，依據法律的本質，必然偏向比較一般性與普遍性的原則，後者則規範法律對於某些特定問題與狀態的專門適用。因而，依命令行政通常得以自行生效並產生拘束力；相反的，依法律行政的前提不僅有賴於立法權具有某種獨立自主的機制，而且也必須使共同生活體對於依法律行政的原則具有更高度的認同。因此，依法律行政的機制通常屬於國家或社會具有較高度精神發展的現象，依命令行政通常依據實際發生的行政行為而

衍生出它的配套機制。前者的規範作用較穩定，後者則變動快速。兩者相互截長補短，各見所長，藉以充實共同生活的功能。通常的互動情形，命令的規範將會逐漸轉變為成文的法律，再依據法律，訂定出相應的命令，兩者藉著這個循環互動關係建構出一個完整的規範作用。

　　內務行政有一項非常困難的任務，但是對於任何個別存在的行政領域而言，這項任務卻是體系發展的最大目的，那就是如何針對現行有效的內務行政法令進行法典化，法典化屬於高度統合的工作，往往必須透過學術體系的建立。因而行政理論必定成為建立行政法體系最自然而且必然的基礎。行政法制包含許多個別獨立完整的次級法體系，每一個次級法體系各有其獨立的自主性，也有其特殊的歷史沿革，這些特殊的歷史發展往往又可歸納出共通的元素。

內務行政的法制史

　　如果我們將行政廣義的理解成共同生活體為自身發展所進行的所有行為，那麼行政在任何時代都有它自己的歷史，行政就如同人類統一體的概念，從有人類世界以來，就有行政的歷史。然而我們這裡所謂的行政歷史，指的是行政成為國家意志希望具備的自主權力，而且有意識、有目的產生行政作用的時代。因此，行政歷史最信而有徵的內容就在於它的法規範。再進一步推論可知，內務行政的歷史其實就等同於行政法的法制史。

　　上述的法制建構顯然必須以一個自在自為的自主國家為前提。代表國家的機制則是君王（das Koenigtum）。由此得以推論出相當有意義的事實，亦即內務行政的歷史必定是從自主的君王政體為開端，在德國大約是從十五世紀開始，後續的重大發展與沿革，都與君王及其授權組成的政府息息相關。

　　因而我們必須明確的強調，一直到獨立自主的君王統治出現之前，內務行政其實並非建立在國家的理念之上，更明確的說，是建立在社會秩序的本質與結構之上。這個純粹呼應社會結構的內務行政，構成內務行政法制史的第一個階段；第二個階段則是開始於君王自己掌控行政的能力與權力；第三個階段，也就是我們目前所處的時代，則是出現與政府治理平行的社會自主性，以及地方自治與人民團體都能在內務行政的領域發揮它們的影響力。

　　依據上述三個發展階段，我們進一步分析內務行政的歷史沿革。在國君與政府出現之前，內務行政最初的發展階段，我們稱之爲封建領主（die Grund-herrlichkeit），或者稱之爲諸候地方行政（die corporative Verwaltung）。這段歷史通常淵遠流長，在德國甚至可以一直延續到當代，因而有必要分析它的特徵。

　　封建領主的治理模式如何從西元十世紀傳統農業社會的宗族法制發展而成，應該是一段眾所周知的歷史。一旦形成這樣的治理模式，它的特性就會擴及到所有的生活關係中，這當然包括內務行政發展史最初階段的特性。它的基本原則在於將土地與不動產的私有制廣泛運用到所有公法關係上，形成公法關係的私有制。每一個封建領主雖然依據宗族法制是爲整體服務，這種法制理念源自於地方諸候傳統上所享有的封建高權理念（die Lehnhoheit），實際上也是建立在封建領主的最高權威。因而在行政治理方面，是完全由封建領主所獨享，這種關係完全反映封建領主建立在私有制之上的統治。因而所有的封建領主都會建立完全自主、而且只服從諸候個人意志的行政機制，負責執行稅務、法務以及內務行政事項（諸如學校、道路、警察治安、土地管理等事項）。這階段的內務行政基本上是個人專制，專制的手段也只是行政的表面現象，專制的內涵也只是建立在有產者對無產者的支配關係，它幾乎不能算是一種行政。一直到統一各地封建領主的國君及其政府的出現，消滅長久存在的諸候地方行政，才算是一種歷史進步的契機，事實上，統一全國的君王及其權力才足以對抗各地分立的諸候地方行政。促使君王行政能夠超越封建領主的施政型態則是國家財政高權（die Regalitaet）。國家財政高權的眞實本質就是源自於皇家私有制的皇室行政法制（das koenigliche Verwaltungsrecht）。因而，在歷史上，國家財政高權的各種類型，就等同於行政的各種類型，它的發展過程也就等同於內務行政的歷史沿革，只不過我們必須將它們定位成歷史的現象，而不應該單純視爲抽象的概念。上述國家財政高權與封建領主間的鬥爭，在英國一直持續到十七世紀，在法國則持續到法國大革命，在德國則持續到現代，德國至今仍然普遍存在封建領主對屬下的專屬審判權（Patrimonialgerichtsbarkeit），除了司法審判之外，諸候行政的範圍也涵蓋部分行政的核心內涵，諸如濟貧制度、路政制度以及警察行政等。只有在奧地利不存在上述專屬審判權的歷史遺緒，但是在德語系國家仍然普遍存在著以下的現象。

　　關於職業階層與行會制度（das Staendewesen），以及它們所衍生與建立的自主管理機制（die Koerperschaften）已經是我們普遍認識的[2]。不論如何，基於職業階層所衍生的自主管理機制都要比封建領主的諸候行政更為進步。能夠隸屬於某一種職業階層的管理機制已經可以算是取得一種終生職業，這些自主管理機制與組織通常也有相對的責任與權力，能夠落實職業階層的利益，而且監督指導個別職業階層的實際運作。然而它們畢竟只會遵循各自職業階層所頒行的原則。所以職業階層的自主管理機制在規範建立上不能代表公共利益，只能代表特殊利益，它們彼此之間終究走上利益對立的局面，設法將各自職業階層的利益轉變成法律所保障的排他利益，持續運作下去，終將成為整體進步的絆腳石。在此同時，日漸擴權的君王與政府必定開始面對這些職業階層的特殊利益，並且對抗這些特殊利益，以使得這些特殊利益都能夠接受國家行政理念與法制的規範作用。對抗的方式，則是皇室透過行政組織與權力，運用加官封爵的原則（das Prinzip der Bestaetigung der Statuten），以及隨之取得的監督權限（die Oberaufsicht），這種情形一直持續到十九世紀才逐漸撤銷所有職業階層所擁有的特權（die Vorrechte），傳統職業階層所衍生的自主管理組織與機制只有在例外情形下才能夠存在，也就是必須基於固有的財富關係與功能才能夠轉型成為地方自治體（Selbstverwaltungskoerper）。

　　當上述過程進行的同時，自十六世紀以來逐漸掌握國家權力的君王和政府也站穩行政首長的位置，如此才真正開始內務行政的發展史。我們在此區分三大類型，這三大類型本身也是發展到市民社會的三個過程。區分這三大類型與階段，並不代表它們彼此之間互相排斥，而是後者吸納前者成為自身發展的條件。行政也依據這個白由發展的原則，擴充行政自身的內涵。

　　內務行政的第一個發展階段就是透過政府所建立的治安警察（die Sicherheitspolizei）的時代。在這個時代中，社會的秩序逐漸走出優勝劣敗的叢林法則，也逐漸確立法秩序的形式才是所有進步與發展的必要條件。這是十六世紀的寫照，關於這個時代的文獻卻付之闕如。這個時代的法律主要是警察法，即使法律的內容不一定與典型的警察任務相關，例如英國的濟貧法律，或者德國

---

[2]　例如軍職、神職、大學或者傳統手工產業在職業範圍內所建立的特別權力關係、教會戒律與行會行規等自主管理機制。

的勞工法律，但是立法理由與目的都是依循治安警察的需要。因為當時專制政府的時代背景，法律與命令的區分，是個根本就不存在的課題，領導者依其意志作用就足以支配這整個警察法時代的發展，以上就是十七世紀、十八世紀過渡到開明專制（der aufgeklaerte Despotismus）的時代。

　　第二個階段理論上是在行政領域之中注入法學的時代，實質上則是國民經濟（der Volkswirtschaftspflege）的發展階段。這個階段的行政理論之所以與法學相關，原因在於同時代法學的發展也開始論述公法的本質與原則，所以自然會將公法的原則應用在行政領域，儘管當時所謂的行政本質與概念根本尚未出現。在十七世紀中葉，行政的基本原則還是隱身在國民福祉的原則（das Prinzip des Eudaemonismus），依此原則，國家權力的義務與責任依據自然法的事物本質（Jus naturae），就在於透過警察組織與權力創造整體的幸福，這種幸福狀態不一定非得訂定或者依據某個法律的作用。雖然警察權力到了十八世紀開始區分良善警察（Wohlfahrtspolizei）與治安警察的功能，但是其目的並不在於國民的自由與不自由，警察權力的本質與目的也不建立在自由與不自由的概念上。政府雖然應該用盡全力，照顧國民，但是當時的政府畢竟只對自己負責。上述的理解，原則上專屬德國歷史與傳統，也是浦芬多夫（Pufendorf）與沃爾夫（Wolf）著作的精髓所在，它們最主要的實證內涵，則是表現在國民經濟的主流學派（die Schulen der Nationaloekonomie）。基於國民經濟各學派的主張，形成當時歐洲的主流價值，那就是國家的最高目的在於經濟繁榮，每一個學派也都自成一套行政體系與國民經濟體系。重商主義（das Merkantilsystem）認為政府應該保護國內產業，透過直接津貼發展國民經濟；重農主義（das physiokratische System）則主張消滅傳統領主與職業階層對於土地的特權，以充分發展農業；工業主義（das industrielle System）則強調促進工業生產，補助生產製造。所以這個時代行政的核心就落在國民經濟諸多原則的實現，與此同時，其他個別的行政領域也有重要的發展。首先是警察的治安功能成為一門獨立的學問[3]，另外則是出現衛生行政、學校行政、道路行政、水利行政、土地登記行政等單獨立法，當時人們也逐漸認知到這些個別的行政領域都將成為行政發展的條件之一，十八世紀末，甚至也認為這些應

---

[3]　原著中提到這兩位學者的著作：Heumann, Jus politae; Delamare, De la police.

該形成一個獨立的學門，然而由於當時尚未建立行政的通說，對於這個學門的名稱也不一致，所以有時會以官房學（Cameralwissenschaft），有時會以警察學（Polizeiwissenschaft），有時會以警察法（Polizeirecht）等概念取代行政，甚至混同使用。但是這個階段發展的具體成果則是內務行政逐漸形成一個完整的整體，並且在法務行政（Rechtspflege）與財務行政（Staatswirtschaft）之外形成一個獨立的整體，只不過相較於前兩者的充分發展，當時的內務行政仍然只是一個非主流的學術領域。這是因為傳統法哲學理論已經沒有能力將新興統一的君主國家理解成具有行動力的整體，從康德以來的法哲學就只將國家理解成一種法秩序，既然只是一種法秩序，那麼國家的最高、最終目的就在於憲法（die Verfassung）。學術界往往被呼籲適當的論述分析國家的整體，雖然在國家權力範圍的個別領域都已有深入的研究，卻缺乏統合性的研究，因而導致成果分散，在十九世紀中，甚至還達不到貝格（H. Berg）在政治領域，以及費雪（Fischer）在法學上既有的成果。法典化對於行政的概念與功能而言，是完全無力達到的，然而我們應該清楚的是，十九世紀已經進入完全不同的階段，它必定為行政帶來完全不同的內涵。這個內涵就是內務行政的社會發展觀點（der sociale Standpunkt）。

　　社會發展的觀點源自於濟貧制度（das Armenwesen）的建立，長久以來大家都相信，貧窮問題就等於社會問題的全部。一直到十九世紀中葉才逐漸跨越濟貧制度，清楚認知到貧窮背後的階級對立問題，大家也都同意內務行政終究必須面對階級對立的問題，也必須自問國家到底應該在階級流動（diese Classenbewegung）上做什麼？又能夠做些什麼呢？當我們愈清楚階級對立的問題，愈能夠清楚知道社會問題與社會發展並不是一個獨立發生或者獨自存在某一個單獨領域的議題，它其實貫穿整個內務行政的領域。這個社會發展的觀點就是我們當代所處的環境，面對社會問題與階級流動的前提在於：一方面必須促進地方自治與人民團體的自由發展；另一方面則必須建立一個整體而且有機運作的內務行政體系。兩者都是我們目前所需，這是無庸置疑的，我們也正致力於此。前者可以使我們有能量解決社會問題；後者使我們得以理解與掌握社會問題的精準內涵。但是社會問題的解決，則是屬於動態的未來，因為我們應該將所有的社會現狀，以及存在其中的各種困惑、鬥爭，甚至改善的成果都當作是邁向另一個更美好未來的過渡現象。

內務行政法的國家特性與比較法學

內務行政除了上述在歐洲的一般發展狀況之外，在每一個國家也都各有特色，它們彼此之間也都各有本質上的不同，所以值得進行個別的分析。

另一方面，則是基於歐洲國家之間日常生活基礎的同質性極高，表現在文明、學術與歷史經驗也都具有高度類似的現象。因而我們自然會發現，在內務行政的領域，法規範的差異與發展並不像國家民族之間壁壘分明，它們同樣具有高度的同質性。

因而，對於內務行政這個高度抽象論述的領域，它實質上涵蓋了整個歐洲的生活經驗，我們有必要進一步確定那些造成國家特性的要素，然後才能進行國家特性的真實比較。

事實上，我們當代內務行政的國家特性早已經不在於行政的原則與目的，而是在於以何種行政組織落實相同的行政原則與目的。關於行政的原則與目的，目前歐洲國家幾乎都有共識，然而以何種行政組織運作，則是差異所在。同樣的行政原則與權力作用，卻會因為透過政府治理、地方自治或者人民團體的不同組織方式，而顯現出截然不同的治理效果，讓人難以判斷差異的原因。如果說國家之間內務行政在數量上的差異（der quantitative Unterschied），源自於某個基本法則所形成的理論與實務運作的結果，那麼質量上的差異（qualitativ）則是基於國家行動力的三種組織型態如何落實這個基本法則。這種比較關係通常屬於憲法的延伸論述，然而，同時又必然的牽動更深層的關係，那就是三種社會秩序與國家權力之間的互動。基於上述分析，每一個國家的內務行政法制實質上呈現出它的完整特質，如果我們不著眼於上述國家整體的特性，是不可能進行比較研究，因而我們得以建立比較行政理論（die vergleichende Verwaltungslehre）的概念與內涵。在那些永遠都相同的比較項目與體系，比較行政理論則會將現行有效行政法的差異性建立在社會因素與其他精神的、經濟的與國家的生活，以及它們的互動關係上。比較行政的基本原則在於，所有的實證法都是歷史演進的結果，比較行政的任務，則是證明實證法與歷史之間的因果關係。

如果以上論述正確，那麼毫無疑問的在歐洲可以歸納三種內務行政的基本型態，而且正是歐洲三個主要民族所代表，這樣的分析也向我們展示，人類的

生活既有終極的簡單，同時展現多元的豐富。第一種基本型態是英國，英國式的國家行動力與內務行政，原則上建立在地方自治與人民團體，政府反而較少參與；第二種基本型態是法國，法國式的內務行政幾乎完全掌握在政府手中，地方自治與人民團體通常無從參與，也缺乏法源依據；第三種基本型態是德國，德國式內務行政儘管發展方式多元，然而卻致力表達相同的思想，那就是整合既有的多元行政組織成為國家生活的整體行政。英國與法國的內務行政已經具有整體行政的特性，有待發展的是個別的行政領域，德國則正在努力建立屬於自己的特性，在某些個別行政領域已經具有相當完善的發展，其他部分則仍屬落後。如果要完整分析整個歐洲的內在生活，這是人類學術經驗所能負擔的最大極限。它已經超出任何個別學術能量的極限，正因如此，它就屬於我們這個世代的責任。

　　要達到上述的目的，第一個條件就是我們必須建立共同的**基本概念**，再進一步建構行政理論的**體系**。

第三部

內務行政的體系

　　依據前述章節的一般性概念說明，我們得以進一步建構內務行政的體系，這裡將不再繼續探討概念性或者本質性的問題，而是要探討這些概念所涵蓋的對象（das Objekt），這個對象指的是共同體中人的生活，如何從一個多元複雜的領域漸次呈現出一個有機的、完整的統一體。行政管理的理念就在於建構這個完整的統一體，然而生活領域的多元複雜性卻會自然形成共同生活體的多元差異性，這些多元差異性又必然呈現出個別生活領域的歷史過程與法律制度。換言之，人的生活的各個領域都會有自己的行政。從這裡也展現出人的生活的豐富內容與複雜結構，它遠遠超越其他自然的、動物、植物的生活。然而，相對於這些多元複雜的個別變動狀況，以及不同國家的整體制度設計，更必須建立一個有機的統一體，以充分認識並掌握上述的差異與變動狀況。這個以學術方法建構認知，並形成知識的作用，就是體系論（das System）。因而內務行政的體系，它不僅僅是內務行政的上位概念，它也用來掌握生活本身必然產生的諸多矛盾對立，即使是以法律語言所表達的生活事實。所以體系的建立，並非只是某種輔助性的工具，也不是為了某個目的而產生的手段，體系論本身就是一種以精神力量掌握共同生活的絕對條件。

　　這個體系論所內含的要素，必定就等於人的生活的基本關係。在這個基本關係中，個人自我的生活領域，就是這個體系的首要部分；個人的經濟生活，就是第二個部分；個人的社會生活，就是第三個部分。每一個部分並非單獨存在的生活事實，而是在這個體系中相互作用卻又各自獨立的生活關係，藉著這個內務行政體系，行政理論建構出生活秩序全面完整的規範圖像，它所呈現的其實就是基本的生活關係，更直接的說，它呈現的就是人性本身。而這正是行政體系的真實任務與價值所在，它的核心議題不在於形式與定義，而在於某種價值觀（eine Weltanschauung），如果有人嚴肅認真的探究行政知識，他將會立即清楚的認知到，沒有一個學門的內涵與意義可以和行政相提並論。行政理論的發展程度就等於共同生活體對於自我的認知程度，它的內涵就是無數可能的有機生活事實，至於行政法的功能則是在某一個特定時空背景條件下，具體呈現出這些有機生活事實的結晶狀態。

　　這種對於行政理論的認知，當然有其界限，因為不是所有人的生活都屬於行政的領域。行政領域的範圍只及於個人生活與共同體生活所產生的相互關係，亦即個體與整體互為目的與互為因果的範圍（sich gegenseitig bestimmen und bedingen）。當個體處於完全自我依賴與完全私領域，或者當國家完全處於純粹人格狀態時[1]，就非屬行政的領域，當然也不屬於內務行政的領域。內務行政的體系如果與每個個人的生活體系相對照，在內容上必定顯現差異，每個個人生活體系的諸多事項，可能不在內務行政體系的範疇中，內務行政體系也不會完整涵蓋國家整體的生活[2]。只有上述的三大領域構成個體與整體持續互動的範疇，當這個普遍存在的個體與整體相互關係形成它的具體結構時，這就是實證行政法的個別具體內容。

　　最後我們必須強調的是，上述三大領域並非依序產生，它們的順序只是學術分析的順序，它們是同時存在、並且相互影響的永續現象。但是學術分析必須從最單純的現象開始，那就是單純的個人生存問題。

---

[1]　這裡指的是君王的皇權或者國家的主權。
[2]　史坦恩的行政理論包括國家對外行政與對內行政，對外行政區分為軍事、外交、領務；對內行政區分為財務行政、法務行政、內務行政。內務行政主導國民生活的向上提升，關係民生福祉的持續進步，所以構成個體與整體互動最密切的行政領域。

第一篇

個人生活的內務行政

對於內務行政而言，個人生活的概念單指個別存在的個體，這個自然存在的個體是共同體的一部分，這個觀點還不包括個人在共同體中的發展因素，亦即經濟資源與社會秩序作為個人發展的條件。換言之，個人以其單純的存在現象，與共同體之間所產生的互動關係，一方面個人得以設定共同體的目的，另一方面個人也被共同體所決定。個人的存在，具有兩個層面的生活：其一是生理（physische Persoenlichkeit），其二是精神（geistiges Leben）。所有的人都兼具這兩者，也據此發展自我，而共同體也在這個個體基礎上持續發展。然而也在這生理與精神生活之中，個體的存在與發展，都會遭遇一系列個人所無法解決的困境，以及個人無法自行完成的條件。內務行政的首要任務，就在於排除這些困境，提供這些條件，以使得個人生存上的自主性不會受限。這個行政的首要任務，也依據前述個人的生理與精神兩個層面生活，區分成兩個部分。這兩個部分只要是個體不可能獨力完成的項目，就因此成為共同體生活的內在結構與任務。這個首要任務的第一個部分如下所述[3]。

3　史坦恩在本書出版之前的行政理論著作合計八部十冊，其中六冊都是關於個人生活的行政。

第一章

個人生理生活的行政

個人的生理生活必然構成自我最切身的存在事實，然而它同時也構成共同體最切身的生理生活與現象。個體與共同體在生理生活層次的相互關係，可以區分成四個項目：首先，個體是一個個別存在的事實，它是一個屬於共同體的個人，個體作為一個單獨存在的事實與共同體的互動關係，構成人口行政（das Bevoelkerungswesen）；其次，個體本身所具有的個別生理特性與健康狀況，同時也構成共同生活體的生理與健康，由此構成衛生行政（das Gesundheitswesen）；第三，個體具有個別的不可侵犯性，才可能擁有生存與發展的外部條件，這是純粹外在的、而且非精神性的條件，由此構成警察行政（das Polizeiwesen）；最後，在某些特殊的生活困境中，個體會需要行政權力的協助，以擴展其無力自行達成的人格發展，這就是監護行政（das Pflegschaftswesen）[4]。以上四個行政項目構成我們所謂的個人生理的行政。行政法制的功能則是呈現出政府、地方自治、人民團體等三個組織層級在上述生活項目中的行政管理規模與內容，已經發生過的行政管理規模與內容，就是法制史；現在進行中的，就是實證法的規範內容。

第一節　人口行政

概念與體系

人口事務不論它在行政領域的管轄與歸屬，都構成國家生活的事實基礎。所以它是國家建立自我的最首要、也最自然的任務。處理人口事務的所有

---

[4]　監護行政係指由行政機關依法執行的法定監護與財產管理措施。

國家行爲，以及它所遵循的法則，就構成人口行政[5]。

在人口行政中，探討人口來源、人口增加與減少的自然法則，就是所謂的人口理論（die Bevoelkerungslehre）；以某種平均數據或者相對關係，呈現人口現狀，作爲國家自我存在的一種事實，就是所謂的人口統計（die Bevoelkerungsstatistik），將這兩個領域合在一個體系，我們稱之爲人口學（Populationistik）。

依據上述的說明，人口學本身當然不屬於針對整體國民的行政管理概念，它反而是人口行政的前提要件，依此得以呈現人口行政的管理法則，依據特定的人口條件所呈現的特定行政行爲的管理方式與規模。

即使人口學具有上述特性，但是透過行政統計（die Statistik）的概念，人口學將來還是會成爲行政行爲的內容，它們會建立在數據資料（das Zaehlungswesen）的基礎上。只有在行政統計的基礎上，才眞正開始發展國家內務行政的體系。從人口學的統計概念可以區分出兩個人口行政的領域。

其一是人口管理的領域（die Bevoelkerungsordnung），它的必要性在於確定人口數目與籍貫的變動狀況，因爲個人的歸屬關係，對於其日常生活與權益，具有高度的意義，即使不由行政管理，個人也會以自己的方法處理這種歸屬與變動關係。人口管理的領域包括身分登記（die Standesregister）、身分證件（das Pass- und Fremdenwesen）以及戶籍管理（das Heimatswesen）相關的所有行政措施與法則。每一個行政措施各有其獨立的法制。

其二是人口政策的領域（die Bevoelkerungspolitik），它的特殊意義在於建立人口數字與國家整體的關係。人口政策主要顯示出，國家的任何作爲對於人口數字的增加或減少都會產生影響，所以它必須闡明這個影響力發生作用的基本法則。這些基本法則依據人口政策的內容必須考量不同的歷史發展因素。人口政策的內容又包括婚姻（die Ehe）、人口移入（die Einwanderung）與人

---

[5]　我國公法著作中鮮少分析統計與行政的關係，張君勱是少數在憲法論述中即納入統計事務，「建立國政制度的首要就是人口與土地的基本事項調查，包括人口統計與土地測量」參見中華民國民主憲法十講，張君勱先生遺著叢書，民國60年版，頁20以下。我國現行人口統計則由行政院主計總處與地方政府主計局處共同構成，依行政院主計總處組織法規定，全國各級主辦歲計、會計、統計人員，分別對各該管上級機關主辦歲計、會計、統計人員負責，並依法受所在機關長官之指揮，因而形成了特有的主計中立制度，一爲組織中立；二爲人事中立；三爲職務中立。主計總處發布的人口統計項目包括人口靜態統計、生命統計、人口遷徙統計。但是主計制度只負責人口統計，人口管理與人口政策依內政部組織法第11條屬內政部戶政司職權，入出國及移民事務依同法第8條之4屬內政部入出國及移民署職權。

口移出（die Auswanderung），它們也各有獨自的法制與歷史因素。

第一款　人口統計

第一目　行政統計的概念：建立精準事實的學術

　　統計的概念當然不僅限於內務行政的範圍，但是統計在內務行政領域具有相當的重要性。所以有必要先認識統計的概念，再進一步認識行政統計的概念。

　　統計這個概念本身是建立精準事實的學術（die Wissenschaft der Tatsachen）。在這個意義下，統計就是正確認知每一種事實的方法，當然也包括國家生活的認知。為了達到認知事實的目的，統計因而有其自身的體系，那就是在抽象思維過程之外，針對所有存在現象所建立的邏輯與論證。統計概念的內涵分析如下。

　　我們都是透過觀察（die Beobachtung）的行為，將外部存在的事實帶入個人內在的認知（das Bewusstsein），並且在認知之中建立自己的分類。所以觀察的行為是否有價值，就取決於觀察所得的準確度與合目的性，差異性愈小，就代表觀察的價值愈高。但是，差異性卻永遠存在，不論它的原因是什麼。所以單純依據觀察的行為，我們是不可能在主觀的認知中，完全精準的建立某種客觀事實的分類，為了達到這個客觀事實的分類目的，我們必須建立平均值（ein Durchschnitt）的概念，平均值所代表的價值或者真實性，會隨著觀察行為的增加，差異性的降低，而提升平均值的可信度。因而，所謂的事實，它的概念或者定義是指透過觀察所建立的具有某種整體一致性的分類現象。換言之，每一個被認定是自主存在的整體現象，都可以稱之為一種事實[6]。

　　任何的事實都會產生變化，任何的變化都包括兩個要素，本文區分為構成變化的基礎（Grund），以及變化之後，造成的後果（Folge）。如果我們將變化的基礎與後果，各自當作一個獨立的事實，進行觀察與主觀認知上的分類，就構成原因（Ursache）與結果（Wirkung）分立的概念。因此，「原因」

---

[6]　例如一個物種，一個人，一個社會，一個國家都是這裡所稱的事實。

這個概念可以理解成經過觀察與分類過程的變化基礎,「結果」這個概念可以理解成經過觀察與分類過程的變化後果。然而,相對於一次性出現的結果,原因這個概念卻不是完整窮盡的,因為原因的概念並不等同於所有構成變化基礎的現象,原因這個概念包括其他足以影響變化,而且無限多元的任何作用力。所以,構成變化基礎的真實內涵與觀察所得不在自身,而在於它的作用與其他作用的互動關係上。這些其他的作用力只不過依附在構成變化的基礎之上。因而,我們之所以能夠針對變化基礎進行主觀認知上的分類,其實只是依據所有已經存在的,以及觀察得到的作用力所計算出的可能後果,如此所產生出的整體作用力,也就是上述一次性出現的結果概念,其實等同於近似值(die Wahrscheinlichkeit)的概念。所以,所謂的近似值,就是經過觀察過程所確立的基本作用力,以及產生結果的其他隱性作用力共同造成的特定規模。如果我們基於這個近似值的規模,再推論出確定、而且自主存在的規律作用,就形成定律與法則(das Gesetz)的概念。每一個觀察行為都盡力形成某種定律與法則,每一種客觀存在的事實,也不過是某種定律與法則所呈現的現象,透過這些定律與法則,所有的事實都能夠融合在一個偉大而且和諧的秩序中,所以,所謂建立事實的學術,其實就是建立一個從個體到整體的價值觀(Die Weltanschauung)。在這個和諧的價值觀之下,不會出現恣意形成的現象,不會有價值的高低,也不會有某個存在事實重要與否的問題[7],這些就像是觀察所得的規模概念,只存在於人性的主觀認知之中,而不在事物本身。對於和諧的價值觀,也不會有它所不能克服的領域,所有的領域都融合在其中,包括國家的生活。

　　上述建立事實的學術,如果應用到國家及其生活,就是統計的概念(die Statistik)。統計理論與事實學術的不同在於,前者是以學術方法定義國家如何進行它的觀察行為,確定它的平均值與客觀事實,研究國家生活中的因果關係,以瞭解支配國家生活的定律與法則。所以,統計的成果就是依據這些理論所呈現的國家生活的事實與法則,就是這麼清楚簡單。

　　然而,就像目前大多數的情形,統計的成果只被當作是單純的統計數

---

[7]　指所有存在的大小事實,共同構成一個有機的秩序,如果改變其中一個事實,原秩序就必定重新互動,可能另外形成某種新的有機秩序,或者分裂成各自存在的事實,成不了秩序。

字，這樣不僅會產生概念上的混淆，也發展不出統計的理論，更不會出現建立事實的理論。歷史卻正走向這樣的發展，統計只被認爲是觀察行爲的總結，或多或少是被降格成某種有數字依據的資料庫。另外一種努力則尚未被認同，那就是將統計從純粹的技術知識提升到一種具有主觀認知功能的學術。目前也只有在一個問題上出現這種努力，那就是人口統計的數據資料（das Zaehlungswesen）。

第二目　人口統計

　　人口統計是指所有關於人口數字與人口分布的行政法令與措施，藉以掌握這兩者所代表的個人生活、經濟生活與社會生活的狀態。因此，人口統計必定是隨著這個目的的認知程度，建立相對的統計制度，它的發展程度自然也反映出認知的程度。所以在宗族社會與階層社會的發展階段，是不會出現人口統計制度。人口統計通常由警察行政開始，目的在於軍事與財政，也一直保有這樣的特色。隨著人口理論與內務行政的發展，人口統計逐漸形成一個成熟的體系，包括決定人口狀態的各種要素，以及建立人口資料的先後程序，這些發展都是基於上個世紀既有的學術背景，雖然各個國家都還有不同的統計方式，但也漸漸能夠得出某種涵蓋全體國民生活的模式，它的重要性也獲得普遍的認同。這一個發展過程的基礎在於，先是建立約略推估，接著發展計算人頭的方式，然後才有正式人口統計的制度，它首先是建立個人生活狀態的項目，例如年紀、性別、家庭、信仰等；接著擴及經濟生活，例如生產關係、財產狀態、牲畜飼養、房產、投資、企業經營等；最後納入社會生活，例如家世、階層、職業、教育等。這些人口統計資料與內務行政治理的有機互動關係，目前還只是在部分領域才有比較密切的關聯，例如財稅、農業、國民教育、衛生行政等，未來的人口統計應該在所有行政領域中位居治理成敗的關鍵地位。這個人口統計資料未來的任務，也將成爲行政統計的核心任務。

　　正由於行政與統計之間還未形成上述完整有機的關係，所以人口統計還不能在各個國家之間成爲相同的制度。計算的原則與相關的法令還有很大的差異，儘管它的重要性與必要性都已獲得普遍的認同。在文獻上，孟德斯鳩最早提及人口資料的重要性，但是還沒有建立體系，而且僅限於地區層次。立法方

面，英國於1838年訂定法令，實施定期計算人口的戶籍登記制度。法國則在1791年爲了建立地方自治團體的財政，訂定人口統計法令，1832年作爲稅捐依據。奧地利從1754年爲了建軍目的，建立人口統計制度。在德意志各諸侯國中，首先是爲了建立徵兵制，其次是爲了建立關稅聯盟，依據各諸侯國統計理論發展的程度，而有不同的人口統計制度。1833年成立關稅聯盟，人口統計是以計算人頭的方式，所以其他的資料如年紀、性別等，就很不一致。

第二款　人口管理

概念與本質

　　人口管理的目的在於，一方面確定個人的國籍，以及這個個人所屬的行政機制，其次則是建立個人身分的同一性與識別性（die Identitaet），特別在互動頻繁的社會活動，個人身分的同一性與識別性必然會要成爲共同生活持續發展的重要條件。很清楚，上述兩個目的都不可能由某個個人自力完成。所以當國家統治行爲與人口流動產生變遷的時候，就有必要爲這兩個目的建立客觀有效的規範。因此，確定個人國籍，以及建立個人識別性的所有法令，就構成行政權的人口管理。

　　所以很清楚的，如果不具備某種程度的人口管理機制，是不可能稱爲完整國家或國族的發展狀態。換言之，人口管理的體系化發展，首先必須是國家已具備立法與行政分工制衡的有機體，其次則是單一國族之內的各民族，以及國家之內各地區勢力間的界限與藩籬已被消除。接著就必須建立一個全面性、涵蓋所有實際生活的歸屬關係。然而，制度卻有其必然的發展過程，一開始都是一種不自由的狀況，所謂的不自由，是指國家對於前述歸屬關係內容的變化，不是依據實際發生的個別狀況，而是繫於自身同意與認同與否。直到十九世紀市民社會展現的個人自由，於是發展出新的法治原則，依此原則國家只有在公共利益與必要性的前提下，才能建立這種全面性的人口管理制度，如果只涉及個別的私益，就屬於私部門的事務。在這個觀點的影響下，形成下列的管理機制，也形成全面性的公法規範。

第一目　人口管理法制

基本概念

　　建立人口管理法制的目的在於，以個人國籍歸屬作為落實國家治理的首要實質條件，尤其是與個人密切相關的事務。國籍本身具有雙重特性，其一是對外的，針對其他國家，其二是對內的。對內的特性再依據國家的本質，區分成兩種基本型態。首先，國籍代表國家憲法的歸屬性，它的內涵則是個人參與立法的權力。如果個人無權參與立法，就只是個國家附庸，有權參與立法，才是國家國民。這部分的論述屬於憲法範疇。

　　其次，國籍也代表行政的歸屬性。行政功能之所以規範個人，必要的法制基礎在於機關職權（die Comptetenz）。而個人之所以必須服從行政功能，必要的法制基礎在於法定管轄（die Zustaendigkeit）。依此，每一項機關職權都有其相對應的法定管轄。行政的概念因此得以有機的分散成國家權力的機關職權與個別法定管轄所構成的有機體中，而且包括五大行政領域。五大行政領域指軍事、外交、財務、法務與內務行政，各有其機關職權與法定管轄。前四種行政領域各有其獨特的職權分配，所謂人口管理的法制，專指在內務行政的機關職權與法定管轄所構成的法秩序。

　　這部分的法秩序依據國家行動力的本質可以區分成兩種組織型態。首先是行政機關概念下的機關職權與法定管轄，據以明確判斷個人在現行法律規定中，與哪個公務機關發生權利義務歸屬或者法律關係。其次則是地方自治團體的權利義務關係，主要透過戶籍制度建立。人民團體雖屬國家行動力的一環，但是不會涉及人口管理的法秩序，因為人民團體的成員是依其自由意志加入或退出，所以不會形成公法的法律關係。

一、公務機關職權與法定管轄

　　機關職權與法定管轄雖然在概念上很簡單，但是實際上不僅相當容易混淆，而且都必須從其制度發展過程中才能清楚認識。基本的原則在於，任何特定的行政功能都有其專屬的機關職權與法定管轄規定，以達到行政的目的。所以人口統計、衛生行政、警察行政、道路、郵政與鐵路等都有專屬機關職權與法定管轄的法令，兩者都屬於行政組織權的法規範。關於機關職權的論述，屬

於國家學的領域；至於法定管轄，如果涉及土地管轄權的劃分，則屬於地緣政治的範疇。這類法秩序在德國與英國具有濃厚傳統諸侯國的特色，法國、義大利與比利時則是基於行政管理上的需求。基本的法制原則在於，具有組織職權的行政機關得自行訂定各種管轄類型，如果人民對於行政機關是否具有合法組織職權存有疑慮，則應自行舉證闡明，組織職權與法定管轄的發展趨勢則是儘量簡化，但是仍然必須符合相關的理論，因為一旦確立的組織職權，通常很難再度更動。組織職權與法定管轄另外一項重要的功能，則是構成權利義務主體（die Koerper）的概念，這些概念將隨著行政訴願與訴訟制度的發展，必定在行政領域占有一席之地。

二、地方自治團體的組織職權與法定管轄

地方自治團體在組織職權與法定管轄兩個概念的發展史，構成所有法制史的核心內容，兩者的關係密不可分。縣市（die Gemeinde）原本就是內務行政的核心機關，它的職權在傳統上就無所不包，但是隨著大城市的興起，於是形成兩種差異的身分，一種是歸屬於城市的市民身分（das Gemeindebuergertum），另一種是居住於城市外圍，低於市民身分的村民身分（die Pfahl- und Schutzbuerger），同時在農村之中出現莊園領主制度（die Gutsherrlichkeit），將原本屬於宗族秩序的歸屬關係轉變成農奴與莊園的歸屬關係。除了上述縣市類型的發展之外，另外形成第二種類型的組織職權與法定管轄，那就是職業階層的自治，在特定職業團體中，尤其是教會團體與大學團體，興起完全的自主管理，包括對內的事務與人員。一直到國家公權力的出現，開始以行政的組織職權與法定管轄概念，全面取代傳統上地方自治團體的權力，十九世紀之後又逐漸形成政府與地方自治兩個層次的行政組織型態。讓這兩種組織型態各有其特定的權力機構，則是地方制度法制的功能（die Gemeindeordnung），地方制度法使得地方自治團體取得相對於政府權力的法定地位，擁有自己的專屬區域，進行自治立法與行政管理，並且在組織職權與法定管轄上，得以區分出兩個層次的概念，市民身分（Gemeindebuergertum）與戶籍制度（Hemathswesen）。

所謂的市民身分，是指個人得以參與縣市自治團體的自治立法與行政治理，尤其是參與地方基本法（die Gemeindeverfassung）的權益。基本的原則在

於，所有的國民都必須隸屬於某一個縣市自治團體，如何落實這項原則，以及它的權益內涵，屬於地方自治的理論。

上述基本原則主要目的在於確定所有自治團體成員具有何種權益，戶籍制度則有完全不同的功能。

戶籍制度對於人口管理而言，在於確立個人與地方自治團體基於歸屬關係所衍生的照護義務，特別是上述的貧窮救助。戶籍制度的基本原則卻很簡單。全世界的戶籍制度與相關權益都是透過出生以及獲得土地的方式取得，就是所謂自然原因的戶籍權益（natuerliches Heimathsrecht），其次就是透過工作以及長期居留的方式，就是所謂工作原因的戶籍權益（gewerbliches Heimathsrecht）。由於工作原因取得戶籍權益也會取得貧窮救助的權利，同時增加地方自治團體的法定義務，所以針對工作戶籍制度，一直有的爭議就是，在何種條件下才能成立貧窮救助的權利。地方自治團體基於自身利益，通常會主張工作戶籍權益的取得，必須經過申請與同意的程序，因而地方自治團體有權力在發生大量貧窮時驅逐這類人口。但是基於遷徙自由，個人對於長期居留的地方與期間是不能被限制的。所有現行有效的戶籍規定都是在兩者之間尋找因地制宜的合法界限。如果地方自治團體嚴格限制自身的貧窮照護義務，那麼驅逐貧窮人口的權力也就愈受限制；如果地區人口成長變動愈快速，那麼勞動自由也會與驅逐權力形成對立。因而立法的空間固然很大，但是普遍的趨勢則是傾向限制驅逐權力的行使，或者放寬無資本的勞動階級取得戶籍權益。解決這些問題的關鍵，往往在於設立特殊行政目的的跨區行政型地方自治團體（die Verwaltungsgemeinde）[8]，以取代縣市個別的照護義務，其次則是建立全國一致的行政法規。到達上述標準之前，針對不同地方自治團體所共同困擾的工作戶籍權益，尤其涉及貧窮照護的義務，通常依據下列三個基本原則判斷其地方歸屬：首先是時間因素，在特定居住期間之後，獲得戶籍權益；其次是驅逐權，如果在上述期間內已實際領取貧窮救助，縣市得以行使驅逐權，同時撤銷申請婚姻同意的權益；第三是依據特定居住文件（Heimathscheine）取得戶籍權益。

---

[8]　我國國民政府時期曾有過「行政督查專員公署」的制度，類似德國的跨區行政型地方自治團體的概念，在特定行政督察區的範圍內執行跨縣市的行政事務，組織層級位於各省與縣市之間。目前大陸地區仍然有「行政公署」的行政組織。

第二目　身分登錄

身分登錄之所以必要，部分原因在於特定的行政功能，部分原因在於法律關係與商業交易的需求，必須針對個人的婚姻、出生與死亡等事實，建立客觀公信力。因此而設立的機關與法令，統稱爲身分登錄法制。

這項法制更隨著交易行爲的蓬勃發展，逐漸建立它的體系內涵與普遍拘束力。身分登陸源自於傳統地方教會的執事記錄（die Gemeindekirchenbuecher），接著則是出生與死亡兩個項目成爲地方自治例行性的登記項目，而且在十八世紀德國的大城市中，就已經與宗教事務分離，成爲地方自治團體普遍辦理的行政事務，並且具有法定拘束力與司法證據力。到了十九世紀，除了繼續維持上述法律效力之外，也成爲人口統計的依據，藉此持續追蹤人口成長與遞減的狀況。在法國，首度將身分登錄制度完全視爲公權力文書，並且在教會婚姻之外，推行市民階層的公證婚姻（die Civilehe）。身分登錄的重要性，在十八世紀的奧地利與普魯士都促成相當詳細的立法。這些立法的基本原則，首先是建立身分登錄的項目與格式，尤其是配合法院訴訟時的證據用途，以教會與行政機關的公權力，確立個人的識別性，以及遷徙的記錄；其次則是上級機關的監督權限，以及使用資料的權限，包括資料的修正、校對、蒐集與列印成冊等；第三則是確認身分登錄的司法證據力，以及個人得以使用的權限。至於是否應該納入其他的立法原則，例如人口學的觀點，包括年齡、工作能力、死亡原因、婚生與非婚生子女等項目，目前並未獲得一致的共識。學術界關注的焦點在於人口統計的目的，而立法則持續納入司法證據力的相關問題。

第三目　護照證件與人口申報

個人在地區之間的移動，屬於人口流動的現象，同樣構成人口統計的事實之一，這個人口移動的事實對於公共秩序、個人的權益以及他人的權益都有深刻的影響。因而，人口流動與居住改變對於整體與個人所發生的互動關係，必定構成公法的規範對象，這類法規統稱爲身分證件與人口申報制度（das Pass- und Fremdenwesen）。這個制度的發展史屬於法制史不可或缺的部分，同時構成社會內在生活及其整體發展的觀察指標。

在宗族社會的時代，對於外來人口的管制可以說完全無法制可言，只有

少數基於個人情誼進而保護私人（das Gastrecht）的情形，或者中世紀針對個人商旅請求護送（das Geleitsrecht）的習俗。隨著交易行爲的興盛，中世紀的習俗顯然不符合時代需求，個人享有自由遷徙的法律保障逐成爲主流，而且在最初的階段是完全放任個人自主決定其人口流動的理由。但是隨著國家安全意識的提高，以及個人安全維護的必要，在職業階層社會的約束力逐漸沒落的年代，針對毫無限制的個人遷徙自由，開始出現警察治理的制度，這個制度或者基於國家整體安全，或者基於人口流動的管制，或者基於縣市地方自治團體的治理考量。制度的基本原則在於，所有個人的任何跨區域移動，都必須取得符合流動目的相關許可，如果欠缺這項許可則屬刑事裁罰。所以在國際之間的旅行，就興起護照制度（das Passwesen）；在地方自治團體之間的人口移動，就形成申報制度（das Meldungswesen），成爲對外與對內的人口管理法制。這套由警察行政執行的人口管理制度，從十八世紀開始，部分甚至延續至今，除了針對個人遷徙自由增加事前許可的不自由限制，它還有第二個內在有機的重要理由，那就是針對個人的同一性，以及國家與地方自治團體的歸屬性，由公權力機關予以合法正當的確認，這對每一個人都是至關重要的事務。但是在十九世紀發生人口大量遷徙的情形，前述的事前許可制已經不可能繼續維持，但是身分確認制仍然有其重要性，所以繼續存在，一開始時是一種個人義務，建立個人身分的確認，這通常只可能在跨國的長途旅行，個人才可能事前自動備妥個人護照，然後則認爲申請護照是個人自由，個人得依其自身利益，自行決定是否與何時擁有一份公權力認證的旅行護照。但是在大部分國家仍然實行基於戶籍制度的跨國商旅身分確認義務，在地方自治團體之間，則實行流動人口申報制度，儘管實務上對於這兩種制度的價值批評甚多。至於基於個人自由透過公權力申辦的旅行護照，在個人商旅愈趨頻繁活躍的發展情形下，護照的申請則愈趨簡化，基本的原則在於，不必爲每一次旅行，個別辦理護照，只要能夠確認某種個人身分合法正當即可，所以會製發護照本（die Passkarten），以因應所有跨境旅行；製發身分證（die Legitimationskarten），以利國內的任何型態居留。每個國家在上述原則之外，有權力在必要情形下，作出更嚴格的規範，則屬當然。除此之外，旅館對過夜旅客的流動人口申報，則是較新的制度，有些國家針對長期居留的情形，則會製發某種居留證（eine Aufenthalts-karte），另外針對特殊身分與目的的跨境旅行與邊境買賣，則會有特殊的旅行

證件。綜上所述，我們可以觀察到，在歐洲完全自由的身分確認制度仍然沒有實現，各國間制度仍然存在差異，但是完全採取自由申辦護照與身分證件的英國與北美，對於歐洲而言又欠缺目的性的考量。

第三款　人口政策

第一目　婚姻登記制

　　婚姻本質上是完全自由的，之所以成為行政管理的對象，是因為依據社會、經濟與人口的觀點，婚姻對於人口政策與個人權益都會產生重大的影響。為了將這個影響導向公共福祉的發展，所以在不同的年代，都會以行政法令規範婚姻的締結與效果，這些法令統稱為婚姻登記制度。它的基本原則則是依據不同時代的社會生活狀態定其內容。

　　宗族社會婚姻登記制度的核心，在於父親對於締結婚姻的同意權，以及兩性締結婚姻的義務，甚至演變到懲罰單身不婚者，並且獎勵締結婚約者。

　　職業階層社會的婚姻制度，表現在支配者對於被支配者，以及領主對於家僕的婚姻同意權，接著發展出職業階層的特殊婚姻制度，例如軍職與公務員的婚姻必須報請上級同意，部分制度保留至今，而懲罰不婚與獎勵婚姻則不再存在。

　　在市民社會階段，則開始以警察行政進行的管理，婚姻制度同時面對兩種極端的管理措施，為了增加人口的理由，所以不限制婚姻，但是在對抗貧窮的前提下，則會限制婚姻。所以政府的相關法令往往會互相矛盾，對於有勞動能力者的婚姻，放鬆管制；對於無勞動能力者的婚姻，則嚴加限制。但是這些政府層級的法令並沒有發生實質的影響力，多停留在理論層次，沒有付諸實施。在這段期間，市民階級婚姻制度的主導者反而是地方自治團體，它的原則在於依出生享有戶籍權益，以及地方自治的照護義務，為了落實這項照護義務，所以延伸到婚姻的同意權，這又與職業行會的入會權益密切相關，因而，地方自治團體對於婚姻行使的同意權便成為一項固定的法律原則，而上述基於警察行政執行的管理措施則逐漸喪失實質意義。

　　一直到十九世紀，隨著職業自由的全面實現，以及統計資料呈現出的事

實，那就是婚姻制度的管制只會導致非婚生子女與未婚同居的增加，所以形成全面自由的婚姻制度，並且取消所有的事前同意與獎勵婚姻的公法法令，這項原則普遍適用於英國與法國，在德國則因為地方自治團體的傳統權益，並沒有全面的落實。但是各諸侯國政府則逐漸廢止上述基於警察行政的管理措施。所以，未來的婚姻制度將會取決於家庭的同意，而軍職與公務人員職業階層的特殊婚姻限制也會逐漸降低其價值與必要性，至於獎勵婚姻以增加人口的措施，則會完全消失。

第二目　人口移入

　　一個人短期在戶籍地以外的居留，構成前述的人口申報制度（das Fremdenwesen），但是長期的居留，通常為工作的目的，而且隨著目的變動而遷徙，則會從長期居留轉變成長期定居（das Niederlassungswesen），然而，任何外來人口如果在另一個國家重新建立新的市民生活關係，就構成人口移入的概念。人口移入與本國人口消長具有密切關係，相關的法令與措施統稱為人口移入制度。

　　因而人口移入制度包括所有規範外來人口歸化與融入在地社會秩序的法令。這個制度當然就成為一種有效促進人口增長的行政措施。

　　一直到警察法的行政管理出現之前，相關的法規範歷經以下的制度演變。在宗族社會的階段，人口移入只是單純的納入某個宗族團體的生活及其法秩序。到了階層社會，人口移入則是藉著取得土地所有權，或者藉著加入職業階層，例如教會、大學、公務員等，而移居當地。在城市地區，如果外圍的村民獲准在市區居住，也是一種人口移入，隨著城市人口增加，則必須以取得土地或者加入職業行會為條件，方得以移居城市。然而這些措施與促進人口增長並無任何關聯。

　　警察行政的管理階段則是基於國家發展的人口增長目的，將人口移入正式列為行政的任務，進而興起總體人口發展概念下的人口移入制度。它的基本原則就是盡可能的獎勵人口移入，或者透過直接的獎助津貼，或者增加地方自治團體的相關職權，但是這些措施只有少數德意志諸侯國付諸實施，而且只延續到十八世紀末。至於十九世紀則已經完全放棄上述的獎助措施，也廢止了職業

階層才有居住權益的限制，進入完全自由遷徙的階段，但是不同國家則有程度上的差異，在英國或法國屬於完全遷徙自由，居住身分或戶籍權益依據地方自治法規；德國原則上實施遷徙自由，居住身分或戶籍權益同樣依據地方自治法規，但是國民身分與國籍歸化則屬於全國一致的法令規範。因而當今人口移入制度已經明顯區分成三個各自獨立運作的領域，居留權益適用遷徙自由；戶籍權益依據地方自治法規；國籍歸化則屬於憲法層次的規範。十八世紀的人口移入制度已經完全消失，當今的人口移入規範已完全適用遷徙自由，而且納入戶籍制度之中。

第三目　人口移出

　　人口移出專指遷出戶籍地並放棄國籍身分。如果不考量個別原因，造成人口移出大多歸因於深刻的社會對立。人口移出最直接的法律後果則是移出者與戶籍國在社會關係、經濟關係與法律關係等的終止。所以人口移出現象，依其發生原因與外在後果的觀察，都構成一種巨大的社會變遷事實，甚至世界歷史的變動事實，至於內在的後果，則屬於行政作用的對象。因此而形成的公法規範與行政措施就構成人口移出制度。

　　人口移出制度在不同的社會發展階段會有不同的法制，隨著歷史演進，它的出現機會也愈多，但是不論在任何時代，共同的現象則是，人口移出通常發生在法律上或者經濟上受壓迫的階級，所移住的國家或地區，往往能夠填補移出者在祖國所欠缺的自由，並且提供重新追尋自由的希望。

　　在宗族社會的時代，人口移出通常伴隨著軍事武力的勝出，在征服地區形成居住關係與殖民地開發，並且過土地財的取得，建立與祖國類似的法制，例如日耳曼民族的人口移出通常伴隨著軍事武力所建立的殖民地。又或者為了避免國內商業競爭，而在海外建立商業財富為目的的商業殖民地。但是擴展海外商務的行為，就不應該被列為人口移出的現象，雖然海外商務行為也有可能變成人口移出的原因，例如漢莎聯盟的歷史發展，以及跨越太平洋的商務貿易，其法律效果則是喪失所有在祖國的權益。

　　在職業階層社會的時代，人口移出通常歸因於宗教迫害或者領主虐待。由於家僕是附屬於領主，所以領主有權禁止、甚至處罰家僕未經許可的人口移

出，這項權利也包括家僕經濟上的權益，領主針對家僕被法院沒收的財產依法取得所有權，以及家僕的繼承權益。隨著十九世紀領主制度消失後，這些權利也被廢止。

基於總體人口觀點，以規範人口移出制度的警察法管理時代，則屬於完全自由移出的過渡階段。這個階段開始於十七世紀末，基本原則為國家對於人口外移實行許可制，以及對於未經許可者的刑罰權。由於許可制與刑罰權都屬於國家權力，所以在地方自治團體的層次，仍然保留前述領主制度的懲罰性權利與經濟性權利。透過這兩種權力作用，人口外移受到高度的限制，同時也開始醞釀新的制度。

到了市民社會的時代，普遍承認人口移出屬於個人自由，並且廢止相關的禁令。前述經濟性的制裁措施，例如沒收財產與遺產課稅等，都只被當作是報復措施。當時仍然盛行此種應報思想，認為國家對於外移人口在本國已經依法發生的義務，都必須確實執行。為了達到這個目的，首先外移人口有義務公開告示出境，遺留在國內的財產與權利都將作為清償債務的責任準備；其次則是完成兵役義務作為自由出境的法定條件；第三則是暫停國內戶籍權益，以換得出境許可。以上這三個基本原則構成當代人口外移的法制基礎。

人口外移作為一種國內經濟生活與社會生活的變遷事實，它的高度政治意義在於，以內務行政介入人口外移，並且將這個變遷事實列為行政任務之一，再提升到人口政策制訂的層次。人口外移的政策涉及三個主要的領域，各有其不同的發展程度。

首先是人口外移的獎勵政策，或者透過直接的宣導，或者透過地方自治團體與國家提供津貼，這類獎勵政策通常限於特定地區與一定期間，而且用來因應某個區域內持續增加的無產階級。但是這種作法往往遭受批評，因為它耗費行政成本，對於外移人口也無法提供工作與就業的保障。

其次是人口外移的保護政策，政府必須預作規範以防止仲介公司與代理商剝削有意移民者。保護措施通常包括仲介公司的許可制與證照制，或者由行政機關針對前往的地區與國家提供足夠資訊，以供移民者自行選擇。這項保護政策非常有必要進行體系化的分工執行。另外一種保護措施則是建立人口外移的運輸機制，這通常專指運輸船艦的規範，包括其衛生設備與民生補給。即使是陸地國家也必須適當的建立這些規範，以便它的國民成為乘客時，也能夠享有

舒適的運輸。

　　第三則是外移人口扶助政策，如果國家沒有自己的殖民地，這類扶助業務通常由人民團體如同鄉會組織自主處理，目前實務上也屬於人民團體的工作。

　　但是，總體而言，上述基於個人自由的人口外移制度，目前在政策原則、立法與行政等方面都還處於初步發展階段，如果要有持續、正面的發展，就必須建立穩定且有組織的領事制度。對於德國目前城邦林立的情形，如果沒有一個聯邦層次的行政機制，是不可能達到明顯的進步。

第二節　衛生行政

概念與立法沿革

　　衛生行政是個人生理生活的第二個行政領域。它的範圍涵蓋個人健康相關的所有衛生條件，而且這些衛生條件是個人生活與共同體互動中所產生的。

　　健康與否基本上屬於個人事務。個人健康與否同時又是幸福安康、精神與經濟發展的首要條件。如果欠缺健康，縱然擁有萬千資源，這些資源也毫無價值可言。然而個人健康是許多原因造成的結果，是這些原因共同作用產生的影響，如果不探究這些原因，個人不可能完全主宰自我的健康。個人如此，整體亦復如是。那種透過人際互動的共同生活所產生的、並且得以掌控的健康狀態，我們稱之為國民健康狀態（die oeffentliche Gesundheit）。

　　衛生行政具有高度的價值，而個人又不可能自力完成它的所有條件，這兩種情形使得衛生行政成為內務行政不可或缺的領域。行政權力為完成個人能力之外的公共衛生條件，所設立的法規範、行政機制與行政行為，構成衛生行政的概念（das Gesundheitswesen）。

　　與衛生行政有所區分的則是法醫制度（die gerichtliche Medicin），法醫制度是將醫療法則運用在法庭訴訟的證據法則，並確定其相關規範。歷史上，衛生行政的概念源自於法醫制度，兩者功能曾經混淆過。目前兩者已分屬兩個截然不同的領域，未來也將各自發展。法醫制度的發展繫於刑事訴訟的發展，歐洲法醫制度從十七世紀開始區分出衛生行政，但是在十七、十八世紀的相關立法中，並未明確區分兩者的概念。第一本主張明確區分的著作見於十八世紀中

期的法蘭克（Peter Frank, 1745-1821）所著的衛生行政體系[9]。

依據有機體的健康概念，衛生行政的組織體系可以區分成公共衛生（das Sanitaetswesen）與醫療制度（das Heilwesen）兩個部分，前者的任務又可細分出疾病防治（Gesundheitspolizei）與國民健康（Gesundheitspflege）；後者的任務則在於醫治實際發生的健康受損狀態。

衛生行政的立法與組織沿革。一個高度發展的民族才會認知到衛生行政的重要，並且完整實現衛生行政的內容。因為只有一個蓬勃發展的共同生活體才可能理解個人健康與整體健康的密不可分，只有一個高度發展的學術環境才可能認知人類健康與疾病的普遍原因。所以衛生行政可以說是目前歐洲國家內務行政中，處於低度發展的行政領域。

在宗族社會的發展時代，根本不可能出現醫學的概念，更不用說衛生行政的管理。在職業階層社會的發展時代，雖然已經形成醫學的學術體系，但是還沒有發展到積極促進健康與維護健康的階段，在此期間大學醫學院的醫學體系就是衛生行政的基礎。一直到市民社會與近代國家的興起，才將公共衛生與醫療制度納入行政體系之中。但是在開始的階段也只有地區性的傳染病防治（Seuchenpolizei），然後到了十八、十九世紀才出現大量的衛生行政立法與組織，漸次擴及全國性的衛生管理與醫療管理組織。

上述國家範圍的衛生行政可以區分成兩個發展的時期。第一個時期從十八世紀到十九世紀的1830年代。這個時期的特色在於，政府組織主導衛生行政事務，其範圍涵蓋個人生命相關的疾病防治（Gesundheitspolizei）。這個時期疾病防治概念的內涵，主要在於保護健康的現狀，清除危害健康的直接因素與外來因素，並且嘗試建立一個盡可能廣泛的醫療組織與架構，它的運作方式則是結合官方力量與大學醫學院。一直到十八世紀末葉才出現新的論點，認為健康的基礎應該在於基本的日常生活中，所以衛生行政的重心不應偏向衛生管理與醫療，這只能對抗已經產生的疾病，重心應該在於營造出促進健康的條件（Pflege der Bedingungen fuer Gesundheitserhaltung）。這個論點在歷經霍亂（die Cholera）傳染經驗之後，獲得確立，霍亂傳染對於歐洲衛生行政的建

---

[9]　Peter Frank, System der medicinischen Polizei seit 1779. 法蘭克的全名為Johann Peter Frank，這本探討衛生行政體系的著作出版於1784年，至今仍可見重新翻印的版本。

立，反而是一件正面的事。因而衛生行政的理念發展趨勢，逐漸步上具有社會意義的國民健康（Soziale Gesundheitspflege），在這個理念上，衛生行政才開始對抗危害健康的永恆病因，也就是無產階級的生活條件，因而我們才從消極的衛生行政逐漸走向積極的衛生行政，這種積極的促進健康也將從基本的學校教育擴及我們整個公共生活領域。

然而，由於國民大多習慣期待政府的作為，反而很少透過民間自動自發的組織動員，以從事公共衛生的事務。對於公共衛生的認知，一般皆停留在對抗疾病的危害、認識疾病的原因、治療發生的疾病，反而不去探究公共衛生的意義與價值，以及促進健康的有利條件為何。關於疾病的防治與醫療，政府固然可以投入人力、物力、財力，以達到某種效果，但是關於國民健康則非政府獨力可以完成。此時則有賴自治行政（freie Verwaltung）概念下納入地方自治與人民團體的協力。透過政府與自治行政的結合，衛生行政的功能才得以完整運作。政府的角色成為監督者，只有在跨越地方自治區域的衛生事務，才由政府執行或交付執行。地方性的促進健康功能，則專屬地方自治體管轄，尤其是縣市層級的地方自治（die Gemeinde）。只有縣市地方自治確實認知到，個別成員發生疾病對於地方財政將會產生十倍於維持健康的行政成本，地方自治就會認真執行促進健康的業務。這也是醫師公會（das aerztliche Vereinswesen）的責任，提醒公眾這個事實，並且共同促使公共衛生資源的確實到位。透過自治行政概念下的地方自治與醫師團體的共同協力，才使學術論述成為行動綱領，國家致力於相關立法，連同地方自治與各種人民團體，共同實現每個地區的衛生行政。我們正迎向這個未來，毫無疑問我們目前正處於一個積極的過渡階段，此進入這個高度發展與極度重要的生活領域。

如前所述，歐洲最早認知到衛生制度與衛生行政的重要性，始自法蘭克（Peter Frank）。但是法蘭克與同時期的學者大多只認識到衛生制度對抗疾病的功能，並沒有提出促進健康的公共衛生概念。在十九世紀，衛生制度才從消極的對抗疾病發展到積極的公共衛生階段。1839年才出現整體國民健康的理念，它的重點則是針對工廠勞動者的安全衛生（Gerando），在這個階段，公共衛生的組織與衛生制度的立法具有相同性質與作用。至於歐洲衛生行政與立法的發展，普魯士1684年開始建立醫學院教育（Medicinal collegium），在1725年首度制定衛生法令（Medicinalordnung）；奧地利在1770年頒布衛生法

令（Sanitaetnormativ），兩者都涵蓋完整衛生行政所包含的公共衛生與醫療管理。依據這兩套法令，所有德意志城邦在十八世紀先後建立衛生行政。巴登邦（Baden）在1864年修訂更完整的衛生法令；同時代的法國則完全未見相關的立法；英國在1855年制定衛生法令（General Health Act），並設立相關衛生行政組織，到1858年增訂衛生法令（Medical Act），才有較完整的衛生警察功能與組織。十九世紀所有的德意志城邦都已建立衛生行政組織，通常在各邦的內務部設立中央衛生機關，其他地方自治團體都有相應的衛生組織，其權責主要在於監督，以及傳染病防治。在法國則是以委員會（Conseils）的組織型態，同樣分成三個層級，但卻沒有實際的作為。英國則有中央層級的衛生組織，但是地方自治團體則欠缺完整的衛生組織與作為，只有在若干大城市會有衛生警察的行政組織。至於人民團體與醫學教育則根本不存在。不論是學術界與實務界在這方面都有很大的努力空間，尤其是涉及較高度發展的國民健康制度（Gesundheitspflege），以及中低收入階級的健康照護。霍亂的經驗，使得衛生制度在國民健康的領域有了快速的進步，而且會持續的擴大規模。

第一款　公衛制度

　　公衛制度包括所有維持與促進公共衛生狀態的法令與行政措施。公衛制度依其概念可以區分成疾病防治與國民健康兩個領域。

第一目　疾病防治

　　疾病防治的概念，包括所有的法令與機構，以保障大眾健康免於遭受危害，而且這些危險的防治是超出個人能力範圍。

　　依據歷史發展的經驗，疾病防治的行政任務往往開始於傳染病對於大眾健康構成的普遍危害，接著再逐漸注意特定原因所構成的特定危害狀態，最後再進化成為共同生活的有機任務（不可或缺任務），那就是積極創造國民健康所必須的生活條件。第一個階段出現傳染病防治，第二個階段則形成衛生檢查，第三個階段則是國民健康。

一、傳染病防治

　　傳染病對於中古世紀的歐洲是個陌生的概念，對它的注意源自於遠東與中東地區傳入歐洲的疾病，所以它的基本防治原則就是各地區採行不同方式的交易限制，尤其對於遠東與中東遠洋貿易所實施的港口檢疫（die Quarantaine）。港口檢疫的措施與組織到目前都還是有效的制度，主要是針對地中海的海上貿易，但是已經不是主要的防治方式，至於陸上的防治警戒概念，更是效果不彰。一直到發現牛痘注射能夠有效控制天花傳染病，才出現有組織的注射疫苗以防治傳染病，並且成為最有效的流行病控制措施。注射疫苗發現後，德國立即全面實施強制注射，法國則是透過立法與行政，以獎勵方式實施注射，英國到十九世紀中葉才全面實施強制注射，其他歐洲國家則依個人意願自行決定是否接受注射防疫。但是其他的傳染病防治，不論是實際經驗或者醫學知識都指出，針對鼠疫的防堵措施，以及針對天花的個別疫苗，都不是對抗傳染病的最有效措施，防治傳染病除了必須建立完整的醫療體系之外，更重要的就是發展國民健康（die Gesundheitspflege）的概念。霍亂的經驗尤其凝聚全面的共識，那就是對抗傳染病必須針對疾病發生的原因，亦即居住與營養的狀態，要比治療實際發生的傳染病，更能有效的消滅傳染病威脅。霍亂的經驗也標示傳染病防治歷史的轉捩點，從消極的警察（行政）權力防堵，轉而採取積極的國民健康照護，這同時標示出衛生行政未來的努力方向。

二、衛生檢查

　　為了防治人際交往過程中，可能產生危害健康的因素，就形成衛生檢查制度，以及相關的法令與措施。依據人際交往的特性，衛生檢查制度通常出現於大城市，比較少應用在鄉村地區。它最早針對危害健康的外在、可觀察到的因素，通常以市場銷售的民生必需食品，再擴及街道巷弄的清潔衛生，隨著醫學知識與檢驗技術的增進，管理範圍進一步涵蓋毒品與江湖密醫。在上個世紀就已經將驗屍與喪葬業務列入衛生檢查項目，這基本上源自於司法體系的法醫制度，再成為衛生行政的內涵，十九世紀則形成殯葬法令，至於上個世紀對於公序良俗的管理，目前則轉型為道德維護與酒館營業的管理，尤其針對梅毒感染的管控，這部分還有待進一步的發展。至於工廠安全衛生的問題則是屬於國民健康的議題。

　　歐洲各地普遍都有針對單項民生食品的管理規則，例如肉品規則、磨坊規則、糕餅業規則、啤酒與釀酒業規則等。法蘭克（Peter Frank）首度將這個領域整合成一個學門。這個學門並且成爲警察學的一部分，相關的法令或者屬於上個世紀公共衛生的概念，或者只是個別存在的法令。在十九世紀能夠成爲一個完整學術體系的，只有毒品管制一項，包括毒品存放與實務用途等都有詳細完整的法令，此外殯葬法令對於遺體處理也有詳細規範。同時刑法針對毒害健康的行爲，也建構出第二套保障制度，使得治安警察能夠與衛生行政共同合作。衛生檢查制度最重要且有效的管制行爲必定出自地方自治團體，但是目前只有在大城市中才有行政作爲，而其中最困難卻也是最重要的工作，則是充分掌握中下階級因爲購買、食用價格便宜但潛藏危險的民生食品，導致健康受損的狀況，並且應該設法防止。

第二目　國民健康

　　國民健康是相對於衛生檢查的獨立行政概念與公共衛生的領域，它的任務與本質在於，一方面設法消滅人際互動中長期且慢性危害健康的確定因素，另一方面設立機制與推行措施，作爲維護與促進公眾健康的首要條件。國民健康領域眞正標示出，所有個人健康的狀態與價值，所具有的更高度理解方式，這個領域正是醫學知識得以共同協力建立這樣高度的理解，而且必須給予充分的資源以完成這個目標。依據上述制度發展的分析，國民健康必定成爲衛生行政中新興而且最有待發展的領域，對於它的重要性，目前多存在主觀感覺中，並未具體反映在法律體系與行政制度中，因而很清楚的，學術界特別是醫師團體，必須隨時指出危害健康的生活事實，以及可行的防治方法，並且指出追求進步的原則，立法必須提供可供遵循的基本法則，地方自治團體則負責實際的推行工作。雖然還有不可預見的工作等待進行，但是它的重要基礎已見諸上述分析。

　　我們可以將國民健康的事物分別落實在教育體系、住宅體系與產業體系中。在教育體系中的國民健康，同時也構成社會行政的一部分，它首先在托育與教養機構中實行，然後延伸到學習空間的足夠與否，再擴及體育與體操的課程，最後再涵蓋源自法國的童工規則。每一個部分各有其專屬的立法與制度沿

革。住宅體系中的國民健康，在十八世紀就已經見諸消防安全與建築結構安全的相關法令，到了十九世紀，尤其是霍亂傳染病的經驗之後，住宅規範的重點就落在居住與街道環境的衛生與採光，也就是同時兼顧住宅與居住環境的社會因素、安全因素與衛生考量。接著則是重視用水的重要性，並且致力於建構水資源的保護，然後再延伸到城市的公共措施，例如足夠的開放空間，街道動線的規劃，以及城市的綠化問題等。目前產業體系中的國民健康，還是依據警察管理的立場，以防制產業所造成的直接影響為主，其中針對產業機器設備（die Anlagen）的衛生檢查，是用於防制產業對第三人健康造成的損害，至於針對產業營運（der Betrieb）的衛生檢查，則是保護勞工健康為目的。每一種傳統產業都有專屬的衛生檢查行政措施（例如許可制、機器的管理、火柴、毒物與船隻等），但是上述的國民健康行政措施都還僅限於大型的企業。如果要落實國民健康的理念，就必須將每一個產業與廠房都納入衛生檢查，而且從大型產業到小型匠鋪的設備與營運，都依據相同嚴格的國民健康標準。這樣的行政管理雖然得以委由醫師團體進行，但是最終的責任還是在於地方自治團體。這個領域屬於內務行政中範圍廣泛而且日益重要的行政工作，具有相當的未來性。

國民健康的各個領域，各有其先後發展的立法與貢獻。保護童工部分，法國自1841年開始立法規範，英國則是1842年到1864年之間陸續修訂法令，奧地利1859年制定手工業產業管理規則，普魯士則從1839年開始立法，1863年修訂。至於將國民健康納入手工業產業管理規則之中，法國開始於1806年，普魯士1845年，奧地利1859年。但是執行工作大多由縣市自治團體負責，實際成效不彰，即便工會組織的訴求也都是勞工疾病醫療，並未擴及到疾病預防的程度。

第二款　醫療制度

醫療制度專指行政權力針對已經發生的疾病所訂定的行政法令，以及設置的行政機制總稱。

治療疾病原本屬於個人事務。但是社會的文明愈進步，愈能夠清楚知道，治療疾病的各種條件，在大多數情形下，都不是個人得以獨立完備。因為

這些條件，一方面有賴於醫學教育的高度發展，一方面則有賴行政組織與機制，依據醫學原理原則統整各種醫療設施與專業人力。這兩者都必須由共同生活體以整體力量幫助個人。從而形成醫療制度的兩大領域，其一是教育醫療人力，其二是建立醫療機構。

第一目　醫療職業

所謂的醫療人力是指所有以治療疾病為終身職業的人力總稱。因而，醫療職業成為一個獨立的領域開始於以職業為核心的階層社會發展時期，通常與職業階層的學術團體與大學的專業學院形成共同的發展，在十七、十八世紀才成為國家立法權與行政權的規範對象。國家公權力的規範原則在於，持續的醫學進步基本上應該成為從事醫療職業的法規範前提，每一個醫療職業領域都應該成為一個專門的醫療學門，而且各有其專屬的法規範。目前的醫療職業就是在上述基礎上發展其法規範，並且分別表現在醫師法、藥師法、助產士法以及醫療輔助人員的法制。

一、醫師及其職業規範

雖然在任何的時代都有人以治療疾病作為終身職業，但是真正的醫師則是階層社會時代的產物，並且以大學作為專業教育的處所。但是醫師的地位與法制卻一直屬於職業階層自治的法規範，一直到國家衛生制度的興起，醫師及其職業關係才成為行政權的規範對象。從這裡開始建立醫師的職業法制。醫師法制的基礎在於持續促進醫學的進步與專業化，並且同時具有公權力與法令的認證。醫師法制的主要內容則是開業權益，為了保障開業權益，必須同時禁止庸醫與密醫的行為，並且訂定收費標準，以及醫療費用優先受償的特權規定。一直到十八世紀，在前述專業醫師之外，仍然盛行傳統經營的民俗醫療（例如溫泉治療、跌打損傷等），其地位遠不如專業醫師，但是到了十八世紀，對於醫學的專業教育已經成為普遍共識，上述民俗醫療就轉而成為商業法的規範對象，同時專業醫師則形成外科（die Chirurgen）與醫科（die Mediciner）兩種不同的領域，以及兩種不同的教育體系與法制。到了十九世紀又興起新的認知，亦即醫學發展應該同步適用所有醫療領域，所有教育體系也應該適用相同的法治原則，上述外科與醫科的差異就完全消失，醫療領域並且往更專業化發

展（例如眼科、牙科等的出現）。同時行政權開始針對醫師法制規範公法上的相關義務，並且納入衛生行政的監督範圍，伴隨而生的就是，醫師團體除了促進醫學發展之外，對於醫師的權益，也必須更全面的維護。以上就是醫師與醫事制度的發展脈絡。

二、藥師法

藥師法的發展與醫師法類似。藥師的獨立地位開始於專業的學院教育。藥師的學院教育具有兩個傳統原則：其一，藥局屬於公共機構；其二，藥局經營需要藥學專業教育。依據第一個原則，因而設立監督藥局的行政組織，而且由醫師負責執行；依據第二個原則，因而制定藥師專業教育的行政法令，但是只有在德國真正建立藥師專業教育的體系與法令。上述兩個原則的共同適用，則形成下列的基本法則：開設藥局需要申請許可、藥師資格的專業證照、藥品必須開列在處方箋、公開藥品價目表，以及專屬藥師的調劑權，另一方面，藥局也有其純粹商業經營的特性，基於這項特性，所以藥師養成教育期間也必須有商業相關知識的學習義務，此外，藥師公會也提供相關商業經營資訊。但是整個藥事制度只有在德國才具有上述的組織規模。

三、助產士法

助產士在十八世紀納入衛生行政的範圍，到了十九世紀則必須具有專業教育的資格，才得以合法執行助產業務。因而普遍設立助產士學校，實施專業資格考試，並以考試合格作為執行業務的法定義務，設立監督機制。

四、醫療輔助人員

到目前為止，完全欠缺行政法制規範，幾乎完全屬於私領域的自由形成，然而醫療輔助機制卻具有相當的重要性。這個職業領域只有依賴地方自治主體依自身特性建立有機的需求，醫師團體則應該積極建構有效運作的醫療輔助制度。

第二目　醫療機構

醫療機構幾乎完全源自於教會所舉辦的事業組織，組織的動力通常都歸因於社會救助的理念，醫療與法制的因素反而位居其次。到了十八世紀，上述的

醫療機構才被納入衛生行政的管理範圍，部分作爲大學醫學教育的教學設備，部分則是透過醫師的專業領導，以及衛生行政的法制監督，漸次納入衛生行政範圍。因而，直到今日醫療機構的組織型態通常爲隸屬於教會的事業體（財團法人），隸屬於縣市自治團體的醫療組織，又或者是人民團體的事業體（財團法人），基於不同的成立目的，也有不同的法制發展。主要的機構名稱爲醫療院所與精神療養院，規模較小的則是產房與哺乳中心，以及公共浴室。

一、醫療院所與公衛醫生

醫療院所的原初組織型態都是隸屬於教會的事業體，主要目的在於照護窮困患者的急難狀況，而非在於治療疾病。一直到專業醫學教育與上述教會醫療事業的結合，醫療院所才眞正開始成爲專業醫療機構，並且在組織型態上出現地方自治體，以及人民團體設立的醫療院所。組織的基本原則在於行政與醫療的分立，並且是行政位於醫療之下。最近的趨勢則是出現職業團體所成立的醫療院所，然而卻未見相關組織的立法，取而代之的則是公衛醫師的法令，他們屬於地方自治的權責範圍。到目前爲止，公衛醫師的主要任務在於治療疾病，如果公衛醫師要擴大它的職能，依據地方自治的功能公衛醫師也應該如此，那就必須將中下層階級的國民健康問題列爲它的主要任務，並且成爲普遍共識。

二、精神療養院

精神療養院是隨著衛生行政而出現的醫療機構，所以它在建制之初就屬於衛生行政的管理對象。它具有雙重的任務：首先它是精神疾病的治療機構，治療的基本觀念就是認爲精神疾病得以痊癒；其次則是精神患者的權益機構，因爲精神疾病往往造成行爲能力的限制或暫停[10]。兼具上述治療與權益功能的精神醫療機構，都是屬於十九世紀的建制，可以視爲一種文明進步的表徵，在這個領域的醫療行爲也從未忽視行政法令的重要性，能夠有這項成就，必須承認德意志的貢獻，因爲德國的精神醫療，在醫學領域中堪稱第一。

三、生產與哺乳機制

最早的文獻紀錄出現於1715的法國巴黎，之後這項功能都是附屬在大型醫

---

[10] 原文Rechtsfaehigkeit爲權利能力，但現今民法已區分權利能力與行爲能力，所以原文應該修正爲行爲能力受限。

院，哺乳的功能尤其未受到重視，這部分未來應該屬於地方自治的重要責任。

四、公共浴室

公共浴室與溫泉的概念不同，有區分的必要。溫泉依其本質屬於私人企業，通常亦得依醫師處方使用溫泉；公共浴室則是屬於國民健康重要的一環，通常與自來水的供給密切相關，而且未來也將成為地方自治的核心任務。

第三節　警察行政

制度沿革

在行政理論的領域中，最需要明確定義的領域便是警察行政，因為從歷史沿革上，對於警察行政的認知，最為分歧。所以要有一個簡單的定義，反而是相當困難，因此對於現今警察概念的理解，必須依其歷史發展脈絡，探究歷史上警察概念的起源。

長久以來，警察概念與警察行政一直代表著政府權力直接、並且全面性介入行政領域的所有作為。一直到十九世紀中葉，警察的概念才有了另外一種意義，它逐漸演進成為政府與行政之間的某些特定互動關係，也以此特性成為行政理論的一部分。上述的發展過程，就是警察行政概念的發展過程。

依據字源與字義的觀點，警察的起源必定附隨於政府的起源，它包含了所有國家對內的管理（Polizei），與警察概念相反的，則是國家對內與對外的所有行為，統稱為政治（Politik）。在十七世紀時，已從警察制度發展出警察學，目前的法學理論則依據自然法理論（Jus naturae）建構警察學的基本原則與理論體系。對於職權功能愈來愈擴張的政府而言，警察學的基本原則就是國民福祉主義（der Eudaemonismus）。在國民福祉主義的主導下，警察概念與功能可以區分成福利警察與治安警察（Wohlfahrs- und Sicherheitspolizei），但是也基於這個二分關係，警察的概念就涵蓋了所有政府與人民之間的關係，因而曾經有理論認為警察學就等於國家學，同時卻也無從否認警察學與國家學在本質上的差異。前述對於警察概念分歧的認知，原因也在於警察學與國家學的認知，它有時等同於公法的概念，有時無異於官房學（die Kameralwissenschaft）的概念，有時又等同於官房學的財政與經濟領域以外的國家管理概

念，這種從官房學衍生出的國家管理概念，涵蓋了所有內務行政的領域，但是當時仍然欠缺一個整體的概念與結構[11]。然而實務上的發展，卻從十九世紀開始，有了新的發展趨勢。那就是公法概念與體系的提出，這也構成十九世紀中葉我們所理解的警察概念。

公法概念在十八世紀時，曾經涵蓋立法與行政兩種權力，也就是所有國家的權力作用。到了十九世紀才開始區分行政與立法，公法理論最重要的原則，在於以法律規範所有國家的行為。確立法律對於國家行為的規範功能之後，才形成行政權力的獨立自主概念與功能，它最重要的組織形式就是政府（die Regierung）。顯然此時的政府已不等於警察的概念，警察也從此成為政府組織、功能與法制的一部分。這個原則也成為德國國家法的基本原則，雖然當時仍將國家權力理解成警察權（die Polizeihoheit）。隨之產生的問題是，警察到底應該歸屬於哪種政府的組織與功能。這個問題一直未有定論，原因就在於行政權力或者內務行政的領域，一直欠缺行政體系的建構。所以我們在當代雖然認為過去所做的不夠，卻也未曾建立新的行政體系與結構。

事實上要建立新的體系與結構誠屬不易。主要的原因有三：首先，警察機關同時也負責刑事法律司法訴訟以外的犯罪偵查功能，警察權與法院司法權的界限一直難以明確劃分；其次，不能否認的，雖然警察遵守法律優越的原則，但是在執行職務時，仍然必須擁有一定程度的緊急事項規範權力；第三，同樣必須承認的，不論是否有特別法的授權，警察在所有行政領域中都必須負責執行法律規定，然而警察組織只是整體行政組織的一個部門。因此，一個明確的警察概念與權力界限是相當困難的。也正因為上述的不確定性，以及立法與相關理論的不完整性，更讓人認為警察概念與功能的確立，才得以確立國家學的內部體系。我們藉著以下的內容，提出警察概念與警察體系的基本要素。

概念與體系

如果我們從內務行政的概念作為出發點，可以確定保障個人的人身安全是個人發展的首要條件，這些條件單憑己力通常不容易完成。所以內務行政必須

---

[11] 這樣的發展過程，是從Heumann und Delamare開始，並由Justi und Sonnenfels繼受，再成為Jacob und Mohl的主張，直到十九世紀中葉，都有學者支持的理論。

盡力控制危險，避免緊急危難，所有與此相關的法規範與行政措施，共同構成警察行政（das Polizeiwesen）。

　　警察行政本身作爲一個有機體的組織概念，它的能力一方面可以成爲整個內務行政這個更大有機體的行政執行機制（die Zwangsgewalt），另一方面也得以成爲司法權力的執行機制。這兩個執行功能顯然都不屬於警察行政的任務，它們只是運用警察機關的組織權力，在財務、法務與內務三個國家生活領域中實踐行政管理的功能。在前述執行功能中，警察的行爲並非依其行政權力本質，而是依法令或依慣例，有義務服從其他機關的命令。所以警察並非依其自身的立場或意志行事，而是在某種行政委託狀態下執勤，因而對於上述受託行爲，警察不用負擔適當與否，以及違法與否的責任。上述功能的法制，諸如受託執行業務或者法院逮捕行爲，均不屬於警察法（das Polizeirecht）的概念，而是屬於國家行動力理論脈絡下的行政執行權（das Zwangsrecht）概念，只是由警察機關負責落實[12]。

　　真正的警察行政在於，當國家內務行政爲國民全體的公共安全進行危險防治與避免緊急危難，因此具有自主的功能，專屬的有機組織，以及專屬的法律制度。

　　很顯然的，警察行政將會依據上述的任務特性進一步建立其體制與法制，以此成爲內務行政的一部分，並且在法制的發展中逐漸形成穩定體制與行政作用，這就是我們所稱的警察法學（die Wissenschaft des Polizeirechts）。

　　在警察法學的概念下，警察行政的本質在於維護公共安全的危險防治。危險防治的對象並非針對已經發生的危險行爲，這已經屬於司法權的範圍，只是司法權不可能自力查緝，警察執勤係居於司法權的指揮監督之下，從而，危險防治的對象應該是針對某種可能的，以及可得預見的危險行爲（eine wahrscheinliche Tat）。所以警察行政的任務本質不在於消除已經發生的公共安全危害狀態，反而應該針對危害公共安全的潛在威脅與可能暴力。它的對象因此必定具有不確定的本質（Unbestimmtes），影響所及，警察法制也必須完全因

---

[12]　依據現行警察法第9條第3、4款警察職權規定，警察依法協助偵察犯罪，執行搜索、扣押、拘提及逮捕，所依據的法律爲刑事訴訟法與調度司法警察條例，執行該項業務警察兼受當地法院檢察官之指揮監督，相關預算則由警察執行機關編列警察事業費預算。相關職權已經屬於司法機關事務，警察居於協助地位。警察的核心任務則爲預防犯罪性質的維持秩序、保護安全、防止危害、促進福利。

應這種危險不確定的本質。因而警察法的授權，必須使得警察得以依據上述潛在暴力的特性、規模與危害程度，自行裁量以訂定相應的職權命令。這就是警察職權命令（Polizeiverfuegungen）的概念與原則。但是依據這個原則所行使的裁量行為有可能限制個人自由，所以警察職權命令的位階反而高於其他的法規範。這種情形在法律與命令不分的年代，不會產生法規範的衝突。但是到了十九世紀興起法律優越原則，所有的行政功能原則上都必須有法律的依據，這當然也包含警察行政，在這種理念下，警察行政的功能即使面對明顯可預見的暴力，它行使職權的範圍仍然必須要在一個法律明確規範的界限內。因而接續的發展趨勢則是法律保留的警察法（gesetzliches Polizeirecht）。但是生活中的危險其實是無所不在的，共同體生活的公共安全同樣無時、無處不在人為與自然暴力的威脅下。所以一個體系化的警察法，它的前提自然就必須建立在整體生活體系的認知，要認知整體生活的體系，這種思維也就等同於行政體系的功能。而目前所欠缺的正是行政的體系化。因而，目前雖然已經有某種警察法的概念，卻仍處於個別發展的狀態，未見完整的體系，以至於雖有警察法的內容，但卻無警察法的體系。所以我們目前的狀況就是，只見少數個別的立法，遑論警察立法的專屬法典，雖見若干警察法的注釋書籍，卻未能建立警察法的學術研究。

　　為了建立某種程度的警察法學，我們必須先區分治安警察與行政警察的概念（Sicherheits- und Verwaltungspolizei）。

　　依據上述危險的特質，警察行政必須從事的危險防治，同樣具有雙重的特質。如果危險源自於人性中的野蠻、無節制的暴力（masslose Kraft），這種危險是無從確定的，共同生活體的任何領域都可能成為受害對象。但是危險也可能不在於人性的不確定，而在於某些特定的行為中（bestimmte Handlung），在這種情形下，危險只存在於個體與共同體的部分特定生活關係中。第二種危險取決於不同類型的特定行為，而這正是不同類型行政領域的規範範圍，第一種危險則可能涵蓋所有的行政領域。因而我們得以主張，針對人性中不確定、也無節制的危險，屬於治安警察的功能，針對特定具體的危險行為，則屬於行政警察的功能。前者得以成為一個獨立自主的領域，而後者則屬於所有行政領域內含的一個職權項目，這個部分的執行如果要借助治安警察的組織與人力，才需要特別立法的授權或者委託執行。

這樣的區分之所以重要，原因也在於兩個領域的警察行為得以依其獨特的任務與功能，建立各自的專屬職權與立法。以下則是依上述區分所建立的警察行政體系與法制[13]。

第一款　治安警察

第一目　概念與法原則

治安警察在內務行政中的任務與法制原則在於，透過禁止與強制措施限制個人自由，以防止公共安全遭受危害。上述任務與法制原則通常包含以暴制暴的特性，在法國大革命之後，這個權力特性也建立明確的界限，那就是治安警察限制個人自由的權力必須有法律的依據。基於上述危險防治的必要性，必定衍生更多的規範需求，除了依據普遍適用的法制原則之外，還需要更周延的成文法律針對特殊危害型態與管制措施，授權治安警察得以限制個人自由的具體構成要件。由此而形成治安警察法制的兩大要素：其一，以憲法確認個人自由的基本權利項目；其二，以法律規範內務行政治安警察行使管制權力，得以合憲與合法的限制基本權利，相對於憲法的普遍保障功能，這些特殊授權的法律也可以稱之為「例外性質的法律」。基於前述分類，得以區分治安警察體系下，兩個不同的領域，高階治安警察與一般治安警察，兩者各有其專屬的法領域。

第二目　高階治安警察

高階治安警察的目的在於針對人民團體的組織行為可能造成的公共危險。它的功能在於排除這類的危險，如果組織行為已經造成實際的違法狀態，它就必須負起偵查違法行為的權責。它的權責主要在於執行相關法律規定，採取必要措施以禁止或限制原本屬於個人自由的結社行為，十九世紀初歐洲所有國家都已頒布這類的法律。至於規範的體系，則依據不同人民團體可能造成的

---

[13] 史坦恩依據治安警察與行政警察的區分，批評當時警察法著作的不夠周延，他認為Mohl的預防性司法（Praeventiv Justiz），以及Maier的警察法（Polizeirecht）均不能明確區分警察功能，而且也未區分警察的刑事偵查功能。

危害程度。規範內容分析如下[14]。

　　首先，高階治安警察的功能在於人民團體法的領域，這個領域主要在於確立高階治安警察危險防治功能的法律依據，所以是一種原則性的法制，雖然有可能同時規定刑罰事項，但是基本的規範原則仍然在於禁止秘密結社，以及警察調查權力與程序；其次，則是集會遊行的領域，高階治安警察有責任與權力，針對集會遊行的進行，行使裁量權限，如果集會遊行的實際行爲造成公共危險，得予以解散。但是如果只發生部分、個別成員的不法與違法行爲，就只有在整個集會遊行刻意保護上述個別成員，並且違反警察命令的情形下，方得命令解散集會遊行；第三個領域則是所謂的社會運動（Volksbewegung），例如發生群眾滋事或者人群騷動的情形，高階治安警察必須在騷動狀態造成公共危險之前，採取適當措施，以避免發生前述狀態。判斷是否發生與何時發生前述公共危險的狀態，專屬高階治安警察的裁量權，如果成立這種狀態，就必須決定以何種手段控制公共危險的狀態，如果法律規定使用武力的條件，高階治安警察對於使用武力必須承擔法律責任；第四個領域則是外敵入侵或者社會運動已經演變成爲整體法秩序的破壞（內亂外患），第一種情形開啓交戰狀態與相關法制，第二種情形則屬戒嚴法制（das Standrecht），以軍事審判取代司法審判，這通常僅限於特定種類的犯罪行爲，又或者宣告特定地區的法制進入戒嚴狀態（der Belagerungszustand）取代平時法制，並且以軍事服從義務與法律效果取代一般國民與國家的法律關係。這些軍事服從義務與法律效果通常會形成特別法（Ausnahmegesetzen），並以特別法取代普通法的法秩序，撤銷人身保護令（Habeas Corpus）的效力[15]，進一步規範政府得暫停國民自由權利的範圍與政府權力行使的限制。國民對於這些強制干涉措施並無司法訴訟權，只限於行政訴願權。但是治安警察依法執行的管制措施，如果侵害國民依據上述特別法得以行使的特定權利，國民對於這些管制措施仍然享有司法訴訟權。

　　由於高階治安警察的危險防治功能涵蓋普遍一般的生活關係，因此僅由政府層次的行政權力執行這項權責。

---

[14] 依據現行警察法第5條第4款規定，警政署負責的全國性刑事警察業務爲預防犯罪及協助偵察內亂外患重大犯罪，類似本書高階治安警察的功能；其他警政署負責的全國性警察業務爲保安警察、外事警察、國境警察、水上警察、各種專業警察。

[15] 人身保護令類似我國憲法第8條的規範功能。

第三目 一般治安警察

　　一般治安警察的概念，專指某個個人所構成的危險狀態。然而，所謂個人構成的危險，是個難以定義的概念，另一方面，警察必須介入實際發生的危害，卻是個不爭的事實，所以一直到憲法出現之前，所有關於個人自由的規範，都落在警察職權裁量的範圍。十九世紀最大的努力也在於此，既然不可能、也不願意完全否定警察權力，就必須盡可能以法律明確的限制它。在這個背景下，形成保障市民個人自由的立法潮流，例如大多數德意志城邦的成文憲法，或者頒布單行的法律，例如人身保護令或者1862年奧地利頒布的個人居住與秘密通信的法律（1867年納入該國基本法第10條）。這類的法案通常會明確規定警察的權力項目，以及行使的程序，例如逮捕，搜索與沒入等。主要的基本法則如下：警察原則上應該基於法院裁定方得限制個人自由，欠缺法院事前裁定者，限制個人自由的警察措施就必須事後立即向法院聲請裁定，行為人並且為此負法律責任。法院開始審理程序之後，就脫離治安警察的權責，進入刑事訴訟程序。關於這項基本法則，目前是學術探討的重點，在德國則是介於刑事訴訟與警察權力之間的議題，混合兩者的特性，在不同的國家也有不同的討論，通常聚焦於逮捕權力及其法制。武裝警察（die Waffenpolizei）因而構成一般治安警察的特別單位，並且與刑事警察（die Jagdpolizei）的功能密切相關。

第二款 行政警察

第一目 概念與體系

　　行政警察與治安警察的區別在於，前者不再以專屬個人的行為本身為對象，而是以該個人行為對於共同生活體的特定生活秩序所造成的危害為對象。行政警察的任務保障公共生活秩序中的某種特定領域，由於行政的對象就是整體公共生活秩序，所以行政警察的功能實質上就存在行政領域的各種功能之中，它並不是某種特別附加於行政的功能，而是每一個行政領域所內含的警察（管理）功能。所以行政警察並不是一個獨立的組織或體系，而是表現在所有的行政體系，以保障行政得以實現的公共秩序，因而會有人口警察、衛生警

察、公路警察、郵政警察、信用警察、農業警察、林業警察、礦業警察等的概念，這些就不需詳加說明。在此要強調的是，關於乞丐與遊民的警察是屬於社會層面的行政警察，會在本書第三篇中單獨論述。但是以上舉例的各種領域，例如林務行政，到目前為止仍以林業警察稱呼，如果以歷史沿革的現象理解之，就不會造成誤解。但是這些行政警察的法原則與法制建構就值得特別說明[16]。

第二目　法原則：違警罰法

治安警察的功能在於針對某種行為的可能性，而行政警察的功能就必須針對某種特定具體的行為，判斷其危險性，並且明確禁止。如果行政警察如此作為，就代表被禁止的行為已經侵犯公共利益，因而屬於刑法上的可罰行為。只要刑法法典中尚未明定違反上述行政警察禁令的刑罰責任，就必須賦予行政警察規範的權力，以明確訂定禁止的項目、刑罰的種類，以及裁罰的程序等，在這種情形下，行政警察的權力融合了法律、命令與法院於一身。由於違反了市民社會所要求的法治原則，所以曾經有過重大的改革，將上述行政警察概念下的違警行為（die Uebertretungen）完全移出警察行政的範疇，轉而成為刑法法典的一部分，以防止行政濫權的疑慮，並且納入法律的規範。配合當時的罪刑法定主義（Code Penal）的潮流，將違法的概念納入刑法法典，違警行為就成為刑法第471條的條文。德國刑法典的立法就在這種認知之下，形成違警行為的刑法化，實質上就是違反行政警察的禁制法令。然而違警行為畢竟有其特定型態，它並未侵犯個人的法益，所以不同於刑事犯罪行為，再者違警行為的結果也與法定刑罰有間，而且只在刑法法典中設立違警裁罰的法源依據，顯然不足以因應整個違警刑罰的需求。所以警察仍然保有權力，依據單行法規做出命令，這就是刑法與警察法律之外的警察職權命令（die Polizeiver-fuegung），對於違警行為施以違警刑罰，也就是刑事刑罰之外的秩序罰（die Ordnungsstrafe），為了配合秩序罰的實施，在刑事訴訟之外，對於違警行為

---

[16] 依據現行警察法第9條第7、8款警察職權規定，警察依法行使有關警察業務之保安、正俗、交通、衛生、消防、救災、營業建築、市容整理、戶口查察、外事處理，以及其他應執行法令事項，相關預算則由警察執行機關編列警察事業費預算。類似本書行政警察的功能，預算則由相關行政機關編列。

另設有裁罰程序（das Polizeiverfahren），實質上等同於在刑事法院之外，為裁罰目的另設的違警裁決所（das Polizeigericht）。上述制度與措施都屬於刑事法律之外，基於違警行為自身特性所衍生的裁罰體系，而且明顯牴觸罪刑法定原則，以及非經法院依法定程序不得施以刑罰的正當審判程序原則。直到1860年代，整個違警裁罰制度才脫離刑法與行政法體系，自成一個獨立法制，形成所謂的違警罰法或社會秩序維護法（die Polizeistrafgesetzbuecher）[17]，它的總則部分包括違警罰責、管轄權，以及裁罰程序等，分則部分則依據行政領域區分不同的違警行為類型[18]。以上就是我們目前所處的狀態。總而言之，社會秩序維護法屬於內務行政法制的必然構成部分；其次，對於秩序罰而言，專屬警察行政的違警裁罰程序與違警裁決所符合目的性的考量；第三，社會秩序維護法的立法仍然不可能涵蓋所有可能的違警型態，所以行政警察必須有權力在必要時作出職權命令性質的禁制令與秩序罰，然而這類秩序罰的立法原則上必須由縣市地方自治體執行，而且行政權力必須限定在特定項目與裁罰範圍，社會秩序維護的概念當然涵蓋所有內務行政的領域。未來的任務與趨勢，則是基於刑事罰與秩序罰的區分，以及治安警察與行政警察的區分，逐漸發展出足夠的法制與實務經驗。

第四節　監護行政

關於個人生活內務行政的最後一個任務在於扶助無法自主的個人，當個人人格自主的兩個要素，身體行動（das physische Dasein）與自由意志（die freie Selbstbestimmung）兩者欠缺其一時，此時個人雖然具有人格[19]，自己卻無能力發展人格自由的功能。由於個人人格自由發展也屬於整體生活的一部，所以共同體必須使個人再度回復人格自由的功能，方法便是設立機制以取代欠缺的人格自由要素，以使個人得以重新的、完整的擁有參與公共生活的權益，回復人格自由的狀態[20]。個人通常沒有能力處理上述狀況，只有透過具有普遍拘束力

---

[17] 我國舊制的違警罰法依據大法官釋字第166號與第251號解釋已被宣告違憲，取而代之的則是1991年6月29日公布施行的社會秩序維護法。

[18] 我國現行社會秩序維護法的裁罰區分為：妨害安寧秩序、妨害善良風俗、妨害公務、妨害他人身體財產四種類型。

[19] 類似民法的具有權利能力，卻無行為能力，例如無行為能力人或受監護宣告之人。

[20] 類似民法第18條一般人格權，依據法條的體系安排，一般人格權須同時具備第16條：權利能力與行為能力不得拋棄，第17條第1項：自由不得拋棄。

的行政機制才有可能，上述扶助個人人格自由的行政機制便是監護行政的概念（das Pflegschaftswesen）。

依據上述的說明，監護行政的類型取決於人格的要素，以扶助個人重新回復喪失的人格要素。法定監護制（das Vormundschaftswesen）的目的就在於特別保護婦女與未成年人所欠缺的獨立、自由意志；遺產管理制（das Verlassenschaftswesen）則是針對人格的經濟自由所欠缺的身體行動，以行政機制將財產列入遺產的管理程序，使得合法繼承人得以取得遺產權益；至於破產管理制（das Konkurswesen）則是人格的經濟自由與人格的身體行動在法律意義上的分離，破產通常代表著人格在經濟自由上的死亡，破產管理則是以行政機制主導財產的清算與清償。上述三種監護行政同時具有公法與民法的性質。公法的基本原則在於，個人有權利同時也有義務，借助行政機制回復缺失的人格要素；民法的法律效果在於代理，這包括本人與第三人的互易行為，以及本人與代理人的法律關係。法學的傳統從未將三種監護制度視為單一完整的議題，雖然目前在遺產管理與破產管理已有單獨的立法，但是通常仍以民法的個別問題處理。這種相當不明確的法律規範，將會隨著國家內務行政的體系性理論，成為個人生理生活的最終問題，並獲得最正確與適當的闡釋。目前我們仍然必須在民法，或者非訴事件程序中統整這三種監護行政的內涵。

第二章

個人精神生活的行政：教育行政

第一節　教育與教育行政的概念

關於個人生活行政的第二大領域就落在人格的第二個要素，亦即精神及其發展。

每個個人以其擁有的精神資源供其自身精神發展成爲某種特定的狀態，我們稱之爲教育（die Bildung）。毫無疑問的，教育對於每個人都代表著最高的價值，它同時也是所有進步的條件與結果，教育的廣度與高度也決定著一個人的廣度與價值。因而教育有它專屬的法則與領域，並以這些精神內涵充實著我們的存在。但是在教育之中，人並非完全獨立存在的。在教育之中，人勢必依賴他人的努力，同時也影響著他人的努力成果。這個透過教育所形成的共同生活體，我們稱之爲文明（die Gesittung），文明的狀態就是所有人的教育進而形成整體公共生活最重要的眞實狀態。由此推論，每個個人既不必要、也沒能力自己單獨去完成或者維持他想要的教育成果。不僅教育的重要條件，以及教育的成果，都必定來自個人自身以外的共同協力才可能完成。教育與文明如前所述屬於共同生活體的要素與現象，那麼教育與文明的發展也依賴共同生活體的發展，並且依此成爲共同生活體的內容，而在國家生活與行政體系中有其獨特的制度型態。在前述意義下，所有個人所受教育的總和與狀態就呈現出整體教育的特質（die oeffentliche Bildung），因而，所有國家與行政機制針對全體國民的教育與文明所形成的整體作爲，我們稱之爲教育行政（das Bildungswesen）。

綜上所述，教育行政的本質屬於精神領域的行政，它是精神的自我勞動。教育行政在國家擬人化的觀點下，具有關鍵作用與無限重要的國家生活領域，但是教育行政要達到它的完整意義，卻需要相當充分的條件。這些條件首先在於認知人類自身精神與認知系統的建構法則，這是教育學與教育方法論

（die Paedagogik und Methodologie），其次則是將教育理論正確的應用到特定的教育機構上，建立教育理論與教育機構間的有效、適當關係，這是教學制度（das Unterrichtswesen），最後則是區分與建立教育的階段性，以及各階段教育的獨特性，這是教育體系（das Bildungssystem）的概念[21]。這三個概念彼此之間的關係如下：在多階段的教育體系中，將教育理論實際的應用到各種的教學制度中。如果三者之中欠缺其一，那麼教育行政都將是不完整的運作，甚至無從理解其體制，三者兼具，才構成一個完整的教育行政體系。

當然，前述的三種基本概念是歷經百年的演進，才對整體教育的理念有了如此具體的結構、明確的體系，以及相應的法規範，並且在學術認知與方法上，建立起教育行政的整體性。目前在歐洲的教育行政體系必然也是人類長久精神發展的過程與結果，所以也必須從歷史的觀點進行分析與論述。直到十九世紀，德國關於教育議題的個別論述相當豐富，但是關於整體性的教育行政則不多見。教育行政是在十八世紀時才開始被納入國家學的體系中。到了十九世紀，教育法制才區分成教學制度與教育體系兩個部分，不論在警察學或者國家學的體系中，內容差異不大。關於教育理論的制度沿革與理論，大都以小學教育為主，而教育方法論（Methodologie）則以職業教育為主，相關的論述則開始於十八世紀，在十九世紀論述的普及程度僅及於國民教育（Volksunter-richt）的範圍。

第二節　教育行政的法制史

歐洲教育行政的歷史悠久，而且內容豐富，所以我們只有從歷史發展的制高點上，方得窺其全貌。

如果我們站在歷史發展的觀點，就可以從各種分歧的差異性中，看到一個貫穿全部過程的明確事實，它也使得各種不同的國家教育制度更易於完整理解與掌握。

如果個人不付諸行動，是不可能獲得教育；但是欠缺平等，這個受教育

---

[21] 依我國現行教育基本法並沒有針對教育體系明確區分，依據該法第12條教育制度的規定，可以推論教育體系區分為學校教育、家庭教育、社會教育、終身教育四種概念。由於社會教育與終身教育已經合一，所以區分為學校教育、家庭教育、終身教育三種概念。

者就不可能獲得教育成果。因此，任何的教育成果都代表全體國民的精神要素
邁向自由文明的發展過程。然而最大範圍的文明結構與內涵，則是表現在社會
秩序之中的結構與內涵。所以，任何的社會秩序都有各自的教育制度，任何特
定的教育制度往往是特定社會秩序的產物。這不僅適用於上述的三個基本概念
與領域，而且也可以應用到三者彼此之間的關係，以及教育制度的有機組織型
態[22]。

　　在宗族社會的階段，尚未出現由國家興辦的教育制度，此時的教育還屬
於家庭與個人的事務，它在希臘文明是精神生活的重大事務，但在古老德國文
明，則不屬於精神生活的重大事務，不論如何，教育在這個歷史階段都不屬於
國家的行政事務。所以完全不會區分出前述的三大教育概念與領域，此時的教
育內容通常就是健身、練武與女紅。相反的，在階層社會的發展階段，依據職
業特性決定社會結構與社會秩序的內涵，它必然會形成職業教育的興起，同時
卻忽視國民教育的必要性，甚至反對普及式的文化教育[23]。在職業階層社會的
年代，會促使學術知識成為一種職業型態，因為學術知識的形成就代表著該類
職業教育已逐漸成為某種獨立自主的領域，形成個別職業領域的學術。依此推
論，在階層社會之中，所有的職業階層都會發展出各自的教育模式與學術型
態，並以此獨立自主的特性，排除其他職業階層侵犯自己的利益，在各自職業
領域之內，形成專屬的專業知識與法律制度。每一個職業階層都將會形成一個
自主的職業培訓與職業證照團體，並且在職業團體與自身利益的共同作用下，
持續擴大其社會地位與社會影響力。依據利益獨占與利益排除的原則，任何職
業階層的團體都將盡力維持自身利益的範圍與界限，如此一來，精神本質與發
展的最高原則，那就是任何人都享有平等的精神自由，將會逐漸消失在職業階
層的利益獨占與利益排他，下層階級必定會因此喪失獲得任何教育的可能，整
體的精神生活終將因此陷入僵化的傳統與制度中。

　　在上述僵化的危險中，就會出現新發展的契機，這個契機也建立了市民社
會教育制度的新發展階段。那就是精神要素以它本身的自主勞動，開始將各種

---

[22] 依我國現行教育基本法第12條規定「國家應建立現代化之教育制度，力求學校與教育機構之普及」從而
教育制度的概念與國家公權力作用息息相關。本書的教育制度就等同於教育行政的作用。
[23] 本書使用的文化教育，類似我國舊制的社會教育概念，以及現行終身學習法的規範目的：鼓勵終身學
習，推動終身教育，強化社會教育，增進學習機會，提升國民素質。

分立的學術向上提升，整合成一種整體的上位學術概念，這個在階層社會的職業教育就已經出現的現象，而且長久以來將代表著某種統合的理念與力量，歷經社會變動也未曾消失過的統合力量，就是哲學思考，以及哲學訓練的學院制度。在生產財興起的時代，促使普及式的國民教育成爲經濟進步的必要條件，從而使得當時興起的有機國家理念充分認知到，財富的利益等同於國家的力量，所以興辦教育並統合教育行政，不僅符合國家的利益，同時也成爲它的任務。因而就形成市民社會教育制度的特質，那就是國家的行政，以及相應的公法規範。然而這個發展過程卻是漫長的，雖然市民社會的開始階段，就已經初步具備上述的發展要素。站在歷史變遷的觀點，我們仍然可以區分成三個性質不同的發展時代。

第一階段是十七世紀前的時代，教育制度開始於書籍印刷業，國家的功能僅限於有限度的中學與大學教育，或者規範相關教育制度，以提供必要的職業養成教育與專業教育。在此同時，普及式的國民教育仍然隸屬於以生產財爲財政來源的地方自治體，或者大城市的主管事務，文化教育則仍屬於平面媒體的事務範圍，並且只以報紙與書籍的方式進行。但是在這個階段已經呈現出國民教育的普及化與媒體力量提升，以及這兩者之間的相互關係，所以這個時代也開始出現政府與媒體之間的緊張對立關係，同時有理論基礎的教育也開始蓬勃發展。這樣的狀況一直持續到十七世紀末才有了新的轉變，在這期間商業性質的教育制度一直依據職業階層社會的原則運作，並且由行會或者同業公會主導職業教育制度。

到了十八世紀，政府才開始將國民學校視爲必要的基礎教育，並且列爲國家行政事務，關於職業養成教育與專業教育的監督也逐漸納入國家行政事務。到了這個時期，才興起整體教育制度的理念，並且延伸到藝術文化教育的範疇，國家開始建立機構，推行普及式國民教育、廣設公立圖書館、博物館等。但是商業性質的教育制度仍然是不自由、也不穩定的，而平面媒體則仍然處於政府嚴密監控的發展狀態。這個時代的教育有兩項特色，個別發展的教育現象不足以形成整體教育制度，另外則是嚴密的警察監控機制，這對於國民教育制度有許多益處，然而對於職業教育則多採管制措施，對於文化教育則是處處設限，相當不利於文化教育的自由發展。

到了十九世紀，則是教育自由發展的決定性年代，它既要對抗職業階層社

會的傳統思維，又要對抗警察監控的管制設限。在這個時代，已經由經濟資本與平面媒體取代政府的管制力量。任何的營利謀生行為都已經逐漸發展成特定的職業類型與經營模式，而媒體傳播也已經成為日常生活知識需求的來源，並且形成閱讀的權益。基礎教育的組織建制也漸趨一致，它已固定成為地方自治的事務，政府則居於監督的功能，職業教育則在傳統師徒制之外，建立多元化的職業教育制度，並且在長久、艱困的對抗之後，媒體傳播與出版才獲得完全的自由。在這些要素艱辛的發展過程中，有一個事實卻是愈來愈清楚，那就是教育不再只是個人的發展基礎，它也是所有公法規範的價值基礎，更是憲法與行政的進步基礎。在上述情形下，階層社會以職業世襲獨占某種教育與知識的時代，終於面臨結束，同時也結束了各自為政與個別存在的知識界限，精神生活得以展現其巨大強勢的整合性，教育制度及其行政作用將成為一種外在與內在兼備的完整體制，此時國家的教育行政，以其更高程度的權力作用，得以成為整體國民認知力量的自在與自為機制，整體精神到了這個階段才真正成為自我勞動的對象與目的，並獲得最終的自由。

　　在上述教育行政的整體發展與觀點之下，三種教育的基本型態仍然維持它們各自的特性。它們一直保有各自的法律制度、任務功能與歷史沿革。如果上述整體發展與觀點展現教育行政的理念，那麼這三種教育基本型態則是教育行政的內涵，所以分析教育行政的體系還是必須回到這三種教育基本型態。

　　同時歐洲各個國家在各自社會條件的基礎上，也發展各具特色的教育制度，我們可以依此特色瞭解不同國家的整體特色。

第三節　十九世紀的教育行政

　　到了十九世紀，教育制度已完全納入國家公權力的範圍，它或者成為立法權的議事對象，或者成為主管整體精神生活教育機構的組織職權，或者成為學術研究的典型課題。因而教育制度必須成為行政理論的探討對象，在愈趨重要與全面發展的教育制度中，建立認知與論述的整體知識，這個必要的整體知識，就是建立教育行政普遍適用的基本概念。這些基本概念包括構成教育體系的基本要素，主導教育法制的基本原則，形成各種教育機構的組織基準，以及分析各個國家教育制度的特性，我們在此指出這四個部分的基本內容，這也構

成教育行政法體系的必要內容。

第一款　教育行政的體系原則

如前所述，到了十九世紀普及式的公辦教育已是國家公共事務之一，我們可歸納成三個基本的領域，它們各自擁有獨特的意義、內涵與法制，所以只有站在精神生活的制高點上，才能夠將他們理解成一個有機的整體。

第一個領域是基礎教育，我們稱之為國民教育（das Unterrichts-oder Volks-bildungswesen）；第二個領域是專業教育或職業教育（die Berufsbildung oder Fachbildung）；第三個領域則是文化教育（die allgemeine Bildung）。在每一個領域中，精神生活以多元方式展現它為整體自我的勞動，但是此處的勞動不僅限於抽象的精神概念，而是專指國家公權力在上述三個領域的勞動作用，這個勞動作用表現在公權力興辦的教育制度，也就是我們所稱的教育行政。因而教育行政的體系也就等同於所有客觀的教育法規範，以促使公辦教育制度的發展與變遷。在前述認知基礎上，進而形成教育制度的法體系，法制的原則與內涵也依據上述三個領域定其內容。

第二款　教育行政的法制原則

如前所述，教育行政的法制涵蓋所有維持與發展整體文明的行政作為及其公法規範。

本質上，每個個人的教育都屬於個人完全的自由。然而，一方面由於教育的軟、硬體條件均非個人所能完成，其次則是個人的教育同時構成整體發展的條件，因而以行政力量推行教育制度，它的任務也是雙重的。它一方面必須提供個人所無法完成的教育軟、硬體條件，另一方面則必須確保教育的規模，規模必須大到讓每個個人都能夠參與到整體精神生活，或者是普及式的文化參與，或者是專門性的職業行為。以提供教育的方式，行政權力得以完整的深入每個個人的精神生活，因此而產生的個人自由限制，則構成教育法規的核心內容。由於法制原則與教育體系相結合，所以我們將依此相關性建立教育行政的法體系。

國民教育的法制原則在於強制入學（die Schulzwang），但是強制入學有

下列三項前提：國民接受基本知識是一項法律義務，義務教育必須是信仰自由，義務教育也必須免除學費。

專業教育的法制原則在於，將專業教育與職業證照設定為執行職業行為的法律要件，並且依此原則制訂學業規則與學生權益。

文化教育的法制原則在於自由（die Freiheit），所以行政管制措施也就限定在違法行為的預防與裁罰，藉著行政自制以充分形成整體精神生活。

基於上述說明，教育行政不可能以單一法制原則，也不可能以單一立法涵蓋整個領域。因為教育行政的任務與功能，原本就不在於以其措施與法制完全取代個人的自由選擇與作為，它的任務與功能只在於確定教育的規模與秩序，以提供整體發展所需的條件。歷史上，法國拿破崙一世的教育法典曾經嘗試將整體國民的教育過程完全納入行政權的作用，也沒有成功過。因而教育制度的三大領域各有其獨立的體系與法制，卻共同構成一個有機的整體，並且共同形塑共同生活體精神生活的行政理念。這個體系的建立，可說是十八世紀基於警察學的國家行政理念以來，首度嘗試建立一個整體的理解方式，以掌握之前各自分立的教育制度與領域。即使在十九世紀的國家法文獻中，也只是個別的論述，分別針對不同的領域，分析各自的法制，並未建立一個整體的論述方式。

第三款　教育行政的組織原則

教育行政的組織原則包括組織形式與職權範圍兩項，以完成教育事務的行政行為。依據教育事務的歷史沿革，它的組織原則在不同的時代會有不同的呈現，每個國家也有各自獨特的內涵。然而在整個歐洲則有一個基本的脈絡可尋，這個基本脈絡建構在前述三大教育領域的本質、內涵與整體性上。我們必須認識這個歷史脈絡，才能對當下事務作出判斷。

在宗族社會的時代，不存在教育制度的組織形式，在階層社會則只有職業行會自行管理教育事務，一直到十八世紀的警察國家才出現統合整體教育事務的主張，到了十九世紀則統合在主管文化與教學事務的政府部會之下，以符合憲法所規範的行政組織方式。開始的階段，完全由中央政府主導所有的教育制度，到了較自由的階段，則由地方自治與人民團體共同協力，除了公辦教育之外，也允許私人教育事業的組織形式。在這種情形下，就會出現如何界定整體

行政組織與各自分立組織，以及彼此之間互動關係的問題，我們通常稱之爲教育制度的自由化問題。

教育制度的自由化，一般而言，指的是地方自治、人民團體、私人事業，以及所有個人都能夠依其個別意願與方法推行教育制度。與此相對的，教育制度作爲一個整體精神的理念，則是表現在中央政府的監督權。這個監督權的行使方式，則依據教育的三大領域而有不同，它的共同原則如下：首先，政府必須依據法律，預防精神文明的危害，設置相應的教育行政管理機制（Bildungspolizei）；其次，確立教育主管機關；第三，則是規範最低教育水準，以確立個人在整體之中的教育義務，以及某種職業的必要條件。至於中央政府作爲一個教育整合機制的代表，相對於多元化的地方自治、人民團體、私人事業與個人的教育，它們的法律關係不論形式與實質也都必定是多元的，一般而言，依據事物的本質，專業教育屬於中央政府主管，國民教育與學前教育則屬地方自治職權，在職教育則依其專業特性屬於特定人民團體事務，媒體則屬個別私人事業爲宜，但是上述的類別，彼此之間也難有客觀明確的定義與界限。這些教育事務在一個國家如何實際的進行分配，應該取決於民族的歷史與特性。

如前所述，教育事務在每個國家有其獨特的內涵。歐洲三個主要國家的特性，分析如下。

第四節　英國、法國與德國教育制度的特性

在所有歐洲國家中，英國的教育制度最不具行政管理的性質。它沒有主管教育的部會，只在內閣中設有教育委員會的組織，而且只負責國民教育的事務。大學與學院均屬職業階層式的機構，其他的專業教育多屬私人機構。但是對於教育與文明而言，在專業教育與文化教育兩個領域，表現在生產財與媒體，則比歐洲其他國家更自由與活躍。所以英國的教育特色具有強烈的個體性與特殊性，但是下層階級則大多欠缺教育資源與制度。

法國的教育制度則完全排除職業階層的控制，拿破崙一世在1808年3月17日通過立法，將所有教育制度統合在行政機制之下，該法規定教育制度屬於國家行政任務，所有教育機構上至最高的學術機構、下至最底層的國民學校都屬

於單一體系，包括基礎教育、學前教育與專業教育。所以精神的自由受到相當的限制，再加上功能與法制不彰的地方自治與人民團體，使得精神發展更顯困難，即使透過相當自由的文化教育，如自由的媒體，也不足以平衡精神的受限。

德國的教育制度則是走在正確的方向，因爲教育的三大領域基本上都各自獨立且充分發展。所以它既保有個別領域依其自身需求獨立發展的能力，同時也保有統合整體的能力。當然這也使得整體的體系與法制難以建立，但是自從媒體充分自由之後，這三大領域便得以同時快速的發展，在這種情形下，德國在各方面都可以位居歐洲教育制度的首席，因爲它同時具有法國式組織與內涵的一致性，以及英國式強調個人自由教育的特性。

其他的歐洲國家大都在組織形式上傾向法國制，在內涵上與分工上則師法德國制，所以雖然個別國家在教育事務各有特色，但是在內涵與法制則具有相當的同質性，也因此歐洲國家在世界文明發展中位居首位。

第一款　國民教育

第一目　概念與法制史

基礎教育依其形式概念，是指參與其他任何教育與倫理生活所必需的知識與能力，這些基礎知識與能力本身並不代表價值的有無與高低。國民學校就是提供基礎教育的機構與措施，國民學校也因此成爲教育行政提供基礎教育的制度與機制。

在宗族秩序的發展階段，家庭是提供基礎教育的機制，所以在這個階段雖然會出現少數個別存在的學校，例如希臘與羅馬時代，但是從來未曾出現普及式的國民教育制度。至於職業階層社會的時代，已經興起國民學校的教育主張，但是也僅限於教會與神職階層的制度。一直到十八世紀，隨著市民社會的到來，開始認爲普及式的國民教育是國家整體發展的一個必然要素。這項主張的第一個現象表現在縣市自治團體所設立的國民學校，通常設置在城市區域，然後擴及整個國家，接著在十八世紀中葉逐漸統整在警察管理（國家管理）的觀點下，尤其是在普魯士境內，將國民教育制度完全列入地方自治項目，或者

設置最高國民教育主管機關，或者將國民教育列為縣市自治團體的法定義務，或者制定法律以更全面的規範國民教育。如上所述，北部德意志各邦已經將國民教育納入國家行政的範疇，而且實施多年，在法國則是在法國大革命之後，列入憲法規定，拿破崙在1808年將國民教育落實成為一個體系嚴謹的行政體系，德國在同一時代中也已將教育學（die Paedagogik）結合基礎教育的課程設計，立法除了規範學校行政與地方自治行政的關係，更擴及學務管理與教師制度，並且不斷的提升與精緻化學校的任務與教學效果。英國到目前為止並沒有國民教育的法律，也未見普及式的國民教育制度，只有針對私立學校的補助措施。這三個國家在國民教育制度上是截然不同，即使在德國各城邦之間也不見得完全一致，所以判斷這三者的基礎也只有建立在整體制度的比較。

在整個課程設計是否具有公法性質的問題，英國國民教育的課程設計完全屬於私人自主。在1863年的教育法案（Revised Code）實施前，英國的國民教育立法只規定貧窮與失親兒童的學校教育，而且屬於強制入學。隨著政府的介入，才建立教育補助的體系，由全國一致的教育委員會負責經費撥付，透過督學制度監督執行情形，學校則必須聘用符合國家認證的教師，並且實施統一的教學計畫。學校如果不申請教育補助，則完全不受國家監督。英國目前正對國民教育體系進行大幅度改革，意圖引進德國制度，如果地方政府願意接受，就會順利進行。法國在1791年將國民教育列入憲法規定，但是1833年才制定第一部國民教育法，一方面規定縣市自治體的辦學義務，另一方面私立學校卻完全不受國家監督，所以實施情形爭議不斷。德意志國民教育的理論，在十七世紀中葉就已經納入國家學的體系，1763年普魯士頒布的國民學校法是第一部全面體系化的教學制度。奧地利則是在1808年通過教育憲法，1809年頒布國民學校法持續實施國民教育。

第二目　國民教育體系

國民教育體系包括三個部分：學務管理（die Schulordnung）專指學校對於個別受教者的權力；教師制度（das Lehrerwesen）專指教師權益；學校行政（die Schulverwaltung）則指國民學校與國家內務行政的基本關係。

一、學務管理

學務管理首先涉及入學義務（die Schulpflicht），亦即以法律規範所有個人在孩童時期強制接受的基礎教育（初級教育）。在法律中明訂這項強制義務，由縣市自治體執行入學義務，政府則透過主管機關監督是否依法執行。入學義務是否徹底執行，關鍵在於縣市自治體的行政能力，基礎教育也不應受到個人過失與恣意的影響。一個文明的社會，必須實行義務教育，但是一個更高度發展的社會，根本不需要以強制方式推行義務教育。

英國並未實施強制入學義務；法國則停留在抽象規範的情況；只有德國實施強制入學，通常適用於7到14歲的青少年；普魯士的強制入學更早從1763年開始實施；巴伐利亞16歲之前適用強制入學；奧地利1869年基礎教育法規定8年期間的入學義務，拒絕入學者施以刑罰，並設置督學以確保入學義務的徹底執行。

其次，學務管理必須建立教務計畫（das Schulplan），包括兩個部分。首先是班級體制（das Classensystem）[24]，其次是依班級高低所訂的教學計畫（der Lehrplan）[25]。這兩者都屬於長期發展所累積的成果。最初的教學計畫基本上建立在下列認知，那就是國民學校只是為了最低社會階級而存在，所以課程上不外生物知識與宗教教義，並沒有區分年級。到了十九世紀就不再明確區分國民教育與其他進階教育的內涵。所以基礎教育也開始融入較高層次的課程知識，國民教育本身也融入一般文化教育的知識，諸如世界觀、價值觀，地理與歷史等課程，中級學校將成為進入社會生活的準備階段，而與基礎教育有所區分，兩者也各有其不同的教學計畫，開始進行男女分校，男校通常連結升學教育與主日課程，就這樣從原初的國民學校型態逐漸發展出一個較完整的學校體系，而這個體系也承載愈來愈多的倫理責任，在當代甚至承擔愈來愈重的社會理念，使得這個教務計畫的領域要比其他的領域更能展現出文明的生動活力。

---

[24] 依我國現行國民教育法第12條規定，國民小學及國民中學以小班制為原則，應實施常態編班，為兼顧學生適性發展，得實施分組教學，至於班級編制、教職員編制、常態編班與分組學習準則，均由教育部訂定。

[25] 依我國現行國民教育法第7條規定國民教育課程的中心與目標，中心為民族精神教育與國民生活教育，目標為學生身心健全發展及其中小學的連貫性，都需要長期發展累積成果。依同法第8條規定，國民小學及國民中學課程綱要由教育部常設課程研究發展機構訂定；同法第7條之1規定技藝課程得採專案編班，由教育部訂定實施辦法。

德國在這方面的發展卻是無與倫比；英國到目前仍然沒有公立的教學計畫；法國雖在1833年立法規定班級體制，卻未落實；普魯士則以地方單行法規替代持續討論中的國民教育立法；奧地利1869年立法規範國民學校，以8年級的班級體制取代傳統的4年級制，入學義務從6歲到14歲，監督學校的權責並由公權力取代傳統的教會監督。

二、教師制度

能夠落實學務管理的內容與目的，有賴於師資培育制度。長久以來，師資培育制度就像它的理論一般早已經形成某種產業關係。合格的教師必須是神職人員及其所屬的職業階層，因而學校向來與教會形成依賴關係。要對抗這種依賴關係不僅是錯誤而且無效，一直到行政力量在高等教育中建立獨立於教會的師範學校制度，才有所改變[26]。透過師範學校，傳統教師制度才形成一種平民的教師職業，這種平民教育的倫理意義更可溯及裴斯塔洛齊（Pestalozzi）的思想啓蒙，在這種條件下，國民教育制度才可能繼續高度的發展[27]。

教師制度的後續發展則是提升教師的社會地位，類似地方自治團體與國家的公務員，教師的經濟地位則由俸給與退休俸所維持，最後則會形成教師職業的自主權，諸如教師聯合會（Lehrerconferenzen）與教師團體（Lehrervereinen）。這兩者將促進教師制度的實質發展。

---

[26] 我國師範教育始自清朝，清朝廢止科舉制度後，採行師範教育制度，1904年1月13日，頒布的奏定學堂章程（癸卯學制），將師範學堂分爲初級師範學堂（中等教育性質）與優秀師範學堂（高等教育性質）兩級，修業年限共爲8年。初等師範學堂培養小學師資，招收高等小學堂畢業生，修業5年。清朝的初級師範與優秀師範兩級制，成爲中華民國北京政府時期設立師範學校與高等師範學校的基礎。1912年教育部即公布師範教育令、師範學校章程，設立師範學校，培養小學師資，修業年限爲5年；設立高等師範學校及女子高等師範學校，培養中學師資。民國2年2月，公布高等師範學校章程，規定高等師範學校分設預科、本科、研究科，而且可設專修科。預科及專修科均收中學畢業生，修業年限預科1年，本科3年，研究科1年或2年，專修科2年或3年，規程還規定學生畢業後的服務年限。師範教育令並劃分全國爲6個國立高等師範區，直接屬於教育部管轄。國民政府時期，於民國21年制定師範學校法規範教師制度，但其內容僅及於師範學校相關事宜，不包括整體政策。民國68年11月送修訂內容，新訂公布師範教育法，增加整體師範教育政策與發展，建立我國師範教育之完整體系，規範師範教育之辦理方針，釐定師範教育之發展策略，明定師範校院之行政組織，校（院）長、教職員任用，分別准用大學法與專科學校法。隨著政治解嚴與市民社會的時代變遷，自由權利的思潮也衝擊所有封閉的職業體系，尤其職業階層長期形成的職業特權，都被要求對所有社會階級平等開放，諸如師資培育多元、公自費制度並行、加強教育實習、建立教師資格檢定等議題，成爲修法討論焦點。民國83年2月7日修正公布實施師資培育法，全文共二十一條，以取代舊制的師範學校法與師範教育法。相關變動參閱國家教育研究院資訊網：http://terms.naer.edu.tw/detail/1308259/。

[27] Johann Heinrich Pestalozzi（1746-1827），瑞士教育思想家，被稱爲國民教育或平民教育之父。

三、學校行政

學校行政的功能在於，國家以其組織力量促進並落實國民學校依據其本質所必需的各種建制。學校行政傳統上是地區性的行政事務，屬於縣市地方自治權責，一直到十八世紀，初級的基礎課程被認為應該是國家的任務，所以被納入國家公權力範圍，學校行政也因此逐漸形成一種國家的公權力體系，得以具體呈現國民學校與國家、國民學校與地方自治，以及國民學校與與個人權利之間的法律關係。第一種法律關係，我們稱之為學校行政的組織架構；第二種法律關係是指國民學校的預算編列（Schullast）；第三種法律關係專指私人設立的國民學校。

（一）學校行政的組織架構

國民學校的行政組織通常開始建立於獨立城邦的地方自治體（Stadtgemeinde）[28]。在開始的階段，通常兼具兩種組織方式，一種是屬於教會的機構，另一種才是地方自治體所設立。從城邦再擴展到全國各地普設的國民學校，在這個階段又形成城邦的學校體系，以及地方（領主）的學校體系。這種情形一直延續到十八世紀，這個階段的發展結果形成一個國民教育組織架構的基本原則，那就是國民學校屬於地方自治事務。十八世紀同時也確立另一項基本原則，亦即新興並且快速擴張的政府權力，不僅對國民教育實施監督權，同時也開始建立實質的管理機制，在這方面，地方自治體就成為協助配合的角色。所以在縣市學校行政之上，再形成全國一致的學校行政，輔以相對行政機關的組織體系。在地方上，主導國民教育事務的仍為教會的神職人員，但是全國的國民教育事務則屬於主管機關的職權。依據這項原則，國家與政府雖然擁有組織權力，但是實際上仍由教會主導。這種情況延續到十八世紀末，但也持續受到深刻的批判，並且隨著教育學（die Paedagogik）的興起，它將教育的理論從一個實務操作的層次提升到一個獨立的學門，它也將教師這個職業變成與教會及其影響力足以相提並論的職業階層（ein Stand）。到了十九世紀初，開始進行地方自治團體的自由結盟，因而形成國民學校行政架構的新發展，這個行政架構的基礎在於政府擁有全國一致的監督權，以確保國民學校建

---

[28] 類似我國直轄市的地方自治體。

制的統一，在主管部會之下設立督學制度，執行監督事項，另一方面，地方的學校行政則由縣市自治體負責，它的功能主要在於排除教會對於國民學校的支配情形，並且限縮教會的影響力僅及於宗教課程。在主管部會與縣市自治體之間則設立邦（省）層級的行政機關，而國民學校的事項則劃歸邦議會的權責。雖然各國之間仍有相當的差異，但是至少在歐洲大陸的國民學校行政架構則有高度類似的組織模式。

基本的架構都是由縣市地方自治體的教育機構負責制訂教學計畫與教師制度。英國的特色在於，政府的影響力取決於學校是否申請補助，所以是有選擇的，並非強制的。在法國雖然有體系分明的學校組織，但是由於縣市自治體缺乏自治權力，所以國民學校的就學只是一種形式上的自由，欠缺實質拘束力。德國學校行政的特色則在於縣市自治體必須持續對抗地方領主與教會的支配力量。在大城市中，通常容易成功，但是在鄉間則否。要完全擺脫這兩種力量的干涉，就必須儘早建立完整的師範教育體系。

（二）縣市自治與學校預算

國民教育與縣市自治體在歷史上的密切關聯，可以得出一項基本原則，那就是所有的縣市自治體都有設立國民學校的法定義務。基於這項法定義務，如果縣市無力負擔時，必定得出第二項原則，地方無力負擔時，國家則有扶助義務。國家的扶助義務通常形諸於協力負擔的方式，縣市仍然必須全額負擔房舍、木材、教育等費用，國家則最多負擔教師薪俸。財務問題必定涉及學費（die Schulgeld），這是一個自然衍生的問題，但是到了十九世紀普遍認同的原則是，學費能力不得成為受教權的前提。基於這項原則發展出更高度的共識，那就是完全取消學費制度，國民學校的課程應該完全免費，這是一項正確的發展，然而透過私立學校的設立，又會產生爭議，因為資產階級與無產階級的差異將會再度浮現。

（三）私校制度

私校制度專指每個人都有權利在公立學校之外，以興辦企業的方式建立國民學校。這項權利的法規範基礎在於學習自由（die Freiheit des Unterrichtswesens），德國與英國均普遍承認，在法國則是在法國大革命之後才被確立。這項權利本身固然不容懷疑，然而即使是私立學校作為學習自由的一個有機環

節，仍然具有公務機構的特性，所以原則上仍然在政府監督權範圍內，受其約束。政府對私校的監督權有兩種方式：其一是私立學校的教師應該具備公權力認證的教師資格；其二，在學校主管機關與縣市自治體的規範下，公立與私立學校法律地位均等。這個原則雖然很簡單，但是當教會體系的學校勢力擴張，而且以學習自由為理由拒絕政府行使監督權時，私校制度就會成為嚴厲批判的對象。在這個問題上，正是基督教學校與天主教學校嚴重分歧的地方，任何外在的協調都無能為力。

在英國私立學校是完全的自由；法國則是在大革命之後才確立這項自由，1833年立法規範私立學校，1850年則將教會學校納入公權力監督；在德國由於國民學校興辦成功，所以私立學校的發展僅侷限於中級學校，而且教師資格與監督權力都能充分實現。

第二款　職業教育

第一目　概念與原則

所謂的職業，我們的理解是，每個人心中所認同的特定生活型態與功能。而職業之所以成為公共生活的現象，在於每個人明白表示，願意以他的實際行動奉獻給這個職業的運作。透過這個過程，才會形成廣義的職業階層（der Stand）概念，也就是某種職業所呈現的整體現象；狹義的職業階層概念，則是指這個職業階層整體現象被國家公權力所承認。

職業與職業階層原本都是屬於個人事務，個人原本可自行決定是否跟隨這個職業的變遷而改變自己。然而，職業的本質必然產生下述現象，只要是屬於職業運作範圍內各種相關的實務技術與專業知識，每個個人都會尋求職業團體的協助。同理可知，對於任何職業，它的職業團體的實力高低與影響力範圍，必定取決於個人是否受到即時的協助。但是，職業的範圍愈廣與擴展快速，個人就愈沒能力判斷上述職業團體實力與影響力是否即時存在，而且更難透過自己的力量獲得高度技術與專業的職業教育。然而個人在職業生活中的進步卻是整體生活能夠進步的重要條件之一。在這方面就是國家行政之所以必要，而且據以運作的基本原則。

　　如果文明的持續提升，代表人們在職業行為專業分工中的精神勞動（指教育）必定同步提升與深化，那麼整體生活一方面必須具備相當規模的職業教育，另一方面任何的職業階層與團體都確實有能力提供相應專業分工的職業教育，這兩者就必定成為整體進步不可或缺的條件。所以內務行政的教育功能就必須提供職業教育的機制及其適當的規模，為了這個目的所設立的行政機制與基本原則，通稱為公立職業教育制度（das oeffentliche Berufsbildungswesen）。

第二目　法制史

　　這個歷經百年的職業教育制度正是歷史持續變動的結果，當代對這段歷史的檢視，可以有一個全新的視野與內涵。

　　每一種職業往往代表著個人較高度的精神發展狀態。因而，職業教育本身必定具有這項不變的特質，那就是成為社會上層階級的教育途徑，而且是上層階級支配下層階級的基礎之一。但是自由權利的發展趨勢卻強力衝撞上述事實，它的目的就在於將所有職業類型內含的倫理特性、精神財富與專業知識對所有社會階級平等開放，然而必須強調的是，這個發展趨勢並非主張撤銷或者限制職業教育制度本身。這是職業教育發展史的最主要原則，也是任何時代，任何國家判斷職業教育制度的基本立場。從這個基本原則可以推論，職業教育制度作為國家的目的，就在於超越任何的特權與特殊利益，並且以內務行政具體落實這個國家理念。

　　歷史上，國家內務行政介入職業教育的首要步驟，就是任何職業對任何人的平等開放；其次則是每一個有助於促進生活的領域，都有其專屬的職業教育；第三則是每一個個別存在的職業教育都附屬於整體文化教育的一環[29]，並且以國家精神生活的統一性促使個別存在的職業教育擁有全面的發展。第一個部分是職業教育制度的社會原則，第二個是經濟原則，第三個是倫理原則。職業教育制度發展史的意義，並不在於探知某一類職業教育的高度或低度發展，而在於逐漸的、普遍的、確實的在全歐洲落實上述三個原則，這樣才能完整理

---

[29] 依據現行終身學習的概念，個別職業教育類型就應該成為終身學習的內涵，與社會教育具有連貫性，類似本書職業教育的倫理意義。

解職業教育的體系，而不致流於形式上的認識。如此理解下的發展史，脈絡就相當簡單明確。

在宗族秩序的發展階段，只存在強勢宗族對弱勢家庭與個人的支配關係。支配的工具則是武力與司法。因而宗族秩序的職業教育最初僅限於擁有支配地位的宗族成員，然後將軍事教育與司法教育列為宗族成員的公民權利，至於被支配階級則完全失去職業教育的機會與權益。

在階層社會的發展階段，社會秩序是由已成為支配階層的職業及其團體所主導。職業階層秩序中自然是以神職人員的純粹精神層次的職業位居社會上層，同樣位居上層的則是傳統宗族秩序的軍職人員，在這兩者之下的則屬同業工會與手工業公會的產業人員。相對於宗族秩序，職業階層秩序已經是相當的進步，在這個發展階段，精神層次的生活得以增長，至少在教會與同業工會之中，被支配階級不會被排除在職業教育之外。然而貫穿職業階層社會的團體自利因素，依據特殊利益的作用，不論在精神關係與社會關係上，都將這些職業團體互相切割，彼此隔絕，各行其是，於是形成階層社會職業教育的特質，那就是雖然受教育的範圍較大，但仍不失體系封閉、各自為政的教育模式，以致於逐漸喪失職業教育的社會原則與較高的倫理原則。

在前述社會原則與倫理原則的關鍵點上，適足以彰顯大學的普世價值與現象。大學教育的基本原則，在精神層次方面，代表所有學門合一的理念，再具體展現在每個專業學院所內含的職業教育機制，哲學教育永恆不變、值得敬重的功能就在於，以學術方式表達出大學之中所有學院與學門的統一性。在社會生活的層次，則表現在大學對每個人的自由開放，以學術普及全體國民的方式，反對職業階層壟斷職業知識。透過上述大學的力量，接著形成第二個影響。那就是因為大學的發展，因而區分出養成教育（die Vorbildung）與專業教育（die Fachbildung）的不同。中等學校因而被定位成養成教育的機制，並且成為學院式教育的組織。經過上述的發展過程，歐洲才開始真正的職業教育制度。

然而大學、甚至中、高級學校也難以擺脫職業階層的特質與宿命。它們本身不僅構成某種職業團體的現象，這種特質也逐漸形成特殊利益的職業階層主張，那就是自認為除了大學之外，沒有更高的教育，除了學院式的訓練，沒有更真實的職業知識。因而職業教育需要更大的改革，這個改革迫使職業的理

念、職業的任務、甚至職業的認同度必須超越大學，並且在整個社會的整體生活中去重新建立。這個變革發生在十八世紀。

　　十八世紀是歐洲職業教育制度發展史的分水嶺，它的關鍵內涵則是經濟職業及其職業教育的出現。這個全新職業教育的理念基礎在於普遍性與平等性，這兩個理念一方面源自於對學院式教育的全盤否定，代表性人物首推法國思想家盧梭及其教育理論著作：愛彌兒，另一方面，則是在德國普遍設立的職業學校（die Realschule）。平等職業教育的理念甚至在十八世紀中葉就已經見諸國家學的前身官房學（die Cameralwissenschaft）對於大學的定位與討論。然而經濟職業的平等理念在十八世紀還沒有獲得國家的承認，但是同時期的藝術類職業及其職業教育則已經與畫廊、戲院等建立密切關係。一直到十九世紀才真正完成上個世紀已經開始的改革。十八世紀的文化教育仍然處於抽象階段，所以傳統教育的價值不容忽視，然而十九世紀市民社會的個人自由基本原則還是超越上述傳統的限制，不僅在所有職業的概念與相關的法制中都不再出現從事某種職業的特權現象，每一種職業彼此之間不再有尊卑貴賤之分，也都各有其職業教育，國家有義務在所有生活領域之中，平等的促進所有職業教育的高度發展，於是造就了十九世紀成為國民精神生活快速發展的關鍵時代，這也是我們當代的職業教育制度。這個制度內容包羅萬象，如果要完全掌握它，必須建立某種嚴謹的體系。然而觀察整個制度內涵的基本要素卻很簡單。整個職業教育體系可以區分成「體系」與「法制」兩個切入點，只要分析它們的基本原則，就能夠歸納出主導歐洲整體發展的精神所在，即使成文法律與相關文獻並不完備，各個國家的職業教育也存在相當的差異。

　　英國、法國與德國各有不同的立法特性。英國對於養成教育機構根本不以立法規範，專業教育機構、大學與學院本質上都是純粹的職業階層團體。法國在大革命前與德國職業教育制度類似，但是卻沒有德國式的職業學校與官房學的傳統，1808年首度將所有的職業教育制度通稱為大學。在德國，除了大學具有職業階層的自治權之外，針對中學與專科學校的養成教育則有全面的立法，各邦對於大學也有個別適用的法律，目前仍未形成全國一致的立法與理論體系。

第三目　職業教育的體系

十九世紀的職業教育體系建立在兩個基本原則上。首先是養成教育與專業教育的徹底分立，其次是職業教育明確區分成三大範疇：學院類職業教育、經濟類職業教育、藝術類職業教育[30]。這個體系的共同發展趨勢在於建立不同領域職業教育之間的轉換。個別領域的職業教育則遵循個別職業專屬的職業教育制度。在這兩者交互作用下，職業教育體系的構成要素就相當清楚，所有的比較都可以依據這些要素進行分析。

學院類職業教育的基礎在於傳統教育或者爲每一種專業教育所設的養成教育。養成教育的機構是高中或專科學校。規模最大的專業教育機構在於大學，針對個別職業種類的專業教育機構則是大學的學院，其中哲學院具有雙重的任務，它既是養成教育機構教師的專業教育處所，更代表所有專業教育最高層次的學術統一，其中自然科學（die Naturwissenschaft）代表經濟開發與科技教育的最高學術形式，國家科學（die Staatswissenschaft）則代表文化教育的最高學術形式[31]，以上就是大學的有機特性。但是它的例行事務與組織分工即使在德國也充滿了許多不明確的地方，所以在學院組織分工上也難以完全貫徹上述的專業分工，但是實質內容上則是毫無疑問的。最困難的學門分工在於大學與最高經濟類職業教育機構之間的關係，如何進一步理解與定位這兩者的學門分工，則是接下來的任務。

經濟類職業教育最初是從國民教育之中區分出商業學校（die Gewerbe-schulen），再逐漸發展成職業學校的體系，成爲專業教育的養成教育制度，目前可以區分成兩種基本類型。首先是科技類的教育，也就是工業技術（專科）學校，其次是經濟性質的專門學校，例如農業學校、商業學校、礦業學校等專科教育機構。在這類教學機構中並沒有固定一致的結業年限，這類職業的經濟特性也不會有制式的結業年限。專科（業）職業教育制度最大的問題在於

---

[30] 本書學院類職業教育類似我國大學法的規範，經濟類與藝術類職業教育類似我國職業學校法連同專科學校法的規範，職業學校培育基層技術人員，專科學校養成實用專業人才。職業學校法第2條明定分類設立爲原則，並依類別爲學校名稱，必要時得並設二類，商業與家事，海事與水產，醫事與護理，藝術與戲劇得並爲一類；至於專科學校亦未明定類型，依專科學校法第10條以分類設立爲原則，必要時得合類設置。

[31] 國家科學或稱國家學，它的內涵類似我國現行社會科學的各種學門，例如政治學、法律學、經濟學、社會學、教育學、財政學、行政學等的統合。

與大學教育的關係。如果要解決這個問題，就必須重組前述自然科學與國家科學的學門目的與分工。歐洲目前所處的狀況是，英國完全欠缺經濟類職業教育制度；法國的制度在養成教育階段加入太重的學術訓練，而在專業教育又不夠；德國雖然在形式上區分成專業教育與養成教育，但是兩者只有教育內容的連貫，組織分工則是各自獨立。儘管如此，德國在經濟類職業教育制度已經算是相當先進，未來亦復如是。

藝術類職業教育制度在養成教育階段有兩種形式，在專業教育階段則屬多元形式。養成教育的基礎或者在商業學校的繪畫製圖課程，或者在單獨成立的藝術學校。這些都還僅限於圖像藝術，至於音樂與舞蹈更是個別發展。相較於前兩者，藝術類職業教育顯然具有很大的發展空間。

以上就是職業教育體系的基本要素。這些基本要素在不同的國家當然會有不同的發展程度，這也提供未來的比較國家學一個寬廣且值得努力的方向。

第四目　職業教育的法制

職業教育法制之所以具體形成，一方面在於國家公權力以其組織力量促成職業教育在養成教育與專業教育的分立，另一方面則是基於公共利益的理念，將職業教育的資格與證照提升成職業行為的法定條件。依據上述第一個觀點，會形成教學規則（die Lehrordnung），以規範學習與教學的自由權利，也會形成學業規則（die Studienordnung）；第二個觀點則會形成專業考試制度。這兩者不僅在養成教育的階段，甚至對各種職業類別都有不同的方式。針對國家促進職業教育的觀點，這兩者都有其必要性；針對專業考試制度，這兩者就只在學院類專業教育充分實施，經濟類專業教育的專業考試制度只有部分實施，其他則不受限制，至於藝術類專業教育則完全無法實施。因而，養成教育機構與專業教育機構均各自發展出專屬的法體系，其中的基本要素很簡單，但是細節卻是五花八門，如果要整合在一部法律之中幾乎是不可能，也沒人這樣希望。所以法律的規範幾乎只限定在教育機構的組織法，只有法國以單一大學概念涵蓋所有職業教育機構，成為一個例外，但是法國制度又不包括經濟類與藝術類職業教育。所以職業教育法制的統一性，只有回到政府的組織分工，如果我們要掌握所有教學機構獨立自主的基本原則，以及職業教育制度的上位統合理

念，就必須建立在教育主管部會的組織權責，這也是組織權力的眞實意義所在。在分立領域之中固守統合理念，正是最高教育行政機關的眞實任務，上述職業教育法制兩大領域的主要內容分析如下。

教學規則（die Lehrordnung）。十九世紀教學規則的首要原則就是學習與教學的自由。這個原則構成所有職業教育的基礎，它清楚表明個人的教學行爲與個人的自主性應該主導教育的進行。它推翻所有的形式限制，並以自由教學取而代之。但是它的存在前提繫於每一種職業教育都能因此獲得穩定的專業知識與技術提升，否則便毫無存在的正當性。這個原則必需的兩個配套措施，其一是開放設立私人企業型態的養成教育機構，其二則是職業轉換的自由，但是在這方面的實施情形目前還無法判斷其優劣。

學業規則（die Studienordnungen）的訂定，目的在於平等的適用於所有學生的學業與紀律，作爲學校規範學習自由的準則。在不同的職業教育領域，必定會有不同的學業規則，對於養成教育機構而言，這些學業規則就是強制性的規定，對於專業教育機構而言，則具有專門職業行爲準則的特性，學業規則通常由教師執行，行政權力則退居其次。

專業考試制度之所以愈形重要，原因在於學習自由容易凌駕學業規則的嚴謹度。如何調適兩者的關係，會成爲未來最困難的問題。透過傳統上職業階層學院式的教學成果，德國在這個領域累積相當豐富的制度經驗，甚至可構成制度典範，英國則相對貧乏，法國則徒有形式，卻欠缺內涵與體系。所以只有德國具備進步的專業考試體系與法制，也希望在未來能夠與時俱進。德國制度的基礎在於考試制度的分級實施，學校考試（die Classenpruefung）作爲參與特定職業教育的條件；資格考試（die Berufspruefung）作爲某種特定職業必需的基本教育的資格能力證明；公職考試（die Dienstpruefung）作爲公部門從事特定職務所必需的條件。目前在理論部分仍然有待發展，對於學校考試的法制相當健全，但是對於資格考試與公職考試的內容、形式與法律關係則仍然相當分歧，最近的共識愈來愈清楚的朝向考試機關組織方式的改革。在這方面，還有待統整考試機關在定位與運作的歧見，然而有一個觀點則是已經確定，那就是一個良善考試制度必須具備公開透明與專業參與的基本要素，在這個基礎上將主導未來考試制度的發展。

第三款 文化教育

第一目 本質與體系

文化教育是指所有個人共同的精神發展，這個發展不在於某個特定目的，而是指所有個人的整體精神發展作爲教育的內涵。所以文化教育也等於共同生活體的精神層次生活，它既是前述國民教育與職業教育的基礎與成果，同時也是所有人類精神文明的具體呈現，在一個國家範圍內的文化教育就代表該國國民全體最極致發展所呈現出的個體特性（die hoechste Individualitaet）。但是文化教育賴以維繫的核心要素則是人皆平等與共同治理的理念。所以即使是在另外兩個傳統社會秩序的發展階段，雖然是建立在權利不平等與社會地位不平等的基礎上，仍然曾經存在過某種程度的文化教育機制，只不過宗族社會與階層社會的文化教育顯然都只是個別發生的精神勞動（教育），以及精神勞動所產生的自然現象。相反的，市民社會最明顯的不同就在於，文化教育的本質與價值成爲大眾認同的標的，甚至成爲共同生活體在高度發展階段自主運作而產生的勞動現象。這個勞動現象不會停留在單純的生活事實，而是會逐漸發展成特殊的組織形式，並且輔以特定配套的法制，在這些基礎之上就會形成文化教育的理論體系，進一步成爲整體教育制度的一個有機環節，於是就產生我們所稱的文化教育的體系[32]。

第二目 文化教育的體系

這個體系的基本原則在於，所有的文化教育都是自由運作的。所謂的自由

---

[32] 本書的文化教育類似我國舊制的社會教育法「以實施全民教育與終身教育爲宗旨」所設立的各類社會教育機構：圖書館、博物館、科學館、藝術館、音樂廳、戲劇院、紀念館、體育場所、兒少育樂設施、動物園等公私立機構。至於更特殊的社教機制則規定於藝術教育法第四章的社會藝術教育、原住民族教育法第五章的原住民社會教育；國民教育法第15條規定國民小學與國民中學應配合地方需要，協助辦理社會教育，促進社區發展。由於本書另設社會生活行政的專章，爲免概念混淆，所以此處採用更接近德文原意的文化教育。依據我國舊制社會教育法規定的十五類法定任務：發揚民族精神及國民道德、推行文化建設及心理建設、推行公民自治及四權行使、普及科技智能及國防常識、培養禮樂風俗及藝術興趣，一直涵蓋到改善人際關係，促進社會和諧都屬於該法的規範範圍，其實是相當接近宏揚文化與維持文明的各類行政措施。終身學習法於民國103年6月18日修正，第1條立法目的涵蓋社會教育：爲鼓勵終身學習，推動終身教育，強化社會教育，增進學習機會，提升國民素質，特制定本法。民國104年5月6日總統華總一義字第10400052241號令廢止社會教育法。我國法制雖以終身學習取代社會教育，但是兩者在其他法律中仍然混用，如果依據法制演進的分析，其實兩者目的相同，都是文化或文明的教育制度化。

運作是指，每一個人都能夠自主選擇所要的文化教育，而且自主選擇用何種方式與程序從事文化教育。所以從事文化教育的活動是平均分布在生活有機體的各種活動，因此我們得以推論出下列文化教育的基本架構。

這個基本架構可以區分三個層次，國家的任務在於建立法制維護文明，避免遭受公共危險的破壞，地方自治與人民團體的任務在於提供必要的行政手段，至於每個個體的任務在於以其個別的勞動，為整體文明而努力。上述第一個層次就是維護公共秩序與善良風俗（die Sittenpolizei）的概念；第二個層次則是公立教育與文化機構的功能；第三個層次則是平面媒體（die Presse）的功能。每一個層次的機制各有其豐富的歷史背景、法制發展與民族特色，但是卻不可能互相取代，它們共同發生作用，如果我們確實認知到三者之間的有機關係，就更能深入認識整體的文化教育[33]。

一、公序良俗

違反公共秩序與善良風俗是個有歷史以來就反覆出現的概念，但是相關法制的發展卻差異很大。在宗族社會的發展階段，幾乎只有違反宗族傳承的概念，而且處以嚴苛的刑罰；到了階層社會的時代，每一個職業階層各自發展其特殊的職業道德與戒律，並且都有配套的懲戒罰則；一直到警察國家的時代，才出現違反公共秩序與善良風俗等同於違法的概念與法制，它首先是以強制權力實行公序良俗的生活型態，亦即對於各種類型的脫序、不檢行為處以刑罰，近年則逐漸歸納成普遍的共識，那就是並非破壞公序良俗的行為本身，而是公開的破壞公序良俗才是禁止與刑罰的對象。對於違反公序良俗的刑罰最初規定於刑法第471條，接著納入新的德意志刑法典，最後又獨立成一部違警罰法（die Polizeistrafgesetzbuecher）。這部違警罰法也就成為國家維護公序良俗的法源，其中包括妨礙風化罪（die Unzucht）、行為不檢罪（如酗酒行為）、賭博行為、免除勞動義務的節慶規定，以及虐待動物等行為。目前的違警罰法在公序良俗的領域只有部分的規範，至於公序良俗的行政管理機制應該屬於地方

---

[33] 我國於民國100年6月29日總統華總一義字第10000135131號令制定公布文化部組織法全文八條，其施行日期為民國101年5月20日，取代原文化建設委員會。文化部組織職掌為文化政策、文化機構、文化資產、文創產業、影視音樂、文學出版、藝術美學、文化交流、人才培育等領域，下設文化資產局與影視及流行音樂產業局，地方政府並配合設立文化局處。文化行政不僅擴展教育行政的基礎與成果，兩者的差異，在於文化行政藉著資產管理與創意產業的觀點，更有力量主導國民精神生活，發揚多元文化。

自治團體的權責。

　　維護公序良俗的法制首先出現於十八世紀的警察法規中，然後成為十九世紀警察學的普遍適用法則，在某些德意志諸侯國中也成為行政法的規範內容，但是仍然欠缺體系性的統整在一部違警罰法中。

二、文教機構

　　到目前為止，不論在學界或業界對於文化教育機構的本質與意義均未出現足夠的討論，以促進其實質的發展。當然這些文化教育機構必定屬於市民社會的特有現象，它的經營原則應該是自由且無償的使用，以促進文化教育的發展。然而，現今的文化教育機構幾乎都是由國家出資建立與管理，關於這些機構的高度意義與必要性，一般國民則未必充分認識。如果我們每個人都有這樣的共識，將國家的文化任務當作個人的任務，就能夠推論出三大範疇的文化教育機構，如何充分營運以供國民平等使用這些機構，將會是未來最重要的任務之一。第一類是國家級的文化教育機構，如大型的博物館、展覽館、圖書館等；第二類是由地方自治與人民團體所促成，換言之，每一個縣市級的地方自治體都建立具有地方特色的圖書館，而且是依據通識教育的精神與組織運作；第三類則是專門領域的機構，例如由私人經營的戲劇院、歌劇院、圖書閱覽社等等。然而到目前為止，這三大類的文化教育機構的共同特色就是組織零散與隨機設立，缺乏共同的目標性。但是在可預見的將來，完整的文化教育機構必定成為教育制度有機運作不可或缺的內涵。

三、平面媒體

　　平面媒體以其書本印刷的傳統特性，就是個體為整體精神發展的勞動形式。它能夠在每一個生活領域中對每一個人傳遞所有類型的教育，所以平面媒體的教育功能既不受限於報導內容，也不受限於特定主張與工作人員。它可以說是整體生活精神層次的具體實踐。所以平面媒體擁有巨大的力量，它以邁向未來的力量主導當代的文明發展。

　　正因為如此，所以平面媒體能夠代表較高度的文明現象，而且它不拘任何形式的提供精神勞動與精神勞動者之間的對話平台。這個對話平台可以是書籍、期刊、報紙，以及各類型的宣傳資料，附帶其中的還有各種圖像。每一種形式的平面媒體各有不同的效果，也不能夠互相取代，所以它們在共同的基礎

與原則之上，也有特殊的法制，而且通常在報紙的充分發展後，就會形成法制的內涵。

這個法制的內涵一方面基於平面媒體本身的特質，另一方面則是基於社會與國家的發展狀況。

平面媒體的特質，首先它是某個個人對於其他不特定人得以行使的一種巨大而且又不確定範圍的權力，因此它代表著某種公共的危險。如果大家都能夠相信與接受現行國家與社會的整體規範作用，那麼這種公共危險的作用就會逐漸勢弱，相反的，如果國家與社會內含的二元要素彼此走向對立，那麼平面媒體公共危險的特質就會升高。平面媒體的第二個特質在於隨時可能成為犯罪的平台，或者已經成為犯罪的進行式。基於前者所以會形成媒體管制的概念（die Presspolizei）；基於後者就會出現媒體刑事法的概念（das Pressstrafrecht）。

這是歷經百年的過程，人們才真正清楚「媒體管制」與「媒體刑法」兩者的關係，就如同歷經百年的過程，人們才真正清楚警察管理（行政管理）與刑事追訴的差別。關鍵原因在於傳統的媒體法制普遍存在一項基本共識，那就是「造成危險等同刑事可罰」。這個共識又基於下述的生活事實：平面媒體是促成社會秩序與法秩序互相轉變的最有力槓桿，所以它本身必定成為任何維持現狀的敵人。基於這個觀點，我們得以歸納媒體法制的重要基本型態。

第一類我們稱之為禁止制度（das Prohibitivsystem）。它的基本原則是以出版許可制排除平面媒體造成的危險。它的兩個必然結果就是，不被許可出版的均屬犯罪行為，許可出版則屬合法行為。禁止制度的同義詞就是出版檢查制度（die Censur）。在職業階層社會的年代，檢查者就是職業團體本身，在警察國家的年代，檢查者就由行政機關負責。出版檢查制度的結果往往在於壓低平面媒體的影響力，另一方面則是提高出版事業的緊張關係。但是當教育提升與民智大開之後，便足以推翻警察管制已經建立的諸多限制，禁止制度就因為無法達到目的而逐漸消失。

接著出現的則是管控制度（die Repressivsystem）。管控制度的基本原則在於將寫作者與出版者轉變成自我管制者。要達到這個目的的前提則是將每一個出版品都當作一種商業行為。達到目的的方法則是警察手中的禁止權力，透過打壓銷路摧毀商業行為。具體的作法則是管控印刷業與出版業的營業許可，

甚至報紙必須繳納的出版保證金。管制的型態可區分為警告、暫停營業、禁止出版等。管制措施影響最深的當屬按日出版的報紙，媒體法令幾乎就等同於報紙業的出版規範。然而這些管制措施既不能防堵平面媒體成為對抗傳統法治的理念平台，也不能阻絕平面媒體成為犯罪工具。因而，除了上述媒體管制措施之外，仍然有必要推行媒體刑罰法制。由此明確區分出兩種制度的不同。媒體管制的標的在於平面媒體所具有的危險權力，媒體刑罰的標的則針對已經發生的犯罪行為。這個區分看似簡單。然而在國家與社會兩個層面對於建構法制的論述中，主流意見卻傾向認為，媒體犯罪的概念不應該只依據印刷文字的內容，更應該依據造成的影響，共同認定是否成立媒體犯罪。這個論述源自英國與法國，再經由法國傳入德國，它清楚的主張：所有敵視與蔑視現行法秩序的誤導行為，均屬可罰。在這種言論影響下，原本媒體管制與媒體刑罰二分的法制，再度被推翻，所有的媒體法就形成單一的警察管理法制，前述形成媒體管理制度的基本立場就變成自我矛盾，也因此葬送所有的媒體自由，而且不僅止於文字印刷的內容，更深入到媒體的精神所在，都成為刑罰權與警察權的行使對象。

一直到1870年代才真正實施媒體的自由權益，它的基本原則如下。媒體自由一方面在於經營媒體事業的完全自由，另一方面透過印刷文字所造成的影響應該被歸類於精神勞動的範疇，所以不可能觸及犯罪與否的問題，只有文字本身才屬於法的範疇。因而再也不會出現媒體犯罪的概念，只可能以媒體為手段，進行犯罪行為（例如在媒體上汙辱國家、教會與個人的行為）。

媒體管制因而成為媒體自由的輔助機制，但也僅止於兩種功能。首先，它有權力訂定命令，以執行檢查與處罰透過媒體的犯罪行為（例如命令交付印刷品、出版品、表明印刷處所等）；其次，針對急迫的危險，有權力沒收相關物品，由於這種權力類似對人的逮捕權，執法人員必須對法院負完全的行為責任。

相對於上述的管制權力，複製與翻印的權益則普遍被認為是屬於個人智慧財產權的範疇。

第二篇

經濟生活的內務行政

概念與本質

除了前述個人生活的領域外，第二個生活領域當屬經濟生活，他最簡單的定義就是以人的勞動，依據人的目的開發自然，並且使得人對自然取得有機的支配關係。前述經濟生活的基本概念與法則，就是所謂的**國民經濟理論**（die Volkswirtschaftslehre）。透過國民經濟理論，同樣告訴我們每個個人都不可能單以己力完成自身的經濟目的。在任何一方面他都需要一些既定的基礎與條件，作為自身經濟發展的基礎與條件。為了達到這些條件，他首先必須向國家納稅，以使國家先擁有相當的經濟開發實力。國家因為人民的納稅，所以本身也得以成為一個經濟體，由此而產生**國家經濟**（die Staatswirtschaft）的概念與內涵，在國家經濟的概念下，國家本身就具有經濟人格性，有它自身的收入、支出與再生產的過程，就如同每一個自然人一般。由於國家必須將稅收與其他收入實際運用於上述經濟基礎與條件的創造與改善，否則這些基礎與條件不可能有機、合目的的出現，由此而產生**經濟行政的概念**（die Volkswirtschaftspflege），它是國家內務行政的第二大領域，目的在於透過整體的行動與力量，以創造與發展國民經濟的實質條件，促使每個個人都能達成其經濟目的，因此這個行政領域通稱為經濟行政（die wirtschaftliche Verwaltung）。

經濟行政的深刻意義在於，它建構個人生活，主導勞動與財富的力量，經濟行政的重要性尤其表現在這句話：經濟獨立才真正建構出自由的形體與進步的基礎。另一方面，國民經濟的有機理論明白告訴我們，一個人獲利的條件，往往繫於他人能力的發揮，由於行政必須為每一個人服務，所以行政也就必須為整體服務，因此經濟行政應該就是利益和諧理念（Idee der Harmonie der Interessen）的有機實現，這個理念也表達一個邁向未來的永恆真理，那就是和諧之中也能夠包容利益對立，達成共同進步與整體自由[1]。只有在這個理念的制高點上，才足以理解經濟行政對人類生活的完整意義，而經濟行政的內容，縱然是最技術性的項目、最物質性的部分，也得以成為學術研究的任務。

---

[1] 這種國民經濟理論不同於馬克思資本論中所強調的經濟理論，也不同於馬克思以矛盾對立追求進步的唯物史觀，史坦恩不否認利益對立的存在與必然，卻認為透過經濟行政的統合功能，仍然可以在和諧中達到進步與自由。

經濟行政的法制史

如前所述，經濟行政的歷史發展其實就是逐漸理解利益和諧理念的過程，所有經濟變遷的共同目的與自由法則也都在於利益和諧的理念。在宗族社會的時代，完全不曾出現經濟行政以發展整體經濟；階層社會的經濟生活則流於個別職業階層追求自身的特殊利益，或者職業行會彼此之間的經濟利益對抗。一直到現代國家理念的興起，才逐漸形成經濟行政的概念與作為。

然而經濟行政也是從基礎的概念，逐漸發展成為整體的共識，以涵蓋完整生活的具體作為。自十六世紀以來的經濟行政，表現在國民經濟三大學派的基本論述，這些基本論述也都致力建構經濟行政的原則與體系。所謂的重商主義（das Merkantilsystem），認為經濟發展的核心與未來，應該在於拓展國際貿易，並且在對外貿易部分，致力於關稅保護，對內部分則致力於扶植產業。所謂的重農主義（das physiokratische System），認為經濟行政的任務在於開發本國自然資源，因而致力於發展相關的配套措施，通常就是我們所稱的農業行政（die Landwirtschaftspflege）。所謂的工業主義（das Industriesystem），則開始認知到勞動才是所有幸福的基礎，因而以勞動自由的名義，要求行政權力應該致力於保障商業自由與手工業自由（Freiheit des Handels und der Gewerbe）[2]。在這些國民經濟主流學派的推動下，逐漸形成經濟行政的重要原則，但是仍然不足以構成一個完整的體系，因為它們都還只是整體經濟的個別面向。在此同時，德國學術界則發展出國民福祉主義（das Eudaemonismus），它的基本原則在於追求全體國民的民生福祉，實務上則發展出皇室高權或者國有財產的行政管理，也就是所謂的官房學（die Cameralwissenschaft）的興起。官房學及其配套的國民福祉主義與上述國民經濟主流學派的差異性在於，官房學已經能夠完整掌握經濟行政的全貌，但是它們的共同性則在於，官房學與國民福祉主義也未能明確區分國民經濟理論與經濟行政這兩個發展過程，因而也未能明確建構出國家公益概念下的經濟行政概念[3]。這種混合的情形一直持續到十九世紀，部分學者雖提出經濟行政的主張，卻僅停留在國家

---

[2]　這兩種自由類似我國釋憲實務依據基本國策與基本人權發展出的職業自由概念，包括職業選擇與職業執行的自由。

[3]　本書認為經濟行政的發展史，是歷經國民經濟與國家經濟兩個歷史階段，才出現十九世紀完整建構的經濟行政。

經濟理論的層次[4]，或者與國民經濟理論不分[5]；在一些警察學的論述中，國民
福祉主義只是一個欠缺內涵的口號[6]。相對而言，有學者明確區分經濟行政與
國民經濟，已屬一種進步，但是卻偏重行政管理的面向[7]。所以我們當代的論
述，必須將經濟行政既視爲整體生活的部分有機組織，同時它本身也是一個獨
立的有機體，依此雙重特性進行相關論述。

經濟行政的體系與有機組織

　　經濟行政的體系將依其管理對象而定，因而體系指的是構成所有生活關係
的整體。在其中，經濟發展的條件已非個人的能力與行爲得以獨立完成，而必
須透過國家的立法與行政才可能實現。這個體系首先是**總論**，它包括所有經濟
生活共同適用的發展條件；其次是**各論**，它涵蓋各種的經濟事業類型。總論與
各論分別有其獨特內涵，並且自成一個整體，它們與整體經濟行政則以這種內
在的經濟特性構成體系上的連結關係。

　　由於經濟領域相當複雜與多元，所以經濟行政的組織絕不僅以中央政府
爲限，可能涉及的部會包括內政部、經濟部、農業部或者勞動部，經濟行政的
組織型態必定涵蓋中央政府、地方自治與人民團體等三個層次。十八世紀的經
濟行政幾乎全由中央政府主導，當時的經濟行政還屬於警察學的領域，到了
十九世紀已逐漸轉移到地方自治與人民團體的自治行政作用（die freie Verwal-
tung）。尤其人民團體的影響力快速成長，不僅能夠輔助政府的施政，更重要
的是，它爲經濟行政開拓更多新的方向，也爲整體經濟發展帶來新的任務方向
與施政作爲，而這些新的發展趨勢是過去難以想像的，因爲政府公權力的本
質，不可能全力發展新的經濟事務。事實上，正是人民團體的積極活躍，才使
得十九世紀的經濟行政有了不同於過去的內涵，而且不僅限於經濟的範圍。人
民團體所代表的深刻意義，在於經濟行政的自由化，這個自由化尤其表現在團
體利益與成員個別利益的積極互動，透過人民團體實踐的團體利益足以滿足成
員的個別利益，同時成員個別利益的實踐也有助於團體自身利益的擴展。在這

---

[4]　Lotz, die Staatswirtschaftslehre.
[5]　Roscher, Nationaloekonomie.
[6]　Mohl, Polizeiwissenschaft.
[7]　Rau, Grundriss der Cameralwissenschaft, 1822.

種情形下，前述經濟利益和諧的大原則，得以在個體的自由認知與行動中獲得實踐。對於這種認知，我們目前仍然處於起步階段。目前所欠缺的正是那些提供認知的資訊，我們根本還沒有從經濟行政的觀點建立經濟性人民團體的統計資料。以上的論述已足以闡明目前的發展狀況。如果政府與人民團體的協力，能夠成為上述經濟和諧理念的組織力量，我們將在兩者的互動關係上，看到所有個別利益都能夠完整實踐的利益共同體（Gemeinschaft der Interessen）。

第一章

經濟行政總論：體系與內涵

　　經濟行政的**總論**，依其形式概念，包含所有經濟事業類型共同適用的行政措施與條件。至於總論的內容則是非常必要的，因為總論中的行政措施與條件，正是每個個別經濟領域發展上最欠缺的地方。經濟行政的總論是任何國家自始就存在的論點，就像任何一個國家都不可能沒有憲法，任何一個國家也不可能欠缺經濟行政的總論。它的發展開始於皇室所代表的國家權力能夠成功壓制職業階層社會的特殊利益，它的完成則有待人民團體的完全自由發展。經濟行政總論的體系內容源自於所有生活領域的三個核心要素，也就是人的要素、自然要素與經濟要素等三項。針對第一個要素建構出公益使用（die Entwaehrung）的概念；針對第二個要素建構出資源保護（die Elementar-Verwaltung）的概念；針對第三個要素建構出經濟貿易（das Verkehrswesen）的概念。這個總論的三大領域，各有其獨特體系與歷史發展，整體而言更是包羅萬象，它不可能涵蓋在任何單一的概念中，更遑論以單一概念的歷史與法制而要完整呈現經濟行政總論的全貌。

第一節　公益使用

公益使用的本質與體系

　　公益使用的目的在於，限制個別存在的權益，以成就整體發展不可或缺的條件，並由國家公權力授權執行與確認法效。此處所謂的整體發展，它的需求與內涵則是基於社會秩序的變遷。因此，每一項的公益使用都代表著社會進步的情形下，整體對於個體所得主張的權益，國家及其公權力並不必然產生公益使用的概念，國家只是規範並執行公益使用，任何的公益使用狀態，本質上都是一種社會變動過程，它的法制都代表著一種社會層面的權益變動，兩者都透

過國家行政權的作用，進而成爲法規範。正因爲必須透過國家的作爲，因而形成所謂公益使用的法制體系。

由於人格自由的不可侵犯具有本質上的重要性，所以國家不可能將所有的個人權益都設定爲公益使用的對象，公益使用限於特定範圍內的私人權益，而且國家非以公益使用的名義，無從取得該項權益。公益使用的標的通常指的是自然要素，也就是某種財物（die Sache），而不是屬人的要素，公益使用的標的不是人在特定財物上已經創造的價值（der Werth）。因而公益使用的法制原則，就在於如何將財物的價值歸還原所有權人，這就是行政補償（die Entschaedigung）的基本概念。如果公益使用欠缺行政補償的配套措施，那就無異於一種社會暴力。這種社會暴力依據歷史的經驗只會發生在社會階級之間的對立鬥爭。縱然在帝制的年代，只要出現國家的作用，就會出現行政補償的原則，並且成爲公益使用的法制核心。公益使用的法制體系，也依此原則成爲國家行政權力執行相關制度的基本原則。具備法制體系之後，才使得公益使用成爲合憲的行政法制，以取代上述歷史發展過程中的社會暴力。

當今歐洲社會的歷史發展已經到了市民社會的階段，它的基本原則在於個人自由與平等的保障，市民社會的經濟生活，同樣歷經宗族社會與階層社會的階段；伴隨著另外一個發展事實則是出現公共利益與個人權益的對立。上述第一種個人自由與平等原則，衍生出**平均地權**（die Entlastung）的需求，這個過程只會隨著市民社會個人自由與利益的充分實現才告終止，所以它必然是社會歷史發展的規律；第二種公益與私益的對立，則會衍生出**公用徵收**（die Enteignung）的制度，它也屬於社會建構過程的必然現象，而且出現在十九世紀的時代，構成公益使用法制的核心內容。在當今學術討論中，公用徵收因此成爲最重要的議題。歐洲經濟與社會未來最大的問題在於，從平均地權到公用徵收的發展過程，只有透過具有社會意義的公用徵收法制，才會使我們眞正認識到法律制度的完整意義。最後，所謂的**緊急動員**（das Staatsnothrecht），則是指臨時的徵用物資，所以並不具有社會發展的意義，純屬行政權力的裁量。

第一款　平均地權

平均地權的出現是因應特定的社會生活事實，那就是在宗族制度與階層制

度的發展階段，都必然形成少數人擁有土地財的不公平分配，這種不公平分配藉著社會層面法規範的作用，諸如限定婚姻、長子繼承、特權交易等，成為民法所有權與物權的核心。所以平均地權的目的，就在於透過土地所有權的公益使用概念，創造土地財的重新分配，使得市民社會關於個人自由平等的原則，同樣在地方自治的土地行政，以及農業發展上，都能夠貫徹實施。

平均地權因而得以區分成兩大領域。首先是農村平均地權（die Grundent-lastungen），它是針對領主與大地主的農地；其次則是農地重劃（die Gemein-heitstheilungen），針對傳統封建社會建立的宗族關係土地所有權。農奴制度的廢止同樣發生在這段歷史過程，但是它不屬於公益使用的議題，因為領主與大地主被撤銷的支配特權並不具有任何的經濟價值，所以不會發生損失補償的問題。廢止他們對農奴的傳統權利，以及附屬於土地的諸多特權，促使農村勞動的自由能夠透過商業經營自由的制度，進而促成平均地權的條件與基礎。

因而平均地權涵蓋了超過兩百年的發展史，分別展現在學術、立法，以及行政的領域。平均地權開始於廢止農奴制度，接著重新規範地主與佃農的權利義務，第三階段才進入以公益使用為目的的平均地權。學術領域在這個發展階段提出自由的原則，強調它的高度必要性與經濟價值，立法者致力通過公益使用的配套法制，行政權則在中央與地方自治兩個層次改造傳統的領主制度，以符合新的趨勢。這三方面當然各自產生不同的效果，也相互影響。我們可以總括的說，十八世紀開始認知解放農業勞動力與農民階層的必要性，十九世紀初期到中業開始著手這項工作，到了十九世紀後半段，公益使用才成為公法的基本原則。因而，平均地權基本上可以視為已經完成。

農地重劃卻有完全不同的性質，它自始就不是一種社會發展的概念，而是一種促進國民經濟的措施，因為地方的共有財，例如公有草地與林地的使用權，並不具有階級支配的特性。所以它也有完全不同的歷史發展。十八世紀國民經濟的年代，是由警察強制管理的階段，十九世紀初大部分的共有財已由相關當事人自行決定使用與管理，到了十九世紀後半段則有了完全不同的性質，傳統上屬於當地農民共同擁有，並且僅限於畜牧使用的土地與林地，都已劃歸地方自治團體所有。因而針對傳統既得權益者的公益使用措施，都是促使宗族關係之下的私有土地轉換成為地方自治的行政管理標的，並且展現土地利用的全新面貌。上述農地重劃的土地雖然也都是源自於宗族社會的共有財，但是農

地重劃的性質卻仍然落在純粹的國民經濟範疇，因而它的估價與補償措施勢必呈現因地制宜的差異。相關的發展部分已完成，部分仍在進行中。

第二款　公用徵收

相對於平均地權代表著市民社會的發展已經成功超越宗族與階層社會對於土地的掌控，公用徵收的功能則是在市民社會的發展階段，針對個別存在的私有土地，貫徹公共使用的目的。公用徵收的前提就在於，個別存在的私權已經構成市民社會自由發展的障礙，尤其成為產業與交通自由發展的障礙。早在十七世紀，公用徵收就是一個被普遍認同的理念，十八世紀就已經應用在特定領域的警察法規中，例如商業、民生用水、礦業與林業，進入十九世紀則成為公法體系的一部分，並且形成合憲公用徵收的法制（法國1841年首度通過體系化的公用徵收法律）。從此也成為學術領域的探討對象，並且形成專屬的體系與法規範。

公用徵收法制一般區分成兩個部分。首先，針對私有權的侵害必須是發展商業與公共交通的必要條件，並且由政府認可與公告。認可與公告的形式構成公用徵收的正當程序，這個程序開始於徵收計畫的事前許可，徵收計畫本身又必須取得特定事業經營項目的許可，例如鐵路事業，接著必須明確劃定徵收範圍，並且表明徵收行為是基於公益需求。其次，徵收補償程序的最主要功能，在於確定被徵收土地的價格，以及如何償還的問題。補償程序在徵收計畫許可後就開始估價作業，如果透過這個程序確定徵收範圍與估算價格的相互一致，就進入下階段的徵收協商程序，雙方共同協議土地所有權的移轉與價金支付義務的履行，協商結果並且經過法院公證，是否必須法院公證在德國立法並未完全明文規定。徵收補償程序終結於土地的移轉登記，以及補償價金的實際支付，價金支付的法律關係並非依據民法的履行義務，而是依據行政機關的會計作業規定，也依據公法判斷相關的法律責任。

第三款　緊急動員

國家緊急動員有別於國家的緊急命令權，緊急動員專指因應突發性與暫時性事故，國家有權力臨時徵用私人財產，或者強制個人履行某種非長期性的作

爲義務。緊急動員與公用徵收的差別在於，公用徵收只針對私有財產，緊急動員授權行政機關直接取得使用權，如果不能立即達成補償協議，後續再進行補償程序。緊急動員主要應用於戰爭時期的軍事動員法制，若在承平時期則應以法律定之，另外也應用在諸如水患與火災的控制，因而與前述平均地權與公用徵收具有完全不同的性質。如果必須由臨時性質轉換成長期徵用，就必須改依公用徵收制度。

第二節　資源保護

概念與本質

　　人類的整體生存及其經濟生活其實就是不斷對抗自然力量的艱辛過程。自然力量通常會因爲人的巧思與勞動而爲人所用，但是自然力量一旦超越經濟使用的目的與界限，就會成爲超級危險；再者自然力量深不可測又巨大無比，個人無法完全掌握與運用，即使付出全力，也無從克服自然力量，它可能摧毀個人生活，而且它所帶來的損害，通常也會擴及全面性的經濟生活，造成延滯與停頓。所以任何的人類共同生活體都必須用盡整體力量以對抗自然力量。這個工作首先成爲警察的任務，特別是**消防制度**（die Feuerpolizei），然後則是**水利制度**（das Wasserrecht）及其取用規範，最後，對於自然力量造成損害，必須有理賠制度的規劃，這就是**產物保險**（die Schadenversicherung）。以這整套的行政機制對抗自然力量，我們稱之爲資源保護行政（die Elementar-Verwaltung），它以整體行政力量掌控自然的存在、自然的力量，以及自然的變遷。

　　依據事物本質，上述的行政組織方式首先是由地方負責，因而完全屬於地方自治的事項。一直到地區之間的交通發達之後，人們也逐漸認知，資源保護行政所涉及的技術條件，例如災害防制與資源運用，基本上是不分地區的，再者，對於這類行政事務的關注，同樣是各地相同的。基於相同的技術條件，得以形成適合各地資源保護行政的統一立法；基於相同程度的認知與關注，而出現人民團體的組織，以至於更積極主動的協助行政權力，共同進行資源保護。由此而構成一個資源保護的行政體系，它雖然在組織形式上難以統籌在一個整

體架構中，但是卻在三個行政權力的組織型態中，實踐同一的理念，因而構成經濟行政中一個必要的領域。關於水、火的防治，在十八世紀時已經列入警察法的體系中，只是依據警察權力的觀點，尚未出現行政的概念，另外，產物保險的理賠制度則已納入水災防治的體系[8]。

第一款　消防制度

第一目　本質與制度沿革

　　消防制度的概念涵蓋共同生活體為了預防火災與消滅火災所採取的一切行為總稱。共同生活體之所以有義務從事上述行為，就在於火源對於不特定人可能產生的危險。所以消防制度通常開始於城市地區，隨著人口密度增加，在十七世紀正式成為立法與行政的規範對象，形成普遍適用的消防法規。消防法規的首要內容，自然就是如何預防火災的發生，這部分還涉及建築法規，以及預先規劃消滅火災的救災程序，到了十八世紀才在救災程序中加入搶救物資的步驟與技術，十九世紀城市住房的數量與密度大量增加，因而再加入搶救人員的設備與技術。消防法規固然規定由行政機關負保障安全的責任，當今興起的保險體系則在保障個人財產部分加入當事人主觀參與的可能，一方面保險費的高低是由建築物的安全性所決定，另一方面保險公司的業務人員紛紛成為消防救災單位的代表，甚至主動要求分擔防災業務。在這些發展中，逐漸形成一個完整行政體系下的消防救災制度，它的法規範體系則以地方法規為主，執行消防救災也屬於地方自治團體的自治事項，人民團體則位居輔助功能，例如救災時的義消團體，或者保險公司的防災業務。消防制度通常具有濃厚的地方特質，它的業務與訓練往往與人口密度直接相關，或者必須依據高度火災危險的產業與時俱進、彈性調整。

---

[8]　代表的作者如Berg, Polizeirecht, Theil III. Hauptstueck 8., Jacoby, Polizeiwissenschaft, §137, Lotz, Staatswirtschaft II §102, Mohl, Polizeiwissenschaft Buch III. Cap2首度將產物保險的理賠制度納入水災防治的體系。

第二目　消防體系

消防制度區分為兩個領域。首先是預防火災發生的防災機制，預防火災的措施開始於高度火災危險源的認定，再擴及建築法規的消防設備，例如防火巷道與煙囪管道等；隨著商業發展，則必須進行營業場所的消防管理。預防火災的法令具有普遍的適用性，預防的監督權在於縣市地方自治體，管理措施通常是由法律明確規定罰鍰。

第二個領域則是救災機制，救災機制包含兩個部分：首先是消防機構的設置，它可以區分成公立的消防機構，例如消防隊，以及私人設立的消防設施，例如消防水桶、消防水池等。上述消防機構設置的最低標準應由法律明定，監督權則由行政機關行使。其次則是訂定消防法規。它同樣可以區分成兩類規範。首先是消防的**行動規範**，規範具體的滅火行動，它包括公立的火警警戒點、消防人力與組織，通常大城市應建立專屬的消防隊，村落地區得由民間志願消防組織代行職務，目前最符合滅火目的的則是由地區體操協會擔任民間消防組織；消防法規其次規範火警的**現場管理**，專指火警現場的交通動線規劃與執行。消防法規涉及消防的制度規範，消防的目的與制度如何隨著城市與人口的發展，持續建立功能與設備的充分自主。如果我們能夠建立完整的行政統計資料，就有可能明確得出人口密度與消防制度間的比例關係，並且獲致具體的制度規模[9]。

第二款　水利制度

第一目　概念與體系

水利制度的概念與內涵都是建立在水資源對於整體生活的雙重特性上。首先，水資源可以成為私有財產；其次，水資源依其存在目的，必定為廣泛的個人生活與經濟生活所應用。依據如此的自然本質得以區分出水利制度的兩大領

---

[9]　我國現行消防法第4條授權主管機關內政部訂定直轄市縣市消防車輛裝備及其人力配置標準，其中第4條規定消防車與居民人數的關係，直轄市、市、縣轄市及三萬人以上之鄉（鎮）每一萬人配置消防車一輛，每分隊轄區人口數上限以六萬人計；不滿三萬人之鄉（鎮）配置消防車二輛。其設有分隊者，消防車基本配置至少二輛。但地方得視該實際救災需要酌予增加。

域，我們稱爲私法的水利制度，以及公法的水利制度。後者的規範基礎在於，任何形式的水資源都構成個人與經濟發展的必要條件，而成爲行政管理的標的，水資源的公法規範因此成爲行政法不可或缺的一部分。所有關於水資源的法令、機構與行政行爲，促使水資源納入公共利益的概念下，以滿足全社會個人與經濟生活的條件，並且增進水資源具有這種能力的整套規範體系，我們稱之爲水利制度[10]。

雖然這些概念本身並不難理解，然而百年來一直未清楚釐清的問題，而且構成水利行政法制的首要條件，就是區分水資源的私法與公法屬性。對於這個問題的爭論同時構成水利制度的發展史。一直到這個爭論有了結論，才使得當今水利體系的存在基礎獲得普遍共識，縱然還留有一些形式上的問題。

第二目　水利法制史

水利法制發展史的分析必須站在一個相當的歷史高度，它基本上就是國民經濟的水利制度理念，如何面對私人與特定階層的水權及其既有的分配制度，並且逐漸取得全面的優勢[11]。

水利制度之所以形成，原因在於社會之中的經濟發展狀態已經將水資源視爲不可或缺的條件，並且已經超越地區水源保護的層次。如果不到上述的發展程度，水資源就不會成爲社會生活中的法律制度。因而水利制度的發展，關鍵往往在於原屬私有制的水資源與其公共使用之間發生對立衝突。水利制度的首要，也是最自然的課題，就是決定私有與公共水資源之間的界限，它的首要目的就在於保障已被列爲公共使用的水資源，以免遭受私人的侵害（水權與水利管理的原初概念）。上述就是羅馬法的基本立場。它的主流思維在於，凡是未經公告屬於公共使用的水資源，都成爲土地的附屬物。日耳曼的水利法制就是建立在這個原則之上。這個原則在日耳曼社會一方面適用在莊園領主制度（die Grundherrlichkeit），另一方面又必須符合封建諸侯統治高權（die Lehnshohheit）的歷史事實。基於前者衍生出領主土地的水權，在領主土地範

---

[10] 依據水資源管理的觀點，本書的公法水利制度類似我國現行水利法與自來水法的規範。

[11] 我國現行水利法第1條即規定公法與私法的關係，水利行政與水利事業依本法規定，明定水利法的特別法屬性，但地方習慣與本法不相抵觸者，得從其習慣。水利法還是承認習慣的拘束力，以補充本法未規定或規定不明確的情況。

圍所及，即使是流動的水資源也屬於領主的私有物，基於諸侯高權原則，前述領主土地的水權也必須臣屬於最上位諸侯的高權統治，依此推論所有流動的水資源，包括河流、大江與沿岸海灣也都屬於諸侯高權。基於領主制形成傳統的日耳曼水利法，將原本公共使用的流動水資源劃歸河岸土地領主的私有物。至於諸侯高權則發展出完全相反的水利高權概念（das Wasser-Regal），這個概念原本是宣示某種概括存在的私權，但是在十六與十七世紀逐漸提升到更上位的意義，那就是國王基於水利高權的理念不只是取得某種名義上存在的權利，更有相對的義務，以公共利益為目的，頒布國王律令妥善規範水利制度。因此出現三種制度類型，首先是羅馬法，將水資源視為私有物；其次是傳統德國民法，將水資源視為領主權利；第三是公法，將水利高權轉向公共利益發展，這三種制度同時出現，也彼此混淆。因而在十七世紀時就有單獨立法的需求，統一規範三種不同的制度。法國最早採行單獨立法，十八世紀時部分德意志諸侯國也跟進立法，但是一直沒有形成一致性的規範，原因就在於上述立法仍然保留領主制的水權規定，所以反而喪失掉水資源的控制權，尤其喪失許多流域不大但為數眾多的流動水資源，這些原本應該公共使用的水權，反而因此保留私有物的性質，仍然屬於私權的標的。即使到了十九世紀的立法模式與學術討論，仍然存在上述的制度不明確，也連帶影響水利制度的認知，同時延續制度不明確的後果。綜上所述，對於水利制度的完整理解可以追溯自十八世紀，這些知識應該作為未來水利制度的基礎，它的內容可以歸納為以下三點：

首先，水資源的私有制是個存在的事實，而且包括傳統私權所有、卻供公共使用的水資源，這就是水權（das Wasserrecht）。

其次，行政具有公益目的，必須規範符合公益的水利制度，使得水資源成為整體發展的基本條件，並且促成水資源具有這種能力，這就是水利行政（die Wasserverwaltung）。

第三，如果在上述行政原則與私權事實之間出現矛盾對立，行政權力就必須針對私權進行公益使用的規範程序，這就是水權的公用徵收（die En-teignung）。對於上述三種基本原則的應用，就形成下述的水利制度體系。

第三目　私法的水權

　　為了完整瞭解私法水權的概念，就必須區分水資源的兩種特性：有限性與流動性。水資源就是以這兩種特性成為所有私權的標的，然而流動性卻使得水權具有不同的內涵。

　　水資源的有限性，係指它能夠具備有限而且特定數量的條件，依此物質特性，因而成為私權的標的，基於這個條件，得以區分湖泊、內海與其他流動的水資源。如果特定數量的水資源具有物的性質，並且成為某種私有物，那麼所有權的基本法則就得以直接應用在特定數量的水資源。這包括取得與喪失、占有與傳統權益、用役權與抵押權、時效規定、締約責任、損害賠償等，得以準用所有權的相關規定。這套準用民法的體系就稱為私法水權體系，它的體系依據所有權的基本法則，就是以羅馬法為法源所建構的法體系。

　　但是，如果水資源成為流動物體，那麼依據流動的特性，私有制就不可能只建立在水資源的物質本身。針對流動的水源，權利的標的就只能建立在使用行為（der Gebranch）上。這個使用行為所指的當然不是某一個個人的某種抽象權利，而是以特定與具體的使用作為權利的內容。這種水資源使用當然得由某個個人取得，並且成為他的私有財產。在這種情形下，這種使用行為就必定附隨在水資源所屬的土地，並且隨同一般土地產權登記在地籍資料中，成為土地產權之外的特定地籍產權。依據使用行為的特質，使用人對於其他合法取得使用權的使用行為，亦不得妨礙或排除他人的使用。對於已經取得的使用權，就與其他的不動產物權適用相同的公益使用原則，亦即在實現公共利益的前提下，使用權也會成為被排除的對象，同樣適用公用徵收的法則。綜上所述，流動水資源的私有制及其地籍產權就構成水利公用徵收（die Wasserenteigung）的對象。以上水資源有限性的分析已經相當明確。

　　私法水權會產生爭議的原因在於，當流動的水資源除了個別使用之外，還供作某種公共使用。任何的水資源如果兼具公共使用，在本質上就不可能成為某種私人產權的標的。這就是羅馬法公共水域的概念，日耳曼法依此建立公共水權的概念，進一步認為供航行與水流的水資源屬於公共所有，應該屬於公法水權的範疇。這個簡單明確的區分卻被領主制度破壞，它基於領主對於河岸土地的概括所有權，更進一步將權利範圍擴及公共使用的水資源。這就是領主制

度水權的基本原則，其權利內涵與發展完全依據德國民法。

　　依據上述水利制度法制史的分析，實質上就等於公共利益理念與領主制水權的對立與超越，它首先表現於水利高權的理念，其次則是逐漸落實在十七世紀以來的水利法制中，這個變動過程促使領主制水權過渡到行政管理的領域。在這種情形下，十九世紀的水利制度基本上就區分成私法與公法的水權，然而在理論建構上反而造成相當的不確定，如果依據羅馬法及其基本概念作爲理論基礎，而羅馬法最多發展出水利管理（die Wasserpolizei）制度，或者以德國民法爲基礎，它只承認傳統水權，而且逐漸與羅馬法形成差異的理論。但是到了行政理論的年代，上述羅馬法與德國民法都不足以完整規範水權制度，爲了不在概念層次產生混淆，因而必須將這兩種法制限縮適用在水資源的私有制及其有限的使用行爲兩個問題上，至於公法水權的問題就完全納入行政理論的範疇。

第四目　公法的水權

概念與本質

　　公法水利制度的形成，在於水資源的使用不再侷限於水的物體本身，而具有更普遍的公共用途。水資源也因此具有更高的重要性，它也會從私法的標的轉而成爲內務行政的標的，公法的法制原則，在於創設規範制度，使得水資源爲公共服務，並且強化水資源公共服務的能力與目的[12]。

　　至於公法水利制度的體系，取決於滿足生活需求所形成的基本生活關係，每一種生活關係都構成某個行政領域管理行爲的標的，也建立專屬的法制。所以公法水利制度不可能是基於理論所形成的抽象體系，它必定是反映實際生活所發展出的實務體系。因而它的領域包括水患防治，其次爲國民健康目的而發展的水利法制，再者爲交通、產業與農業目的而發展的水利法制。水利行政的概念就是爲了保障上述目的不受侵害的管理手段，所以它不會構成一個獨立的行政領域[13]。基於相同的理由，水利行政的管理手段不會建立在民法

---

[12]　依我國現行水利法第2條規定，水爲天然資源，屬於國家所有，不因人民取得土地所有權而受影響。
[13]　本書的水利制度涵蓋水患防治、國民健康、交通產業三個次體系，類似我國現行水利法、自來水法、農田水利會組織通則的規範項目。

規範上，必定建立在公共利益上。然而這個法制一直到了十九世紀才被普遍接受，進而形成水利制度的成文法以落實前述法則，這也構成我們當代水權制度的法典化，相關內容分析如下：

一、治水工程

治水工程的行政目的，在於控制水資源的物理力量及其毀滅性的效果。治水工程傳統上用於水患防治，基本上屬於地方自治的行政。它原本屬於地方居民個別進行的行為，接著成為地方自治事項，再形成更專業的河堤與築壩工程，以及相關的管理維護機制。到了十八世紀再加上整體國家的行政力量，於是建構出龐大的工業技術組織分工，我們稱為治水制度[14]。它有基本的制度基礎與分工，政府部門負責頒布普遍性的工業技術與施工標準，立法部門負責建立相關法制，尤其必須明確訂定成本分擔的方式，至於實際的工程則交由專業工程團體，並由公權力制定工程採購標準與監督施工品質。

二、飲用水設施

為國民健康目的而發展的水權與設施在每一個時期都是力求進步的，在當代尤其如此。基於民生便利的理由，它通常具有明顯的地方特色，而且多以滿足需求的考量為主，大於國民健康的功能。到目前為止，尚未出現專屬的立法，如果要有專屬的立法規範，必定是國民健康的理念躍居整體公共衛生的首要考量，而且不再侷限於地方自治團體因地制宜的個別規範事項。到目前為止的飲用水事業多屬企業經營的模式，較少公營機構的色彩，但是未來勢必有所轉變[15]。

三、水力工程

水資源自然力量如何運用的問題，構成日耳曼世界公私法水權最激烈的攻防，尤其是位在山區的諸侯國，但是在平地居多的英國與法國則相反。水力工程的法制發展可以區分成兩個階段。首先是領主制的時代，在這段期間領主也

---

[14] 依據我國現行水利法第49條規定，水利事業興辦人對於水利建造物及其附屬建造物的歲修養護義務，更以第四章專章規範水道防護，明訂禁止行為與申請許可行為，再授權訂定河川管理辦法與排水管理辦法。

[15] 依據我國現行自來水法第7條規定，自來水事業以公營為原則，例外得准許民營；第8條規定，公營自來水事業為法人，以企業方式經營，以事業發展事業；第9條規定，民營自來水事業應依法組織股份有限公司。

是流動水資源的所有者，所以相關水力設施如磨坊、水渠等均屬於領主的附屬財產；第二階段則從十八世紀開始建立，主要以既有的水力設施產權為主，尤其是磨坊的產權，規範的核心在於水力設施，包括導流設施、攔河壩與防波堤等相關法令，以上的各種產權再延伸相關的附屬權利與使用權利等，這些都還是建立在民法的法律關係上[16]。

四、水路運輸

對於水資源運用的第二大類型就是水路運輸。一條河流如果當作交通運輸使用，必定具有公共使用的性質，這個簡單的原則隨著河流交通的興起成為普遍共識，所以在羅馬法與傳統德國法制都屬於基本原則。但是從中古世紀開始，基於領主制的統治型態，上述的基本原則就被破壞，河流的使用成為領主的專屬權利，領主因此得以向過往船隻收取通行關稅與使用規費。對抗這種陋規的就是水利高權的理念，水利高權雖然有不同的表達方式，它的原始意義卻是一種消極的想法，那就是所有可供航行的河流都不該專屬於地方領主的權利，而是國王的私有物。十八世紀不論在理論建立或者實際對抗，都在於推動水利高權原則，在當時已經達到普遍適用的河流管理規範，它同時也是航行規範，而在較小的河流則有地區性的拖船拉縴規範，以及木筏小艇的使用規範；總之，水利高權原則已經在所有可供航行的河流成為普遍適用的規範。但是直到十九世紀，水利高權原則才有更高層次的理解與應用。相對於十八世紀的河流航運主要當作地區之間的交通往來，到了十九世紀就成為商業交易的運輸平台。國家行政權力也開始為商業交易的目的而開發河流航運。所以一方面修築運河，另一方面建立普遍適用的河流航運規範。但是這些事務原來都只被視為河流兩岸國家的責任，這個原則最明顯的就表現在特定航運公司的航行特權，以及非特許船隻必須繳納通行規費。到了十九世紀中葉才逐漸形成共識，將航運大河視為海洋的一部分，從此開啟完全航行自由的年代，依據這個理念形成下列措施：或者撤銷航行關稅，例如萊茵河與易北河；或者對所有航運公司完全開放河流航線，例如多瑙河；或者進行大規模國際合作開發航運，例如蘇利

---

[16] 依據我國現行水利法第46條規定，興辦水利事業，關於水利建造物的建造、改造或拆除，應經主管機關核准；未經主管機關核准而擅行施工之水利建造物，主管機關基於職權與公共利益理由，得令其更改或拆除。

納航運（Sulinamuendung）[17]；或者進行意義非凡的跨洲運河建設，例如蘇黎世運河。自此水利法制的重心就轉移到航運制度，全歐洲航運共同體的原則也建立了全新的意義，並且超越傳統領主制與地方自主性的發展階段。

五、農業水利

我們這裡所稱的農業水利係指水資源成為農業生產力的要素，不再任由個人壟斷，而是行政管理的對象。依據行政的本質，行政權介入農業水利的前提在於，個人不再能夠以自己的資源與權力將水資源用作農業生產力的要素。要達到農業水利的前提，必須對於水資源的生產力具有更高度的理解。農業水利的目的則在於發揮水資源生產力最大限度的附加價值，基於水資源的地區特性，相關的組織機制主要是由人民團體性質的農田水利會（die Wasserverbaender）負責。農田水利會的法制一方面必須規範組織與行政行為，另一方面必須規範符合組織目的的公用徵收程序。公用徵收的兩個主要項目是引水（die Entwaesserung），透過引水設施構成特殊的法律關係，其次則是不同方式的灌溉（die Bewaesserung）。至於這兩者如何設立與發生功能，屬於農業經營的理論，水利行政的角色在於提供配套的法制條件，有助於兩者的實踐。在這個領域，國家的作為反而必須讓位，而由個別的地方自治力量主導，在地的人民團體與個人反而更有動力與能力，將水資源內化成為國民經濟的生產要素[18]。

以上就是水利行政的三大領域：水患防治、國民健康、交通產業。它們都是具有高度的歷史傳統與地區特色，但是在當代所有水利行政之中都包含相同的傳統特色，它們共同構成一個完整的水利制度，也必須用這種方式去理解與

---

[17] 蘇利納是羅馬尼亞的港口，位於該國最東端多瑙河畔，是多瑙河注入黑海的三個入海口中最重要的一個。1856年，在巴黎簽署設立歐洲多瑙河委員會，委員會設立在蘇利納，該委員會由英國、法國、奧地利、德國（普魯士）、義大利（撒丁島）、俄羅斯和土耳其的代表組成。1858年落成的歐洲多瑙河委員會宮至今仍然是這個城市的地標，蘇利納成為歐洲一個重要的貿易港口後，外來人口迅速增加。十九世紀末，蘇利納人口發展到近5000人。曾有9個國家在這裡設立領事館，城市商業發達，劇院、印刷廠、磨坊、發電廠、醫院、水廠應有盡有，小城還有法語、德語和英語學校，蘇利納因此擁有「小歐洲」、「東方威尼斯」之稱。然而，隨著出海口航道日益堵塞，通航萎縮，蘇利納港口貿易逐步轉移。歐洲多瑙河委員會權限從1939年起開始減少，蘇利納漸漸走衰。第二次世界大戰後期，蘇利納遭遇盟軍轟炸，城市60%的建築毀於一旦。參閱網址：https://read01.com/0A0xN3.html。

[18] 我國現行農田水利會，歷經清朝時期私設水利設施並得自由買賣，日治時期改為官設水利設施與水利組合，光復之後轉型為農田水利協會、水利委員會，民國45年改組為農田水利會，並制定農田水利會組織通則，成為水資源應用於農業生產的法律制度。

掌握。

第三款　產物保險

第一目　概念與法制史

在前述水利制度與消防制度之中，個人藉由整體的扶助，保障自身財物免於遭受水火的災害。建立整體財物的保障制度之後，就開始第二層的保障。這個第二層保障的目的，是不論財物是否實際遭受水火的災害，都要維持住擁有財物的真正目的，那就是保障財物的**價值**。

要在財物遭受水火災害的情況下，仍然維持財物的價值，對於任何個人來說都是不可能獨立做到的。如果要實現這種可能，個人就必須與他人組成危險共同體，這個共同體基於給付與對待給付的相對關係，賠償實際發生的損害。這個危險共同體一方面要將給付與對待給付的相對關係形諸法規範，另一方面要明訂個案發生時的權利義務關係。這一套經由公權力所認可的法規範體系，建立在給付與對待給付相對關係上的水火災害損害賠償制度，就是產物保險制度。

但是要獲得這樣的損害賠償，一開始只可能建立在個人對於自身財產的善良管理上。要進一步成為一套普遍認知而且具體可行的機制，則必須在經濟領域發展出某種大型企業，它才有能力在發生保險事故與保險理賠時，承擔保險義務。這樣的產物保險體系將會成為信用制度的基礎，而且保險體系愈高度發展，代表保險企業的信用必定遠離它的私經濟性質，而且某一種保險企業支付能力（與信用）的危險也必定連結另一個保險企業支付能力（與信用）的危險。因而，所有產物保險機制都是基於高度同質性的企業利益，而且都發軔於人民團體的組織型態。基於人民團體的組織特性，所以古代不會出現產物保險制度；基於企業的高度連結性，所以中古世紀不會出現產物保險制度。現代產物保險制度首先出現於十五世紀的跨洲商業航海時代，保險公司尤其針對商船提供海商保險，再擴展到城市地區的火災保險，十七世紀時政府開始介入火災保險業務，開辦公立性質的火災保險，同時將保險範圍擴及縣市、鄉鎮地區，規定強制納保的義務，並且設立行政機關主管業務。法國與英國雖然不以國家

力量介入，但是在1667年法國首度制定海商保險法律，同時英國的商業保險公司則是高度發展。十八世紀時，產物保險制度開始進行理論的建構，保險法也成爲歷史學與法學的研究對象，而大型的保險公司，尤其是英國企業，開始建立跨國企業集團。到了十九世紀，除了普魯士與少數德意志諸侯國仍然保留上世紀的公營制度，其他歐洲國家的火災保險都已經脫離政府的直接經營與管理。產物保險制度從此就與經濟貿易與信用制度同步發展，共同成爲整體國民經濟的一環，它一方面以產物保險作爲核心，包括海商保險與火災保險，再擴及冰雹災害與動物保險的項目；另一方面則開辦人壽保險業務成爲一種全新的理財方式（die Capitalbildung），更全面的經濟貿易與商業流通又在不同保險公司之間形成再保險機制，並且在相互性原則下創立再保險公司的獨立經營型態。當今的產物保險制度已經從原始的小規模經營擴展到全世界的營業範圍，並且連結信用制度與經濟貿易制度成爲一個巨大的商業組織，它也構成世界歷史發展過程中最偉大的經濟現象之一，它如今已深刻連結到全世界每一個地區，雖然不能保障所有人免於遭受災害財損，卻足以保障財產的價值。

基於前述發展的事實，產物保險的組織意義顯然已經遠遠超越它的原初特性。以它具有的全球營業範圍，以及主宰整體經濟貿易與商業流通的功能，就不應該只停留在地區性主管機關的管理層次或者單純的商業公司經營模式。依據它的本質，應該屬於（政府治理之外的）自治行政範疇，它具有人民團體的行政性質，相關的法制就不再僅限於契約法與傳統警察管理的觀點，而成爲行政法的一環。它已經成爲公共生活的有機要素，負責管理的業務深刻影響重要的公共利益，這種功能連同它的法制與理論都已經不再是單純的民法與公司法範疇，而應該提升到行政理論的核心領域。

在這方面我們目前正處在新舊交替的關鍵時刻。產物保險的未來（包括其他的商業保險）就在於，我們必須將人民團體性質的組織原則、法律制度與經營管理都納入行政法的知識範疇，如此就可以將人民團體所代表的特殊利益完全納入更高層次的公共利益，並且成爲公共利益的有機組成要素。我們如果再考量當代蓬勃發展的國際產物保險制度，會發現它進一步要求開放他國保險公司於本國經營保險業務，即便外國保險公司根本不屬於本國人民團體法的規範，國際保險公司因此享有與本國保險公司相同的商業經營自由，而且開放他國保險公司也必須被視爲國際間商業自由的結果。所以，單純對產物保險制度

的概念與歷史分析顯然不足以反映它的當代意義與重要性，必須要更進一步分析它與行政治理的關聯性。因此我們必須深入探討產物保險法律制度的發展過程。

海商保險作為產物保險的制度基礎，只有透過人民團體的組織型態才有可能。最早的產物保險公司出現在十四世紀的荷蘭，十五世紀開始從荷蘭向外發展，1435年西班牙巴塞隆納，1523年義大利佛羅倫斯。十七世紀擴及到城市地區的火災保險。十八世紀在德國以立法方式達到全國適用：國家警察權不僅有權設立火災保險的主管機關，也有同樣的義務。這個原則在十九世紀中葉仍然適用於許多德意志諸侯國，普魯士在1705、1706年分別通過公營火災保險機關與制度的命令，到1845年仍然以法律形式繼續有效；德國符騰堡在1773年頒布火災保險行政命令，強制先前成立的私法保險公司（1753年）轉型成為公權力機關。奧地利從十八世紀開始就以公權力輔導成立私法保險公司，所以一直是人民團體的組織型態。法國則未見法律規定，火災保險則準用海商保險的規範。

第二目　產物保險的法律制度與發展

整個產物保險制度的法律建構主要區分成兩大要素：首先是私法性質的保險契約，其次是經濟行政領域的公法保險制度；前者以企業特殊利益為主，後者則以公益訴求為先，兩者形成對立狀態。現行的產物保險法制通常是兩者互動的現象，至於法治的發展則會逐漸呈現公益超越私益的結果。到目前為止的發展狀況分析如下：

產物保險通常以海商保險的私法契約作為制度開端，緊接著私法保險契約的性質就會因為海事法律的關係，被認為同時內含公共事務的性質，因此成為傳統產物保險公法法令的規範對象，這就是最初階段的法制。在這種情況下，立法的功能僅限於規定私法保險契約的強制內容，完全未觸及保險企業是否納入行政管理問題。第二階段開始於國家以公權力（警察權力）設立火災保險機關，在這個階段，私法保險契約退出法制規範，取而代之的則是公權力的行政法令，國家則以公務員管理火災保險制度，管轄權力或者專屬行政管轄，或者得由當事人共同協力行使管轄（這就是德國十八世紀的法制狀況）。但是，由

於海商保險並不屬於這個階段的火災保險範圍，所以現今會呈現海商保險已經具有豐富的理論與實務，而火災保險在理論與實務都發展有限。儘管如此，在這段國家警察權的管理階段，因為文獻的影響或者立法的需要，反而形成所有產物保險制度都應該具有重要公共利益的制度功能。各地政府逐漸認知到，基於產物保險必然的公共利益屬性，必須將整個制度置於公權力的監督之下。這就是為什麼強制保險的不自由狀態至今仍然部分保留。然而，只要人民團體的組織型態取代國家公權力的機制，並且完全主導產物保險的制度發展，行政權必定發展不出足夠有效的經驗與理論，以完全掌握產物保險制度，在這種情形下，行政權就只能準用人民團體法的基本法則監督保險公司，影響所及，保險公司之間的商業競爭關係逐漸主導整個產物保險制度，甚至突顯人民團體法的監督與制度不足。德國商事法典的立法也未能改變這種情形，其他歐洲國家也處於相同的法制。這些就構成目前的發展情形。它的特點就在於，儘管產物保險制度的公益特性已是眾所周知的事實，然而國家公權力的監督仍然欠缺足夠的理論基礎。未來的任務，針對公權力的監督部分必須建立基礎理論，針對公益特性部分則必須不斷賦予真實的內涵。

第三目　公法的產物保險制度

毫無疑問的，每一家保險公司都是私人企業，所以有權利依據自身利益經營保險事業。然而同樣清楚的是，被保險人的利益同時具有公共利益的性質，所以保險企業如果單依人民團體法的普通規定是不足以完整規範的。如果保險公司的宗旨在於保障個人遭受水火災害的財產損失，行政權的目的就應該保障被保險人對保險公司的請求權，以確保其利益。因而，產物保險制度的知識，儘管如今已是百家爭鳴，應該成為行政理論的重要內容，但這並不代表行政權必須探究個別的營業行為，而是專指制度的原理原則，只有掌握制度的原理原則，才能夠明確呈現國家監督權力在所有保險領域中的真實作用。這個作用的內涵就是公法保險制度的內涵。

公法保險制度因而分為兩個部分，保險契約法與保險行政法。保險契約法是指針對保險的特質，準用一般契約法理，以規範保險制度的契約關係。保險契約法不一定需要成文法，然而也只有海商保險法具有這樣的制度內涵。所造

成的結果是，保險主管機關勢必自行設計適用的保險契約法，或者訂定於行政規章中，或者在保單中。這是當今保險契約法最嚴重的缺失。

　　保險行政法專指保險主管機關的所有行政行為，提供制度保障，以促成保險契約的簽訂與履行。簽訂保險契約的基礎在於給付標準（die Tariflehre），履行保險契約的基礎在於保險準備（die Reserven）。所謂保險企業的行政經營與管理，就在於落實這兩個制度保障相關的基本要求。

　　給付標準的各種要素分析如下：透過保險契約，由保險公司在保險事故發生時，對被保險人提供的保障項目就稱為危險（das Risico）。保險公司之所以能夠履行這項義務，就在於被保險人確實支付金額，以平衡上述危險與保險公司的行政成本。由被保險人所支付的金額稱為保險費（die Praemie），按時支付保險費則是請求保險給付權利的條件，所以保險公司最重要的業務就是確定保險費的高低。確定保險費的理論基礎在於區分危險類型，以及依此類型精算的保險費金額，並且應該合併計算支付保險費所衍生的利息，計算的結果就構成預估的保險費總額。上述流程中最困難的在於保險費金額的精算技術，不同的保險業務與領域（人壽、火災、水災、冰電、動物、運輸等）必定會有不同的精算方式，發展不同的精算方式構成不同保險領域的核心理論，而各種保險領域的共同基礎則是危險類型的分級。確定危險類型的分級之後，再依據統計資料與案例分析就得以確定保險費類型，再確定實際的金額後，就構成保險費標準表（der Praemientarif），成為保險公司營運的基礎。

　　根據上述分析，保險行政的首要工作就在於建立良好的危險類型分級，以及所有案例都能正確的納入分級的危險類型中。這兩者都是保險行政的核心任務。良好的監督就應該促進良好的分級，檢驗分級的缺失，並且隨機取樣檢驗具體案例是否正確歸類，如果欠缺這些流程，任何的監督都毫無意義。

　　保險行政的第二個基礎是**保險準備**。收取的保險費必須隨時處於可支用的狀態，以備保險事故發生時，能夠支付危險造成的財產損失。所有保險費的收入都構成保險準備，任何的保險企業都必須透過保險費收入建立專款專用的保險準備，只要被保險人按時繳交保險費，保險準備的額度就必須足以支付所有被保險人在最可能的保險期間到期時的所有給付。如果我們計算各類保險所有實際繳交的金額，以及保險公司應該建立的各種保險準備，就構成保險基金（der Reservefond）。保險基金增加，代表保險費的收入增加，保險基金下

降，代表用於支付保險事故的財產損失。保險基金的金額必定與個別保險準備相加的金額相符。如果發生財務缺口，就必定危及個別保險提供的保障，所以保險行政的首要任務就必須建立保險基金正確金額的認定標準，並且將保險基金的正確維持與隨時支用列爲保險公司營運的法定條件。所以保險公司的營運管理部門必須隨時監督保險基金只能用於支付保險事故，不得用於目的事業以外的項目。國家公權力尤其必須監督（職權監督與專業監督）保險公司營運管理部門是否善盡這項功能。國家公權力必須自行計算保險準備與保險基金的金額。能夠做到這一點，在於明確建立不同危險類型的個別保險準備體系。很清楚的，任何危險類型都必須擁有各自的保險準備，換言之，保險基金也等於所有保險準備次級體系的總和。國家監督應該深入到個別危險類型保險準備的金額，並且依據經驗法則綜合判斷危險類型與保險期間，它的結果就等於回答下列問題：如果被保險人正確支付保險費，保險準備是否足夠履行被保險人的債權？如果這項工作完全由保險公司執行，就是錯誤的。因爲保險準備的不充足或者不能隨時動用，必定造成某一種保險事故的危險責任必須挪用其他保險類型或次級的保險準備金，爲了平衡被挪用的保險準備，保險公司就必須不斷開發業務拓展新的保險類型，這種情形下，如果收入不能持續增加，保險公司就開始走向毀滅。落實上述的公權力監督，就是未來保險立法的核心任務，將這些立法適用到所有的保險事業，則是內務行政的核心領域。我們當然要有這樣的認知，產物保險制度作爲行政理論的核心領域，它的理論與實務不僅僅具有個別商業經營的意義，同時也必須在國家生活中占據重要的地位。

第三節　經濟貿易

基本概念

　　相對於公益使用的目的在於限制私人權益，進而創造整體發展的必要條件；資源保護的目的係防治自然力量，以創造整體發展的條件；那麼經濟貿易的目的則專注在經濟資源本身（das Gueterleben）。

　　因而我們必然將經濟貿易的機制視爲經濟行政領域中一個獨立而且與其他機制互動的概念，以便更清楚的認識經濟行政的領域。

　　任何單一的經濟要素都不可能自力發展。經濟發展的源頭在於，一方擁有的財貨，對於另一方卻有更高的價值。生產這類財貨的能力，我們稱之為生產力（die Produktivitaet）。因而生產力就是所有財貨的靈魂，當上述財貨實際產出成為產品之後，便會立即進入某種商品流程，以使得該財貨能夠順利流向更高價值的經濟部門，實現所謂的生產力，而這個流程我們稱之為經濟貿易（der Verkehr）。所以，經濟貿易及其商品流通可以說是實際生產力的前提，而實際生產力又是所有產品的前提，換言之，經濟貿易根本就是國民經濟得以發展的前提，因而經濟貿易的條件也就必然成為國民經濟進步與發展的條件。

　　然而經濟貿易的條件依賴個人者少，個人的能力或者僅限於計算上述產品價值的種類與範圍，或者僅限於實際簽訂契約一事。當財貨或者產品實際從一個經濟部門轉移到另一個經濟部門時，這個經濟貿易的條件就不再是任何個人所能掌控的。

　　如何使得財貨在不同經濟部門之間移動，就是經濟行政的第三大任務。它的功能在於創造個人能力所不可及的經濟貿易與商品流通條件，所有這個方面的法規範、行政措施，以及行政機構通稱為經濟貿易行政（das Verkehrswesen）。

體系內涵

　　綜上所述，經濟貿易依其本質自成一個內在的完整性，它的領域與範圍則依其構成條件的性質而定。這些條件依據財貨的本質區分成兩大部分。第一部分與財貨本身相關，第二部分則與生產力的基礎、亦即財貨價值相關。所以**財貨本身**的移動條件構成體系的第一個部分；而**財貨價值**的變動條件則構成體系的第二個部分。

　　第一個部分，財貨本身的移動條件，涵蓋所有非個人能力所及，並且構成地區之間經濟流通的條件。這個部分包括可供個人使用、涵蓋在路政與船政範圍中的交通設施（die Verkehrsmittel），也包括國家為整體公共利益所設立的交通機構（die Verkehrsanstalten），如郵政、鐵路、航運與電信[19]，這類交通機

---

[19]　此處交通設施與交通機構的概念，頗類似間接用於生產的必要基礎設施（infrastruktur）的概念。

構也被通稱為狹義的經濟貿易制度[20]。

　　第二個部分，財貨價值的變動條件，可分為二個項目。首先是制定財貨價值的統一標準及其供公眾使用的法制，以使得價值本身具有經濟流通的能力，我們稱之為價值規範，並且使得價值規範成為價值流通（der Wertumlauf）的基礎。接著必須使得原本與財貨合一的價值能夠與財貨分離，而且使得價值本身不僅具有經濟流通能力，同時成為交易對象，再成為個別經濟活動的重要核心條件，這就是我們所稱的信用制度（das Creditwesen），透過信用制度可以使得個別經濟活動中，財貨與產品的**價值**，進一步成為整體經濟生活的內容。在這個部分，行政理論必須繼受國民經濟所發展出的基本概念，尤其是財貨與價值二分的基本概念，如此，行政理論才有能力吸納國民經濟成為自身體系的內容，並且進一步證明上述國民經濟理論的正確性。

經濟行政的基本原則與國家經濟高權的法制史

　　目前通說均認為，整個的經濟貿易制度源自於同一理念。只不過這是歷經長時間的發展才形成一個整體的體系與有機的內容。這個理念的歷史發展過程本身就相當重要，因為它完全主導經濟貿易制度複雜多元的內容，而且也呈現一個清楚的發展脈絡。

　　經濟貿易納入行政功能可以源自於，當宗族社會與階層社會的支配力量不再能夠主導帝制與專制國家的發展[21]，於是逐漸興起另一種主張，認為國家發展的首要條件完全在於個人的經濟發展，而個人的經濟進步又完全取決於國家的充分自由。這種主張其實緊扣著傳統國家法的財政高權理論（der Regalien）。財政高權是一種獨立於行政權力的國家權力，它原本就是國家本身相對於地方勢力所得行使的權力，原本的目的在於厚實國庫收入，所以傳統的

---

[20] 依據現行交通部組織法，路政司掌理鐵路、公路及觀光事項，郵電司掌理郵政通訊事項，航政司掌理航業、民用航空、港務及氣象事項，類似本書交通設施的概念。交通部組織法另授權成立鐵路總局、公路總局、民用航空局、航政局、港務局、觀光局、中央氣象局、運輸研究所等下屬機關，則類似本書交通機構的概念。民國99年2月修正公布，民國101年1月生效施行之行政院組織法，將交通部改制為「交通及建設部」，由原交通部整併原行政院公共工程委員會及內政部營建署營建業務，未來主管業務除原交通部時期的交通運輸觀光郵政外，增加營建產業、公共工程基礎建設及技術規範、政府採購（委託財政部）等事項。民國105年2月行政院已函請立法院審議交通及建設部暨所屬三級機關（構）組織法草案，第十四任總統上任後，行政院又於民國105年6月23日函請立法院同意撤回組織法草案。

[21] 專指歐洲經過宗族社會與階層社會，進入開明專制與君主立憲的歷史階段。

財政高權幾乎毫無例外的專指國家興辦經濟貿易的各種公法規範。所以財政高權所發展的法制與法理，也就成爲經濟貿易最初階段的法制與法理。但是到了十七世紀重商主義的時代，歐洲開始重視國民經濟（die Volkswirtschaft）的高度意義，並將國民福祉（der Eudaemonismus）視爲國家目的，於是在財政高權（開路權、通郵權、鑄幣權等）的基礎上，發展成國家的目的，儘管當時的國家仍然必須對抗社會職業階層的既得權益[22]，然而沒有人比尤斯提（Justi）更清楚的認知到，他在1766年的財政制度論第423頁便斷言：國家將依其財政高權主導一切。在這個基礎上，十八世紀進入一個新的時代。國家在財政高權的基礎上主導完整的經濟貿易，或者透過法律規範，或者直接設立機構經營事業，當時的國家學在警察學的既有架構下進行整體的論述，在官房學（die Cameralwissenschaft）的既有架構下，則是論述如何具體執行，依此而逐漸建立了第一個不十分完整的經濟貿易行政權力。在這個發展階段，既未出現完整體系，也未曾達到創造自由的目的，更未建立個人如何參與經濟貿易行政的原則。到了十八世紀後半段則完全改觀。隨著市民社會成爲整體生活的主流之後，經濟貿易制度的意義與重要性隨之明確，更成爲個人經濟發展的首要條件，國民經濟成爲一個新的學派，它的代表亞當史密斯（Adam Smith）清楚指出，完全自由的經濟貿易制度已是一種不可逆的必然性，加上民選議會制定相關的立法，並且排除上述職業階層社會利益在這方面殘餘的支配與獨占，透過政府新式的行政組織，也在這個領域創造了完整性與公平性，地方自治則在地區範圍內建立經濟貿易的合法性，人民團體則順勢將經濟貿易的需求納入自身事業範圍。在前述多層次作用下，經濟貿易促成一個巨大的經濟生活整體，傳統財政高權的概念與法制就此成爲德國法學理論的一個發展過程與指標，取而代之的則是個別領域更深入的體系建立，到了十九世紀，經濟貿易已經毫無疑問的成爲最廣泛的行政領域，即便在全世界的行政發展史中亦復如是，十九世紀行政理論的共識至此形成，那就是到目前爲止，經濟行政的重點都在計較產品與財貨的種類多元（die einzelnen Produktionsarten）[23]，至此已完全轉向經濟貿易的行政組織與能力。這就是我們當下所處時代的特質，它已經隨著信用

---

[22] 例如軍職、神職、教職、商業、手工業職業階層與職業行會的特權。
[23] 例如重農主義、重商主義、工業主義或者保護關稅。

制度（das Creditwesen）的探討，準備進入下一個嶄新的時代。我們現在要做的則是建立這樣的認知，所有經濟貿易的個別領域終究形成一個完整的理論體系，它的原理原則必定源自市民社會的要素，它的個別領域也如同整體一般，基於市民社會形成有機發展，並建立各自的次體系內容。基於上述認知，這些原理原則其實就很簡明：依據國家有機體的整體原則，得以推論出經濟貿易理論體系的**整體發展**原則（das Prinzip der Einheit）；依據市民社會的平等原則，得以推論出普遍平等原則（das Prinzip der Allgemeinheit），以保障所有人的平等使用[24]；依據國民經濟的自由發展原則，得以推論出**自由使用**原則（der Grundsatz der vollen Gleichheit und Freiheit），以保障所有人的自由使用[25]。上述基本原則適用所有經濟貿易的個別的領域，而個別領域的共同特質正是上述原則平等適用於個別領域的結果，由此構成有機的整體性，也依此建立經濟貿易的體系。

當時的國家學將經濟貿易的議題分散在不同的領域中論述，或在財政學，或在經濟行政，或在農業經濟中。只有警察學提到經濟貿易獨立性的重要，然而並未提出一個完整的體系。簡言之，雖然已有國民經濟個別論述，但是尚未形成經濟行政的整體論述。

公法行政與私法行政

上述原理原則堪稱當代國家發展史最重要的成果，它們的實踐則有兩種基本的行政模式。首先是國家公權力自行興辦經濟貿易事業，並依公共利益原則規範個人的使用與參與。這些法規範並透過行政權力的三種組織型態予以落實；依事務本質的區分，立法負責制定基本原則，政府在經濟貿易領域所設立的各種行政組織，應確保行政的整體性與公平性，地方自治負責地區範圍內的行政工作，人民團體則依自身特定的功能與目的參與經濟貿易事業。上述立法機關與三種行政組織型態在各自職權範圍內所設定的公法規範統稱為經濟貿易的公法行政（das oeffentliche Verkehrsrecht）。他們先具備各自的功能，然後

---

[24] 指不分身分、地位、階級、種族、性別等社會差異，均得平等參與經濟活動，使用交通設施與交通機構。
[25] 指不作不合理的限制，如費用、時段、次數、範圍、項目等。

形成組織分工，再發展成各自的制度史，學術工作的功能就在於整合這些豐富多元的項目成為一個完整體系，某種單一成文法典是不可能作出完整規範的，個別領域如是，整體經濟貿易亦同。

第二種行政模式則是在促進經濟流通的原則下，針對個人的自由意思表示加以限制規定或者定型化，以實現經濟貿易的行政理念。這種依據經濟貿易原則所限制的契約自由，我們稱之為經濟貿易的私法行政（das buergerliche Verwaltungsrecht），它們雖然具有民法契約的形式，但是制度本質仍屬公法。行政理論在這個領域僅止於概論，詳細的論述則有待法學作深入探討。

第一款　交通設施

第一目　路政

基本概念與體系

廣義的路政泛指所有經濟貿易與經濟生產力最原始也最必要的物質條件（基礎建設），甚至也是共同生活的最必要條件。路政並不是一個自然產生的事務，路政的概念源自於行政法的規範作用，是一個專屬於行政法的概念。某個路政事務專指使用路權的法規範狀態，換言之，所有的個人為了自身的交通目的，進行特定地區之間的交通運輸，有權使用道路的法規範狀態。依據這個簡明的道路私權（Wegerecht）概念，進一步衍生出道路行政（die Wegeverwal-tung）的概念、內涵與相關的法制，並且促使公共生活層面的路政發展出一系列的技術標準與管理規章，以實現它的規範目的。行政的目的就是基於傳統道路私權的基礎，進一步依據公共利益掌握規範對象。實際發生的路政可以區分成陸路交通與水路交通，上述概念如何應用到這兩者，則依其事務本質與地方傳統呈現相當多元的風貌。但是，上述的原則說明可以視為兩者的共同基礎，因而所有相關的權利類型、機構組織與法規範，透過立法與行政的方式，使得陸路運輸與水路運輸達到經濟貿易的目的，統稱為路政（das Wegewesen）。

一、陸路運輸

（一）法制史

現行陸路運輸的法制原則是數百年歷史發展的結果，它的內在因素與國家及其國民經濟發展程度密切相關，這段法制史清楚呈現行政的理念如何在不同的社會發展階段逐漸超越基於歷史傳統所建構的用路權益。我們因此可以將這段路政發展史區分成兩大階段：**道路私權**（das Wegerecht）與**道路行政**（die Wegeverwaltung）。第一個階段一直到十八世紀，第二個階段到了十九世紀才建立真正的制度內涵。

所有的道路原本都附屬於相連的土地所有權，只有軍用道路屬於公共所有。當時所謂的公法規範就在於保障軍用道路的公共使用性（der Wegefrieden）。但是，當農業社會的宗族秩序逐漸發展到職業階層社會的領主統治型態之後，就形成專屬於領主的道路私權，基於道路的所有權，領主得以收取道路與橋樑的通行稅或使用費，甚至強制地方居民使用這些道路與橋樑，然而這樣的路政是不自由的。十六世紀時，在領主道路私權之上，出現道路高權（das Wegeregal）的原則，這個理念一開始只是消極的宣示國家權力，壓抑地方領主基於道路所有權的完全支配權力，同時它也合理化國家在軍用道路上徵收通行稅或使用費。道路高權的理念構成中古世紀領主道路私權逐漸轉型到近代的道路行政。道路高權所形成的法制基礎，才足以落實當時興起的國民經濟思潮對於所有路政開放公共使用的訴求。十八世紀人們才漸漸認知到路政的經濟價值，國家學開始針對道路高權提出它應該具有的首要內涵，那就是要求良好的道路建設，緊接著納入良好道路建設所必需的工程技術，這些發展促使立法權開始積極規範，但也僅限於地區層次的路政，包括道路管理與使用規範。但是到這時為止，仍然欠缺體系性的建立普遍道路網，領主依然握有縣市、鄉鎮道路的管理權力，國家只具有名義上的監督權，遑論規劃新的道路交通設施，這種情形到了十九世紀初才開始轉變。隨著領主統治的勢微，縣市、鄉鎮道路便轉型成為地方自治的管轄範圍，政府也開始在傳統道路私權的基礎上建構路政體系，再加上國民經濟的快速發展，這些因素都強力要求所有道路交通的全面自由使用，同時強化道路的經濟價值，以及完善路政的必要性。於是形成了普遍的共識，那就是整體的路政體系必須同時是一個完整的法體系，政府

對路政的管理代表政府有權力也有義務建立規範並設置機構，以配合國民經濟發展所需要的經濟貿易條件。如此，便進入**道路行政**的發展階段，相關的法制與體系構成當代的路政，它的核心原則就在地區差異性之上建立完全平等使用的道路運輸。

（二）路政體系與法制

如果說十八世紀的路政發展原則，在於逐漸形成一個整體制度，成爲國家行政的一環，並且統一規範個別存在的傳統道路私權，那麼十九世紀的路政發展原則，就在於積極迎合愈來愈全面的經濟貿易趨勢，建構道路運輸的全面無差別平等使用。

要建構上述的路政體系，需要雙重的基礎：道路工程（das Bauwesen）與路政管理（das eigentliche Wegewesen）。前者專指技術層面，後者專指規範層面，共同營造路政體系的條件與發展[26]。

1. 道路工程

營建事業本身是一種自由的傳統產業，就像任何其他的傳統產業一般。公共道路工程之所以出現，就在於爲公共使用的目的進行道路建設。它的基本原則必定滿足公共使用的目的，不能專爲私益服務，更因爲公共使用具有長久與集中的特性，所以更必須要求穩定安全與合目的性的工程技術。由此，更衍生出公共工程的基本配套措施，亦即完整的專業教育，以及營建工程的公權力專業監督。爲了滿足前述基本配套措施的所有法令，就構成道路建設的公共工程法制。法制的原則就是，參與公共工程必須具備相關專業教育與工程技術的知識，並通過職業資格的考試，取得相關證照，執行法制的工作則由專業的行政機關負責，除了頒布相關工程技術標準與施工流程之外，更應善盡監督責任。

這裡所指的公共工程當然泛指所有爲公益目的施作的工程，也包括路政以外的其他工程。然而路政建設可以算是公共工程最主要的領域，所以是上述行政措施與法令的主要適用者。所以，道路建設的領域又區分成地上工程、橋樑工程、水上工程與路面工程等。每個單項工程各有其專屬的施工技術，因而也

---

[26] 依據現行交通部公路總局組織條例，掌理事項包括：公路長期年度工程、公路專案工程、公路新建工程、公路養護工程、工程機械業務、公路監理制度、公路用地收購等七項，涵蓋道路工程與路政管理的體系。

有其專屬的工程教育，這些也都是相關行政理論必備的知識。道路建設如何由行政權興辦的問題，主要是依據政府與地方自治團體之間的權責劃分，地方自治愈少參與，相對於私人營建事業的發達，中央政府就應該更積極投入公權力的營建機構與建設行為，在這方面尤其顯示出英國、法國與德國的制度差異。同時也呈現德國境內各諸侯國不同的發展程度，以及以公權力介入私人營建事業的自主發展是完全不可行的。

在英國傳統上完全不存在上述公共道路工程，也沒有公立的路政專業教育。相關的工程技術與專業教育均屬私人事業形態，由工業部門執行相關建設。但是到了十九世紀則由公權力主導，私人事業團體則退居輔助性質[27]。法國則是完全相反，法國在1722年就制訂全國道路計畫，以一萬兩千條各級道路涵蓋整個國家路政，1750年設立主管機關執行全國道路建設，法國大革命之後仍然繼續路政業務，1851年再擴編組織。普魯士則模仿法國路政制度，1849年設立中央主管機關，再配合1799年就已設立的皇家路政學院，兩者均隸屬商業與勞動部。

2. 路政管理

狹義的路政管理包括路政基本原則、所有的法令與機構，以落實整個國家的公共道路建設。這樣的路政管理具有雙重特性。首先，一個國家所有的道路系統對整體交通運輸而言，自成一個系統，相關的法令構成道路規範體系，透過路政機關在各地落實規範秩序；其次，道路開發的條件，則是以立法方式明訂造路的財政負擔（die Wegelast）。

路政自成一格的組織方式，在任何地方均是如此，在公共工程的組織架構中，路政同樣位居核心地位。地方上成立的道路監理機構，也具有相同的特色。橋樑設施基於類似事務的理由通常納入路政範圍。某個地區的路政原則上屬於地方自治團體管轄，但是執行業務的工程人員，以及地方路政行政人員都應具備相當的專業教育，這部分應該屬於全國一致的規範。

在大多數歐洲大陸國家，道路法規範都是屬於國內立法權責，規範的內容都針對造路負擔的財政問題。道路的維護管理（die Wegepolizei）目的在於防患個人的濫權使用與惡意破壞，主要的工作在於種植路樹與修建排水設施以保

---

[27] Gneist, Engliches Verwaltungsrecht II. § 119

護道路本身。接著則是道路的載重管理（die Fuhrwerkpolizei），這個與傳統道路工程同步發展的管理技術，又稱作亞當斯模式（Methode Mac Adams），包括輪軸寬度、馬車的用馬數字、車輪的載重限制等，目前已經由類似功能的道路收費制度（die Wegeabgaben）所取代。至於都市地區的用路規範與街道管理屬於特殊的道路規範，這部分通常包括極具地方特性的出租馬車業者的管理規範，都屬於地方自治的權責。

　　所謂的造路財政負擔（die Wegelast）泛指道路建設的整體財政負擔，它的分擔方式基本上源自於傳統開路權利的體系，分爲軍用道路（國有道路），省級道路與縣市道路三級，再依此區分成道路行政的體系，以及相對應的路政維護義務體系，共同創造良善的道路運輸。要實現上述的財政負擔原則，就必須實施道路的分級制度，以明確區分財政負擔與收入能夠權責相符的分別歸入國庫、省庫與縣市公庫，或者共同開發再共同分配規費收入，在這方面，法國已率先建立道路分級制度。在德國目前仍然保留著傳統領主時代基於道路私權所衍生的道路開發權（das Recht der Wegefrohnden）。因爲這個原因，才會形成國庫直接補助縣市自治團體的路政建設，亞當史密斯對這方面的批評並不恰當，其他英國學者也犯同樣的錯誤，部分德國文獻甚至盲目附和。正確的情形應該是，在良善的道路分級制度下，國庫對地方道路建設的補助應該屬於例外的情形，而且必須持續這樣的原則例外關係。

　　相對於道路財政負擔的概念，就是路政規費收入的體系，而且屬於公法規費制度的一環。規費收入的正當性在於實際使用於道路的建設與維護成本。橋樑的使用規費雖然也有同樣的正當性，實際上卻難以貫徹執行。私人興建的道路橋樑雖然有權徵收使用費用，但是應該事先取得主管機關的許可。收費的基礎最好是準用租賃的法律關係，城市街道的收費制度基本上屬於地方自治的權責。

二、水路運輸

　　水路運輸的制度發展與上述陸路運輸基本上相同，所以兩者具有共同的發展史。然而，水路運輸通常承載不同國家之間的交通動線，所以它必定觸及國際行政法的領域，也必須從這個觀點分析水路運輸，從這裡也可以區分出河運與海運不同的影響層次。此外，水路運輸本質上具有明顯的地域特性，相關的

法制與行政措施通常必須尊重在地的管轄，這方面在不同的國家會有不同的制度內涵。然而有兩個基本思考則是共通的。

　　水路運輸法制與陸路運輸法制原本都是立基於土地所有權。法制的發展過程，也都是從個別存在的水路運輸逐漸脫離領主土地所有權的支配關係，以落實整體經濟貿易發展對於交通設施的完全自由需求。改變的起點同樣是水利高權（das Wasserregal）的概念。因而公共水路法制的第一個問題，就是要釐清領主私有權利與公共使用權利（通常等於國家所代表的公權力）之間的法律界限。依據羅馬法，這個界限是依據「得供航行使用」的原則決定其公共使用性，類似陸路運輸的原則。對於港口設施，不論是河港與海港也適用相同法理。水利高權的實施，對於河運與海運而言，就是對於國際航運得以徵收關稅；對於港口而言，就是停泊與貨載的權利，以及針對外國船隻採行差別的港口使用費率。到了十九世紀，國內自由使用水路運輸的法原則才推廣適用到國際航運，關稅與差別費率才逐漸消失，為了全體國民的福祉，「得供航行使用」原則就演進成「交通運輸自由」原則，兩者具有相同的意義。

　　至於水路運輸的行政管理發展過程，與上述法制史的發展同步。針對公共使用的水路運輸，行政的任務一方面必須確保航行安全，另一方面則必須確保使用便利。在航行安全的領域，首先是透過河川管理（die Strompolizei），從十七世紀以來就在河運上設立完整的法制規範，並且各地都有相當的發展；其次則是港務管理（die Hafenpolizei），依其制度本質，同樣具有地區發展的特色。在使用便利的問題上，則有賴航運機關及其公權力作為，或者修建運河，開創新的水路運輸平台，或者疏濬河道與引導水流，以對抗自然產生的泥沙淤積問題，最後則是海堤、河堤與港口設施的興建，以促進水路運輸的便利性。一直到十九世紀，這類航運機構的作用仍然侷限在個別國家的範圍，隨著十九世紀中葉興起的大規模國際交通與商業行為，在歐洲水路運輸所及之處，都出現國際條約與相關的航運事業，它們也共同構成當代歐洲基於利益共同體在法制面與國民經濟領域的多重樣貌。

第二目　船政

基本概念與船政法制史

　　相對於前述的路政，船政則以完全不同的方式構成經濟貿易的交通平台。路政的內涵，不論是陸路與水路都可以成為公共財產，在任何時候、任何地方都能夠被監督與控管。船政的管理對象是船隻，卻永遠是一種私有財產，當船隻成為經濟貿易的平台，通常是基於已經簽訂的契約，當事人之間的運載法律關係基本上適用契約法規範，而且船隻通常不在船籍國，所以傳統的行政措施與作為可說是鞭長莫及。如果仍然要納入行政法，建立船政的行政管理，就必須依據上述船隻特性與航行特性，以確立它的原則與體系，也確保原則被正確理解，在這個理解基礎上建立船政的體系。

　　船隻雖然屬於私有財產，但是對於經濟貿易而言，卻是不可或缺的條件。它不僅與經濟生活的個別領域密切相關，更是整體國民經濟發展的關鍵。然而，對於使用船隻航運的人而言，由於航行的風險不可預測，所以既無法獲得船隻與航運公司確定給付的保證，也無法獲得航運公司履行契約的保證。但是，這兩個航運條件對於每一個個人來說，都無法以己力完成，所以航運相關的海商契約從來就不僅僅侷限於單純的私法性質，而是都具有某種程度的公法規範，我們稱之為海商法（das Seerecht），海商法也因此成為經濟貿易法制史中，最早形成完整體系的法規範。然而，當海商法停留在規範航運當事人間的契約法律關係時，隨著橫越大西洋航運的頻繁發展，及其帶動的強勁經濟貿易效果，在所有參與世界航運的國家之間也逐漸形成普遍的共識，那就是整體海運事業必定成為整個民族生活，不論在精神層面與物質層面，都是促成進步的關鍵動力，各國政府也開始以行政力量直接推動海運事業的有效發展。基於上述分析，因而形成海商法之外，船政的第二個領域，那就是建立行政管理的制度，這些原本針對國際交通的航運，在重商主義的理論作用下，再延伸到內國航運的領域。這個行政管理的階段開始於十七世紀中葉英國與法國的航海運動，隨著十九世紀愈來愈自由的航運發展，基於關稅保護所形成的運輸限制就逐漸消失，取而代之的則是愈來愈多積極規範的措施，以提升航運的便利，因而在**海商契約法**與**海商行政法**的領域，就共同形成一套組織規模高度發展的行

政體系，這些當然對於航海國家具有直接的價值，也只有在這些國家才受到高度重視。然而我們仍然必須將上述船政發展史的基本規律與法制視爲經濟貿易行政作用的必要內涵。

一、海商契約法：本質與內涵

海商法的概念，依據船隻與航運的特質，準用民法物權、身分權與契約法，成爲海運的法規範體系，並提升到公法的法規範體系。因而海商法的適用範圍僅限於參與航運當事人間的法律關係，即使海商法的內容納入海商行政法的規範，也不會改變海商法的私法契約本質。它的體系分述如下：

適用於海商法的物權，是指船舶所有權、船舶抵押權與棄船的特別規定。船載貨物的特別規定，例如船難發生時的棄貨權與撈貨權（das Strandrecht und Bergerecht）。適用於海商法的身分權，是指船長對於船員行使的指揮監督權力，特別是指維持航行紀律的懲戒刑罰權，對於擅離職守及逃離現職者的刑罰權，以及維持命令服從關係的組織調整權。

適用於海商法的特別契約規定可以分成兩大部分。首先是船隻所有者與船長的**航行契約**（航行權），船隻所有者與海運公司關於承攬貨物的**載貨契約**；其次則是海商保險法，基於上述海損發生時的特別權利義務關係，這個領域已經發展成一個獨特且高度成熟的財損保險制度，並且形成一個完整建構的法制與法學。

上述的法律制度都已經完整適用在傳統的海商法，橫跨大西洋航運的高度發展，則在上述法律制度中加入最後一項有機要素，那就是準用商業登記制度的船舶登記制度（die Schiffbuechern），爲確保相關請求權的履行，配套的措施則是船舶登記的法定義務及其訴訟上證據力的特別規定，原則上在所有國家的海商法中都屬於核心規範。

二、海商行政法

海商行政（die Schiffahrtsverwaltung）之所以伴隨著海商契約法的發展，關鍵在於，積極認知到航運已經成爲國民經濟發展的核心要素，必須透過國家力量創造發展條件，而這些條件單靠船主與海運公司的私人力量是不可能完整實現的。海商行政在十七世紀開始與海商契約法成爲分立的制度，它的第一個法律規範是**航海法**（Navigationsgesetz），立法目的在於保護本國籍船隻的航

行利益，促進本國籍船隻在世界貿易體系中的國際競爭優勢。第二個法律規範雖然同樣興起於十七世紀，但是到了十九世紀世界貿易自由化的年代才充分發展，其目的在於積極促進世界航運發展。這兩套制度各有其發展史與體系。主要的內容分述如下：

（一）保護主義

國際航運的**保護主義**開始於1651年的航海運動，當時的法制原則在於保護本國船隻的航行利益，並且完全排除本國商業貿易範圍內的所有航運競爭，它的接續發展則是採行比較有彈性的保護主義，主要是從法國發展而成，那就是在本國港口對外國籍船隻採行差別收費方式。這兩者共同構成船隻國籍與船員國籍的基本原則，這套規範體系並且適用至今。上述直接保護與間接保護的法制，從十八世紀開始逐漸弱化，因為在愈來愈頻繁通商與通航條約的作用下，各國紛紛在互惠的基礎上採行差別收費制度，只有在本國境內的沿海航運與貿易，仍然排除外國籍船隻的航行利益，而且只限定排除少數國家。相對於沿海航運與貿易的非自由化發展，十九世紀海商行政的重心就逐漸邁入促進航運的發展階段。

（二）促進航運

海商行政的**促進航運**通常開始於獎勵措施，透過津貼補助促進航運，但是這種單純的獎勵措施在許多國家試行後普遍出現無以為繼的情形。取而代之的則是行政組織與體系的設立，這個過程充分顯示出行政權力唯一正確的作用方式，那就是行政權力永遠不在於親自操作航運，而在於賦予航運發展所需要的條件。這個行政體系的內在領域各有其發展史與運作秩序，以下分析其重要過程：

首先，歐洲大陸國家的行政權力在航海學校中設立專業教育體系，而且將畢業資格規定為不同航海類型的法定執業條件（航海證照、短程與長程航海證照等）；其次，則是大量設置輔助航行的公共設施與規範：例如領港制度、航行照明與燈塔、航道標誌等；第三，針對海難與船難的救助設備與人力，針對喪失勞動能力與工作能力海員的醫療與安置措施；第四，則是逐步發展出航行管理的體系，例如建立法定的航行信號規範，港口的管理規則，蒸汽輪船使用蒸汽機的安全監督管理，依據船員與乘客人數必須儲備的糧食飲水，以及設置

船隻專屬的醫療人力與設備。為執行上述規範及其監督管理功能，有必要設置專責的航政機關，至於在他國港口代理本國航運利益的工作，則交由專責的領事機構，在上述行政機制的共同作用下，當代的船政終於得以回歸到它的真實要素與作用，那就是所有個別要素在國家的扶助下能夠發揮的最真實力量。

第二款　交通機構：三種基本型態的概念與本質

交通機構屬於經濟貿易行政在組織與機構層面的問題，是一個完全不同於前述交通設施的領域。

只要一個國家的整體文明持續提升，前述經貿行政關於交通基礎建設就不足以因應更全面經濟交流的理念，畢竟交通基礎設施往往是針對欠缺硬體流通條件的個人使用行為，也侷限在這個層次。然而，整體的持續進步必定建立在所有個體精神層面與經濟層面密切互動與交流的關係上，所以行政的任務就必須針對這種密切互動與交流的需求，設置專屬的行政機構，透過它的積極作用，以實現上述個體之間更全面的相互關係，以及共同生活體的整體提升，而這些都是所有文明永續的絕對必要條件。當然，這些行政機構必定是逐步設立，再逐漸擴展到所有的經濟貿易需求中，但是擴大規模則是一件不可逆的趨勢，所以會形成一個自動發展的體系，以消化、吸收動態發展的經濟貿易行為，再調整與重組成所需要的行政組織。這個行政機構的整體，我們稱之為經濟貿易的交通機構（Verkehrsanstalten）。

這個交通機構具有三種基本型態，分別是**郵政**、**鐵路**及其附屬的蒸汽輪船，以及**電信機構**。這三個機構雖然看似基於不同的原因與個別科技所組成，但是它們其實建構一個內在完整的體系，三者各有其獨特的功能，所以它們儘管分別存在、各自運作，實質上卻構成一個整體，甚至得以構成單一理念的外在表達方式，因此得以歸納在單一原則之下。郵政的功能在於媒介個人之間的**人際流通**；鐵路的功能在於人員與貨物的**大量流通**；電信的功能在於**即時流通**。科學技術上，這三個機構會有相當大的成長空間，組織型態上，這三個機構共同構成完整經濟貿易行為的最基本架構。因而在所有文明的國家，都擁有這三種機構，並且充分發揮功能，在全世界的每一個地方都會盡力擴展它們的組織與功能，這些在不同地方的努力都有相同的目的，它們要讓所有基於歷史

傳統與民族特色所形成的界限消失，從一個國家的內部流通開始，即使歷經災難與戰爭也不會停止，更由於它們將不同國家與社會相互串聯，所以創造出一個地球村的現象，如果欠缺這些機構與功能，就不可能持續維繫這種現象，這已經完全超越過去的歷史，並且應該成為未來文明進步的基礎。這個發展力量之大，或許是十九世紀最重大的歷史事實，它們甚至超越個別國家建立在行政與立法之上的自主力量。它們的功能及其需求既然已經成為全世界的共同現象，那麼個別的國家就必須依循這樣的發展趨勢，而且將會成為這個發展趨勢的執行機制。因而，適用在這三個機構的核心規範都是國際通用的，因為國際流通的必要性，國家的立法機關也必須積極轉換國際通用規範成為國內法規。國家為自己的目的建立路政與橋樑，也依其自身意志設定管理機制與規範，然而郵政、鐵路、蒸汽機、電子訊號的發展列車，不僅超越國界，也不再專屬於國家權力。我們在這裡所鋪陳的，將會是一幅巨大而且動力無限的圖像。

　　如果我們將交通機構這個領域，依據它的組織功能區分成兩大範疇，就能夠將上述的圖像轉換成為國家學的研究對象。首先是行政的範疇，主要探討國家公權力針對三種交通機構的組織型態應該有的作為；其次是法制的範疇，主要規範行政行為與個人之間的法律關係。我們因此得以區分郵務行政與郵政法制，鐵路行政與鐵路法制，以及電信行政與電信法制，這三者共同構成交通機構的體系內容。

　　儘管這三種交通機構彼此之間差異甚大，但是它們卻有共同的發展基礎，這個共同的發展基礎不僅同質性高，也很明確。這個基礎就是行政理念不停的超越傳統法制及其原則，這個過程在個別的領域也以不同的方式反覆進行[28]。

　　所有的交通機構在設立之初通常都是直接歸屬於國家事務，國家對於這類機構的權力，通常涵蓋在財政高權的概念（das Regal）。因此，所有的交通機構基本上都屬於財政工具。作為國家的財政工具，它們最初都被設定為國庫收入來源，至於經濟貿易的功能則退居其次。這種理解方式甚至一直持續到十八世紀，雖然人們已經開始逐漸認知到這類機構對於國民經濟發展的價值，但是

---

[28] 本書所設定的行政理念為全人發展。不同的國家會有不同的制度實踐相同的理念，這些不同的制度轉換成不同的組織概念與權力作用。所有的國家行為，以提供個人自身所需、卻無法透過自身完成的各種發展條件，就構成內務行政的概念。

國家仍然擁有專屬權力，並且排除所有私人營運的可能。到了十九世紀出現鐵路運輸的工程技術之後才有所轉變，國家在這個領域放棄部分的經濟高權，私人開始設立經濟貿易的交通機構，並且成為私人事業的經營項目，接著出現的關鍵性問題，則是國家行政要如何處理衍生的法律制度及其內涵。在這方面，行政理念得以全面貫徹在經濟貿易的制度建構上，基本原則就是任何人均得平等、直接與普遍的使用所有交通機構，且這類機構作為國庫收入來源的前提，必須是不妨礙它的國民經濟發展功能，如果由私人事業經營交通機構，也都會被視為公權力機關並且適用公法規範。這三項基本原則應用在前述郵政、鐵路與電信的領域，就構成交通機構的法制體系，在不同的國家都有高度類似的基本原則，儘管在實踐的程度上會有若干的差異。

到1870年代，在交通機構的領域仍然欠缺整體性的論述，警察學在這方面只發展出一般原則。即使是個別的領域也只有零散不完整的文獻，其中大都是技術層面與統計資料，直到目前才開始有法學的論述。一般而言，我們所觀察到的還是這三大國家的特色：法國是非常明確的高度行政管制；英國則是地方自治與人民團體成為發展的主力；德國則試圖整合英法兩種體制。但是，這兩種體制不論在郵政、鐵路與電信的領域都差異甚大，所以一個統合的制度實質上相當困難。儘管如此，這三個領域還是共同構成一個完整的經濟貿易交通機構，具有相同的制度建構原則，以及同步的發展趨勢。行政理論的目的就在於呈現這些共同的組織原則與法制發展。

第一目　郵政

功能與法制史

郵政制度的成立，就在於人際之間日常的、規律的、持續的交流已經成為整體進步的重要條件之一，這個條件卻是單一個人不可能獨立建構的。為了這個條件，透過國家所設立的機構就是郵政制度。國家學的研究則是針對這些條件與規範，探討它們如何落實郵政制度的功能，又如何將郵政制度的功能表現在郵務行政與郵政法制這兩個領域。

但是在郵政制度發展到上述國家行政的階段之前，則是歷經數百年的不斷

嘗試。全世界的國家為了統治目的必定會建立資訊流通的機制。然而我們所稱的郵政制度，則是專指上述國家機構同時經營個人之間的資訊流通。所以郵政制度的第一個發展階段，通常是以政府郵件為主，個人郵件只是附帶性質，這種情形一直持續到十八世紀。第二個發展階段已經將個人郵件視為郵政機構的正式任務，逐漸的，郵政機構轉而依據經濟貿易的需求而運作，不再單純依據政府的資訊流通目的。在這個階段已經出現任何完整郵務行政所需要的三個組織分工：中央郵政組織及其地區分支機構、郵政路線與投遞方式的統一規範，以及信件與貨物的區分及其郵政規費。然而在這個階段，整個郵政制度基本上仍然是一個國庫收入來源，達到某個營業額反而是最重要的任務。到了十九世紀開始展開制度理念的爭論，並且逐漸形成共識，那就是郵政不再只是一個財政機構，它更應該是一個行政機構，在這個理念基礎上，開始建構當代的郵政制度，它在制度原則、體系內涵與執行機制都可稱為有史以來規模最大的現象之一。其中的構成要素分析如下：

一、郵務行政

歷經上述傳統財政機構的特色之後，郵務行政的組織原則就建構在整體國民普遍一致方便使用並且收費低廉的行政機構，以促進個人之間持續且規律的人際流通。這個原則發展成為郵政的任務內涵與相應的組織分工，就構成郵務行政的體系。而郵務行政的體系可以區分成三個領域：郵政組織、郵政業務與郵票制度。

（一）郵政組織

郵政組織的問題應該包括組織架構與組織分工，目的在於全面落實郵務行政的理念，主要區分成中央與地方兩個層次。

郵政的組織架構應該設立全國性的郵政總局與省級的郵政分局，它們的目的在於維繫郵務行政功能的完整性與一致性。雖然郵政組織可能隸屬財政部門，也可能隸屬經貿部門，也可能成為獨立機關，但是本質則是不變，它具有獨立行使的命令訂定權與指揮監督權，也得以成為某個部會的一部分。

郵務行政在地方上的功能，則由各地的郵局執行。各地郵局的行政業務分為日常任務與特殊功能，為執行業務是否需要特殊的組織，以及郵局之間的合併與分立，則以郵政法律規定。

地方郵局的基本功能是信件投遞，這是所有郵局的主要行政任務，其他功能都只是次要的。投遞業務的責任機制在於郵局主管。投遞業務分成兩種類型：大宗郵件以郵政包裹方式投遞，這是郵局主管的責任範圍；單一郵件如何送達收件人，則由郵局主管指揮監督的郵遞系統負責完成。與郵件投遞功能密切相關的則是人員與貨物的運送，三者共同構成郵政運輸的概念（die Fahr-post）。基本的運送原則，人員、貨物與郵件共同運送的前提，必須以郵件運送為優先，再考量郵遞設備的承載能力。基於經濟貿易高度自由的必然發展，必定會衍生出人員、貨物與郵件的限時運送與快速送達的需求。因此形成地方郵局的義務，以滿足更專業與快速的郵政運輸，為此而設立的機制則是郵務驛站。郵局主管可以同時兼任驛站主管，但也可能由他人專任，但是每一間郵局都必須同時經營驛站，同時提供一般郵件投遞與限時郵件的投遞業務。基本的組織原則：在主要交通路線上應建置良好的郵遞系統，在次要交通路線上，則必須加強郵局主管執行業務的功能。

（二）郵政業務

郵政業務是指上述郵政組織的所有營運行為。目前的郵政業務原則是基於歷史傳統的發展，郵政的功能不再只是國家財政工具，也不再是私人事業，郵政應該是促進人際交流而設立的行政機關。依此原則形成郵政業務的體系，其基本法則分述如下：

最基本的營運法則，在國家權力範圍內的任何地點都能夠在最大可能條件下，與整體經濟貿易機制建立定期的郵件交換，包括限時郵件與大宗郵件也能夠送達任何地點，以開啟人際流通的可能。

其次，則必須建立順暢、明確的郵遞路線，並且隨時依據需求進行調整，負責這項業務的機構是中央郵政總局。

第三個法則，一方面規範不同郵件的投遞，包括信件、報紙、印刷品與試用商品等，連同現金寄送的業務，這包括郵局的代收與代付款項，另一方面則是將郵遞業務擴大到人員與貨物的運送，三者相輔相成之下，除了加快郵遞業務的速度，更足以增加人員與貨物運送的次數。

為了促進上述業務更廉價與快速，第四個營運法則是建立相關運送業者更密切與廣泛的合作，在這個趨勢之下，就會形成郵務行政的新興業務，目前這

個新興業務有以下兩個發展方向。

　　第一個發展方向是郵政機構與鐵路及輪船運輸的合作，這部分的行政業務可以建立在特許營業的條件，或者以契約約定。基本的運作模式則是規範鐵路與輪船的運送義務，以無償方式加掛鐵路的郵務車廂，或者由國庫補助鐵路與輪船的運送成本。至於法律關係與責任問題則會隨著運送業務的增加而愈形複雜。

　　第二個發展方向在於郵政機構與民間運送業者（das Lohnfuhrwesen）的合作，進一步形成公法性質的運送法律關係，並且成為郵政法制的核心議題。這個發展趨勢需要兩個制度條件，其一，國家不再管制私人交通，廢止警察對郵政運送乘客的人身檢查權力，私人交通就屬於個人遷徙自由；其二，私人郵件的大量增加，使得郵件檢查不再可能執行，於是廢止郵件強制標示的作業程序。第一個條件的成就，必須感謝鐵路運輸；第二個條件的成就，必須歸功於郵票的推行。透過這些制度才使得郵政業務成為與時俱進的營運機制。

（三）郵票制度

　　郵票制度（das Portosystem）是兩種力量對抗的結果：整體經濟貿易的需求，以及郵政被認為是一種財政收入來源。儘管涉及相當程度的經營利益，卻欠缺制度發展的分析。對此，我們可以將郵票制度發展史區分成三種基本型態：

　　第一種歷史型態，將整體郵政視為可出借與可出租的標的，個別郵局甚至可以成為買賣標的。這個時期並未出現國家制訂普遍適用的郵資體系，整體郵政制度只是一個單純的財政高權機制，單一郵局都只是這個財政高權下的一個事業經營單位，郵局主管得以自行決定郵資的項目與費率。

　　第二個歷史階段則出現行政機制，它是以兩種方式運作。首先是以法律明定郵政規費，法律新訂時，通常賦予行政高度的裁量權，再明定郵遞距離作為行政裁量的基準；其次，行政權再依郵政規費的高低，訂定一定比例的規費成為國家財政收入的來源，並且盡可能提高財政收入的比例。這樣就必然形成一種單方制訂又高度體系化的郵政規費制度，涵蓋上述個別信件郵費、郵政運輸里程數與收費標準。在這種情形下，郵政對於國家而言，就是個獲利的事業，但是營運成本與反映成本的郵政規費必然持續增加，當郵政規費隨著運輸距離

而同步調高時，個人之間的人際流通就會侷限在地區之間的範圍。

如果商業貿易與經濟流通都只在有限地區之間流動，上述情況就不會構成問題。但是當整體生活透過鐵路及輪船的大量快速運輸已經產生巨大改變，並且實質改變人際流通的質與量，那麼上述情況就會構成嚴重問題。如果只專注在郵政運輸的體系化與準確度（如同上述1830年代的立法狀態），根本跟不上時代進步的速度。因此會出現另一個全新的郵政規費原則，它的內容就是以下的兩句話：「郵件在特定基本重量範圍內，郵政業務就不再依據運輸距離訂定成本，而只以收發信件決定收費成本。」、「郵局臨櫃收取郵資（現金）的作業成本必定高於發售郵票的作業方式。」這兩句話再加上郵政規費的最高發展原則，那就是郵政已不再是財政收入的工具，共同構成當今十九世紀歐洲的郵政規費體系，這套體系是英國人羅蘭希爾（Rowland Hill 1795-1879），在1839-1841年間創立，它的基本原則就是平等與廉價，並且以郵票作為支付工具。後續的發展，則是依據郵件的類型，例如信件、印刷品與報紙等，逐漸形成各自適用的郵件尺寸規格，以不同區域決定郵資的體系也逐漸簡化成以國家別作為郵資的依據，而國際間的郵政公約在平等互惠的基礎上，也得以擴及全世界。至於以人員與貨物為主的郵政運輸，則仍然維持單一國家的特色，跨國運輸則簽訂鐵路運輸的國際協定。

二、郵政法制

（一）基本概念

最廣義的郵政法制，泛指所有郵務行政以其行政行為在郵政機關與個別使用人之間所形成的全部法律關係。法制的基本原則，在於郵務行政以其行政特質如何準用本質上屬於私法規範的運送業者及運送契約。這個作用就是國家財政高權的概念。因此，郵政法制的概念就等於**郵政高權**的法體系。

郵政高權的概念歷經兩個歷史發展階段。它首先是一種單純的財政工具，郵政制度被視為國家收入來源之一，到了十九世紀則轉換成經濟高權的法律制度，也就是只有承擔國家功能所必要的情形下，郵政高權的獨占權力及其法制才有正當性。

郵政法制的各種法律關係都歷經上述兩個階段，因而都內含雙重的結構。但是，歷史發展的趨勢則是爭取整體郵政制度更大的自由化，其目的雖然

不在於撤銷郵政高權，卻盡可能限縮郵政高權在個別具體行為的適用範圍。在這方面，我們仍然身處兩個階段的過渡期間，仍然適用郵政高權的若干法律規定。因而非常有必要探討整體郵政法制的體系基礎，以掌握未來發展的脈絡。

郵政高權的概念之所以容易產生誤解，因為人們通常只認知到歷史上財政高權意義下的郵政，卻未同時認知到經濟高權的趨勢，已經成為郵政高權及其法律制度的第二個結構因素。影響所及，當英國與法國都充分認知到國家經濟高權的重要性時，甚至不一定理解德文財政高權的專有名詞，而德國文獻針對郵政高權的概念，有時認為是純粹的歷史制度，有時則是納入國家學的內容。

（二）郵政法制體系

郵政法制的體系包括郵政強制權、郵政義務、郵政刑罰權，以及郵政緊急處分權。**郵政強制權**等同於狹義的郵政高權概念，專指郵政獨占的權力，在法定範圍內從事郵件、人員與貨物的運送業務。

獨占郵件運送業務是郵政高權歷經變革後仍然保有的核心項目。它是以法律明確規定，禁止私營企業或任何個人從事郵件的運送。郵政獨占貨運的權力，就只限於一定重量範圍內的貨物。至於郵政獨占人員運送的權力，至今僅保留特許制的基本原則，那就是任何事業體從事定期人員運送的行為，都必須獲得政府的事前許可。依法律規定，特許執照必須定期重新審查資格條件，法律亦得明定收費事項，或者明定義務條款，針對郵政機關委託運送的人員、貨物，甚至信件，均應免費或者優惠方式共同運送。由此而形成的運送業務可以區分成兩個部分，首先是委託民間運送業者（das Lohnfuhrwesen）及其衍生的公法法律關係，這部分所有歐洲國家都有相同的規範；其次就是鐵路與輪船運送郵件與貨物的法定義務（例如鐵路附掛郵政車廂，輪船附設郵政貨櫃等），至於人員運送則不在此限。關於鐵路與輪船的運送義務，各國則有不同的規範方式。

郵政義務專指郵政高權相對於所有使用人應該遵守的法定義務。主要的義務包括收取郵政高權所涵蓋的郵件與貨物、實際運送到達目的地、遵守規定的運送期限、明定郵政責任的項目與範圍以提供郵件與貨物運送的保證責任。郵政責任的項目，首先是普通信件，然後是與普通信件同等級的報紙、印刷品與廣告信件，接著包括掛號信件與報值信件。通常郵政立法最制式的規定，必定

是拒絕普通信件的賠償責任，關於掛號信件與報值信件，則授權郵政機關另訂賠償標準，針對運送期間則完全不負保證責任。這些就是現行的法定郵政責任體系，針對郵政業務行為授與相當程度的裁量權限，以自行訂定郵政行為的行政命令，但是這些行政命令的內容卻未規範人民對於郵政的權利救濟制度，尤其這些郵政立法往往授權行政機關得以自行訂定郵政責任的構成要件，相較之下，更突顯權利救濟制度的不足。由此得以推論，郵政立法作為行政命令的法源，必須要明確規範權利救濟的項目。

郵政刑罰權，係指侵害郵政高權的刑罰規範，這些必須由法律明確規定。然而，郵政刑罰的強度必定會隨著私營郵遞事業的自由競爭而逐漸消失。

郵政緊急處分權，係指郵政機關有權力在郵政業務遭受危害時，徵調個人提供協助，或者徵用私人土地。相關行政補償措施準用國家緊急處分權。在必要情形下，行使郵政的行政管理職權前提下，亦得免除路政規費的負擔。

第二目　鐵路

本質與功能

如果郵政的功能在於提升個人之間的人際流通，作為國家施政的標的，那麼鐵路的功能就在於提供人與貨物**大量流通**的機制，一方面承擔這項功能，另一方面也創造這項功能。所以鐵路代表著國境之內，以及國際之間凝聚共同生活的平台與象徵。它的意義往往超越所能達到的功能。這可以說明為什麼鐵路的興起總是成為法律制度與各種文獻的熱門議題。行政理論的首要任務，就必須在各種相關的領域中區分出專屬鐵路的領域，在這個基礎上，再賦予明確的定義與制度原則。

關於鐵路的價值高低、影響程度、所需要的經濟條件，以及衍生的精神意義，這部分屬於國民經濟與社會理論的議題。關於鐵路的擴建、路線安排、運輸能量與資本應用等，則屬於行政統計的議題。關於鐵路建設與營運的合目的性問題，則是鐵路工程與技術的議題。

行政理論與上述不同的地方在於，必須將鐵路視為一種提供有機發展的條件，這個條件是每個個人生活不可或缺，但是身為一個個人卻又無法獨立創設

的條件，所以必須透過共同生活體，集眾人之力共同完成。所以，行政理論必須回答的是，為了鐵路建設，國家**必須**採取的作為，以及**能夠**採取何種作為。這些國家的作為與挑戰共同構成鐵路行政管理的概念；鐵路行政所適用的法規就是鐵路法制的概念；所有與鐵路相關的公法法律制度與行政措施，連同鐵路相關的統計與科學技術，我們稱之為鐵路制度。

　　上述概念的定義相對簡單，但是它們的實質內容卻各自具有獨特性質，這些獨特性質又構成鐵路制度的獨特內涵與結構。

鐵路制度的立法原則

　　對於鐵路制度的理解，在這過去十年間產生根本的改變。過去當鐵路興起時，它主要被認為是一種帶來利益的機制，有時被視為是一種舒適的交通工具，大多則被認為只是一種具有地區價值與地區意義的交通機構。這個觀點已經不適用在當代，現今的鐵路已經被認為是一種整體國民經濟的必然現象，被認為是共同生活體經濟發展與精神進步不可或缺的條件。這就是我們當代對於鐵路的基本思維，而且是會日漸加深鐵路的重要性，甚至成為所有國家的普遍確信。

　　如果上述說法成立，那麼鐵路的創設與營運就應該成為行政的任務，如同路政與郵政事務。依據同一個原則，國家應該自行建設鐵路，並且自行營運與管理。

　　但是只有國家的力量仍不足以承擔鐵路事務，部分原因在於鐵路需要巨大的資本，另一部分原因則是鐵路營運仍然具有經濟企業體的特質，只要它必須依據企業盈餘作為企業存在的前提與目的，就不適宜由國家單獨經營管理。不論是中央政府或地方自治都不足以單獨承擔鐵路事業。為了完整創設鐵路事業，必須加入國家行動力的第三種行政組織型態，那就是人民團體。而且人民團體之中，適合經營鐵路事業的組織方式，必定是股份有限公司（die Aktiengesellschaft），且幾乎全世界的鐵路事業都是股份公司的組織型態。

　　但是，每一個股份公司或者民營企業都有相同的生存原則，那就是企業的營利（股利）。為求營利，就必須透過企業的設備與營運去獲得最大的利潤。鐵路的利潤就建立在每一個鐵路使用人都盡可能付出最高的費用。然而代表公

共利益的國家卻必須在維護公益的前提下，要求盡可能最低的費用。所以站在企業經營的觀點，會要求鐵路行政及其法制為企業資本賺得最大獲利，而國家則會要求鐵路行政及其法制為公共利益提供最大服務。不論是企業經營或者國家公益，兩者都全力抵制另一方可能取得的支配優勢。並且兩者對此都有相同的合法性與正當性。所以只要鐵路興起，上述兩種力量連同各自適用的法制與權益，必定形成對立的局面，不論是全面性的制度與政策問題，或者個別的經營管理問題，都會出現公共利益與社會利益（私益）的持續矛盾對立，但同時也會出現持續的努力，以調和兩者達到和諧的狀態，上述的矛盾對立就構成鐵路制度的法制核心，並且構成鐵路制度發展史及其體系的基礎。這種矛盾對立不僅貫穿整個鐵路制度，也決定了所有國家公共鐵路制度的特質，這個特質的內涵就是前述兩種力量互動的結果，而制度發展的過程實質上就是兩種力量互動的過程，這些互動也使得鐵路制度的體系有了與時俱進的具體內涵。站在這個觀點上，才有可能開始建立鐵路制度的學術分析與知識。

鐵路制度的法制史

依據上述的說明，鐵路制度發展史可以區分成三個階段，這三個發展階段與鐵路的統計、科技、甚至國民經濟的問題完全無關，這三個階段實質上構成鐵路法制與鐵路行政制度發展的基礎。

第一個階段是鐵路制度的開始，它的最初發展理念在於，鐵路只可能透過私人企業興建，但是也隨即認知到鐵路同時具有某種公法的功能。在這個階段尚未觸及鐵路如何營運的重要問題。這個階段的法律制度從1830年至1840年之間，侷限於特許制度的建立，以及興建與營運的行政管理問題（die Bau-und Betriebspolizei）。但是到了1840年代末期，人們才普遍認知到鐵路制度實質上就是行政機構。國家公權力開始直接介入鐵路制度，一方面協助建立相關配套措施，另一方面則是直接建立國有鐵路。國有鐵路的嘗試，很快就停止進行，因為國家只以稅收，永遠不足以支付鐵路興建與營運的成本，在這個階段，國家逐漸退出鐵路制度，民營鐵路於是成為鐵路營運的主要型態。到了1850年代中葉之後，鐵路法制的組織體系就形成固定的組織型態，不論在原則與實務的諸多問題上，都在尋求公共利益與企業獲利兩者之間的妥協。我們目

前就處在這個階段。它的特徵就是，在特許制的前提下，採行補助與獎勵原則以厚實鐵路維持最佳的設備狀態，同時又維持行政管理原則，那就是保留收歸國有的權力，而且監督的範圍擴及行政管理與運輸營運的各項環節，這就是現行鐵路行政法制的基本原則。這個基本原則也構成各國鐵路制度的比較基礎，以及判斷相關法規具有何種價值的依據，公共利益與企業獲利這兩個要素彼此之間的互動關係，不僅構成鐵路制度的立論基礎，同時也是建立相關行政法學的出發點。

鐵路制度的體系

　　依據上述的說明，可以呈現出鐵路制度體系論述的本質與價值。體系論述當然必須以鐵路制度的內在基本關係爲基礎，而且在每一個基本關係中，必定是上述兩個要素互動的結果。作爲體系論述的內涵，包括鐵路組織、鐵路興建、鐵路（內部）管理，以及鐵路（外部）營運等四個面向。雖然這些基本關係與體系內涵在所有歐洲國家都是高度類似，然而歐洲三大民族的特色同樣反映在它們的鐵路制度中。英國的鐵路制度向來被視爲社會事務，國家完全不補助鐵路制度，所以不會主張收歸國有的權力，鐵路就如同其他私人企業僅由公權力執行必要的監督權力，但是在法國與德國的鐵路制度，原則上都是經由國家補助才成立，所以都有被收歸國營的義務，並且由政府參與興建與經營。只不過法國的國營狀況更勝於德國，德國的鐵路在國營基礎上，仍然保留某種程度的自主性，所以我們可以說，法國的鐵路制度在政府全面介入的狀況下，制度本身僅保留企業的經營型態，但是德國的鐵路制度則屬於具有「行政任務的人民團體」（Verwaltungsvereine）[29]。在這些基礎上形成歐洲國家差異的鐵路制度。

　　本書認爲，英國的鐵路立法最具典範意義。首部鐵路立法見於1801年，最早的鐵路特許執照頒發於1823年，到了1836年英國已經有490哩的鐵路規模，蘇格蘭則有50哩。法國的首部鐵路立法見於1842年，以取代之前的警察法規。法國立法則將鐵路視爲一個整體發展的概念，它是一個公權力的機關，由國家

---

[29]　在本書則等同於具有行政任務的股份有限公司。

直接參與興建，並負責基礎工程的建設，社會（資本）負責路面以上的鐵軌、設備與營運。國家直接規劃鐵路建設，社會（資本）則負責具體執行。國家直接規定鐵路票價與運費，並且設定鐵路興建的工程規模與營運規則，為了確保執行，國家則與鐵路公司簽訂契約，納入上述工程規模與營運規則相關的條款。國家並設立監督機關行使嚴格的檢查制度。在德國境內，只在兩個大的諸侯國才發展成體系化的鐵路制度，其他小的諸侯國因為鐵路規模較小，所以並未發展出獨立的鐵路制度與法制，法律規定幾乎僅限於特許的授權與型態。體系化的鐵路制度只在普魯士與奧地利。普魯士第一階段的發展將鐵路制度視為民營企業，政府僅行使監督權力，法規範為1838年的立法；第二階段，國家則嘗試將鐵路完全國有化；第三階段則限縮為補助、獎勵措施、保證責任，以及收歸國有的規定。在奧地利，第一階段則延續到1848年；第二階段鐵路國有化到1854年；第三階段自1854年開始改為補助、獎勵、保證責任與收歸國有的規定。雖然文獻上多主張制定全德語區適用的鐵路立法，但是仍然欠缺足夠的工程技術與管理知識，尤其欠缺相關國民經濟與統計資料的基礎。

　　所以，瞭解德國鐵路制度就必須同時掌握政府與人民團體的作用，以下則說明主要的觀點。

一、鐵路組織

　　上述鐵路制度的兩大要素，首先表現在它的組織型態。每一個鐵路的最原初組成方式都是獨立的人民團體，它的特色在於公開募股與企業經營。基於第一個公開募股特色，必須設置會員大會、會長（代表人）與行政部門（Verwaltungsrat），基於第二個企業經營特色，則有經理人、職員與事務人員等分工。整個歐洲的鐵路制度在這方面差異不大。

　　但是，每一個鐵路同時也隸屬於某種行政機構。每一個鐵路都受特許制的約束，它的興建與營運則屬於政府（商業）部會的管轄，在部會之中也有主管鐵路事務的局處。在會員大會與行政部門之中設有官派職位以代表政府參與鐵路事務，針對鐵路的營運與管理設有檢查制度（die Inspektion），執行監督權力。

　　上述私益與公益兩大要素的法制模式與權力互動都還是處於不確定的狀態，但是透過鐵路在興建與營運上的自主發展，則逐漸形成一種固定的體系。

二、鐵路特許

　　由企業私益與行政公益交織而成的另一大領域則是特許制度。每一種特許制度都有雙重內涵，因爲特許本身都有雙重目的。特許制度一方面要針對社會資本設定參與鐵路建設的條件，促使社會資本能夠有效運作；另一方面又必須要求設定條件的效果，在鐵路興建之初就要確保公共利益優先於企業利益。基於上述兩個觀點，彼此互動之下，逐漸形成兼顧兩個原則的特許體系，這也使得特許制度成爲一個內容豐富的行政法領域。

　　首先是開發特許（die Vorconcession），授權進行鐵路興建的前置作業。它的主要內容則是授權公共徵收取得土地與不動產的權益，以進行前置作業所必須的土地規劃與工程測量。英國目前沒有這項授權，德國則普遍認同這項授權，但是對於授權範圍與項目則尚無定論。

　　其次是興建特許（die eigentliche Concession），正式授權社會資本及其所代表的公司團體進行鐵路興建。興建特許的授權通常有雙重意涵，它一方面擔保社會資本在特定路段享有除外權益與徵收權益，附隨的則是擔保開發公司享有股份發行權與優先認購權；另一方面，政府在授權協商過程中必須確保公共利益的落實，以規定條件與設定負擔的方式，作爲興建特許的必要附款。這包括爲後續的開發工程設定原則與負擔，確定路線與車站工程做爲特許的條件，爲確保興建工程如期進行而設定工程期間與履約保證金，最後則是開發與興建公司的相關規章應該轉呈政府核定生效，作爲特許的必要內容。在上述特許的基本內涵之外，還有一個新興的議題，最近也納入特許的項目，這個部分涉及國家補助與收歸國營。

　　國家補助的目的在於，國家向社會資本保證鐵路營運的獲利，以吸引足夠的資本參與鐵路開發與興建。國家補助的程序往往代表著國家公權力與私人利益的正面交鋒，國家補助鐵路興建有三種基本形式：第一種是國家直接參與鐵路興建，這個制度源自於法國體系，國家負責土地徵收與路面下的工程，社會資本則負責路面上的所有事務；第二種是德國體系的保證獲利方式，這種措施通常配套的是分期償還國家的支出；第三種較新的方式則是針對鐵路設備、營運與收支項目的租稅減免措施。每一種方式各有其優點、缺點與效果，它們必定主導政府與鐵路營運之間的法律關係，至於何種方式較有價值的問題，則必須取決於鐵路營運可能的獲利評估，以及國家的財政狀況。

　　基於上述的國家補助原則，就衍生收歸國營的行政原則，收歸國營的行政作用通常表現在特許期間的規範方式。收歸國營的範圍，依據法國制度包括地下與地上的建築，不包括營運設施。特許期間的計算，基本上是預估事業盈餘足以償還整體投資的期間。因而在英國不會發生收歸國營的問題，在法國原本只有短期特許，例外則依據經營的風險愈高，期間愈長，在德國的部分鐵路原本也沒有收歸國營制度，1848年以後所有鐵路都以九十年為特許期間。原則上收歸國營的方式取決於國家補助的規模與型態。

　　收歸國營的問題，在英國規定於鐵路法；在法國則分散在特許的行政規章，或者在國家與鐵路公司之間簽訂的特約（Cahiers de Charge）；在德國則規定於特許證書與相關文件中。然而只要收歸國營成為國家補助原則的配套措施，上述的差異就會逐漸趨向一致。

三、鐵路管理

　　鐵路管理的法制與前述鐵路組織與鐵路特許密切相關。鐵路管理的法規範原本依據鐵路特性而產生，鐵路特性首先源自於事業利益，其次則是貨物運送的技術設備。然而，即使有這種特性，鐵路事業的管理法令還是以整體利益為重。整體利益的考量仍然隨處可見，鐵路管理的法制其實就是依據經濟活動與公眾交通的公共利益所規範、調整而成的鐵路事業利益。所以在鐵路管理的法制領域，鐵路自身的行政管理與政府公權力必定維持密切關係，那就是鐵路事業固然是以自己的責任進行鐵路行政管理，但是政府公權力不僅在抽象政策層次，即使是具體的經營行為，都會依據它的監督權力以確保公共利益的實現。所以公共利益與事業利益這兩個要素彼此密切互動，並且在形式上構成完整的鐵路管理法制，它的內涵如下：

　　行車安全（die Bahnordnung, Bahnpolizei）的目的，在於確保鐵路的行車狀態與安全。鐵路的啟用必須先經過安全測試，以及主管機關的同意；鐵路的維護必須由鐵路行政機制負責，並且接受主管機關監督；工程人員、檢測人員與道班人員定期且持續巡查鐵路以確保行車狀態與安全。

　　營運設備（das Btriebsmittel），相關鐵路機器設備必須符合檢驗標準與使用年限，包括車廂的數量、設備與承載安全規定，在這方面，鐵路依其自身的事業利益去迎合經濟活動與公眾交通的需求，政府公權力則從旁扶助鐵路事

業。

　　營運管理（die Betriebsordnung）的法制首先在於訂定行車時刻表（die Fahrordnung），鐵路為公共利益必須負擔下列義務，適當明顯的公告周知、維持行車的準點，以及適當的轉乘換車。政府公權力則透過核定行車時刻表，監督上述事項。營運管理法制的第二個重點在於訂定乘車須知（die Zugordnung），包括乘客須知與貨物裝載注意事項、車廂相關資訊與號誌規定，不論是行車時刻與乘車須知的規定，主要是由鐵路的經理階層自行決定。

　　鐵路通訊（der Bahntelegraphendienst），為了鐵路管理的目的，以確保行車安全與營運效率，所以設立獨立的通訊機制與組織。

四、鐵路運輸法律關係

　　鐵路運輸的法律關係，開始於上述鐵路管理行為與個別使用人的互動接觸。這種互動原則上屬於私法性質，法律關係則為契約法律關係。然而原則上的私法契約關係同樣會因為鐵路的公共利益特質而有所改變，此處私法契約與公共利益的交互作用，我們稱之為鐵路運輸法制。

　　理解鐵路運輸法制雙重特性的關鍵在於，鐵路制度背後的財政高權理念，以及鐵路相對於個別使用人的私營企業特質。在這個領域，只要是實現公共利益所必要，公法的功能就在於限制私法的適用範圍，以下是三個主要的法制內涵：

　　運送費率（das Tarifrecht）。是指鐵路運送服務的對價。訂定運送費率原本屬於鐵路事業固有的權利。但是，鐵路管理的公共利益性質，首先會藉由特許行為規定運送費率的上限，其次則是運送費率的訂定與修改都應報請政府核准。鐵路事業有義務做到最大範圍的明確公告。運送費率的訂定，必須包括保險費與其他必要手續費用的成本。至於費率的高低問題，應該屬於國民經濟的重要議題，並非行政管理本身得以單獨決定的事項。在政府核定費率上限的範圍內，鐵路事業必須自主決定各項費用高低。然而，政府當然也有權力要求降低特許所同意的費率上限，在這種情形下，政府就必須依據公用徵收的法則，遵循特定的程序，並且必須給予鐵路事業補償。但是，最有效制衡運送費率訂定權益的絕非政府的介入，而是鐵路事業的競爭力，這才是每天都會發生效果的機制。

運送權益（das Transportsrecht）。人員與貨物的運送權益原本屬於私法契約的範疇，公法法令則規範鐵路依據運送費率收費後，對於人員與貨物的不得拒絕義務，以及依據行車時刻表的運送義務。運送權益的實務應用，通常集中於鐵路運送同時兼具貨運承攬人與貨物運送人的功能，也就是鐵路的貨運業務，在這方面，鐵路事業必須有充分權利，在遵守行車時刻表的前提下，自主裁量與管理運送業務。如果要正確判斷運送權益的相關問題，必須與鐵路的運送責任問題有所區分。

運送責任（das Haftungsrecht）。鐵路的運送責任原則上依其私法本質的發展，具有下列三種基本型態：

首先是民法的運送責任，適用民法相關的故意過失與損害賠償的基本法理，而不論鐵路管理對第三者造成損害的特殊性，包括損害的範圍與類型等；其次是商事法的運送責任，這部分則依據商事法的特別規定；第三是公法的運送責任，包括鐵路事業對於政府所負擔的保證責任，保證鐵路的完全運作功能，以及針對具體被害人是否依據鐵路運送特性必須承擔的無責任過失（onerose Haftung），換言之，不再適用民法由被害人負鐵路過失的舉證責任，而是相反的，鐵路必須舉證證明損害賠償發生的不可避免性，才得以免除賠償責任，至於賠償金額高低則由法院認定。

運送費率須經政府同意是一種伴隨著鐵路立法的制度，普魯士在1838年鐵路立法即有相關規定，英國1858年鐵路立法亦同。至於法國根本就將運送費率視為政府法令之一。德國訂定的運送費率上限則是依據鐵路建設與管理成本，通常規定在個別的鐵路特許中。關於運送權益的法令通常也等同於運送行為的行政管理法令，輔以鐵路指揮調度權，包括旅客須知、貨運注意事項、裝載貨物的特別包裝規定等，這些通常屬於商事法運送責任的規範。目前發展中的鐵路制度既無法完全經由法律規定，也無法完全透過學術工作掌握全貌，顯然在德國商事法與人民團體法之外，正逐漸形成一個獨立的法領域。

第三目　航運

航運依其一般特徵可以歸類在前述船政的領域，輪船必需的輪機部分則屬於專業的輪機工程管理，航運對於拓展整體經濟生活意義重大，但是卻欠缺國

民經濟的探討與行政統計的資料。公共航運的概念與法制之所以興起，原因在於延續鐵路的運輸路線。鐵路連接航運開啟了更大的經濟貿易效益，必須開辦定期的聯合運輸關係。為了達到這個目的，必須由國家自行規劃航運路線，或者在現有航運基礎上，透過補助以設定類似開辦的義務，由此而創設的行政法令與契約條款共同構成公共航運的法制。

原則上，公共航運的法制與前述鐵路法制類似，值得注意的是，無過失責任的適用在公共航運領域較少被主張。如果國家不自行建造國營的郵輪，對於航運的補助勢必依據航線不同而有差異。所以相關的法律制度會因航線與國家而各有特色。

第四目　電信

電信事業提供經濟貿易**即時流通**的平台。所以電信機構是為公共利益服務，就像前述的郵政與鐵路機構。但是，電信事業同時又具備私人企業的特質與法律關係，企業的發展條件往往取決於獲利能力或者政府補助。由於目前為止最主要的電信業務來自於政府電報，包括文件與新聞，所以除了少數例外，所謂的電信制度專指國營電報業務。

基於上述國營特質，所以電信的法律制度幾乎完全是由行政權力所建立，而且與電報的發展史密切相關。最原始的光學電報系統完全屬於國家機關，純粹服務高階行政人員與機關，類似郵政的最初發展階段。鐵路事業使用電報系統之後，就開啟了電信事業的全新發展。首先是將鐵路電信通訊系統普遍使用於行政目的，例外的情形允許私人亦得使用鐵路電信通訊系統，接著行政權開始建立專屬的公務電報通訊線路，並且同時開啟私人經營電信事業，在開放民營的**趨勢**下，就有必要建置國際間的電信業務，因此國際電信協定就成為電信法制的要素之一，在德國尤其如此，但是在英國的電信業務始終維持私人企業，法國則以法律規範電信業務。

如前所述，電信法制的體系相對單純。它可以區分為電信管理法（das Betriebsrecht）與電信營運法（das Verkehrsrecht），再加上電信公司的特許制度，這部分通常準用鐵路的特許制度。

電信管理法基本上屬於電信科技的範疇，不論是國營或民營企業的管理

規範，都必須接受國家監督。所以電信管理法的主要內容為行政指令之類的強制規定。行政組織也順應科技的特性，以國家公權力進行科技監督與電報處所的管理。配套的制度則是電報線路設施的嚴格管理，以及特別適用的電信刑罰法。

　　電信營運法類似前述鐵路運輸法律關係的內涵，涉及電信機關與使用人之間的法律關係，再依據電報特性適度修訂如下：電報費率由行政機關自行訂定，使用人的電信權益問題，則是依據公布的電信法令，電信機關有義務收發電報；電信機關與使用人之間的電信責任問題，仍然欠缺討論，然而可以確定的是，電信機關必須為發報錯誤負責；至於破壞電報通訊秘密的法律責任，到目前為止仍屬承辦公務員個人的責任，電信機關是否應該負監督不周的連帶責任（電信機關如果善盡監督責任，則可避免電報通信秘密被破壞），同樣欠缺討論；如果造成使用人權利受損，電信機關是否必須負擔無過失責任，電信機關如果主張無過失，必須證明損害發生歸因於不可抗力的免責條款（vis major），這兩者都沒有規定在行政法令中；電信機關的賠償責任與送達之間的關係如何，同樣欠缺討論，兩者的關係當然不僅限於送達的時間而已[30]。電信制度與前述鐵路制度目前仍待建立各自完整適用的法律制度。

第三款　流通制度：概念與內涵

　　流通制度與前述交通設施與交通機構密切相關，卻是整體經濟貿易體系中單獨作用的領域，因而自成一套機制。流通制度的概念，是指促進地區之間的人貨交流，使得地區之間經濟生活能夠相互流通。流通制度的法律配套就是契約，制度的經濟意義則是實現獲利，這同時也是整體經濟貿易及其交通機制的目的。流通制度因此原本屬於國內經濟的循環機制，而且專屬於個人之間的交易行為。

　　然而有一項交易條件，則不是個人能夠獨力完成的，這個特殊條件本身是一種與獲利行為無關的作用，那就是在交易過程中，確保交易雙方貨物與價值有正確的計算機制（das richtige Mass）。這個計算機制必須客觀確定，並且

---

[30] 依我國現行行政程序法第67到91條的規定，送達涉及送達機關、受送達人、送達方式、送達證書與送達限制等五項問題。

排除主觀任意因素，才能確保交易安定。如此具有客觀拘束力的度量衡制度已經超越地方自治與人民團體的能力，因為它必須平等適用於所有的交易行為。它必須透過國家法律制定，並付諸行政權力執行，與此相關的法規範與行政措施，我們稱之為流通制度（das Umlaufwesen）。

流通制度依據貨物交易的特性，具有雙重的內涵。其一是針對**貨物本身**的度量衡標準，其次是針對**財貨價值**所發行的硬幣、紙鈔及其貨幣體系。隨著貨幣體系的建立，必然衍生出信用制度（das Creditwesen），以及有價證券的適用問題。

如前所述，流通制度的產生是一種自然、而且必然的過程，成為一套公法規範則顯示出人際之間日益密切的連結。然而，不論是實際運作或者理論分析，流通制度都不可能得到某種定論。因為流通制度的完成與否，並不在於這種或那種的制度選擇問題，而在於如何將同一種計算標準無分軒輊的應用在全球範圍的經濟貿易。因而流通制度的歷史其實也就是各種不同的計算標準與貨幣體系，經過漫長的過程，逐漸在全球經濟貿易形成一個單一標準的發展過程，這個過程不僅將統一適用的流通制度推向國際貿易，而且在十九世紀度量衡與貨幣成為貨物交易的兩套體系也達到高度發展的階段。

第一目　貨物流通與度量衡制度

度量衡制度作為計算機制並非自始存在、自動產生的體系。所有的度量衡標準都是依據人的需要而產生，每一個計算標準、甚至整個體系原本都是應用人的身體比例以丈量自然現象。所以度量衡的計算標準都是源自於人的行為，或者是身體動作，或者是意志作用。由此而構成某種最自然的度量衡體系，其中的構成要素則是所有民族都類似。

但是在上述自然形成的度量衡體系中同樣充斥偶然與獨斷的作用。所以在經濟貿易與商業行為興起後，就會要求統一適用的計算標準，以確保量測之準確。如果經濟的規模僅限於個人之間，當然由當事人之間個別約定；如果經濟貿易的規模愈普遍，度量衡的計算標準就必須成為客觀拘束力的法令。因此就必須選擇某種特定的度量衡體系，以法律形式確認它的客觀拘束力，並且以行政權執行這套體系。因此可歸納出三個要素，共同構成度量衡行政法規範的內涵。

　　首先是形成一套有效的**度量衡體系**，現行有效的體系通常有其歷史傳承性，而且是依據既有的計算標準所建立。要建立這樣整合不同計算標準的單一度量衡體系，特別是應用長度標準去計量空間距離，這需要相當程度的教育水準，更困難的是，將不同區域間傳統上適用的計算標準，以統計方式進行比對，再簡化成一套有效的度量衡體系。要歸納出這套體系，也就等於是度量衡歷史核心要素的回顧，這種歷史的傳承關係，在下列兩個要素的分析中也會重複出現，即使年代不同，制度的演進也不會有所差異。

　　第二個要素則是**度量衡立法**。立法的主旨在於規定強制使用的行為義務，法律規定的計量標準應該普遍的適用於經濟貿易行為中，而且確實依據法定的計量數額履行契約，藉此排除任何主觀恣意的解釋或隨機的適用度量衡體系。度量衡體系之所以具有經濟意義與價值的基礎就在於形成穩定的法制[31]。

　　第三個要素則是度量衡的**行政管理機構**（die Mass-und Gewichtspolizei）。這個機構的監督對象是小範圍的經濟流通，實施方式或者在於認證，只有經過認證的度量工具才能用在交易活動，或者在於監督實際使用的度量工具，針對違法與不當的錯用或濫用則以違警罰法（die Ordnungsstrafen）確保制度的公平運作[32]。

　　依據制度的本質，度量衡的立法及其行政管理固然屬於政府事務，而地區性的執行，則專屬地方自治事項。然而更有意義的應該是掌握制度整體的發展脈絡，它同時呈現出國民經濟的發展，國家體制的變遷，以及學術理論的建構。我們可以區分出三種基本的制度類型。

　　度量衡公法規範的第一種制度類型主要從城市發展而成，它的適用對象主要是商業交易的商品（gewerbliche Produkte），計算標準則是磅（Pfund）與呎（Elle），同時在農村的農產品則依據各地習俗，也有可能與城市商品同一。此時度量衡的制度類型會隨著城市商業活動範圍擴大而延伸適用，大城市

---

[31] 我國最早立法係民國4年元月7日所公布的權度法，其第2條明定營造尺庫平制以及萬國權度通制並行。現行度量衡法係民國18年2月新訂公布，民國19年元月1日施行，其間歷經多次修訂。該法亦規定度量衡制度以萬國權度公會所制定鉑銥公尺公斤原器為標準，稱為標準制，標準制長度以公尺為單位，重量以公斤為單位，容量以公升為單位；但是為配合民間傳統使用習慣，另規定輔助性的市用制，明定私人買賣仍得暫行市用制。參閱管歐，行政法各論，民國25年12月初版，頁212以下；趙琛，行政法各論，民國23年10月4版，頁190以下。現行度量衡法第10條亦規定：法定度量衡單位以國際單位制之單位為準，但主管機關得就國際單位之外之適用單位，指定為法定度量衡單位。

[32] 我國現行度量衡法於第八章另訂罰則，由主管機關裁罰。

則趨向全球經濟流通的標準，小城市則仍然保留城鄉之間的標準。其中度量衡的行政管理機構主要監督對象則是市場與小額商業活動，但是已經形成公法規範[33]。

　　隨著近代國家的出現，也逐漸形成某種共識，認為統一的度量衡制度具有相當程度國民經濟的價值。這就是重商主義的時代。這個時代首度嘗試在自己國內以立法確立統一適用的度量衡制度，但是大部分成效不彰，原因在於統一制度與各地方分立的計算標準難以建立一個明確的換算關係。因而在這個階段，度量衡法制往往只適用於大宗買賣，小額貿易則仍以地方習俗為主。

　　直到真正的全球貿易成為常態，才開始動搖各地分立的度量衡制度。各國均致力達成某種普遍公認的計算標準，以簡化各民族與國家之間分歧的制度，成為一個共同適用的系統。所以在十九世紀開啓一個平行發展的雙重制度。其一是法國制，主張透過立法以達到全球一致適用的公米制（das metrische System）；其二是德國制，主要建立在學術方法上，建立換算方式，簡化不同的度量衡制度成為一種共同適用的標準，以滿足國際貿易的需求。兩種制度爭論不休，爭論的內容則構成後來制度的基礎。

　　有一點很清楚，如果要爭論哪種制度較有價值，這是根本錯誤的想法，應該說較高的價值只在於形成制度的整合。再者，如果要透過強制方法達到全球經貿適用的整合制度，也是一種錯誤，比較正確的作法應該是將這種整合制度只應用於國際經貿的商業關係上。單一度量衡的整合制度，如果應用在學術研究上，制度本身只會是一套限於特定經貿範圍與產品的計算標準，而且是透鐵路與船運的跨國經貿。如果要將某個地區範圍內的產品貿易，也強制應用上述整合制度，將會是徒勞無功也毫無價值。事實上，目前經貿體系的發展也符合上述的基本法則。除此之外，要達到國內度量衡制度簡易、明確的方法，對於小額貿易而言，或者實行固定的制度類型，或者設立公營的度量衡機構[34]，或

---

[33] 類似原度量衡法所承認的市用制，長度以公尺三分之一為市尺（簡作尺），重量以公斤二分之一為市斤（簡作斤），容量以公升為市升（簡作升），一斤分為16兩，1500尺定為一里，6000平方尺定為一畝，其餘均以十進。

[34] 類似我國原經濟部中央標準局，民國36年公布經濟部中央標準局組織條例，合併度量衡局及工業標準委員會成立「經濟部中央標準局」。民國88年，經濟部中央標準局合併經濟部商品檢驗局改制為經濟部標準檢驗局，原經濟部智慧財產局的標準、度量衡業務同時移撥標準檢驗局。目前進行的中央機關組織調整，未來經濟部改組為經濟及能源部，該局將更名為「經濟及能源部標準檢驗局」。組織職權除度量衡制度外，還包括國家標準、商品檢驗、管理系統驗證。

者設立監督機構進行嚴格的認證與檢定。上述實際措施如果仍然不足的話，則有待學術工作以簡化國家之內的不同制度類型。

第二目　價值流通與貨幣制度

貨幣是一種國民經濟的概念，要瞭解貨幣的意義就必須清楚明確的區分貨物與價值。因為貨幣就是從貨物本身分離出的價值，這個價值具有獨立的表現方式，以及獨立的功能。在這個思考基礎上構成整個的貨幣制度（das Geldwesen）。

很清楚的，從貨幣衍生出的價值獨立性，正是所有流通機制的前提。所有買賣其實都是賦予貨物某種價值的行為，貨幣正是衡量貨物價值的標準，它也因此成為所有經濟交易行為的首要條件。

由此可見，貨幣通常直接用來定義一方的產品對他方的經濟意義。所以貨幣不能任由個人單向決定。上述度量衡的基本原則也必須應用在貨物價值，貨物價值的計算標準也必須是普遍公認的體系。所以這個計算標準不屬於地方自治與人民團體的行政作用範圍，它必然專屬於政府事務，這個專屬管轄權我們稱之為財政高權（die Regalitaet），因而貨幣是一種國家財政高權，政府為貨幣所訂定的規範與法制，所設立的機構與決策，作為獨立的價值流通機制，我們稱之為貨幣制度。

因而在任何時代，貨幣制度都是與國家秩序相生相隨的事務，它的體系同樣立基於國家權力本質中。它首先鑄造硬幣（das Muenzwesen），以確立貨幣的秩序；其次建立法定貨幣（das Waehrungswesen），以確保貨幣所代表的權益；再發行紙幣（das Papiergeldwesen），以確定貨幣的總數。這三個項目共同構成貨幣制度的行政體系（die Verwaltung des Geldwesens）。

貨幣行政本身是相當單純的事務。當政府認知貨幣的經濟特質，並且嘗試將貨幣的本質與功能完全透過行政機制進行管理，就會發展出貨幣行政。但是也因此產生一些經濟秩序混亂與病態發展，歷經錯誤經驗之後，才逐漸清楚認知到貨幣的真實本質，並且逐漸形成貨幣行政的功能，藉著這些管理經驗得以歸納出若干理性的行政法則。

上述理性法則必須建立在貨幣有機功能與貨物流通二分的認知上，並且

將貨幣視爲獨立的經濟流程。這個有機、但卻具有獨立功能的就是支付方式（die Zahlung）。在低階發展的經濟生活中，支付方式往往與契約行爲合併，貨幣也因此成爲契約一部分。但是在全球貿易興起後，每宗貿易的逐次支付方式已不可能，因而憑單支付（Zahlung der Rechnung）方式逐漸取代隨貨支付（Zahlung der Waare）方式，並發展出獨立的貨幣流通機制，作爲貨物流通的條件與替代方式，然而在形式上則是互相分離的。上述過程開始於海外商業活動，透過機器大量生產，擴大商業交易規模，更加速支付方式的快速發展，再進一步促成信用制度（das Creditwesen），成爲普遍適用的交易方式。在這個趨勢下，貨物與貨幣成爲完全分離與獨立的兩個要素，由此而衍生的問題是，貨幣依其經濟特質是否能夠置於立法與行政的規範之下，又能夠規範到什麼程度。這個問題又可細分成三個子題，這三個子題同時代表貨幣的三個歷史發展階段：第一個子題是鑄造面值是否等同於貨幣價值，基於這個子題發展出硬幣制度及其法制；第二個子題是貨幣與金銀的兌換關係，由此而發展出法定貨幣及其法制；第三個子題是如何籌集經濟流通所需的全部貨幣，由此而發展出紙幣制度。每一個問題各有其獨特的歷史發展，各自的立法與文獻，他們共同構成一個內在的完整性。

如果不區分國民經濟與行政管理的觀點，將難以判讀諸多貨幣制度文獻，對於貨幣歷史發展的敘述。它們的主要分析脈絡如下。歐洲文獻最早開始理解的硬幣制度，可以統稱爲義大利時期，第二個時期爲1808年開始處理紙幣的問題，在這兩個時期之後，1838年德國才開始藉著銀行制度，廣泛討論貨幣與貴金屬（金銀）之間的關係，討論的著力點主要在於對抗英國已經實施、法國已形成共識的銀幣體系，德國國民經濟學界對這個問題尙處於莫衷一是的階段，只有少數學者依據行政觀點處理貨幣制度。我們目前必須在立法與學術兩個方向釐清貨幣制度。

一、硬幣

硬幣是指內含特定貴重金屬成分與重量的貨幣。因爲這個特性，使得硬幣的種類與體系得以決定財貨價值的體系。以硬幣的形式創設前述的價值體系，作爲行政的任務，我們稱之爲硬幣體系。

建構硬幣的基本流程如下。每一種硬幣都具有特定的基本重量，分配不

同的基本重量也就等於確定每塊不同的硬幣，這樣的貨幣重量體系就構成硬幣的法定金屬標準值（der Muenzfuss），依據法定金屬含量產製的貨幣就成為主要硬幣（die Hauptmuenze）。鑄造硬幣就是透過硬幣圖像所表達的國家保證，保證所有的硬幣都符合法定金屬標準值所規定的重量與貴金屬成分。鑄造硬幣必須透過金屬合成的技術，所以硬幣成品與法定金屬標準值之間得以存在合理誤差（das Remedium）。硬幣在流通過程中，必定因磨耗產生價值減損，這部分則透過定期回收舊幣重新鑄造新幣的程序，維持硬幣的流通。鑄造硬幣的各項支出可以視為硬幣面值與原料成本之間的合理成本（das Schlagschatz, Muenzgewinn），得由每一個硬幣面值依比例吸收。透過非貴重金屬產製的硬幣就稱作輔幣，它也有單獨適用的法定金屬標準值。以上就是硬幣體系的基本概念[35]。

硬幣體系的法制原則就是國家的財政高權。即使私人有能力完整複製出毫無瑕疵的硬幣，這種行為也屬於經濟犯罪。

硬幣體系的行政原則就在於精準的鑄造，使得每一個硬幣都符合法定金屬標準值，因為任何些微的失誤都可能透過日常的使用行為，在交易過程中產生無法想像的價值混亂與不信任。不論硬幣的基本重量、金屬成色與塊狀大小都屬於相對單純的國內事務，它們之所以具有重大意義，就在於世界性的經濟貿易促使各國的硬幣體系產生交流互動。至於輔幣則仍然維持地區硬幣的特性。

依據上述的分析，整個硬幣體系原本只是簡單的價值流通概念，而且屬於主管鑄造機關的技術性事務，如果不是在歷史上兩個問題的出現，就不會突顯硬幣體系的重大意義，並且開啟世人對於硬幣的真實認知。

其一，硬幣的流通效果，形式上是經過鑄造程序。因此在低度發展的經濟階段就會有人認為，硬幣的流通價值可以完全取決於鑄造程序。這個結果會造成政府在硬幣流通不足時變動法定金屬成色的標準值，有些是透過公開的方式，允許同一價值硬幣區分不同重量，這樣就使得後來鑄造的硬幣重量較輕，

---

[35] 參閱管歐，行政法各論，民國25年12月初版，頁274以下；國民政府時期訂有銀本位幣鑄造條例，我國硬幣當時採銀本位制；趙琛，行政法各論，民國23年10月4版，頁290以下；硬貨雖由金銀而成，為求其有抵抗性質，必有若干貴金屬混合之，謂之參和；參和之成數，稱知合性；硬貨中貴金屬之份量，稱純分；加入與純分參和之單金屬分量，合而稱之，即所謂總量目。所謂的總量目為當時法令用語，類似本書的法定金屬標準值；鑄造硬幣，總量目不可能毫無差異，但差異應在法定限度內，稱為公差，類似本書的合理誤差。

卻經由政府授權的合法方式，具有原先較重硬幣的價值，雖然兩者事實上價值不同；另外則是透過非法的方式，欠缺法律依據的情況下，打造符合重量的硬幣，但是卻不符合法定標準值所規定的金屬成色。如此就發生過政府公權力與錢幣本質之間的操控關係，前者試圖運用公權力任意改變後者的流通特性。但是錢幣的本質及其流通價值畢竟有其自身法則。經濟流通本身如果欠缺穩定的價值計量方式就不可能運作，這也造成前述公開以法律規定的硬幣價值體系喪失公信力，市場上的交易行為必定會依據實際降低的金屬成色自行認定它所代表的價值，並且依據這個主觀認定的價值進行市場流通；另一方面，如果以法定方式降低金屬成色，造成相同面值新舊硬幣同時流通，但是十足金屬成色的舊硬幣與成色不足的新硬幣卻又代表相同的貨物價值，此時必定造成市場上貨物價值不變，但是交易價格卻上升的現象。如此一來，政府最終仍是輸家，因為政府必須承擔所有硬幣內含貴重金屬的支付責任，不論它的樣式與重量如何，但是經濟流通卻會因此喪失計算貨物價值的穩定性，這兩層巨大的損失足以瓦解共同生活的秩序，所以到了十九世紀所有歐洲國家都能夠遵行硬幣法定標準值的絕對不可侵犯性。直到十九世紀中葉，硬幣體系的制度史就只是上述國家公權力與國民經濟對於硬幣操控權力的爭奪，後者往往取得最終的勝利。

　　基於上述的原則，鑄幣合理成本（der Schlagschatz）的概念與是否抵銷的問題，到了十九世紀便完全消失，鑄幣的成本完全歸屬於行政成本，因為經濟流通標準值不可侵犯的價值遠大於從硬幣面值扣除鑄幣成本的價值。

　　其二，國民經濟的流通範圍如果僅限於國境之內，那麼硬幣體系所遇到的流通問題通常也僅限於上述第一種狀況。但是到了十九世紀，國際間的經貿互易大量增加，必然產生的需求，就是如何以一個國家的硬幣更方便的清償在另一個國家所發生的債務。為了解決這個問題，最早被提出的技術性因應之道，就是盡可能統一各國硬幣的基本重量，然後統一法定標準值，最後則是硬幣金屬合成的問題。第一、第二個方法與後來推行的統一度量衡制度密切相關，第三個方法則與法定貨幣制度及其發展史密切相關。至於實際的作法，首先必須在整體度量衡制度之下，簡化各國硬幣的基本重量及其形狀，其次則是建立國際間貨幣兌換的匯率制度。這些主張都密切牽動著金與銀兩大貴重金屬的關係，但是國際之間的經貿交流愈密切，就愈需要國際通行的硬幣體系。在這問題上，我們必須共同遵守度量衡相關的法則。未來的國際通行硬幣不必涵蓋所

有國家的硬幣體系，但必須兼顧主要的國際貿易大國。因此，這些國家的硬幣體系就必定建立在金本位的硬幣。依此推論，未來國際貿易通用的硬幣法則如下：金本位的硬幣體系必須建立在國際通行的鑄造標準與程序；銀本位的硬幣體系可以屬於單一國家自主的鑄造標準與程序；至於輔幣依其本質則屬於地區之間得以自主的事務。

　　事實上，歐洲硬幣制度的發展軌跡也符合上述基於硬幣本質的分析，相關的文獻也都在告訴我們上述的法則與互動關係。十七世紀以前的年代，歐洲都侷限於地區自主的硬幣高權時代，這段時間也是歐洲硬幣制度最混亂的時代；十八世紀才確立硬幣體系不可侵犯的最高價值與必要性，即使國家公權力也不例外；十九世紀開始透過國際協定建立國際通行的硬幣體系，但是依據上述關於硬幣本質的分析，目前國際間所建立的也僅及於金本位的硬幣體系。我們目前仍處於初步的發展階段，相關的文獻則透過理論方式，簡化不同的硬幣體系成為相同的基本重量，以促成經濟流通中硬幣價值的換算機制。上述硬幣制度的歷史發展軌跡，在不同的國家也可能會有不同的內容。但是基本的發展原則如下：硬幣制度發展的穩定與否，關鍵在於國家公權力（國王權力）是否能夠順利壓制各地封建領主的傳統勢力，至於全歐洲的單一硬幣體系則繫於鐵路體系與鐵路運輸的發展程度。

　　釐清歐洲硬幣體系的發展過程之所以困難重重，原因在於**硬幣**及其所代表的**價值**高低，一直以來就是個混淆不清的問題，另外硬幣也常與法定貨幣與紙幣的概念與功能混淆不清，整個歐洲的文獻幾乎都有這個盲點，各國的相關立法彼此之間差異更大，我們在此必須努力的區分清楚。

　　最早的義大利文獻（1691年）處理的是單純的硬幣鑄造問題，直到重商主義興起之後，才開始建立體系性的論述，但是這整個過程還是未能清楚區分貨幣與價值這兩個概念。接著出現亞當史密斯所主張的貨幣價值理論（Wert des Geldes）。德國一直到十八世紀中葉才從貨幣體系中區分出硬幣制度，在此同時，深受亞當史密斯影響的德國國民經濟學界還是停留在體系不分的階段，硬幣制度則已經藉著造幣科技與技術形成一個完整的體系，另外在警察學的著作中，也已經提出理性硬幣制度的概念，主張貨幣流通規模應該與貨物流通規模

連動[36]。除了文獻上的討論外，歐洲國家之間也以國際條約尋求硬幣體系的統一：1857年德國個諸侯國條約；1865年國際金幣條約，簽約國有法國、比利時、義大利、瑞士，該條約並促成1867年舉行的巴黎國際硬幣會議，參加的國家有法國、奧地利、普魯士、比利時、荷蘭、丹麥、美國、英國、希臘、義大利、瑞典、挪威、瑞士、土耳其，以及其他德意志諸侯國，會議目的除了討論金本位幣制之外，還涉及以金幣作爲法定貨幣的議題，當時多有文獻主張全歐洲單一硬幣制度的必然性與價值，包括相同的硬幣重量、形狀、鑄造技術等，以金幣作爲國際經濟貿易的通行貨幣，有了這些條件就可以推動以金幣爲基礎的單一法定貨幣（Waehrungseinheit）[37]。

二、法定貨幣

即使有了最優質的硬幣體系，仍然不足以建構完整的價值流通制度。爲了促進更全面的經濟流通，硬幣作爲支付的工具必須進一步具備法定地位，它必須依法具有**清償權利**（das Zahlungsrecht），以及依法具有相當的**清償價值**（das Zahlungswerth），如果欠缺上述兩種法定地位，任何的清償行爲都將淪爲債權人單方的恣意與濫權。硬幣所具有的法定清償權利與清償價值等同於法定的支付能力，這就是法定貨幣的概念，與此相關的法令共同構成法定貨幣制度（das Waehrungswesen）。

法定貨幣制度雖然與硬幣的鑄造樣式並無直接關聯，但是國家發行的硬幣及其體系仍然決定著最基本的貨幣。在那個還不能區分錢幣本身及其價值的中古世紀，曾經有過這種貨幣論點，認爲單純透過法定的貨幣制度，也能夠賦與硬幣體系某種主觀設定的經濟價值，但是隨之而來的，卻是硬幣體系的崩塌。到了十八世紀人們才普遍認知到，硬幣的法定清償價值之所以在交易行爲中維持公信力，是因爲**法定價值**能夠與市場上的**經濟價值**盡可能達到一致。從那個時候開始，法定的貨幣制度就放棄自行操控硬幣的價值，法令的效力就僅侷限於硬幣的清償權利問題，貨幣制度並且開始發展出一個全新的獨立自主體系。

這個自主的貨幣體系，首先連結到兩個貴重金屬的區分上，由此而產生

---

[36] Justi, Polizeiwissenschaft 6. Bd. 24. Hauptst. 1760; Buesch, Grundsaetze ueber Muenzpolitik, 1779; Klueber, das Muenzwesen in Deutschland, 1828; Jocob, Polizeiwissenschaft, 611ff; Lotz, Staatswirthschaftslehre II. § 113; Hoffmann, Lehre vom Gelde, 1838; Goldschmid, Handbuch des Handelsrechts I. Abt. VI. S.1060ff.

[37] Gschwender, zur allgemeinen Muenceinheit, 1869.

金本位與銀本位的貨幣問題，並且牽動著輔幣的兌換匯率。同時，大規模的世界貿易也催生國際通行貨幣的問題，這個問題的基礎就在於共同承認某種可供國際通用的硬幣體系。因此應運而生的法定紙幣體系最終形成國家貨幣（Staatswaehrung）與市場貨幣（Verkehrswaehrung）的差異，前者專指對國庫的清償權利，後者則代表市場上的清償權利，前者一般稱為半套貨幣（die halbe Waehrung），後者雖然以前者的存在為前提，卻被稱為完整貨幣（die volle Waehrung）。法定紙幣一直被視為各種紙鈔形式的一種，但也因此確立貴金屬貨幣真正構成獨立貨幣體系的基礎。

上述以貴金屬為基礎的貨幣制度必定是一個發展到最終貨幣制度的過渡階段，我們都將經歷這個過程。

原始的貨幣都是銀本位，並且排除輔幣的換算。金幣本身則屬於貨物的概念，不具清償權利與清償價值。隨著國際貿易的增加，金幣以其特質逐漸成為一種國際承認的支付工具。再者，工業生產與消費規模持續擴大，同時東印度的貿易使得銀幣的支出倍增，這些都造成銀礦產量即使應付國內經濟流通也日漸不足，金幣因此成為一種流通貨幣，這種情形會隨著跨洲貿易支付大量銀幣，以及文明高度發展必定提高平均財富而愈趨明顯。在這種情形下，金幣就成為一種公認的，而且要求嚴謹的硬幣，貨幣的換算也成為必要的，從而形成下列三種法定貨幣體系：金本位貨幣，在這個體系下，銀本位就只退居輔幣的貨幣，而且只適用於小規模的貿易；雙重貨幣，亦即同時承認金與銀的貨幣體系，在這個體系下，就必須在法定清償權利之外，另以法律制定兩種貴金屬相對的清償價值；銀本位貨幣，在這個體系下，金幣只是一種貨物，不具備法定的清償權利，但是具備經濟流通的價值。很顯然的，上述金本位貨幣的產生原因也會在其他世界貿易國家發生，因為銀礦產量日漸減少，已經不足以應付硬幣鑄造的需求。金本位貨幣因而成為國際貿易的貨幣體系，銀本位貨幣則成為國內經濟流通的工具，金幣也順勢成為國際經貿協定的規範對象，銀幣則停留在國內立法的規範對象。剩下的問題就是如何引進金本位貨幣及其方式。基本的法則如下：第一，金本位貨幣前提必須是黃金已經被公認為經濟流通的支付工具；第二，首先用於國庫清償的**半套貨幣**，然後才擴及市場交易清償的**完整貨幣**；第三，紙幣的兌現、贖回，以及國債的利息均以黃金結算，也是上述完整貨幣的前提；第四，如果轉換到金銀雙貨幣的體系，必須以銀幣作為輔幣，

使銀幣具備獨立的法定金屬標準值與獨立的輔幣體系。

　　關於金本位貨幣、銀本位貨幣、雙重貨幣三種貨幣體系的爭議，這些爭議的本質並非學術性的議題，純粹是金銀礦產量的統計問題，基於合目的性的考量，而選擇金本位貨幣。貨幣體系的爭議源自於法國的雙重貨幣，由此衍生出學術討論。十九世紀中葉世界主要國家的硬幣體系簡介如下：美國基於1837年與1853年的國會決議使用雙重貨幣，暫停銀幣鑄造，五角美元作為輔幣，五塊美元金幣作為主要硬幣；法國1790年啓用雙重貨幣，1803年制定貨幣法律，明定金幣與銀幣的關係；義大利1826年立法引進法國幣制；瑞士在1848年之前只有地區通行硬幣，1848年的聯邦憲法廢止各邦發行硬幣的權力，1850年再以法律確認，從此採行銀本位體系，1858年討論金本位議題，1860年立法採行雙重貨幣；比利時1837年開始討論引自荷蘭的銀本位貨幣，1854年立法確認銀本位體系，隨著銀礦產量日減，1861年立法引進金本位體系；葡萄牙1854年以前使用雙重貨幣，1854年立法引進金本位體系；荷蘭1816年即制定硬幣法律，1850年確定採行銀本位體系；德意志諸侯國依據1857年的國際硬幣會議採行銀本位體系，只有不來梅城邦採行金本位，1867年巴黎國際硬幣會議之後全面採行金本位體系。

三、紙幣

　　對於紙幣制度的認識是相當的混淆與分歧，部分原因在於獨特的歷史發展過程，部分原因則在於混淆信用制度與銀行制度的功能，又或者是因為欠缺獨立的行政管理知識，所以有必要先針對紙幣制度的國民經濟意義，具體說明它的經濟功能，以充分掌握整個紙幣制度。

　　掌握紙幣制度的經濟功能，必須清楚區分信用憑證（Kreditpapier）與紙幣（Papiergeld）的差異[38]。

　　由於金幣永遠是短缺的，使用硬幣作為支付工具又會產生鑄造成本與支付不便，基於調整與補償的自然作用，即使國家行政不採取任何作為，也會在市場上出現各式各樣的有價票券（Wertscheine）、支付票券（Anweisungen），

---

[38] 參閱管歐，行政法各論，民國25年12月初版，頁280以下：紙幣有政府紙幣與銀行券兩種；趙琛，行政法各論，民國23年10月4版，頁294以下：紙幣分法律上紙幣與經濟上紙幣，前者有強制通行力，後者純係債權證書，所以維持價格，全賴發行者信用，與行政法令無關。

作爲某種取代硬幣的支付工具。由於這些支付工具除了建立交易雙方當事人之間的權利義務之外，還會影響到其他第三人，第三人之所以接受這些支付工具，在於相信交易雙方因此所具有的支付能力，基於前述過程才形成**銀行紙鈔**的體系（System der Noten），銀行發行的紙鈔本身既非硬幣，也不是金錢，而是信用憑證（Kreditpapier）。這類信用憑證原本都屬於信用制度行政管理的對象，與法定貨幣制度根本毫不相干。信用憑證之所以具備法定貨幣的意義，關鍵就在於是否取得紙幣的法定形式要件。

當**銀行紙鈔**普遍應用在市場交易上，國家就有可能直接授與法定貨幣的資格，承認它的金錢交易功能，儘管這些銀行紙鈔並非由國家所發行；另外國家也有可能自行印製具有法定貨幣地位的紙鈔，這就是所謂的銀行紙鈔與國家紙鈔的關聯性。綜上所述，這些具備法定貨幣地位的銀行紙鈔就稱爲紙幣，設置紙幣的所有行政法則，就構成紙幣制度。

因此，所有的有價票券如果不具備法定貨幣的地位，就不是紙幣，任何的有價票券只要被授與法定貨幣的地位，就成爲通用的紙幣。如果只單純具備取代硬幣的支付功能，不論取代能力的高低，都不足以將某種信用憑證轉變成紙幣，同樣的，如果只建立銀行發行紙鈔的監督機制，或者國庫只在實務上認定某種銀行紙鈔的支付功能，甚至只是特許某個銀行發行紙鈔，也不足以將信用憑證轉換成紙幣。要成爲紙幣必須要具備法律明確的授權，至少要成爲國庫清償的（半套）貨幣。到目前爲止，可以很清楚的呈現，所謂的紙幣問題，就是國家在哪些條件下，應該授與某種銀行紙鈔（信用憑證）法定貨幣的地位。

上述的授權條件並不在於金錢概念或者價值概念本身，儘管人們習慣上會往這個方向思考，反而是依據經濟流通中，透過硬幣的市場價格（購買力）所代表的硬幣需求總額。

計算上述硬幣需求總額的基本原則如下：硬幣需求的增加，必定會表現在使用硬幣購買商品所必須支付的商品價格上。當市場上商品價格上漲時，市場便會自動創造符合自身需求的銀行紙鈔（信用憑證）作爲支付工具。但是商品價格上漲必然同時提高貨幣的相對需求，以及財政金融體系中的各項成本，例如稅捐、解約金、抵押金等，當這些成本在保全本金之外超出百分之六時（百分之五的利息，百分之一的手續費），就代表以硬幣爲主的金錢總額不足，短缺的部分是不可能透過市場上某個個人的努力完全彌補。這時候就需要行政權

的介入，由此而產生的紙幣制度，目的不在於增加市場上的支付工具，這部分完全屬於信用制度的功能，而是用於增加具有貨幣意義的國家資金總額，並且用於支付需要法定貨幣的交易行為。

如果這個原則得以確立，第二個問題則是，為了達到上述目的所需要的最適當紙幣數量。因為紙幣發行的正確規模，這時已經不再是它的合法性條件，卻主導它的經濟能力與條件：畢竟紙幣的價值在於取代硬幣的固有功能。如果國家發行紙幣不足，就達不到前述功能；發行過量則會降低紙幣價值（購買力），紙幣的實質價值如果不符合票面價值，必定危及價值體系與交易秩序。當市場能夠排除紙幣發行疑慮之後，緊接著就是正確發行量的問題。回答這個問題的困難，就在於之前說明的銀行紙幣的定位問題，以致於混淆**銀行紙鈔**與**國家貨幣**的本質，到目前為止仍然如此。如果能夠區分兩者，就能夠掌握以下的基本原則。

由於國家的功能原本就不在於增加金錢本身的規模，國家能夠增加的只是法定貨幣的數量，所以國家發行紙幣的數量就必須依據法定貨幣賴以建立的兩大因素。那就是稅收（die Steuerung）與不動產抵押關係（die Hypotheken）。

如果百分之五十的稅收能夠以硬幣支付，就代表發行的紙幣並不過量，同樣的，如果確保不動產抵押權的利息不超過百分之五，也代表發行的紙幣規模適當。相反的，如果硬幣總量只足夠支付三分之一的稅收，或者抵押權利息超過百分之六，就代表紙幣發行過量，必定危及它的經濟價值（購買力）。原因就在於，紙幣的價值完全取決於能夠代替硬幣的流通使用，這個作用必定和紙幣發行量成反比。為了維持前述硬幣、紙幣與稅收的關係，國家不應該將紙幣定位成主要的法定貨幣（die Steuerwaehrung）。如果硬幣透過紙幣的發行逐漸退出交易市場，就必須引進另一種新的法定貨幣，並且嚴格遵守不以銀幣，只以金幣作為紙幣發行的準備。上述的基本原則共同構成以稅收（國庫）為基準的紙幣制度（die Steuerfundation），完全不同的則是以銀行（金融）為基準的紙幣制度（die Bankfundation），前者如果要結合後者的前提就在於，當國家紙幣的發行規模過量，而破壞稅收與貨幣的相對關係。

當代仍然欠缺國家紙幣的專論文獻，因為都未能明確區分信用憑證與紙幣的不同。原因在於，英國與法國雖然堪稱信用憑證的發源地，卻根本未建立全面性的國家紙幣制度，德國雖然是唯一建立紙幣制度的國家，但是相關的理

論卻完全依賴英、法文獻。所以本文所強調的**稅收基準制**與**銀行基準制**的紙幣制度，並未引起學界注意。在這個問題上，本文認為只要放在行政理論的體系中就能獲得釐清。歐洲兩個**國家紙幣**的例子，首先是普魯士的紙幣（die Kassenscheine），只具有國庫支付的功能，屬於完全的稅收基準制，其次是奧地利的銀行紙鈔（die Banknoten），合併稅收基準與銀行基準兩種制度，另一種同時發行的奧地利國家紙幣（die Staatsnoten）則只依據稅收基準制發行，奧地利的兩種紙幣除了國庫支付之外（半套貨幣），也兼具市場流通功能（完整貨幣）。當時財政領域已普遍接受上述半套貨幣與完整貨幣的差異，但是學術文獻則未見探討。同理可知，信用憑證作為行政理論的一部分，同樣會面臨理論與實務上的落差。

四、不記名債券

上述各式各樣的金錢，所代表的是自身的價值，也在流通過程中維持這個價值，相對而言，不記名債券所代表的則是特定**貨物**或者特定**服務**的價值，並且成為市場交易的對象。它的方式則是發行有價債券（das Wertpapier），以此證明與財貨、服務分離的價值，同時證明該有價債券的所有權歸屬。如果人們可以將價值概念與財貨本身分離，並且承認價值本身也是一種獨立的交易對象，就不會產生理解上的困難。然而，在市場交易的初期階段，透過有價債券所流通的價值，通常都被視為交付給某個特定的個人，因此，行使有價債券通常是以某種契約的成立，甚至必須證明該契約的成立、有效為前提，同時必須依據有價債券載明的方式主張權利。到了經濟較高度發展的階段，上述的價值概念就與財貨、服務、給付等概念徹底分離，並且單獨成為市場交易的對象。毫無疑問的，這種理解方式成為促進經濟發展最有力也最重要的要素之一，關鍵的條件就在於，這個價值概念能否滿足金錢的本質，以及相關的法律制度，換言之，代表價值的有價債券在本質與法制上都必須符合上述特徵。要達到這兩個特徵，有價債券必須具備兩項權利（法制）要素：首先是有價債券就代表特定財貨等值的權利，其次則是占有人推定為有權占有。有價債券如果只有第一個權利要素，是不可能具有金錢的本質，它原則上只代表價值本身；有了第二個要素才真正使得有價債券具備金錢的特性；實務運作上，則是所有權的移轉不必再證明某種契約的存在，而是依據金錢本身的交易習慣，占有即推定為

所有。在這種情形之下，就形成兩種有價債券類型：記名債券（或稱狹義債券 das eigentliche Wertpapier），權利的取得必須透過某種得以證明的法定方式，這個法定方式在促進市場交易的前提下，得以簡化進行，但是必定存在（例如票據交換、空白支票、憑票支付等交易方式）；另一種則是不記名債券（das Inhaberpapier），如同金錢的交易習慣，占有即推定爲所有，除非第三人能證明自己的有權取得。對於交易秩序而言，必然產生的結果就是，相對於善意第三人，即使無權占有者仍然享有完整的所有權，因爲占有本身就被推定爲所有。如果不掌握兩種債券的區分，就無從理解兩者的法體系。

　　這兩種債券在經濟領域具有完全不同的功能，已經是每一位經濟學者的共識，所以在法學領域也有截然不同的功能。

　　記名債券應該屬於民法債權的範圍，也是契約法的一環，儘管在促進商業交易的前提下可能有所簡化，例如票據，但是原則上一定屬於私法體系；不記名債券則完全相反，原則上屬於公法體系，因爲只有行政在公共利益的前提下，能夠將占有擬制爲所有，在這種公權力的作用下，民法的功能就只侷限於占有的合法與否問題，不再區分占有與所有的差別。由此而衍生出兩種法體系，兩者的差異也就等同於公私法的差異，它的主要內涵如下：

　　第一，是否出具記名債券，屬於每個人的自由，因爲記名債券通常只涉及個人之間的交易行爲。但是出具不記名債券則完全相反，依據價值流通的範圍，不記名債券已構成整體商業交易的環節，必須事前取得行政機關的許可，尤其依據前段的說明，個人已不可能對原發券人提起民事訴訟請求保障失去的債券價值。因而，針對保險機構的保單，以及金融機構的存單，如果發行的是任何提兌者均得請求支付，就必須事前申請特許，並且依法接受監督。例外的情形，則是針對單一企業特定、明確的服務項目，例如車票、入場券等，得免除特許與監督。

　　第二，記名債券如果沒有除外的約定，就適用債權轉讓的相關規定；不記名債券則如同金錢，不適用類似責任規定。

　　第三，記名債券通常載明貨物與服務（在一定期間之後）必須扣除折舊成本，債權人不得因此請求重發相同的有價債券；但是不記名債券的請求重發則屬於市場交易必然的權利。

　　關於不記名債券的相關文獻在十九世紀中葉已經相當豐富，本文在此所要

強調的，則是這些文獻的共同錯誤在於，企圖以民法的概念去理解公法機制的本質與內涵；第二個錯誤在於，混淆記名債券與不記名債券的功能。當時對於不記名債券的理解，並未連結金錢的本質與財貨價值的獨立性上，導致的結果就是，財貨（經濟）理論與法學理論在這個問題上幾乎毫無交集。

第四款　信用制度：概念與本質

信用制度與前述各種經濟流通制度截然不同，如果我們能掌握並且同意以下的說明，就更清楚它的重要性。

在前述各種流通制度所探討的是外在於經濟發展的各種條件，而信用及其行政措施則屬於經濟發展的內在條件。

信用的概念指的是某一方以其經濟上的能力，用以取得並使用他方經濟上的資本。至於是否信任債務人的清償能力（信用的客觀要素），以及債務人實際上的清償能力（信用的主觀要素），則屬於實際發生信用關係時兩個分別獨立探討的因素。

所以信用關係基本上是個人事務，每個人必須自行建立，並且自行創設內容。信用關係本質上也是一種國民經濟的概念。因此，信用關係在哪一個時間點具有公共性質，就值得深入探討。

我們必須明確區分，具備經濟上的分配能力進而使用資本與分配資本本身，是兩件截然不同的事。同樣必須清楚的是，資本被能力強者使用，既能發揮強者的能力，也能造福能力次強者，對於整體生活而言，也比兩者混同使用相同資本更能開創資本效益。因此，經濟高度發展的首要條件便是持續創造機制，使得現有的資本都能交由經濟能力最強者使用，這個機制就是信用。我們因此得以看出，信用關係的開始發展正是整體經濟開始迅速發展的年代。然而，信用關係同時也是一種影響深遠的社會機制。社會生活的深刻矛盾不在於個人無能占有資本，而在於他無法使用與其本身狀況相符的資本，以進一步營利。信用制度的目的就在於解決上述的矛盾。信用制度的目的並不在於平衡財富的私有（das Eigentum），而在於平衡財富的使用（der Besitz）；它的目的並非創設資本秩序中的平等現象，而在於創設營利機會的平等，透過法制的建立，實現經濟能力的平等權益，藉以平衡私有財富高低所造成的不平等。信用

制度使得個人得以依其人格能力與勞動，透過分配的能力，實現資本的多元利用方式，達到營利與資本累積的雙重目的，信用制度使得個人得以依其人格發展的狀態，以及應得的價值，獲得相對價值的資本，所以信用制度最終會創造比純粹經濟關係更高的價值狀態，它實質上就是絕對私有制與個人人格發展自由的最和諧狀態，因為資本代表著某人曾經擁有的價值，而信用則代表某人現在的價值。所以信用制度的目的，就在於以經濟法則解決社會問題中勞動與資本的矛盾對立，這個制度彰顯著國民經濟與社會秩序的未來，在這層意義下，我們當代正處於全面認知其理論與實務。

　　如果上述說明正確，那麼信用制度的本質與功能就不再只是個人事務，而侷限於信用關係的債權人與債務人，它應該歸屬於行政的核心任務。因而問題不再是信用制度是否成為共同生活的一部分，而是在什麼時機，依據什麼形式，發展什麼內容，成為共同生活行政管理的事務。

商業信用制度與公法信用制度

商業信用制度的運作機制

　　在分析公法信用制度的概念前，必須先認識商業信用制度的本質。每一筆信用關係本質上都是一種經濟交易行為，其中債權人付出資本以供他人使用，債務人除了償還該資本之外，另應支付利息以補償使用他人資本對自己所產生的價值。利息與價值之間的差額，屬於債務人的獲利；不勞而獲的利息，則屬債權人的資本利得。確立上述互易關係的行為，稱之為借貸（das Darlehen）。

　　依據債務人的支付能力，也就是債務人將他人資本加值的經濟能力，借貸關係可以區分成三種形式：第一種形式完全依據個人能力償還借款，稱之為個人借貸（das persoenliche Darlehen）；第二種形式，則是建立在某種財物之上的還款能力，抵押財產以建立借貸，稱之為財產借貸（Darlehen auf Pfand）；第三種則是建立在債務人經營事業的能力，以償還借款，稱之為商業借貸（das geschaeftliche Darlehen）。上述借貸關係的基本模式，還是一種介於特定債權人與債務人個人之間的交易關係與法律關係。但是相反的情形，如果債

務人的支付能力取決於某個第三人的支付能力，因為這個第三人預先使用債務人利用資本可以獲得的產出，所以第三人必須對原債務人做出償還，原債務人因此有能力對原債權人完成償還，在這種情形下，原本單純的借貸關係就會被改變，轉變成信用關係。每一種借貸關係中，只有一個債權人，但是在每一種信用關係中，至少有兩個債權人，其中之一又同時兼具債權人與債務人的身分。愈是高度發展的商業，參與信用關係的人數必定隨之增加，某個個人的信用往往會成為另一個個人信用的條件；某個個人的支付能力往往成為另一個個人支付能力的條件，信用關係逐漸成為所有雙向給付與雙向支付行為的基礎，並且擴大到整個的國民經濟體系，每一個企業都需要信用，也都能找到信用，它逐漸成為經濟生活中一個自主行動的要素，同時借貸關係也開始改變其本質。信用關係將會成為所有企業的內在構成要素，它逐漸支配企業資本的形式，甚至完全取代企業資本，授與信用也將會從一個個別、偶然存在的商業行為，例如前述的借貸關係，進而成為一個獨立存在的事業體，例如銀行與股票交易所，在這種趨勢下，借貸將從國民經濟領域中消失，取而代之者則是個人信用（persoenlicher Credit）、財產信用（Realcredit）與商業信用（Geschaefts-credit），每一種信用制度各有其單行規範與經濟法則，於是借貸關係就從私經濟領域轉換到國民經濟領域。

　　然而在上述轉換過程中，信用制度也開始出現它的矛盾與問題。它雖然依其本質是整體生活的一部分，但是實際上仍然是某種個別發生的行為。所有的經濟生活與商業行為都依賴信用制度，但是決定授與信用或者接受信用，仍然是個人行為。所有的信用關係雖然形式上取決於個人在借貸關係與支付行為上的意志與能力，然而實質上卻沒有一個個人能夠自外於信用制度而獨自獲得資本上的滿足。雖然整體國民經濟與發展都建構在信用制度的有機運作與實際功能，但是實務操作上，信用制度的運作卻由某個個人的意志與行為所控制。這是一種矛盾的現象，就在這個矛盾處，純粹的商業信用制度將逐漸轉換成公法信用制度（das oeffentliche Creditwesen）。

公法信用制度的原則與機制

　　當信用制度發展到某個特定的階段，在其中一個企業的信用會成為另一個企業生存與發展的必然條件，而且無從確定這種相互依賴性的界限時，信用制

度的成立與管理就成為一種共同生活的公共事務，就像前述經濟貿易與流通制度的發展情形。

眾所周知，人的共同生活體推展到極致便是國家。所以面對上述問題，首先浮現的不成熟想法便是，由國家以其行政機制進行信用制度的管理，並且以立法方式進行更周延的規範。

然而，即使進行全面行政管理，信用制度仍然不失其經濟特性。在經濟領域中，不可能出現一個普遍適用的信用機制，只可能依個案決定信用內容，理由無庸贅述。每一個信用授與都必須建立在個人對他人信用能力的經濟判斷上，因為只有信用需求並不足以成立信用制度，信用制度必定建立在個人信用能力（die Creditfaehigkeit）的判斷上，才足以建立這個制度的經濟與社會正當性。然而國家作為一個所有個別人格提升的人格狀態，實際上不可能作出這樣的經濟判斷，國家依其本質也不可能有這個能力，因為在國家之前應該是人人平等，一個平等適用於所有成員的信用關係，根本毫無意義。如果國家要介入信用制度，它只能在所有行政組織型態中，選擇最符合信用制度特性的組織型態進行管制行為。這個特性就是個體性，以及個體性在公共生活中必然呈現的多元想像與行為。國家在其所有行政組織型態中，最能融合個人化與多元化特質的機制便是人民團體（das Vereinswesen）。只有人民團體能夠在其目的範圍內，同時落實個別成員的多元需求、多元經濟能力發展，以及多元的生活型態；也只有人民團體才有可能吸收、推廣並且落實信用制度之中的公共性質，否則信用制度終究只停留在一個發展不完全的矛盾中。所以不僅人民團體本身必須要有這樣的功能認知，而且它也依靠自身特質落實這項功能。因而，我們認為商業信用制度轉換到公法信用制度的關鍵點在於：當人民團體之中發展出以信用業務為營業項目之一的授信團體（die Creditvereine）後，便得以執行國民經濟領域中信用管理的行政功能。

當然，人民團體執行授信業務絕非它的全部業務，它不會一成不變的執行不同的業務，也不會單純只因為政府或法令規定而執行，它更不會依公益原則執行授信業務。相反的，人民團體必定在商言商，按部就班的執行每一項授信行為，只有在確定有獲利的情形下才會作出授信行為，也因為必須獲利，所以信用制度依然具有經濟與社會的特性，並且是經濟與社會生活的結果，因而授信團體基本上均屬營利團體。在這個認知下，它有自己的發展模式，而且不

是基於某個單一法律或理論所主導，它所依據的是生產與獲利的法則，就像所有營利事業的發展模式。然而卻不因此減損它的公共性質。這種公共性質的表現方式，或者基於政府與法令的扶助或補助，或者基於政府與法令的監督，也由於授信團體完全依據信用的本質執行信用的管理業務，所以它就屬於前述自治行政（die freie Verwaltung）的一環。信用團體必定會從純粹的營利團體逐漸、而且不可逆的轉換成人民團體中具有行政功能的團體（die Verwaltungsvereine），這種團體透過執行公行政任務的方式，為其成員創造獲利。在這個情形下，信用團體開始與政府與立法相互合作，透過信用團體愈發自主的運作，信用制度也發展出清楚明確的組織架構與任務，它再依自主運作的需要進行更密切分工與更多元規範，進一步成為公共生活的必要部分，它的特質與價值因此形成法律制度，透過前述過程漸次形成的組織架構、運作方式、法令規範，我們統稱為公法信用制度的整合。

透過信用團體運作的信用關係，及其執行公行政任務的組織性質，仍然必須結合原本商業信用制度的基本型態。因而行政性質的信用團體同樣區分成個人信用、財產信用、商業信用三種組織型態，它們各有其獨特的發展過程、經營模式、制度功能與法制。然而，它們也有一個共同的歷史過程，以呈現共同的組織運作與法制特性。這個歷史過程同時也是信用制度組織型態的歷史過程，但是到目前為止，仍然欠缺系統的整理，以下將進一步說明其法制史。

本文認為，雖然目前文獻已經充分探討過信用關係中的個別問題與法律關係，然而卻未曾觸及「信用整合」（Organisation des Credits）的議題，在學術上，國民經濟或行政理論，也未曾提出「信用制度」的整體性論述。所有的文獻集中探討商業信用，卻未在商業信用關係中區分經濟原則與行政原則的不同，如果區分出行政的作用，就能夠看出人民團體參與公共行政的特殊意義已經相當明顯。至於信用制度的社會意義，也只有聖西門學派大力提倡，法國在1840到1850年代才基於社會主義建構出具有社會意義的信用制度的體系。

信用制度整合的法制史

信用制度或者其他行政領域的歷史都告訴我們，不是經濟因素，而是社會因素決定其歷史發展。

不論借貸關係或者信用關係，在當事人間移動的都是商業資本，也就是透

過個人行為所產生的自由資本。然而個人的自由與自主行為，它的經濟意義表現成為個人的資本，同時也是市民社會的基本原則，至於市民社會之前的發展階段，則是以土地財為原則的宗族社會，以及以職業特權為原則的階層社會。所以借貸與信用雖然都是一直存在的制度，然而也必須一直等到憲法與行政，連同信用制度的行政管理，成為主流社會秩序所接受的法規範，如此才會形成信用制度的發展基礎。換言之，信用制度的組織型態必須等到跨越市民社會的階段才可能出現，而這也正構成國民經濟行政管理的核心特質。

因此，信用制度的歷史發展就會呈現出兩個階段或者型態。第一個階段是宗族秩序與階層秩序的型態，它的制度原則在於，借貸法律關係不得侵害既有的土地財富與職業特權。因此，這個時代信用制度的內涵主要在於限縮債權人的權益，或者限制利息額度，或者限制債權的履行方式。只要利息額度與債權履行不侵害土地財或者職業階層的特權，國家公權力對於信用制度的規範就僅限於履行債權所必需的法院訴訟程序。這就是羅馬法與德意志的法制與訴訟實務，它的特點在於既不承認信用的概念，也不承認其獨特的法律類型，而是單純的視為債權債務與借貸關係。即使當代的羅馬法與德意志法律都不能夠吸收信用制度的概念。如果要創造信用法制，必須等到市民社會的生活關係在既有法制中產生全新的法律關係。

第二個階段則隨著商業貿易的興盛，借貸關係的性質與範圍都不足以因應商業的快速發展，舉債已無法因應瞬息萬變的商業需求，而必須透過信用關係取得足夠的資本，甚至維持資本。在這個階段的早期，國家對於這個新興商業現象並未涉入太多，一直到十八世紀初期，才因為商業秩序的發展必須建立信用制度，才以立法與行政方式進行管理。國家首先僅就自己財政所需，規範信用制度，因此而興起銀行制度及其發行紙幣功能（das Bank-und Noten-wesen）。到了十八世紀中期，隨著信用業務已經成為地主取得資金的常態，因而首度出現土地登記制度與財產信用制度，相關的配套機制則是經貿立法與票據立法，它們依其自身基本原則發展出借貸與信用制度的私法關係。但是在這個時期，職業階層仍屬主流的社會秩序，信用法制被限定在商業階層的交易範圍內，就像財產信用僅限於地主階層所行使。隨著十九世紀市民社會成為主流社會秩序才有了新的變動。這個劇烈變動表現在兩方面，資產階級要求更多的信用交易自由；而無產階級則要求更多的資本取得自由，這兩個趨勢都是因

為資本已經成為個人社會地位與發展的必要基礎。然而在十九世紀上半葉，卻首先出現負面效果的變動，因為資產階級開始反對利息的立法，無產階級則逐漸靠向社會主義與共產主義。國家首先是消極面對這兩種負面變動，因為國家權力仍然在職業階層力量的掌握中，同時國家也不認為自己應該提供信用或者資本。十九世紀後半葉才慢慢磨合出資產階級與無產階級互動的正確方式，那就是概念上仍然不是很明確的信用整合（Organisation des Gredits），以及應運而生的信用團體（das Creditvereinswesen）。人民團體的組織型態在信用整合的發展不僅推陳出新，而且日新月異，根本不用等待一個完整的體系理論或者配套的立法規範，在這種發展趨勢下，信用團體及其多元的授信業務必定成為一個獨立的行政管理領域，而且就依據信用團體的法律實務建立起信用制度的法制。我們目前正在這個發展趨勢，即使出現若干理論的質疑，以及發生若干職業特權或者國家公權力的濫權，然而，公法信用制度的基礎則是愈趨明確穩定，我們在此明確界定出兩個基本的制度特性。

「信用整合」的概念並不等於由政府設立機構，使用國家資金進行授信行為，而是依據經濟法則所產生的信用團體組織型態，針對每一種信用類型，都會發展出特定的人民團體經營授信業務，而且各有其獨特的經濟與社會功能。

「信用法制」的概念則是介於民法與人民團體法的法令總稱，兼具兩者的內容與特性，它依據信用本質及其特有的經濟與社會功能，形成獨特的發展，並且由立法與行政共同規範。

信用制度從借貸關係逐漸形成，再從信用團體持續發展的過程，就是信用制度史，如果結合「信用法制」與「信用整合」的過程就構成信用制度的體系，這個體系以下區分成個人信用、財產新用、商業信用進行詳細分析。

本文認為目前的信用制度史，僅限於支票法制與銀行發行紙幣的功能。十九世紀的警察學在這方面只比上個世紀進步一些。對於個別信用的部分，雖然已有詳細論述，卻未論及人民團體的功能，而人民團體正是信用整合的關鍵所在，至於信用制度體系性的論述則未出現。

第一目　個人信用制度

個人信用制度的發展契機在於，傳統民法借貸關係中出現具有公法意義信

用關係的要素。相對於借貸關係仍然屬於民法的領域，行政權就藉著這些具有公法意義的要素，將人民團體及其功能帶入公法信用關係。

我們在此先區分借貸信用（Darlehenscredit）與抵押信用（Pfandcredit）。兩者的法制各有其獨特的發展過程。

一、個人的借貸信用與暴利規範

借貸關係原本屬於單純的民法契約。然而借貸關係的更抽象意義在於，占有資金及其價值優於占有財物（生產工具），占有資金甚至能夠成爲支配實體財物的力量。資金及其價值可以透過個人能力無止盡的獲得，獲得的資金則會成爲一種資本，並且主宰他人對於財物（生產工具）的取得，方法就是資本得以自行設定他人獲得財物（生產工具）的條件，完全不用顧慮到財物與財物占有者，是否會因爲這個條件的履行而破產。這個條件我們統稱爲利息（der Zins）。利息的計算是能夠大於借貸資金所換得的收益，這份收益原本就是使用資金所設定的積極目的。如果發生這種情形，借貸關係就完全改變其本質，它從原本對於借貸者而言是一種生產要素，轉而成爲耗盡經濟資源的要素，因爲借貸利息不再只是從資本收益中支付，而是必須從債務人的其他財產中支付。影響所及，將使得經營這類的借貸關係成爲一種個人的特殊利益，並且成爲一種獲取暴利的商業行爲。這類的商業行爲就是建立在一個人剝削另一個人的基礎上，這種透過利息進而摧毀他人所有財產的借貸關係，就是經濟暴利的概念（der wirtschaftliche Wucher）。

經濟的暴利行爲原本屬於經濟生活的一部分，也受經濟法則的支配。依據經濟法則，資本的安全與利息的高低互爲相反的關係，如果資本的安全下降，利息就必須上升，而且有可能上升到類似暴利的情形，這在國民經濟是完全正確的。原因在於，即使最高可能的利息計算方式，它的目的就只在於保障借貸資金及其利息，本質上不直接等於暴利。支付這類原本只是分期償還債務的利息，屬於借貸關係的絕對條件，完全不會考慮到這份利息是否因此摧毀債務人的所有財產。上述的國民經濟法則是不可能透過國家的法律強制禁止。如果國家爲了防止利息債務吞噬債務人財產，以立法限制利息高低，會造成無可避免的後果，一方面急難發生時，將無資金可供借貸，再者法定利息根本無人遵守。國家的立法與行政都不足以防堵這種後果的發生。對於債務人而言，第一

種後果比高利貸更可怕，第二種後果則會在國民經濟行為中破壞法律信任，卻不足以防止暴利成為一種營利行為。綜上所述，經濟上的暴利行為是不可能透過國家公權力有效管理，因為人們通常難以明確區分經濟暴利與合理利息之間的差別。所有與此相關的措施都終結在它們自身的徒勞無功上。所以百年來公私對抗的確定結果都顯示，所有法定利息都是錯誤的，限制借貸關係都達不到原本設定的目的。

儘管如此，過高的利息仍然是一種罪惡，謀取暴利更是一種不道德與危險的行為，排除這種行為，還是屬於自然且正當的。然而更清楚的是，身處急難中的個人是不可能獨自面對上述的危險，政府公權力也不足以保障個人。就在這種急難又需要借貸使用的狀況下，正突顯人民團體的重要性。只有人民團體有能力，在不趁人急迫的情形下，訂定經濟上合理正當的利息額度，再依此條件支付借貸資金。所以最有效對抗暴利與高利貸的機制就在於信用團體（das Creditvereinswesen），我們也確信，這類信用團體的功能足以讓所有的暴利規範與法定利息成為具文。如果信用團體不能發生功能，那麼任何的其他方式都會徒勞無功的。信用團體是唯一有能力排除暴利行為的機制，並且在借貸關係中重新營造充分自由的資本流動。

然而，限制暴利的法規範直到今日仍是有效施行的，究其原因，會發現主導限制暴利法規範的力量，既不在國民經濟領域，也不在行政領域，而必須在社會層面推敲理由。

宗族社會與階層社會都是建立在土地財的歷史發展階段，土地財對於宗族社會而言是百分之百的財富類型，對於階層社會而言則是主要的財富類型。在這兩個歷史發展階段，不論是個人的社會地位，包括榮譽及相關權益都是依據土地財定其高低。然而土地財雖然提供資金借貸較大的保障，卻無助於靈活分期償還資金與利息，利息額度愈高，就更難償還。在高利貸的情形下，債權人以其對於土地的強制執行權利，就能夠完全掌控債務人的社會地位與法律地位。在宗族社會初期，也就是羅馬時代的德國，當時的大地主通常出借資金給其他的小地主，上述的權利就被當作資產階級對於中層與下層階級行使支配權力最大也最有力的依據。這樣的借貸關係完全符合大地主的利益，也形成當時債法的強制規定。但是，當整體資金規模逐漸超越土地財，形成土地以外的另一種更大資源，即便是大地主的支配階級也必須支付利息借貸資金時，他們也

感受到資金及其所有者的巨大力量，才導致法律見解的轉變。新的見解認爲不應該存在利息關係，但是資本必定拒絕無利息的資金借貸，在這種情形下，一方面出現立法強制規範利息額度，另一方面則出現輿論呼籲暴利借貸是一種社會不法。這兩種見解逐漸形成主流法律見解，而且在不同的歐洲國家都獲得政府公權力的支持，這是十六、十七世紀，當時的政府都還是建立在階層社會的基礎上，深受土地財爲主的職業階層勢力所左右。在這樣的法治環境下，興起廣泛的民事利息法規範研究（eine Wucherjurisprudenz），延續至今。在此同時，商業與手工業持續發展擴大規模。新興企業的獲利已經大幅度依賴資金借貸，企業之間調度資金以支付即期債務亦屬重要例行業務，資金之間的過度依賴造成借貸關係逐漸呈現高度不穩定現象，影響所及，將導致法律強制規定的利息額度反而是一種國民經濟上的不可期待。所以針對**個人信用**制度，在商業領域就出現反對法定利息的作法，但是在**財產信用**制度則仍然維持法定利息的法規範，這種情形一直持續到十九世紀初期。到了這個時期，職業階層社會的影響力已經逐漸退去，社會地位與公共職位也不再依據土地財定其高低，所有的經濟行爲也已經接受信用關係的必要性，法定利息與平等適用各類利息的法律就與新的商業社會秩序產生嚴重衝突，因爲後者要求資金與信用之間完全自由，再加上大地主更廣泛的利用信用關係籌措資金，於是在新的商業社會秩序中，土地財就與其他資源在經濟意義上差異不大。從此利息的法規範便引起普遍的質疑，尤其他在經濟意義上的矛盾更是爭論焦點，然而要達到資金與信用之間的完全自由，剩下的疑慮就是如何因應經濟危機發生的狀況。隨著十九世紀中期人民團體的興起，授信業務成爲信用團體的主要業務之一，在這種情形下，以法律規範利息與暴利的必要性就不復存在，於是歐洲各處資金與信用之間就達到完全的自由，而階層社會殘存的利息法規範也隨著市民社會的商業秩序逐漸走入歷史。這是市民社會透過人民團體的機制，在歷史發展過程中獲得的重大成果之一，從此再也不需要公法規範借貸利息，利息問題就完全屬於私法領域。

二、個人的抵押信用與典當機構

　　與前述借貸信用相反，抵押信用的興起是基於個人發生急難需要借貸資金，然而債務人的個人條件卻不足以提供資金與利息充分的保障。這種情形

下，使得被剝削的危險遠大於借貸關係，因為抵押關係必須提供個人的實體財物（生產工具），以保障資金與利息的償還，所以剝削危險通常都是發生在大城市的下層與無產階級。抵押關係如果獲利，就會出現典當業，預防它所產生的剝削危險，一方面透過嚴格的商業行政監督機制（例如典當業的特許執照），另一方面則由縣市地方自治自行設立公營當鋪，附帶的則是禁止私營當鋪，當代興起的人民團體功能，成為最佳的典當輔助機制。

以公法規範抵押機制的主要目的在於最低廉的利息，配套措施則是行政權必須提供典當業者相當的保障，以確保資金的安全。這些保障也就形成所有公營當鋪的運作基礎。首先，業者在抵押物件交付後，便取得特許制專屬的拍賣權，不論出典者之前如何取得抵押物的權利；其次，典當機構有義務以公開方式拍賣抵押物，必須扣除的利息應以法律定之，典當證明則屬於不記名債券。很顯然的，這些權利不可能由私營當鋪依契約享有，而且基於抵押信用的在地特性，公營當鋪應該屬於縣市地方自治事項。

抵押信用興起於大城市所發生的經濟困境，十四世紀就開始於義大利，體系性的建立與功能則在法國及德國。在十八世紀還是專屬於警察管理，以對抗高利貸剝削，然而隨著城市貧富階級的對立，就逐漸成為扶助貧困的機制。

第二目　財產信用制度

基本概念

關於財產信用的行政管理會建立在完全不同的基礎上。要瞭解財產信用就必須先接受國民經濟中既有的共識，那就是價值與貨物本身得以分離，而且價值可以單獨成為經濟流通的標的，也可以單獨成為使用、收益與處分的標的。如果某個貨物的價值果真與貨物分離，也因此成為他人的私有物，這個貨物就稱為抵押物（das Pfand），要獲得某個貨物的價值就必須交付相對的借貸資金，這個借貸資金就是貨物價值的買價，當抵押設定完成時，貨物價值就同時交付買受人，透過這個程序建構出貨物的價值轉讓，就是抵押債權，我們習慣上稱為不動產抵押（die Hypothek），上述法律關係的相關條文共同構成抵押權的概念，針對**不動產**的抵押規定，就稱為不動產抵押權。

　　上述設定抵押權的方式，作為貨物與自身價值分離的機制，同時將價值的所有者與貨物的所有者分離，對於國民經濟而言，具有高度的重要性。因為貨物本身得以維持它的生產力，同時也創造了價值的生產力，成為第二個生產因素，它創造兩份生產因素以供人的勞動，奠定經濟進步的契機。所以，設定不動產抵押將貨物及其價值分離的作法，是每一個個人都可以進行的，也滿足每一個個人的經濟需求，每一個個人依其自身經濟發展的需求，完成不動產抵押權的程序，就符合整體的經濟利益。但是，其中有些條件既不是債權人，也不是債務人單方所能成就的。行政的目的就在於設立這些條件，因而所有完成這些條件的法律、行政措施與行政機構共同構成財產信用制度（das Realcredit-wesen）。

　　上述條件主要區分成兩大部分：其一，如何確保不動產抵押的安全性；其次，如何籌措不動產抵押所需的資金。第一個條件我們稱之為土地登記制度（das Grundbuchswesen）；第二個條件則是提供財產信用的團體，它主要從事財產信用資金的整合，所以也稱為狹義的財產信用制度。

一、土地登記制度

（一）與抵押權之區分

　　我們都清楚，基於不動產抵押的資金借貸，以購買該不動產的價值，完全屬於民法契約的領域，契約法律關係提供所需要的構成要件與法律效果。所以每個人都必須自行斟酌是否具備借貸資金購買該不動產價值的法律與經濟條件，這與其他買賣契約完全相同，他必須自行設定能力所及的法律與經濟條件，以滿足借貸資金的需求。行政權對他的保障原本無異於其他國民的其他法律關係，針對貨物價值的買賣契約，也不會有特殊的契約規定，資金借貸原本也屬於一般的商業行為，法院也是針對已經取得的權利進行司法救濟，至於權利狀態如何？獲利與否？以及其他的經濟效果，基本上與行政權無關。所有因此衍生的法律關係，共同構成抵押權的民法規範。

　　隨著市民社會的來臨，上述的貨物價值不僅更具獨立的意義，也開始展現它的重要功能，每個個人基於不動產資金借貸需要考量的各種法律與經濟條件，逐漸具有一定程度的公共意義。由此而衍生的問題，首先是哪些條件具有公共意義？其次則是立法權與行政權是否能夠、又在何種程度上，創設這些個

人能力所不及的交易條件？

這些條件一般而言雖然不難理解，但要詳細論述也有其困難，尤其困難的點在於說明這些條件如何達到公共利益的目的，卻不至於限制個人交易的自由。

（二）土地登記制度的原則與概念

債權人基於不動產從事資金借貸所採取的所有安全措施，可以總稱爲資金與利息的保障。這個保障性首先建立在債務人的履約善意，以及契約的有效拘束上，契約相對人都努力達成這兩件事。然而這兩個條件的的落實卻不只在契約法律關係中。所謂保障性指的是這兩個條件必須具有**客觀**的確定性，一方面債務人就是抵押物及其價值的實際所有者，另一方面透過資金借貸所購買的價值，能夠實際成爲債權人的所有物，並由債權人完整取得支配權利。

進一步分析上述條件，可以形成以下的具體問題。關於債務人的所有權，可以區分成以下三個問題：首先，不動產的所有權人實際爲誰；其次，該所有權人的其他財產狀態爲何，畢竟抵押權作爲一種物權，只可能設定在單一財貨之上；第三，該抵押物的價值狀態爲何，這個狀態才是透過抵押權設定未來實際成爲債權人所有的權利範圍。第三個問題又可以細分爲兩個子題，不在抵押權範圍內的其他價值，又有多少已經轉移到第三人，例如稅收、負擔、優先權益等，或者存在其他的不動產抵押關係，另外，該不動產價值的市場交易價格爲何。至於債權人透過資金借貸購買抵押物價值的完整取得，實質上就是這份取得的權利是否能夠完整對抗第三人，包括價值的權利與利息的權利（作爲借貸資金的使用價值），是否能夠對抗原債權人與其他第三人，都必須客觀確定。很顯然的，上述的各項問題如果只透過契約相對人的善意告知，就只能約束雙方當事人，對於其他第三人並不具有客觀約束性，然而這些問題都屬於公平合理資金借貸關係的必須具備的條件，如果這些條件與資訊不能建立，依據利息的經濟法則，交易所欠缺的保障就必定產生高利貸，以取代上述條件與資訊的不足。因此行政權必須設立機構，採取適當措施進行規範。所有與此相關的機構與行政措施，我們稱之爲土地登記制度（das Grundbuchswesen）[39]。

---

[39] 我國現行土地法第37條及其授權訂定之土地登記規則，所規範的「土地登記」包括土地及建築改良物之所有權與他項權利，統稱爲土地登記制度。

（三）土地登記制度發展史

　　土地登記制度的發展史雖然內容很豐富，但是脈絡卻很簡單。這個制度之所以興起，首先在於價值本身能夠獨立於貨物之外，這已被普遍承認，同時成為私有制與市場交易的標的；其次則是專責經濟貿易行政機制的成形。如果這兩者不具備，就只會有財產抵押關係，而不會出現不動產登記制度。

　　這兩個條件都不曾出現在羅馬法與傳統日耳曼法的時代。當時都將財產抵押視為當事人之間的契約關係，所以當事人必須自行解決債權債務的保障問題。當時不動產抵押權屬於純粹的民事法律關係。

　　出現土地登記制度的契機在於，依據階層社會時代保障貴族的法規，屬於貴族的土地即使透過強制執行也不可能由一般市民取得，如果貴族需要借貸民間資金，就必須在土地所有權之外，再成立某種獨立可供交易的權利。配套的措施以展示這類已具公信力的交易關係，則是建立專屬貴族的土地登記制度（die Landtafel），以公開昭示貴族土地的權利狀態，這是土地登記的第一個發展階段。它只涉及抵押關係，並不影響所有權的歸屬，而這些就是英國、法國與德國學界所探討的傳統日耳曼法。

　　第二個階段開始於十八世紀，因為農業發展需要大額資金。借貸資金之所以成為發展農業的必要條件，主要是連年征戰造成的結果，也由於資金需求擴大，所以行政權開始主動建立資金借貸的安全保障，抵押關係的法律效果也開始擴及所有權的變更。於是在貴族土地登記的基礎上，出現普遍、平等適用的不動產登記。

　　然而十八世紀的經濟貿易還不是那麼普及，包括針對財貨價值的交易行為。經貿需求大多侷限地方性質，所以土地登記也屬於地方事務。在英國與法國則根本未出現土地登記制度，只有德意志諸侯國出現這類制度。即使在德意志諸侯國之中，也有賴當地政府的推廣，所以只有普魯士與奧地利採取單獨立法，建立完整適用的不動產抵押法制。至於其他的德意志諸侯國只規定在土地法。影響所及，是導致這個階段的土地登記除了少數例外，就只侷限在保障個別發生的資金借貸關係，並不具有更高度的意義。

　　到了十九世紀市民社會的時代，這個時代的商業秩序已經完全接受財貨的價值及其信用的獨立性，在這個基礎上建立的經貿發展迫使土地登記制度必須配合信用制度的發展，因此得以更有效建立普遍、平等而且全面性的土地登記

制度。目前這已經是共識，法國與英國也認知其重要性，分別制訂適合國情的專屬立法。然而還有兩個理由造成相關的行政機制無法完全發生作用。首先是過去建立的制度難以立即改變；其次則是過去的發展經驗使得土地登記始終固定在法律問題的層次，所以五十年以來的相關文獻都是圍繞在法律條文的文字解釋上，而忽略制度背後的高度經濟意義。所以，我們雖然發現原則上一致的發展脈絡，同時也發現執行程度上的差異。比較下列三個歐洲民族，我們可以得到下列的結果：

德國的土地登記制度區分成兩大類型，首先是以普魯士與奧地利爲代表，它的特色在於建立完整的土地登記，它的登記內容至少具有法效性，但是一些地方政府也有不夠完整的情形；第二種類型則是薩克森與巴伐利亞，至於漢諾威與娜沙（Nassau）則有因地制宜的作法，這個類型只有不動產抵押登記，卻未建立完整的土地登記，也不具法效性。

法國的土地登記制度介於上述兩種類型之間，它只承認不動產抵押具有完整法效性，但是優先受償權的部分，依據法律規定仍受到相當的限制，德國巴登與萊茵地區則受法國制度的影響。

英國的土地登記制度，既沒有完整法效性，也不具優先受償權，也不具公示性，只被當作個別物權關係的保障，欠缺全面的不動產產權登記。

依據上述三個國家的分析，便足以判斷其他國家的相關制度，這些基礎得以構成土地登記的法規範及其相關權益的體系內涵，以下詳細分析它的架構。

（四）土地登記制度的體系

1. 登記機關

不動產行政的組織問題，在於確定負責登記業務的行政機關。這部分的規範必須依據立法權對於整體土地登記的立場。傳統型態的貴族土地登記是由地方議會負責，最初的土地登記則由地方政府負責。一直到個別簽訂的信用關係都尋求普遍適用的法規範保障時，土地登記就轉由法院負責，爲了解決抵押物價值高低的爭議，也有主張應該設立專責行政機關負責不動產抵押業務。然而基於登記程序的客觀正確原則，主流見解還是認爲法院是最佳的負責機關，所以將法國制度專責不動產抵押的行政機關列入德國土地登記制度的功能，但是主管機關還是由法院組織負責。

2. 登記種類

　　土地登記的行政行為是指主管機關應該建立法律規定的所有登記事項，以確保不動產借貸關係的客觀安全性。因此建立何種登記事項端視法律針對前述登記制度的規範程度與密度。這裡列出最必要的項目，相關的法律規定可以透過比較的方式找到規範的依據。

　　登錄謄本（das Folium）代表個別經濟單位的歸屬關係，通常指的是登錄在戶口謄本與不動產謄本的資料。以人名登錄成的謄本（das Personal-Folium），就是以所有權人的人名作為經濟歸屬單位，這只有在所有權人絕少變動或者根本不變動的情形下，才可能推行，這也是為什麼土地登記制度往往源自於貴族的土地登記制度。依不動產登錄的謄本（dus Real-Foliurm）則以土地地目資料作為登錄的經濟單位，所有權人姓名就只是附屬的記載事項，當土地稅體系完整時，就有必要建立全面的不動產謄本，但是在城市地區就只可能建立不動產登錄謄本。

　　登記項目（die Rubriken）則是將登錄謄本的事項詳細分配到所屬的登記欄位與目次，這是狹義的土地登記制度。所有的登記項目及其記載事項都圍繞著信用關係的三個基本要素，再由此衍生出登錄謄本的體系內容。這三個要素就是所有權、價值與債務關係。

　　所有權登錄或稱產權登錄，包括目前所有權人資料（姓名、住所等），所有權的權利範圍，以及所有權權利範圍的標的物。在土地登記的初步發展階段，通常會以地方習慣的方式註記土地所在或者直接登記門牌號碼。完整的登記制度則必須明確註明土地面積，配套的措施則必須要有土地稅籍資料與地圖，這些都構成完整所有權登錄的首要條件，可惜目前都未列入土地登記的法規中。

　　價值登錄或稱負擔登錄，它包括所有涉及土地價值與使用權益上的長期負擔，在民事契約之外，造成不動產價值的減損。首先是土地所設定的其他物權，其次則是稅捐負擔，以及針對抵押權的強制禁止規定。我們都很清楚，如果存在針對抵押權的其他強制禁止規定，都會造成價值的不安定，不登錄這些資料也會破壞不動產登記的客觀性，嚴重減損不動產價值。最後必須提到實價登錄的問題，如果在各項文件中可以顯示買價，就必須單獨列為價值登錄的項目，但是強制要求實價登錄，既不可行亦無實效。

債務登錄或稱狹義的不動產抵押登記，包括債權人價值權益得喪變更的所有登記事項，在個人事項登記債權人姓名，在經濟事項登記抵押金額與利息數額，在法律事項則登記相關證明文件的日期，記入債務登錄之日期、權利轉讓日期、解約期限，以及實際解除債務日期等，這些都屬於絕對必要事項。更進步的土地登記制度甚至涵蓋相關的異議事項與加註事項，並且增訂專屬的登記欄位。

完整的土地登記除了上述各類登記事項之外，還包括兩本記錄冊。首先是日記本，逐日登錄標的物及其權利變動的日期與時間點；其次是文件本，保存文件資料作為上述三種登記項目的書面證明。所有的登錄資料與記錄冊，當然都必須以流水號編列順序。

以上就是完整土地登記的必要內容。實際的登記內容一定會存在因地制宜的差異，這些差異內容的比較也有助於瞭解不動產登記制度的目的與功能。

這些差異性的根本原因在於，土地登記之原始目的是否設定為保障個別發生的信用關係，間接的效果才及於普遍、平等適用的財產信用制度，或者制度目的就在於建立普遍、平等適用的財產信用機制，所有個別發生的不動產信用類型必然納入管理。這兩種特質涵蓋所有的土地登記制度，也依此特質區分兩種不動產行政行為類型。

第一種個別信用關係的土地登記，通常只要求債務登錄（das Schuldfoliun），如果能夠發展出所有權登錄作為一個獨立的謄本，這種發展就可以算是一種該有的進步。即便土地登記的債務登錄本質不變，所有權登錄還是得以持續發展。

第二種狹義財產信用的土地登記，則是要建立財貨的完整交易關係，以此構成信用關係的基礎。所以它必定涵蓋準確的價值登錄事項，包括其他的權利義務、稅捐負擔、抵押權的強制禁止規定、買價的實價登錄，以及其他相關的異議與加註事項。通常德意志諸侯國的土地與不動產抵押登記可能同時存在兩種登記類型，一般而言是從第一種發展到第二種，所以會出現完整的土地登記，這些也必定成為制定法律規範的內容，以下分別說明。

3. 登記程序

土地登記流程是指主管機關的各種作業流程，以使當事人取得不動產登記的權利義務，因而這些作業流程的正確性就構成信用關係的前提。探討這些作

業的程序要件就具有重要意義，值得進一步分析。

　　這些行政作為的程序要件當然須視登錄謄本而定，債務登錄或者財產與價值登錄會有不同的流程。但是各種流程的共通事項則不外四個問題：基本原則、處理流程、法律責任與行政成本等。

　　所有土地登記流程的基本原則必定力求整個程序的客觀公正，登記程序中的任何行政決定應該不受當事人意思與提供資料所拘束，更必須獲得公正機關的認證。所有商業交易的認證機關就是法院。依此推論，土地登記程序客觀公正之基本原則就在於，所有行政決定的有效性都需要經過法院裁定。如此一來雖可能產生延宕的缺點，但是卻能建立客觀公正的拘束力，這對於信用關係而言具有更大的價值，而且延宕的缺點也可以透過行政作業程序獲得改善。

　　儘管土地登記行為的基礎在於民事法律行為，但是法院所裁定的並非民事法律行為的成立與生效問題，而是在於當事人行為能力的適格，以及契約的形式效力，並且基於這兩個理由裁定是否駁回設定登記與塗銷登記。如果駁回設定登記必定使得民事契約發生不了物權變動的效果；如果原本不發生效果的民事契約有所變動，駁回塗銷登記的裁定也能維持登記事項的優先權益。

　　處理流程，廣義上包括當事人之間的處理過程；狹義上則專指登記機關的作業流程。辦理土地登記的流程開始於收件掛號，收件的日期與時刻決定登記種類優先權益的發生時點，接著進行法院審查，法院公告裁定事項，登錄簿冊，繕發書狀或者異動整理。繕發書狀與異動整理可說是處理流程的核心工作之一，原則上不處理原民事契約，亦不涉及民事權益，只依據登記種類的客觀事實及其法定日期時刻辦理登記流程，專注處理土地登記的法定書狀資料。因此，土地登記會依據流程，要求特定的登記書表簿冊圖狀資料，相關法規也應具體明確。任何人為其自身利益得請求發給登記公告事項的證明文件，不因公示原則而限制請求權。如果當事人需要進一步的證明方式，得請求特定登記事項的謄本或者完整的複印本。處理流程中發生權利爭執事件，得向法院聲明異議（der Recurs），不服聲明異議之裁定者，得向法院提起訴訟（die Appellation）。任何法院的裁定與判決，其效力均溯及收件記載的日期與時刻。

　　依據上述的基本原則與處理流程，法律責任的判斷就相對簡單。法院之裁定與判決基本上不發生法律責任的問題，處理流程的法律責任就集中在收受登記文件資料的正確與否，對於處理流程的權利爭執，舉證責任就落在提出異議

者。如果登記機關是由法院以外的機關負責，法律責任的判斷就會相當複雜。

登記程序中的行政成本不僅對當事人權益有重大的影響，對整體信用制度的發展也有重大意義。關於盡可能降低收費標準，雖然已有共識，但是對於下列事項，則欠缺共識。行政成本的體系，首先包括設定登記與塗銷登記的行政規費（die Gebuehr），其次則指資金借貸所發生的交易稅（通常於書狀用印時徵收）。行政成本的基本原則為平等原則，包括規費金額的負擔平等，以及書狀用印時稅收基準平等。這個看似理所當然的平等原則，卻是根本錯誤的，因為形式上各種登記案件的平等適用，卻在實際信用交易關係中產生不平等。因為最常發生的是小額農業信用貸款，當這類信用貸款成為常態時，就應該針對資金借貸金額的高低訂定差異的規費負擔與稅收基準，使得小額農業信用貸款繳納最低的登記規費，小額以下的貸款則完全免除規費負擔，至於大規模財產信用貸款必定造成較高的費用負擔，其目的就在於維持實質的平等。關於登記費用的行政成本，徵收理由相當簡單明確，但是目前並未訂定在土地登記相關法規中。

關於土地登記程序可以依據登記機關的組織型態，區分成兩大體系：一種是英法體系，基本上不需要任何的法院裁定，司法機關只在發生糾紛時才介入登記程序；另一種則是德意志的不動產抵押，法院裁定反而是所有登記行為的條件。德國制度有其歷史傳統，向來登記機關就由貴族組成的法院負責，所以法院組織傳統上就承擔土地登記的行政業務，這種功能也從未遭受質疑。即使制度產生變革，也是朝向法院裁定的功能，除了極少數地區例外，法院裁定對於所有權具有完整的法效性。

4. 登記效力

登記效力的概念是指，各種登記行為完成上述登記流程之後，所發生的權利義務總稱。

至於登記效力的實質意義則是針對它的行政法特質，適度修正不動產的民法抵押權與債權、物權關係，這些修正應該表現出公法領域的財產信用制度相對於民法私人間的借貸契約關係所必須具有的公益特質。

基於上述理由，在羅馬法時代根本不存在土地登記的效力問題。至於日耳曼的民法典則將土地登記的效力納入私法規範，造成公法特質的土地登記效力在理解上的困難，也連帶影響到土地登記與公法信用制度的結合，所以土地登

記的效力問題都被視爲民法條文的解釋問題。到目前爲止都欠缺完整體系的學術探討，這個制度上的不足，只有透過行政理論建立財產信用關係的體系才足以克服。

　　儘管針對登記效力應有的各種內涵，已有基本的共識，但是卻不一定能夠區分土地登記流程與登記效力的不同功能。登記效力的各種內涵彼此之間構成一種歷史延續關係，並不是個別隨機的發生，所以必須將它們視爲一個內在緊密連結的整體現象。這些內容分別是優先性、特殊性、法效性與公示性，它們共同構成公法財產信用關係必然的結果，絕不僅限於民法的規範內容，或者只是透過行政法規所承認的法律效力。

　　首先是優先性（Die Prioritaet）。優先效力代表著羅馬法邁向土地登記制度的第一步。它的效力內涵在於所有依據民法規定成立生效的各種抵押權，只有完成登記行爲者才具有優先效力，而且是依據收件先後定其優先順序。另外，優先效力包括登記抵押權所衍生的利息與其他收益。利息期間的計算始於登記日期，法院裁定的效力亦同。優先性並不等同於下述的特定性與法效性的效力內容，但是成立優先性之後，就連續發生特定性與法效性的效果。與上述登記優先效力相反的，則是依民法成立的法定抵押權原則，它的優先效力不以登記爲條件，而且是優先於所有的登記事項。這種情形在法律解釋上固然正確，但是民法法定抵押權的優先效力如果放在信用制度的基礎上，就與土地登記制度的優先效力互相矛盾，因此，傳統上通常先承認法定抵押權的法定效果，但是之後德國與英國修訂的新法廢止法定抵押權的優先效力，只有法國仍保留，這種情形下，儘管法國承認土地登記的法效性，卻嚴重妨礙法國不動產抵押制度的整體功能。

　　其次是特定性（Die Specialitaet）。依據前述優先性效力必然衍生效力的範圍問題，爲了專注於使用、收益、處分權利範圍內的價值，所以登記的抵押權都必須進一步明確標示權利範圍內的財貨所占比例及其數量。羅馬法時代的抵押權原則（Hypotheca omnium bonorum）不符合財產信用的本質，在德國土地登記法律中已有明文揭示，在英國就只有間接的效果，因爲英國只採行部分債務的登記。特定性的其他效果則是廢止民法不動產抵押的優先效力，因爲民法法律適用上通常需要解釋，所以造成權利範圍的不特定。

　　優先性與特定性都是基於不動產抵押關係的原則，並不涉及所有權的變

動。它們通常針對個別發生且單獨存在的財產信用，而有不同的適用，因此僅呈現土地登記效力的前半段發展過程。後半段的發展開始於行政權承認所有權與占有關係的變動，同樣能夠具有權利的價值，於是將這份價值轉換成法效性與公示性的概念，納入土地登記的體系，並且不妨礙抵押權既有的優先效力與特定效力。

第三是法效性（Die Legalitaet）。法效性是指普遍適用於所有土地登記項目的原則，它的目的在於區隔民法的權利與法則，使得任何物權的得喪變更都必須依據土地登記及其登記流程後才發發生法律效力，未經登記的不動產買賣契約只能針對契約義務人建立債權請求權。

建立土地登記制度的完整法效性，屬於信用制度的高度發展與充分認識的歷史階段。因此，法效性的發展也必定歷經不同的階段，必須明確區分，如果混淆不同的階段，就不可能進行正確的制度比較。基本的差異在於區分不動產抵押權登記的法效性，以及所有權登記的法效性。不動產抵押權的法效性，其規範主旨在於，未經登記的不動產抵押權根本沒有在不動產本體建立抵押關係，因此民法的抵押權契約只成立設定不動產抵押的請求權，根本沒成立不動產的抵押關係。依據這個基本法則才真正開啟土地登記制度，相關的概念與法則都是這個基本法則的延伸，土地登記的效力開始脫離羅馬法的不動產抵押關係。因此，不動產抵押權登記的法效性構成土地登記制度的第一個發展階段，它的完整效力更確立優先性與特定性的適用。隨著信用制度愈來愈普遍，並成為重要的交易機制，就形成第二個基本法則，那就是未經登記亦無從取得所有權與合法占有的關係，建立所有權登記的法效性。到了這個階段，我們才稱為土地登記制度的完整法效性。它一方面形成清楚明確的土地登記種類，另一方面則形成客觀精準的土地登記流程，因此構成土地登記制度的完整發展，相關的制度概念也具有完整的意義，我們通稱這種發展為土地登記制度的德意志原則。與此相對的則是訴訟程序原則，依此原則土地登記並不產生實體權利，只構成訴訟程序中不可撤銷的權利證明，我們通稱這種發展為土地登記制度的羅馬法原則。

依據上述兩個原則比較現行歐洲的土地登記制度，英國的土地登記屬於純粹的訴訟程序原則，法國則採行部分法效性，它只承認不動產抵押登記的法效性，卻不承認所有權登記的法效性，普魯士與奧地利採行完整法效性，納入所

有權與占有的登記項目，大部分的德意志諸侯國依循普奧制度，少部分則仍然停留在訴訟程序原則與法國的部分法效原則。這些不同的發展程度最後都可歸結到土地登記的種類，登記種類可說是土地登記制度發展的指標，同時也被視為未來立法的重要基礎，如果不能建立體系化的登記種類，就不可能達到完整法效性的階段；如果建立登記種類彼此之間的有機體系，就足以建立完整的土地登記制度。這些要素與概念彼此之間的明確區分，則是促進土地登記制度繼續發展的首要條件。

第四是公示性（Die Publicitaet）。作為財產信用重要基礎的土地登記制度，它的最後一個登記效力就是，原則上每個人對於登記事項都有閱覽權利。登記的公示效力不論在理論上或是實務上都有相當的爭議。如果土地登記僅限於不動產抵押，那麼開放普遍閱覽並無太大意義，而且也需要債務人的事前同意，但是完整法效性則必然需要公示性作為配套措施。基本的方式就是繳納規費申請複印本的權利。再者，所有權人對於登記事項都能申請證明書狀，登記的公示效力對於價值流通的重要意義，自然不在話下。

二、財產信用機制與信貸團體

概念與本質

即使土地登記制度的重要性已如上述，然而只建立土地登記制度當然不能夠滿足財產信用日漸擴張的需求。不動產信用通常是由個別存在的資本以應付資金需求，通常也只能滿足個別存在的借貸需求。不動產信用所適用的抵押權法規，雖然不至於造成經貿發展的障礙，但卻容易產生交易關係上的不便。透過不動產登記雖然能夠確保債權債務關係的存在，然而償還借貸金額還是難事一件，即便是利息都不一定能夠保證按時償還。在這樣的前提下，資本依其營利本質只會在快速流通的經濟環境中尋找同樣快速的變現機會，縱然建立客觀正確的土地登記制度，資本也不一定投資在財產信用關係上，即使做這樣的投資，也必然產生更大的財務負擔，這些負擔可能會超出農業生產力及其相關農產品所能承受的獲利範圍。

在此同時，農產品與原物料開發所需要的資金卻與日俱增，由於資本都運用在生產力提升上，所以農業投資都算是合理的（非投機的）資金運用。這樣

的資金需求對於整體農產品與原物料而言，可算是一種普遍現象，但也因此形成一種失衡的現象，即使再完善的土地登記制度也無能改變。愈來愈多人因此認為，建立在土地登記上的信用關係只能夠滿足個別急迫的資金需求，至於應用在農產品與原物料生產的資金投資則需要另外創設不同的程序。

建立這種程序的前提在於，應用在農產品與原物料的資金投資，除了必須具備土地登記制度已有的客觀確定性之外，還必須在資本變動的經濟環境中，具備價值流通的能力。這個既有客觀確定性，又有價值流通能力的資金投資，單靠債權人與債務人是難以達成的，這時就需要國家力量的介入。因此在開始發展的階段，政府都會考量透過公權力的信用機制直接補助農產品與原物料生產。但是，依據信用制度的本質卻使得政府的干預在經濟上不可行。在這個問題上，最適合提供農業生產發展條件的組織型態必定是人民團體。隨著人民團體的作用進入財產信用的體系，就會形成不以法律與行政措施規範為依據，而以個別自由行為與經濟法則為依據的財產信用組織型態，我們稱之為財產信貸團體，所有的財產信用機制因此都是一種財產信貸團體的作用。

財產信用機制的基本原則可以歸納為，它如何籌措財產信用投資行為所需的資本，並以人民團體的經營方式處理信用關係，使得財產信用既有完整的客觀確定性，又能夠結合商業信用的自由移動性。到了人民團體的發展階段，才使得信用制度的概念與功能完全適用在不動產的價值流通上，財產信用制度也因此進入一個全新且重要的局面。

進入這個新的階段當然不代表信用制度的內涵只有這些經濟要素，它同時代表一個新時代的來臨，那就是市民社會商業資本的力量已超越職業階層社會特有的財富類型土地財的力量，並且在經濟關係上，商業資本的條件與效果已經能夠支配土地財。因此，財產信用機制的發展，所呈現的不僅僅是經濟關係與法律制度的全新定義，同時也代表一種全面的社會變遷事實，它深刻影響整個歐洲的內在精神生活，儘管節奏緩慢，但是效果顯著。

因此，我們就不難理解，上述的財產信用機制並不是突然興起，也不是單一的組織型態，它的基本組織型態其實等同於它的發展史。介紹它的發展史又必須進一步區分經濟要素與法律要素，並且分別觀察，依此可呈現兩種基本組織型態：一種是連帶責任的信貸團體（die gegenseitigen Creditvereinen）；另一種是商業經營的信貸團體（die Aktivecreditvereinen），前者的差異比較大；

後者的同質性較高。

　　本文認爲直到十九世紀中葉之後，文獻論述才正確區分土地登記制度與財產信用機制本質上的差異，並且分別構成財產信用制度的兩個結構面向。十九世紀的財產信用機制幾乎完全應用在農業領域。文獻或者站在農業發展的觀點，或者站在人民團體的功能，作爲分析財產信用制度的著力點。

財產信貸團體

　　人民團體成爲財產信用機制的基礎，具有獨特的意義。透過人民團體的組織型態才使得財產信用制度有可能成爲一個完整的領域，並且成爲經濟行政的一環。它能夠調合兩種經濟現象，一方面不動產信用已成爲整體經濟發展的利益所在；另一方面，信用制度的首要條件卻要求資本的自由移動，財產信貸團體將這兩種對立轉變爲和諧。調合的方式構成財產信貸團體運作的基本原則，實際發生的現象，則構成它的經營型態。基本原則適用於所有的現象與經營型態，至於不同的經營型態則是不同歷史階段所呈現實際現象。

（一）基本原則與體系

　　財產信貸團體的基本原則在於，依據不動產信用的特質，提供所需的資本及其相對的安全保障。這兩種條件的成就，必須將傳統上不動產信用建立在個人行爲與責任之上，轉變成爲人民團體的行爲，並且建立在人民團體的責任之上。所有的財產信用都被視爲人民團體所執行的公共行政任務，在其中，公共利益與個別存在的私人利益得以成爲和諧狀態。

　　爲了達到上述目的，必須使得財產信用關係不僅僅是財貨價值轉換成爲一種私有物，還必須進一步成爲市場上的一種商品，因此而具備所有經貿行爲交易對象的特質與法律關係。運作的方式在於，人民團體不再像土地登記的信用關係，只能夠將個別特定的財貨價值帶入市場交易，而是以其特有的連帶責任做基礎，將多種財貨的價值集合成爲某種價值規模，並依此規模成爲經貿活動中的一個整體，這樣可以使得任何的個人都能夠在這個具有規模的價值中，找到他所需要的特定價值。具體的運作則是出具抵押憑證（der Pfandbrief），債務人將其所屬財貨的價值轉讓給財產信貸團體，並出具不記名債券性質的抵押憑證給該團體。透過抵押憑證可以創造三種可能：債務人保有隨時償還的可

能，只要他有意願就仍然維持財貨價值所有者的地位；債權人則保有交易的可能，債權人基於買賣關係所擁有的財貨價值，隨時得進行交易；財貨價值本身則保有成為商品的可能，它仍然具有任何不動產價值所需要的經濟流通特性，那就是找到它的市場（交易處所），以及它的交易價格（抵押憑證所具有的流通價值）。如此就能夠為所有的不動產找到它的信用關係，因為就在上述市場交易價值與抵押憑證價值之間所創造的三種可能性之中，抵押憑證的票面價值與交易價值能夠成為和諧不衝突的關係，資本隨時可以在自由市場中尋獲它的基本價值。

此外，抵押憑證必須提供變現的保證，不論它主觀的市場交易價格為何，票面價值都必須實際存在著。財產信貸團體的核心任務，就是以其行政能力（財富管理專業）將這個變現保證納入抵押憑證的效力，保證的範圍不僅在於資本本身，還擴及它的利息收益。這個核心任務及其實踐必然伴隨著財產信貸團體的興起與興盛。它的基本內容如下：

首先是精準的估價，針對每一項財貨，審慎評估所有已存在的其他不動產債務，作為抵押憑證借貸金額的計算基礎。

其次，妥善規劃管理利息與清償事宜，通常以列舉方式在利息清單中註記清償義務與金額，再依據債務人實際支付情形合併計算。

第三則是財產信貸團體行政業務的基本守則，也是必須遵守的行為義務：債務人對於每一份抵押憑證必須以其所有財產負連帶責任；債務人的債務清償必定包括足額利息，作為分期攤還的必然折扣金額；信貸團體必須建立自有獨立的資本，以備債務人清償不能或遲延時，信貸團體本身仍得支付相關的債務與利息，也就是所謂的保證金與安全準備金。在上述基礎上，得以清楚區分財產信貸團體的不同經營類型。

本文認為這些基本法則與實務運作，可算是德國對歐洲國民經濟發展最大的貢獻。當時英國雖然已有土地登記制度，卻沒有財產信貸團體，法國的信用機制則根本未見實務運作。以建立體系著稱的德國學界在這方面則成功的將財產信貸團體納入國家的經濟行政體系中。

（二）經營型態

財產信貸團體的經營型態端視保障的標的為何，有的團體重在保障不動產

的價值，有的則保障自有資本。

　　連帶責任的財產信貸團體是以所有成員的連帶責任以提供個別抵押憑證的保障，至於其他的行政管理行為則與其他型態的信貸團體相同。這類組織原則必然形成的現象在於，儘管土地登記權益上的差異，但是這類團體必然是有產階級組織而成，而且他們財富的種類與範圍基本上維持相當一致。這類組織通常出現於土地財法制與權益差異甚大的年代，並且與土地財歸屬不同職業的階層社會秩序高度連結。這類團體的興起主要在於解決急迫的財務困境，主要的任務在於對抗惡意的資本，而將土地財轉交到相同職業階層的特權階級，以尋求財產保障。這種經營型態的優點在於不以營利為目的，缺點則使得小規模財富找不到需要的信用關係。這類團體具有高度的價值，但是他們對於不動產抵押的估價卻容易受到自身職業階層利益的影響。他們通常不具有現金，所以必須以土地提供擔保，或者必須建立安全準備金，這類傳統型態的職業階層團體，到了十九世紀才開始接受組織公開與財務透明的人民團體組織原則。因此，這類以職業階層利益為核心的團體屬於傳統上高度重要，但是組織型態過於侷限的財產信貸團體。

　　至於土地信貸團體（die Bodencreditverein）的組織型態，例如不動產抵押銀行（die Hypothekenbanken）則屬於企業經營型態，它所經營的財產信用關係，係以自行募股籌資作為抵押憑證持有人的責任基礎。這類團體的行政管理就是企業的經營管理。它們追求獲利，但是可以接受任何規模與種類的不動產。它們的估價行為是純粹的企業經營，價格的計算則是純粹的商業模式，它們接受也從事完全的自由競爭，並且依據人民團體的基本法則從事各項業務。所以，這類團體可算是市民社會時代的財產信貸團體，擁有較寬廣的發展空間。正因為它們將信用關係視為商業行為，又不妨礙資產階級的利益，所以符合新時代的發展，並且快速擴張其業務規模與組織體系。只有這種團體有能力領導財產信用制度的未來。依據這種組織型態，許多歐洲國家開始出現商業經營的信用機制，以土地抵押進行資金借貸，但都還只是個別出現的信用關係，屬於經濟低度發展的階段。

　　不動產保險團體（die Hypotheken-Versicherungsvereine）屬於前述土地信貸團體尚未完整發展的階段，才會出現的經營型態，而且代表土地登記制度與程序並不足以保障個別發生的信用關係。隨著土地信貸團體的興起，不動產保

險團體就逐漸退出財產信用的領域。

（三）行政法制

財產信貸團體所適用的行政法制，係指提供這類團體債權保障所需要的法律制度，而且這些法律制度是指土地登記制度以外的特別規定，可以區分為下列兩種規範方式：

第一種是適用人民團體法的財產信貸團體，尤其是前述土地信貸團體，因為連帶責任的職業階層團體從十八世紀出現之後，就一直脫離不了特定職業行會的特質，所以也不能隨著社會變遷完全發揮財產信用的功能。

第二種雖然適用一般行政法規，卻以規範債權人需求為主。依其概念可再細分為兩種類型：第一種類型係以特定職業階層為主的信貸團體，通常由政府出資成立，也接受政府的直接監督，以職業階層所屬的土地作為資金保證，也能夠暫時代管抵押的不動產。

第二種類型為商業經營的信貸團體，才真正進入行政法的規範。國家公權力不再直接補助，轉而致力於訂定法制。這些行政法制則有雙重特性：首先，它得將待收利息併入稅捐負擔合併計算；其次，債務人財產面臨強制執行時，享有優先受償的特權。即使有行使利息請求權的限制時，也得聲請撤銷，只有特殊情形才得免除利息註記。如果銀行基於相同的權利義務經營不動產信貸業務，同樣也享有上述的權利。

第三目　商業信用制度

經濟意義

相對於個人信用著重在個人的經濟人格，財產信用將個別財貨的價值轉換成經濟貿易的標的，商業信用的標的則在於企業的信用，可以算是真正的信用關係。商業信用不論是基本法則或者權利義務，都是建立在信用概念之上。商業信用的發展階段才開始進入高度的經濟發展。商業信用的資金借貸必定帶著明確的目的與認知，借貸的資金必須透過生產過程與交易行為轉換成更大的價值，企業的還款與付息必定依賴這個轉換價值的結果。因此，商業信用的基礎，既不在於債務人的財產，也不在於債務人的善意，而在於債務人經營企業

的價值，前兩個要素都是次要的。正因如此，才使得商業信用具有重大的影響力，因為企業的價值主要建立在個人的勤奮精明，這個特質遠大於資本能夠發生的作用，因此商業信用也可能在債務人無資本的情形下進行授信，一旦完成授信，債務人所獲得的資本將可達到企業經營規模的三分之一，並且維持到信用關係實際期限截止，因此，欠缺資本但是勤奮精明的人透過商業信用得以找到資本，原本已有資本的企業則可能獲得兩倍、甚至三倍的資本額從事企業經營。透過商業信用才使得資本充分發展，經濟發展再不必受限於固有資本的實際規模。商業信用才能夠提供每一個人企業經營所需要的資金，個人信用與財產信用則不一定能夠滿足每一個人的企業經營，商業信用代表資本的完全自由移動，對於經濟能力優異的個人而言，同時代表經濟自由年代的來臨。它的持續發展就是國民經濟進步的條件，因此，如何成就這些條件必然成為行政權的核心議題，它必須自問是否有能力、是否應該規範，或者如何進行具體的規範。

　　商業信用的本質卻讓這個行政管理的問題必須審慎應對。之所以行政權必須審慎應對，在於本文的商業信用屬於一種新型態的企業信用，如何正確的理解商業信用，關鍵不在於概念定義的問題，而必須將整體信用制度視為一個有機的體系，再進一步區隔出商業信用的適用範圍。

商業信用的行政法原則

　　如果前述說明正確，商業信用關係將會成為市民社會時代國民經濟的發展基礎，而且市民社會依其後於職業階層社會的發展特性，如果欠缺商業信用的需求，就不可能持續向前進步，我們因此得以推論，市民社會的經濟秩序勢必自行創設商業信用的組織型態，以利自身經濟發展。國家並沒有能力創設商業信用制度，也不應該如此。國家之所以不能夠、也不應該自行創設商業信用關係，就因為商業信用的前提是建立在個別企業及其經營行為專屬一身的條件與能力。商業信用不可能有普遍適用的授信準則，只可能針對個別特定的企業，依其資本條件與商業經營能力成立商業信用關係。所以，我們這裡所稱的商業信用組織型態，係指獨立自主進行授信的組織，並且有能力針對個別企業作出國家公權力所不可能做到的獨立商業判斷。正是因為商業信用關係具有專屬一

身、個別適用的永恆特質，這個特質優先於商業信用制度的目的考量，使得國家根本不可能在商業領域進行直接的授信行為。

在這種情形下，如果還是需要商業信用的行政法制，就必定基於行政權力最普遍、抽象的原則，那就是不論整體生活或者個別領域，行政只適合提供個人依據事務本質沒能力自行創設的發展條件。對於商業信用關係而言，這個發展條件不在經濟與財貨領域，而在於法律領域。個人的商業經營能力是否能夠獲得信用，以及如何評估債務擔保與經營獲利，這些可以完全歸屬當事人之間的形成自由，但是債務清償的問題則不能任由當事人自行約定，尤其是清償方式與清償期限，因為授信者本身必定高度關注這個問題。所以，國家在這方面能夠做的，就在於創設足夠的法律規範，使得授信行為都能夠獲得基本保障，明訂它的法律效力與清償義務，與這兩者相關的所有行政法令構成商業信用的行政法制（Verwaltungsrecht des Geschaeftscredits）。

商業信用的行政法制有三種型態，這三種型態基本上源自於商業信用在經濟領域的三種組織型態，而這三種組織型態又與商業信用的三種授信方式密切相關，因此我們優先分析這三種授信方式。

商業信用的三種授信方式：即期清償、企業融資、創業補助

各種信用關係本質上都是相同，之所以會有不同的授信方式，原因在於不同的授信目的。這個授信目的連同授信所使用的資金主導著債權人債權的保障方式與債務清償方式，因而形成不同的商業信用類型，進而構成商業信用的體系。因此，商業信用三種授信方式既構成它的體系，也構成它的組織型態，三種授信方式分析如下：

即期清償（Zahlungscredit）的信用關係之所以產生，在於主債務到期日之前就發生必須履行的單項清償義務，這些項目、期日不一的清償義務共同構成主債務的內容，原本應該逐項清償，作為主債務到期的履行。使用於即期清償信用關係的資金，其目的並非生產行為，而是專門被用作企業債務現金週轉的支付工具，直到企業（第二）債務人的清償行為能夠及時填補這個資金缺口。因而，即期清償的信用關係不必特別調查企業的盈餘狀況，這類的授信必定屬於短期資金借貸，由於償還的資金，通常會再度成為其他即期清償信用關係的

資金，所以也不必特別顧慮債務人的個別信用狀況。這些原則也構成即期清償信用關係的法制基礎。

相反的，企業融資（Unternehmungscredit）的信用關係目的在於商業營運，獲得的融資借貸會被應用在投資設備或者提升營運。這類信用關係的保障不在於第三人的即期償還能力，而在於企業的生產力，所以它的資金償還不可能是短期的，而必須顧慮債務人企業融資的各種狀況，所以必定會要求抵押物以供信用擔保，造成這類信用關係與前述的個人信用、財產信用高度雷同，它要成為單獨運作的信用關係，必定有賴於獨立運作的組織型態。

創業補助（Vorschusscredit）的信用關係也屬於扶助企業融資的授信方式，只不過不需要商業營運能力保障或者財產保障，所以它屬於扶助無產階級創業的信用關係。這類信用關係之所以成為一個獨立的經營型態，原因不在於經濟理論，而在於社會理論，它也有賴於獨立運作的組織出現之後，才成為行政功能的一環。

基於上述三種商業信用的功能，接續產生相對應的授信組織型態，這些授信組織依其運作方式形成商業信用法制的體系，這個法制體系也區分成三個部分：貿易信用法（das kaufmaennishe Creditrecht）、銀行信用法（das Banquier-screditrecht）與合作信用法（das Vereinscreditrecht）。如果在概念上不區分上述三種授信方式，就難以建立商業信用的公法體系。

一、即期清償及其公法規範

（一）貿易信用與商業書表

商業信用中所謂的貿易信用，是指買賣雙方基於商業交易的本質，針對相互的給付行為與會計作業所產生的信用關係。商業交易往往在頻繁互動中進行，這種交易特質使得每一項的給付行為（進出貨）與每一筆的債務清償（入出帳）原本都必須簽訂書面契約，但是實際上卻窒礙難行。如果所有的契約效力，以及衍生的信用關係，都必須簽訂書面契約後生效，不僅阻礙貿易關係，也使得與此相關的國民經濟發展受限。所以貿易雙方就會依其商業交易的頻繁互動本質，針對商品貨物交付與債權債務關係自行創設更合適的契約形式，這個特殊的契約形式，我們稱為商業書表（das Handelsbuch）。商業書表就是記載貿易雙方所發生的債務與清償資料，同時代表特定公司在貿易行為中的商業

信用，國家公權力的任務就必須賦予這些商業書表強制的公法意義，使得商業書表在所有貿易行爲中具有簽訂書面契約相同的效力。這個等同於書面契約的效力就是商業書表的證據力，證據力的範圍則依據商業書表備置項目的法律規定。因此，貿易信用關係中備置商業書表及其法定證據力，就構成商業信用法律制度最原始、也最重要的法規範，相關的法律規定就是整合在商事法典中的商事法（das Handelsrecht）[40]。

貿易信用實質上涵蓋了三種尚未完全清楚區分的商業信用類型。它的形成背景在於逐漸擴大規模的國際貿易，它的制度基礎在於商品貨物與貿易行爲的分別獨立作業，它的規範基礎則是百年來商業交易領域中所形成的習慣法。如果即期清償的信用關係在商業領域中獨立運作，就更能清楚觀察貿易信用的制度內涵。

（二）錢莊支付功能與票據法

隨著商業規模持續擴大，就會更清楚的觀察到，整體經濟發展所表現的生產與消費過程，以及這兩個要素透過交易行爲所表現的替換效果，都必定建立在所有當事人共同遵守而且具有普遍拘束力的債務清償支付方式（die Zahlung）。依據商業交易的本質，一方當事人的債務清償行爲往往是以另一方當事人的支付爲前提，債務清償的支付方式根本就是所有企業的經營能力與經濟地位指標。因此，某一個個人或者企業的週轉失靈必定造成整體交易行爲的危險，也造成貨物流通與價值流通的障礙，針對這些貿易的危險與障礙，商業信用制度會持續發展出相對應的緩解機制。

這個緩解機制的基本構想在於，爲這些用於債務清償的資金設定更高的價值，這個價值就是對每一個企業都受益的立即支付，立即支付的功能再成爲一個單獨的企業型態。這樣的企業就稱爲錢莊（ein Bankhaus）[41]。錢莊的興起，固然有其經濟領域的功能，同時也代表經濟發展的過程，所以在錢莊初起的階段必定依循純粹的經濟法則。但是隨著經濟的快速發展，愈突顯錢莊功能的重要與必要，就愈能清楚的看出錢莊功能的首要條件必定在於，確保作爲支付目

---

[40] 依公司法第20條第1項規定之公司營業報告書、財務報表、盈餘分派、虧損撥補議案，同條第4項授權主管機關隨時查核或限期申報；商業會計法並針對會計憑證、會計帳簿、財務報表有更詳細的備置規定。

[41] 錢莊的名稱或爲銀樓、票號、店鋪或公司行號，提供傳統商業行爲基本的、私人之間的信用交易。

的的信用關係，能夠安全、準確的達到債務清償，這個透過持續運作授信業務確保債務清償的功能，正是錢莊能夠在商業支付關係中，得以排除商業行爲與生產關係可能的貿易障礙。因此，錢莊的授信業務必定從原本純粹民法契約轉而具有公共利益的功能，它也成爲任何企業內在的要素，甚至是所有國民經濟領域商業經營行爲不可或缺的支付方式，如何爲這個全面發展的支付功能設定制度條件，以使其持續維持公共利益的功能，就必定成爲立法與行政的重要任務。這個制度條件就在於賦予債務清償信用關係，直接而且無條件的償還義務。爲了達到這個目的，必須所有當事人都承認這項信用關係具有直接、無條件的償還義務，最直接的方式就是專爲此目的而設置的書面形式，這個書面形式就是票據（der Wechsel），以法律規範票據的無條件支付義務，通稱爲票據法（das Wechselrecht）。

　　基於上述公益性質，票據因此與傳統商業行爲中的付款單據或原始憑證（die Anweisung）有所區分，後者在歷史上發展較早，它的支付方式伴隨著票據制度的興起，兩者的差異就在於支付義務，而票據制度之所以興起，原因在於單純的即期清償信用關係，已經從傳統表現在商業書表的貿易商信用關係中發展出它的獨特性，並且以錢莊作爲它的特定組織型態。因此，傳統貿易行爲中的付款單據或原始憑證，這種較早出現的簡易支付工具，不能與票據的發展過程相互混淆，儘管我們經常看到這種混淆情形，兩者的區分就在於，傳統貿易付款單據或原始憑證是以上述貿易信用關係，以及商業書表爲其基礎，而票據則非如此。票據制度的興起，必定是票據的形式所代表的相關權利已成爲法律規定事項，之所以會有這種規範效果，就在於票據的形式等同於曾經發生的某種商業行爲，並且產生即期清償的信用關係。票據法制的第二個發展階段在於，商業貿易持續發展到信用流通機制已經擴展到所有的經濟領域中，並且商業行爲中的所有當事人都具有票據能力。這種情形下，票據法的體系就會依循著票據制度所容許的多元償還義務態樣，決定其體系內涵，但是這些變動卻不足以根本改變票據的基本原則。票據法之所以成爲一個獨立的法律領域，因爲它的學術基礎不在於契約，而是在於信用制度的理論。正是信用關係使得我們得以認識票據法的眞實本質，這個本質就是提供個別企業建立資金週轉信用關係的行政法規範。在這個認知下，我們得以進入商業信用的下一種類型。

　　本文認爲內務行政的體系如果欠缺票據法制的定位，會產生體系上的盲

點，這個盲點在國民經濟學、警察學、經濟行政的既有理論中都未曾釐清過。如果不能清楚區分即期清償與企業融資這兩種信用關係，就只能認識票據法的文字意義，而無從理解票據制度的整體有機意義。

（三）人民團體作為即期清償的機制：銀行制度

基本概念與法制原則

依據前述的貿易信用與錢莊信用，以及配套的商業書表與票據法制，雖然能夠呈現出信用制度的要素與法規範，然而這個階段的信用關係仍然屬於個人之間的需求供給關係。隨著信用制度的持續擴大，所有的經濟發展勢必透過信用制度，將尚未被履行的債權及其價值，儘早轉換成直接可利用的資本，於是在個人之間隨機發生、隨意約定的信用關係之上，就會依據商業信用的需求法則產生某種自主運作的機制，以達到上述功能，這個自主運作的機制就是人民團體的組織型態主導商業信用的制度運作。

人民團體對於商業信用的重要性在於，它使得信用業務有能力發展成為一種企業經營的型態。因此，每一個經營信用業務的人民團體最初都是一種公司組織。由於公司營運具有擴大業務的功能，所以它的信用業務也必定不會僅限於單一信用類型。隨著授信業務擴大到所有信用類型，就會依據授信業務的分工，區分公司業務為即期清償信用、企業融資信用與創業補助信用三種類型，進而在各類型信用貸款公司之間形成它們的體系。隨著這個體系的出現，就產生我們所稱的信用整合機制（die Organisation des Credits）。在這個整合機制中，不僅僅涉及公司成員的個別利益，公司組織同時又兼具人民團體的功能，這也成為相關法制的雙重內涵。這個法制表面上是純粹的公司法，然而又具有人民團體法的適用，前者要實現公司成員的個別利益，後者則具有公共利益性質。於是信用整合機制就逐漸發展成經營信用業務同時又兼具行政功能的人民團體（die Verwaltungsvereinen），它的法制也成為一種公法規範的信用制度，詳細分析如下：

1. 銀行作為即期清償的組織型態，中央銀行的經濟功能

銀行制度之所以具備公共利益的地位與意義，必須依據銀行與即期清償信用關係的發展過程共同理解。

即期清償的信用關係透過錢莊業者（die Bankhaeuser）與票據法機制能夠達到自主運作之後，錢莊業者本身就必定會持續尋求更大規模並且資金調度更為順暢的即期信用關係，以建立自身更穩定的授信，這種情形就是即期清償出現組織型態的首要條件。要完成這項條件，必須錢莊業者聯合組成某種公司型態的組織，這個組織的目的就在於，針對個別錢莊業者的授信業務，提供最優惠並且條件相同的信用，這個信用事實上也構成個別錢莊業者建立信用關係的條件。組成這樣規模與目的的公司型態，就代表信用制度形成完整運作秩序與自主發展的條件。這個組織在建構之初就具備公共利益的運作特性，儘管設立的宗旨必須維護組織成員的營利，但是它實質上就是一種具備行政任務的人民團體，以執行公共性質的信用制度。這種被視為具備行政任務的人民團體，又具備公司的組織型態，就是一個銀行（eine Bank）。所以銀行的組織型態就代表公共性質信用制度已經完整建構，銀行也位居主導地位。這就是銀行的真實意義。銀行也就在這個基礎上循序發展，所謂銀行類型的概念，實質上等同於具備公共利益性質的信用制度逐步成熟發展的歷史階段。因為銀行的不同類型就只是這些發展階段的表現方式，在這個過程中，即期清償信用關係必定隨著經濟發展，進行必要的制度調整與因應。

第一種銀行類型稱為儲蓄銀行（die Despositenbank），這類銀行即使不建立信用關係，也能夠以公司自身資金保障存、提款業務依約進行。這只能算是低度發展的銀行類型。

直到匯兌銀行（die Girobank）的出現，銀行資金就不僅用於保障支付業務，而且得以通過轉帳方式完成資金流通。匯兌銀行的基本法律原則在於，轉帳過戶就視為完成實際支付。這個原則必要的配套措施則是將所有的存款資金轉換成銀行之間共同適用的計算單位，統稱為銀行錢幣（das Bankgeld）。即使在匯兌銀行的發展階段，仍然未形成信用關係，但是至少形成一種擬制錢幣的概念，足以取代與超越實體硬幣的功能。促成這種轉變的理由，應該是眾所周知。隨著銀行錢幣的推行，接續出現紙幣（die Note）的形式，它的適用與影響持續至今。

任何經濟發展到了跨洋貿易的階段，信用關係的建立，在資金數量上不必像錢幣必須受限於特定的形體與容積，信用關係得以依據交易需求隨時增減數額，因而紙幣成為唯一的貿易平台。依據紙幣的特性，銀行能夠在短時間內擁

有信用關係所需要的資本，這樣也構成紙幣的價值基礎，實質上也建構出紙幣所有者相互間的支付能力。基於前述中央銀行（die Notenbank）的特性[42]，我們得以推論它在行政管理上遵行的經濟原則，這同時等同於中央銀行在國民經濟領域中，針對即期清償信用關係的行政管理。

　　銀行以紙幣的形式進行授信業務，這個以紙幣建立的信用關係，正是即期清償與企業融資兩種信用類型的根本差異。銀行不得直接經營資金借貸，除非發行不記名債券的業務，銀行的信用業務通常表現在兌現票據，而且主要是錢莊業者之間流通的票據，這些票據是由錢莊依據授權的信用額度對不同的企業所進行的授信行為。判斷開票人的支付能力（不僅限於信用能力），這個權限則屬於審查信用等級的專責機關。將各種形式的票據（期票、本票、匯票等）彙整到信用業務所需的貨幣規模，則屬於銀行的專業責任（das Portefeuille），至於以不記名債券所借出的金額則屬於以債券為保證機制的貸款額度（der Lombard）。即期清償信用關係所許可的期間，則為票據的到期日（die Sicht）。如前所述，即期清償信用只允許短期許可，不會有長期的到期日。如果企業的信用需求大於錢莊的資金，或者大於授權範圍，信用關係就必須以銀行本身所開立的匯票取代實際提用的金錢。這些匯票之所以能夠取代金錢，建立信用關係，原因在於銀行有能力兌現。確保銀行兌現能力的規範與機制，構成銀行的資產總額（die Fundation）；確保銀行兌現能力的金額，稱為銀行的資金總額（der Bankfonds）；針對各種交換的票據，透過銀行資產總額作出的直接支付工具，就是紙幣（die Noten）；合法發行紙幣的銀行，稱為中央銀行（die Notenbank）。透過紙幣的功能，銀行才成為一種信用團體。如果有人認為任何一家銀行都能夠、也應該將通行的紙幣兌換成實體硬幣，這當然是誤解銀行的功能，這也只能算是低度發展的經濟。紙幣之所以能夠成為支付工具，關鍵在於，紙幣的首位收受者通常對第三人都有債權請求權，透過債權的履行，他因此得以清償自己對銀行的債務，他的債務人在此同時又成為其他第三人的債權人，如此循環不已。因而，紙幣的真實保障功能必定建立在所有使用紙幣的企業（經濟主體）相互之間的支付能力。但是，紙幣要進一步成為信用工具，關鍵則在於，紙幣所代表的信用被企業視為投資項目之一。即期清

---

[42]　此處的中央銀行概念等同於法定貨幣的發行銀行。

償信用的貸款額度必定只適用短期到期日。銀行以紙幣提供信用額度的對價則是收取貼現費用（der Discont）。貼現費用的高低則依據法定的貼現率，由於銀行主要與開票錢莊維持信用業務，這對銀行而言是最安全的信用關係，因此銀行收取的貼現費用通常只要求最低的清償利息，清償利息的高低通常也代表企業經營良善與否，以及相對承擔的清償義務高低。所以銀行本質上就是信用流通的關鍵機制，但是它的營業行為仍然首重銀行股東的利益，這個利益所要求的不外乎經濟發展對銀行的要求：為了達到獲利，必須儘量開拓信用關係；為了維護公司資本，必須盡力維護紙幣的穩定性。這些目標又必須以下列三個手段達到：最必要的貨幣支出額度、嚴格遵守貼現率法令、嚴格審查信用等級。綜上所述，如果不是另一個特殊的要素，在根本處改變了銀行法制，銀行本身原本就只是一個人民團體組織，也必須如此評價銀行的功能。

針對銀行制度，應該明確區分銀行的經濟功能及其公益性質，前者屬於國民經濟領域，後者屬於行政理論與行政法領域，此外，同樣也必須區分即期清償與企業融資的信用關係，以及區分銀行與錢莊等信用機構本質上的差異。

2. 銀行的行政法功能

隨著信用關係在國內與國際商業交易的持續發展，紙幣就隨著銀行的信用業務融入一般市民生活，成為普遍使用的支付工具，每一個流通的紙幣也都代表著發行銀行的信用。在紙幣流通的趨勢下，必定在傳統硬幣體系之外形成紙幣的體系。至於紙幣如何躍居主要的交易媒介，甚至逐漸在所有經貿關係中取代硬幣，理由更是眾所周知。部分原因在於銀礦產品與商品大量出口到東方國家，再者則是經貿交易當事人對於經濟流通工具都有漸趨一致的需求，就是必須能夠擺脫貴重金屬產量不足的影響。在這種情形下，硬幣與紙幣兩套貨幣體系必須維持何種關係，就成為歐洲經濟的重要問題，這個問題同時構成銀行與政府之間的問題，因為銀行作為紙幣的發行機制，政府作為硬幣的發行機制，兩者之間形成緊張關係，這個問題的解決過程，其實也就是銀行從十八世紀發展迄今，之所以具有行政法功能的演進過程與制度內涵。

目前有效適用的銀行法制既然是長期發展的成果，因而有必要從它的歷史發展階段掌握制度內涵。銀行法制的基本原則事實上都是歷經慘痛教訓才歸納出的可貴經驗，再累積成銀行行政法制的各項要素，我們一般將這過程區分成下列三個階段：

　　第一個階段源自於政府的觀點，當時的政府普遍認為銀行最適合、也有義務將它們的信用關係表現在紙幣的發行形式，這種方式遠比國家發行的債權憑證或者交易憑證更適合商業貿易。這個觀點造成的經濟效果是貨幣數量暴增，也必然造成信用需求與支付需求的快速擴張，連帶干擾紙幣功能，更貶低紙幣真實價值，嚴重影響整體經濟的正常發展，而這個耳熟能詳的現象開始於拿破崙戰爭的年代（1792-1815）。

　　至於產生的法律效果則是，銀行本質上雖然屬於營利團體，現在原則上都被視為行政機關，有些國家甚至直接將紙幣發行列為政府主管事務，其他國家則將紙幣發行至少列為政府監督事項，這樣的關係一直被視為原則，銀行發行的紙幣既然成為普遍流通的支付工具，就必須由授權發行的國家以法律條文確認其發行權力，銀行發行紙幣的權力因而類推適用國家發行的硬幣的高權，影響所及，在於銀行本身的發行業務因此從人民團體內部行政管理的標的，轉變成立法與政府公權力的標的，儘管公權力行使的方式不同，但是原則上就是直接決定銀行業務。當時的立法內容可以歸納成兩個基本原則，這兩個原則既然反映當時的發行經驗，因此必須被視為銀行行政法制的基礎：首先，紙幣的發行必定受限於法定的資產總額（Fundation）；其次，銀行的信用業務限定於短期支付的即期清償信用關係，方法則是禁止銀行買賣不動產，再以法律明訂銀行的匯兌貼現業務以短期為限。政府主管機關必須監督這兩個原則的落實，至於信用業務的控管則由人民團體自行負責。這個階段的發展一直延續到1820年代。

　　第二個階段開始於拿破崙戰爭的結束，戰後和平的時代同時發展出涵蓋全歐洲的信用關係。貴重金屬作為貿易關係支付工具的時代已不復返，新興的企業為了滿足更大的資本需求，開始設法將即期清償的信用關係轉換成更大資金規模、期間更長的企業融資信用關係（Unternehmungscredit）。但是，當時仍未清楚區分這兩種信用關係。所有的歐洲銀行，位居龍頭地位者為英格蘭銀行，基於大量資金需求的趨勢，轉而向資本現實妥協，所兌現的票據不再侷限於以第三人清償義務為基礎的債權憑證，甚至擴及以企業獲利狀況為基礎的信用關係，雖然這些企業享有較優惠的貼現費用，但是卻不足以償還所借的資本。隨著票據支付義務的到期，建立在上述銀行信用關係的企業紛紛面臨破產，基於商業信用關係普遍採行的雙向特性，商業信用主體可以同時向上游業

者或下游業者建立信用關係，進行商品貿易行爲，企業破產便形成一種連環發生的現象，於是出現1820年的經濟危機（die Handelskrisen 1820）。這次的經濟危機充分顯示出，銀行的地位與功能在那個時代仍然不夠清楚。學界與法界同時用盡全力探討原因並尋求解決之道，直到1850年代，藉由理論與實務共同努力才獲致可貴的結論，銀行如果要完整實踐其功能，就必須將即期清償的信用業務列爲銀行專屬業務，性質完全不同的企業融資信用關係只能從銀行業務徹底分離，並且單獨歸類爲自主經營的信用貸款團體。以上就是第二個階段的發展結果，整個過程歷經1844年英國議會通過的皮爾法案（die Peelsakte），直到1870年代。這個階段對於銀行的行政法制並沒有帶來太多改變，只是將法制原則寫得更清楚些，但是它促成舊的理論與時俱進，並且形成一個體系，因而奠定未來發展的基礎。這個體系就是在硬幣的基礎上，逐漸形成的紙幣主導整體貨幣的發展；透過紙幣的運作，才出現全新的銀行行政管理與銀行的行政法制。這個銀行法制的基本原則，歷經爭論後逐漸達到下列共識：首先是只能夠允許一種法定紙幣，以及單一法定紙幣發行銀行（中央銀行）；其次是這個法定貨幣必須具備完整的貨幣支付功能，包括國庫支付與市場支付；第三則是由銀行支付行爲取代國家財政的國庫行政。這些基本原則眞正展現出銀行行政法制的功能，這也可視爲第二個發展階段的成果，而成爲下一個階段的條件：中央銀行（die Notenbanken）與信用銀行（die Creditbanken）的區分。以上就是銀行行政法制發展到1870年代的歷史軌跡，這些特性也主導著當代的銀行法制。

　　第三個階段就由上述銀行法制的基本原則構成，它同時也呈現歷史發展的成果。首先，銀行法制絕非單純的人民團體法或公司法，而是行政法的一環，依據這個行政法的特質，必定透過立法行爲，以法律或者銀行法令決定其功能，在主管機關的監督之下，銀行在法律授權下具有行政執行（die Vollziehung）的功能；其次，只能允許單一銀行發行紙幣（中央銀行）；第三，紙幣的發行權與發行額度必須以法律定之；第四，銀行信用業務的法制目的，在於專門經營短期支付的即期清償信用關係，並嚴格區分企業融資的信用關係。因此，銀行禁止買賣不動產，不參與企業經營，不從事有價證券商業交易，不作長期性的票據貼現業務。這樣運作的結果則是，銀行發行的紙幣成爲完整的貨幣，既具有國家法定貨幣（die Staatswaehrung）的地位，也同時具有商業交易

市場貨幣（die Verkehrswaehrung）的功能；第五，為了完成上述功能，銀行必須設立分行體系，具備這些條件後，國家整體的即期清償信用制度，在供需關係上，就能夠完全透過銀行機制管理與運作。

以上銀行行政法制的基本原則，以及歷史發展過程，在歐洲的國家會呈現不同的樣貌。銀行制度必定連結它的國家特性，就像其他行政領域一般。除了依據國家特性的分析之外，還需要對其制度內涵進行單獨且深入的探討。

相關的銀行制度文獻，本文歸納兩個特點。首先，缺乏銀行的公法法制分析；其次，缺乏銀行體系的跨國比較。英國人只略懂法國制度，卻完全對德國無知；法國人就只懂本國制度，德國人雖然瞭解英法兩國制度，但是只在國民經濟的領域，主要針對紙幣發行的危險與法則，根本未涉及公法規範。若要瞭解歐洲銀行制度，最好的方式就是從比較著手。

英國直到十九世紀都將銀行理解成商業公司，發行的紙幣都被視為附期限的公司股票，銀行的成立與發行紙幣完全自由。1796年政府首度介入銀行制度，終止銀行的現金業務，從此英格蘭銀行便與私人銀行（大多為地區性銀行體系）形成對立關係，英格蘭銀行逐漸發展出中央銀行的功能，地區銀行則發展成信用機構。1826年立法規定英格蘭銀行在倫敦及其周邊65哩範圍內享有獨占的紙幣發行權，在這個範圍內的其他銀行必須使用英格蘭銀行的紙幣。1836年立法規定信用機構的設立與營運。1844年銀行法規定銀行資產總額與紙幣發行業務（Banking Department），以及信用業務（Issuing Department），並且立法禁止新設立地區銀行，實施銀行整併。以上就是英國目前的情況。

法國銀行制度相對簡單。法國的法蘭西銀行成立時就必須面對法國第一共和發行紙幣的兌換問題，它的紙幣發行一直得面對不確定性的問題，1808年才正式立法使得法蘭西銀行具有中央銀行的法定地位。法定設立原則須達一定的銀行資產總額，必須設立分行做為地區銀行。直到1848年時常發生各省省立銀行與法蘭西銀行的業務紛爭，後來因為省立銀行發生信用問題，於是強制進行整併，同年立法將所有省立銀行都併入法蘭西銀行，從此地方銀行就轉型為信用機構，並使用法蘭西銀行的紙幣。

德意志的銀行制度根本毫無組織可言，不僅欠缺整合機制，也欠缺相同的組織原則，然而我們可以確定的是，德意志的銀行制度必定先建立全國一致的行政，之後才可能建立統一的銀行制度。文獻探討的多屬理論模式，較少涉及

實際的銀行與紙幣問題。正因如此，德意志的銀行制度相當具有啓發意義，它的發展過程處處受到國家發展程度的深刻影響。

　　普魯士的銀行制度歷史較短，但脈絡清楚。1765年6月17日設立政府組織性質的皇家匯兌銀行，不發行紙幣，屬於單純經營企業融資的信用機構。它也一直保有官方色彩，1808年起隸屬於財政部，仍屬完全的國營機構，1817年組織改造，成立直屬皇室的委員會負責銀行的經營。1846年依法令成爲中央銀行，資產來源爲民間募股與國家資本，發行法定紙幣，業務範圍限於即期清償的信用關係。1846年另依法授權經營其他信用業務，銀行主管由政府派任，其下再組成理事會擔任諮詢機制，在各地設立分行。除了中央銀行之外，仍然存在其他地區銀行。奧地利的銀行制度奠基於1816年依法設立的國家銀行，它的設立目的在於重整紊亂的紙幣體系。因此，它的建置原則自始就是中央銀行，主要經營即期清償的信用業務，由於奧地利國家銀行必須以它發行的紙幣取代原本通行的法定貨幣，這整個過程構成它的發展史。它的主要資產必定來自於國家對於銀行的負債，所以它的業務行爲與國家財務行政密切相關；其他信用機構經營的信用業務就限於企業經營的融資業務。其他德意志諸侯國所建立的銀行，實際上都只是經營企業融資的信用關係，有些甚至成爲銀行的法定義務，至於發行法定貨幣與銀行資產總額的問題則無一致性的標準，甚至差異甚大。究其原因當然在於欠缺統一的立法，所以目前根本沒有全德意志共同的銀行制度。

二、企業融資及其公法規範

經濟功能的分析

　　原本在國民經濟領域中，以借貸關係與即期清償的信用關係，便足以建立基本的信用制度。然而，借貸關係的基礎在於實際存在的財產，即期清償信用關係的基礎在於已經簽訂的契約。如果著眼於未來的企業經營行爲，在設備與經營的軟、硬體投資上需要信用關係時，上述借貸與即期清償信用兩種方式就不足夠。新的企業型態需要完全不同的信用型態。這種信用型態的本質在於：信用關係的保障建立在企業經營所創造的價值上；信用關係的孳息產生自企業的獲利；信用關係的償還行爲則被視爲投資生產設備的分期償還。所以它不同

於借貸關係中債權人對債務人行使的權利義務關係，而是一種以定額資本參與企業經營的法律關係。因此，企業融資的信用關係既不能透過借貸機制，也不能透過財產信用與即期清償信用機制，而必須催生或創設出符合自身需求的組織型態，他的運作原則不僅限於定額資本投入企業，更在於投資者親身參與企業經營，換言之，使用於企業融資的信用關係要比借貸關係具有更大的普遍性，通常具有高獲益的利基，這種「最大風險的借貸」（foenus nauticum）只有透過公司的組織型態才可能成為一種獨立運作的信用型態，並且在即期清償與創業補助這兩種信用型態之外，快速發展成國民經濟領域中規模龐大且地位重要的信用關係。因此，企業融資信用關係的興起與擴展必定屬於國民經濟自然發展過程的現象。

企業融資的信用關係伴隨著市民社會的發展階段，同時彰顯著個體與整體自由經濟人格發展的落實，它的興起與擴展必定促使公司（die Gesellschaften）這個組織型態及其功能不再侷限於私法領域，公司的經營不再侷限於個人之間的交易行為，它應該進一步成為整體經貿制度的組織型態，因此它的法制如同它的經濟重要性，應該屬於行政法的一環，於是形成我們所稱的企業融資信用關係的行政法制，同時構成公司法人的公法規範。

這樣的行政法制，我們也稱作公司的功能，基本上有兩大類型，這兩大類型也就是企業融資信用關係具有公法機制的兩大歷史發展階段。

（一）企業融資信用關係：公司法人與商事法典

依據社會發展的歷史我們可以觀察到，只有當市民社會完全脫離前階段的職業階層社會的時代，企業融資的信用關係才會成為一種獨立的信用型態，並且以公司法人與人民團體作為它的組織型態。在羅馬法時代只出現過小規模的公司團體商業型態，傳統德國民法時代亦同。公司的商業型態固然是自然發展而成，但是一直到十八世紀才成為公法規範的對象，最初發展成三種型態，前兩種型態構成同一個發展階段，第三種型態則出現企業融資信用制度的前後發展時期，前後時期的關鍵在於組織成員是否有權參與經營。

第一種型態是封閉式公司（die stille Gesellschaft），在其中，投資者單純參與分配企業盈餘，不參與企業營運。

第二種型態是開放式公司（die offene Gesellschaft），投資者除了參與分

配企業盈餘之外，也享有相同權利參與企業營運。

　　上述兩種公司的組織型態都還適用民法規範，因爲兩種組織都只涉及特定、固定成員的權益，儘管當時公法規範已經處理到公司做爲一個單獨存在的權利義務主體具有相當的對外關係，這種關係也納入公司法（das Recht der Firma），具有相當的公共規範作用。這個具有初步公共性質的第二種公司型態，在十八世紀就形成固定的商業公司（die Handelscompagnien），組織成員彼此之間的雙向關係也成爲公法規範的對象，企業融資的信用關係因此也有了全新的結構。

　　第三種型態就是股份公司（die Unternehmung auf Aktien）。股份的名義與付費購買股份的行爲，在經濟意義上其實就是以這些金額參與企業經營，使得股份公司成爲一種信用團體，基於股份請求股息的權利也就是成立企業融資信用關係最核心的表現方式，與前兩種公司型態的根本差異在於，企業的領導團隊是以股東票選，領導團隊的經營決策受股東決議的拘束，也必須對股東負責。直到股份公司的普遍設立，才眞正出現本文所稱的企業融資信用關係的組織型態。但是，股份公司最初也只是在特定企業的原始成員之間建立信用關係與資本規模。在個別產業領域中，股份公司之間的運作方法大同小異，但是實務之中所歸納的運作原則，卻能夠創造出一些客觀規範，這些具有形式拘束力的客觀規範就能夠促成企業融資信用關係成爲一種獨立存在的信用型態。

　　上述的客觀規範卻不是基於行政權力與行爲所產生，同樣的例子也發生在貿易商與錢莊信用關係。這些客觀規範源自於純粹的國民經濟領域，所以原本是依循經濟法則與民法規範運作。然而隨著整體經濟的發展，這些客觀規範便成爲所有經貿關係共同適用的規範形式，而且在其中占有相當獨特的地位，就像個別股份公司逐漸成爲企業經營模式的發展過程。在這樣的情形下，上述客觀規範的構成要件就成爲商業行爲的共識，並且成爲商業行爲具備法律效果的形式要件：首先是公司做爲一個整體對第三人的法律效果，其次是公司股東參與企業經營的法律規範。爲了促成資本使用於信用關係上，這些客觀的構成要件必須超越個人的恣意與獨斷。要達到這種共識，就必須同時兼顧公司對內的股東關係，以及對外的第三人關係，建構客觀可預見的法律制度。這個法律制度的內容絕不同於借貸或者委任的法律關係，而是企業融資信用制度本身的發展結果，不論人們對這個信用制度的發展是否已經形成共識。這些法律制度

的發展結果就是股份公司的組織型態（die Aktiengesellschaft），它們的法律制度首先表現在公司的內部章程（die Statuten），而且通常是個別公司的自身事務。隨著公司事務擴大範圍，內部章程的規範事項就逐漸將公司制度轉換成具有公共利益性質的法律制度，而且企業融資的信用關係愈發揮功能，這個法律制度就愈脫離民法的適用。透過這個過程所形成的立法就構成商事法典（die Handelsgesetzbuecher）。商事法典因此可稱為企業融資信用關係具有組織型態的法體系，就如同票據法令成為即期清償信用關係的法體系。

綜上所述，商業信用關係與人民團體的制度密切相關，後者甚至是建立商業信用關係的首要條件，因為人民團體制度提供商業信用關係體系化的組織型態，而公司制度則構成人民團體的各論[43]。本文關於商事法的歷史分析與法制介紹完全站在信用理論的觀點，專注探討股份公司在什麼時刻、在何種配套條件下得以脫離傳統民法思維，進入行政法時代，具有重大意義，但此處關於人民團體的分析略顯不足，可參閱本書相關內容[44]。

（二）有機的企業融資及其信用貸款機構

當整個公司制度的發展都還限定在特定產業所需要的信用關係時，整體經濟對於企業融資信用制度的需求卻逐漸發展成所有產業都需要這類型的信用關係，尤其在國際競爭的商業環境，全面發展這類信用關係更是整體經濟發達的重要條件。因此，企業融資的信用關係必定成為任何事業體的內在結構要素，不會侷限在特定的事業範圍，這樣普及化的信用型態也必定創設出適合自身特質的組織形式，為了企業融資信用所創設的公司型態可稱為真正的信用貸款機構（die eigentliche Creditanstalten）[45]。

基於上述信用機構功能的分析，它的授信行為最初必定依循著經濟法則運作，藉著這個必然的運作方式，得以區分**即期清償**與**創業補助**兩種信用型態的組織形式。

首先，這種信用機構能夠承作借貸業務，為了避免資本長期受到束縛，借貸業務僅限於折扣貼現（discont）或者付息貸款（Lombard）。為了從事這項

---

[43] 本書所謂的各論，指的是公司制度的三種型態：開放式公司、封閉式公司、股份公司。

[44] 參閱本書「第一部第二篇第二章第三節人民團體」。

[45] 這類信用貸款機構類似中央銀行以外的商業銀行，或者像農民銀行、土地銀行、中小企銀、進出口銀行等特定設立目的的金融機構或者公、民營行庫。

業務，信用機構的票據期限與貸款延期應該放寬限制，不僅即期票據，即使長期票據也能夠合法從事預期獲利的折扣貼現，這種長、短期票據的貼現業務正是信用機構得以取代中央銀行的地位，同時又維繫中央銀行的放款功能，儘管信用機構與中央銀行的組織類似，但是本質上則完全不同。

其次，信用機構得以經營不動產業務，但是不得列為長期投資項目。

第三，信用機構得以任何方式參與企業經營，不論是封閉式公司或者開放式公司的股東，甚至成為出資者或者以股東身分參與股份公司的事業經營。

第四，信用機構既得從事貨物貿易（Guetergeschaefte），也能夠從事證券交易（Wertgeschaefte, Effektenhandel）。

以上就是企業融資信用機構法制與功能的基本分析。透過這些功能，信用機構的業務範圍相當廣泛，也由於它的業務基本上涵蓋整個經貿企業的營業項目，所以單純的自有資本必定不足以應付所有業務發展的需求。它本身又必須尋求建立更大的信用關係。這個更大的信用關係首先又以傳統的票據信用為主，在票據信用的基礎上，再加上第二種方式。第二種方式就是信用機構必須努力吸收游資與閒置資本，或者以存戶存款的方式，不支付利息但存戶得隨時解約取款；或者以付息借款的方式，附加借款期間的約定。透過上述的資本募集，信用機構得以站穩商業信用的領域，但也因為如此卻又浮現另一個問題，這個問題又成為整個信用制度與國民經濟價值的核心，那就是如何區分上述信用機構與中央銀行之間的關係。

當信用機構站穩了上述的地位，它的功能就像中央銀行一般的重要且影響深遠，衍生的後果就是，信用機構也會要求行使中央銀行才享有的權力，那就是紙幣發行權（das Recht der Notenausgabe）。

如果我們對於紙幣的本質不是非常清楚，就難以判斷信用機構要求發行紙幣的權力是否正確。但是依據信用機構實際發行紙幣的經驗，卻足以令人質疑這項發行權力。這兩種對立力量促成了兩種銀行體系，所有國家為了達到貨幣制度與銀行制度之間的穩定關係，都必定經歷這個衝突的過程，這兩種制度之間的互動關係也構成了信用制度公法規範的歷史，它的發展結果就形成信用制度的穩定結構。

第一種銀行體系稱為自由銀行體系（die freien Banken）。它的運作原則如下：任何信用機構都享有紙幣發行權，但是必須與銀行資產維持一定比例。

為了與中央銀行發行的銀行紙幣有所區分，此處的紙幣稱為信用紙幣（die Creditnoten）。這個體系存在的理由為：只有透過信用機構發行紙幣，才可能真正造福那些被排除在嚴格規範的銀行紙幣體系之外的其他企業，因為銀行紙幣體系只針對健全經營企業，以及這些企業實際到期的債權進行授信行為，其他企業則不可能獲得授信。如果不保障信用紙幣的發行權，就不可能在銀行紙幣獨占信用市場的時代，創造整體商業貿易的持續發展。由於信用紙幣並非法定貨幣（Waehrung），所以每個個人與企業體都必須自主決定是否接受如此的信用關係。完全的自主決定必定相對於完全的發行自由，這個體系就是不折不扣的銀行自由交易（free trade in banking）。

第二種銀行體系稱為單一銀行體系（das einheitliche Banksystem）。這個體系主張：信用機構如果享有自由發行紙幣權，必定產生致命後果，原因在於，雖然每個人都能自主決定是否接受信用紙幣，這種紙幣的發行即使不能完全取代中央銀行紙幣的發行權，卻可能取代中央銀行紙幣的功能，並且形成金錢流通的現象。透過這種現象，一部分流通的金錢就會持續依賴銀行的授信行為，更重要的是，錢幣規模的增加或減少也就依據信用機構發行的信用紙幣，由於市場的價格機制往往是由錢幣規模所決定，所以自由發行信用紙幣的權力可能會造成整體經濟的價格危機。因此，信用機構根本不應該享有發行信用紙幣的權力，它本身應該在中央銀行建立信用關係，這個信用關係原則上應該足以支付它所經營的企業融資授信行為，信用機構再以中央銀行紙幣支付它的授信行為。如果再有新的需求，人們就能夠增加銀行紙幣發行量，絕不能允許以信用紙幣作為支付工具。

這兩個銀行體系理論上的爭議，卻不影響實務上的發展，因為只要信用機構取得信用紙幣的發行權，就會激發人們經營這類信用事業的野心，然而燦爛的表象卻不足以改變紙幣的本質。發行信用紙幣的基礎並不在資本規模，而在於資本獲利上，所以信用紙幣的價值是由獲利高低所決定，如果獲利消失，信用紙幣就完全失去價值。造成的後果則會在國民經濟領域嚴重干擾這種信用關係所涵蓋的支付程序，也就是我們所稱的經濟危機（die Handelskrisen）。兩相比較之下，經濟危機的負面效果遠大於信用紙幣的正面效果。即使歷經激烈爭論，人們最終仍然達成共識，那就是撤銷信用紙幣的發行權。另一方面，必須保留信用機構短期吸收游資與閒置資本的權利，避免剝奪這類信用

機構的商業流通能力。為此應運而生的工具則是信用兌換憑證（der Creditcas-senschein），它的本質在於，以一定單位數量作為發行基準（通常不低於100單位），支付固定比例利息，輔以固定的解約期間。任何的信用機構都有權發行這類附加利息的信用兌換憑證，除此之外，不得再發行信用紙幣。

透過上述方式，信用機構的法制體系與銀行法制之間得以建立彼此的互動關係。這個關係的基本原則是：單一中央銀行，但是盡可能自由設立信用機構；單一法定紙幣，輔以自由發行的信用兌換憑證，衍生的效果則是，銀行紙幣的數量得以自然調節信用兌換憑證的數量，前者也因此有能力調節後者的發行規模。以上分析必定成為相關法制的基本原則，並且成為個別信用機構內部章程的規範事項。

上述法制的基本原則會發生何種實際的影響力，有待時間與經驗證實。我們目前不論在形式上的組織型態問題，或者實質上的法律關係都尚未完全定型。然而可以確定的是，困難都集中在一個地方。那就是「銀行」的概念。在英國原本所有的信用機構都有發行紙幣的權力，所以一般民眾都稱它們（包括英格蘭銀行）為銀行，所發行的信用紙幣也被稱作銀行紙幣，所以會造成理論與法制上的混亂。兩者之間至今也沒有明確的區分。然而，如果不區分兩者，是不可能正確認識金融制度。所以，不論在理論與實務都應該建立這樣的認知，那就是銀行與紙幣的名稱都只能用在真正的銀行，亦即專指中央銀行，而信用機構或者人民團體及其發行的信用兌換憑證則專屬承作企業融資信用關係的機構所使用。綜上所述，如果我們要正確判斷不同國家的實務與法制狀況，或者進行不同國家金融制度上的比較，重點都在於真正的銀行，亦即中央銀行與其他信用機構彼此之間的權力互動關係。

三、創業補助與社會意義的信用團體

經濟功能與社會功能

創業補助的信用關係依其形式意義，就是針對單一商業行為同時提供企業融資與即期清償兩種信用關係。所以形式上它兼具兩種信用類型，並且合組成一種信用關係。創業補助信用關係的目的在於，盡可能讓生產力（die Produk-tion）發生作用，並且預計產品賣出後，便能夠償還接受補助的信用款項。這

類型的信用關係一方面將商業信用轉換成個人信用，另一方面又成為福利服務（das Huelfswese）的制度。以上就是創業補助信用關係的真實意義，同時也構成它的法制內涵。

透過上述的功能，使得商業信用具有社會意義，換言之，在這種制度轉換中，下層階級得以基於個人自身努力建立的信用關係，獲得晉升較高社會階級的可能。創業補助的信用關係因此形成兩種基本的類型，這兩個類型同時也構成這個制度的歷史發展階段。第一個階段的特徵在於，政府認知到這類信用關係的必要性，因此以稅收作為財政基礎，自行規範信用制度的運作。這種方式卻很容易變成公權力的福利服務，甚至實質上成為社會救助的行政措施。第二個階段則是基於有產階級與無產階級的對立。在這個基礎上，創業補助的信用關係就不僅侷限於個人的信用關係，而必須將促進生產力為核心的授信行為，更普及性的轉變成社會大眾共同享有的制度。實現這種普及化信用關係的授信組織，就是人民團體。因此，實現上述具有社會意義的創業補助信用關係就在於建立信用合作社的制度（das Vorschussvereinswesen）。

信用合作社的制度具備所有信用團體所必需的組織結構，但是卻依其特有的建制原則自主運作，這個特有的建制原則就是相互性（die Gegenseitig-keit）。相互性原則在各方面都是信用合作社的建制基礎。依此原則，信用合作社透過個人繳納會費（Beitraege）籌集必須的資本，它產生超越信用關係的效果，成為社員建立自身資本的途徑。當這份資本額度不足時，再透過相互保證的責任機制，創設出更大規模的信用關係，而成為所有社員都得以享有的信用制度，這個相互保證的責任機制另外創設出最大可能參與信用團體組織運作的責任機制，社員得以自行管理屬於信用合作社的事務，而不必將管理行為交付任何形式的管理階層。透過這種參與運作，使得相互保證的責任機制向上提升成社員彼此之間一定程度的相互尊重，因此信用合作社的組織型態得以超越純粹經濟領域，進一步成為任何尋求提升階級地位者的普及化機制與建設性措施。上述信用合作社的相互性建置原則必定被視為具有高度意義並且成為調和階級差異的有效制度。

依據以上的分析，得以推論信用合作社的公法原則，首先屬於人民團體法的規範，該法也成為合作社法最初步的法律定位；其次則在於商事法的規範，將合作社基於相互保證責任發展出的信用能力，進一步透過連帶責任的法

制持續擴大它的信用能力，這也是目前正在進行中的轉變。上述兩種法制完備
之後，則會進入最成熟的發展階段，那就是信用合作社基於它的資產總額得以
合法發行債券憑證（Vorschussscheine），透過發行這類債券憑證必定能夠促
使信用合作社的組織型態，超越目前的理論主張，成為更普及化的商業生活現
象，信用合作社制度將同時具有經濟意義與社會意義。

　　十九世紀中葉針對信用合作社的文獻相當稀少，但是論述脈絡則自成一
格。在警察學的時代根本未出現這個概念，在國民經濟的領域則與銀行的借貸
業務相混淆。最早使用社會借貸性質的合作社概念者為法國互助共生論經濟
學家普魯東（Pierre Joseph Proudhon, 1809-1865），1840年出版《什麼是所有
權》一書，提出以國民銀行的概念改造資本主義，實現互助主義，但是實際可
行且有具體運作模式的則為德國經濟學家舒茲德里次（Franz Hermann Schulze-
Delitzsch, 1808-1883），1855年出版《信用合作社作為國民銀行》一書[46]。這
些理論深深影響後續的立法，否則當時的法律都只是以私法關係規範相關權利
義務。英國於1862年針對信用合作社特別立法減免稅捐，適用仲裁程序，社員
必須服從合作社決議事項；法國於1867年特別立法規範財務安全準備；德國
於1868年對於信用合作社則有更周延的立法，但是對於生產合作社（Erwerbs-
genossenschaft）與消費合作社（Wirtschaftsgenossenschaft）則仍採私法關係，
但承認法人格地位。

---

[46]　Schulze-Delitzsch, Vorschuss- und Creditvereine als Volksbanken, 1. Aufl. 1855.

第二章 ▶▶▶
經濟行政各論

概念與原則

前述經濟行政總論所處理的議題，係發展國民經濟的所有領域，所需要的共同條件，不論其個別資本型態（das Capital）[47]的特殊性；經濟行政各論的目的就在於，依據資本型態的特殊性質及其獨特的勞動關係，分別探討個別經濟領域的各種企業，發展自身所需要的特殊條件，這些特殊條件又不是個人與個別事業體能夠自行創設完成。

因此，經濟行政各論的體系就不會像總論一般，建立在一組有機的概念之中，而是建立在**資本型態**與**勞動關係**這兩者所構成實際差異之上。依據這個事實差異，我們區分各論的體系爲原物料、林業、狩獵、農業、傳產業、工業、商業與智慧產業。每一種產業領域都構成經濟行政各論的獨立領域，都有其個別適用的法制、個別發展的目的與個別運作的企業經營與管理，綜合這些個別發展的經濟領域，各論的行政管理得以建立自身的完整性。

儘管各論具有上述的差異性，但是在整體發展的基礎上仍然有相同的脈絡可尋。這個共同的脈絡就是國家依其自身觀點，爲了發展國民經濟必須採取的相關作爲。依據歷史發展的事實，這個國家自身的觀點絕不是建立在個別產業領域的純粹經濟意義上，而是建立在所有國家歷史發展過程中內含的關鍵因素，亦即社會秩序及其矛盾對立與基本法則。正是這些社會因素，使得經濟行政得以在個別存在的特殊產業領域之上建立共同的原則，藉著這些原則使得個別產業領域的法律制度得以成爲各經濟領域資本與勞動有機關係下的實踐機制。因此社會秩序及其內含的基本法則必然成爲經濟行政各論的共同基礎。

關於經濟行政各論的文獻，從十八世紀開始就區分成兩大方向。首先是國

---

[47] 所謂資本型態包括資金、土地與生產設備等三個概念。

民經濟的觀點，由於內容的關係，所以這部分的文獻大多探討產業經營的技術層面問題，我們一般稱為官房學（die Cameralwissenschaft），近代最重要的代表人物為邦史塔克（Baumstark）所著的官房學[48]；第二個觀點則屬法學論述，理論的依據為國家高權的概念（die Regalitaet），制度的建立或者適用德國傳統民法規範，或者成為自成一格的法領域。除此之外，警察學在十八世紀也曾經嘗試建立一個理論體系，並且依據行政的概念分析這套理論體系，代表人物則為貝克（Berg）的警察學與官房學著作[49]，摩爾（Robert von Mohl, 1799-1875）的國家學與國家法著作，建立了一套形式上的理論體系，勞爾（Rau）的官房學著作則仍然停留在國民經濟的觀點[50]。

法制史

很清楚的，在宗族（社會）秩序的階段（Geschlechterordnung），除了擁有這個歷史階段特有的司法體系與警察制度之外，並不認識內務行政的概念，更沒有能力建構經濟行政各論的法律制度。大規模的經濟生產與經營型態不僅未出現，也根本沒成為個體與整體認知的對象，就經濟生產與經營而言，既無所謂自由，也無所謂不自由，它仍然屬於個體自身事務，所以也不會存在公法意義的規範作用。

經濟行政公法制度之所以產生，必定是任何單一的生產型態分別成為共同生活體的自主發展因素，而且這些個別存在的經濟生產行為逐漸成為形塑社會秩序的共同力量。透過這個有機互動過程，單一的經濟生產行為才具有它的內在結構與法制，我們因此區分三個發展階段，這三個階段的基本原則也成為整體經濟生活發展過程的共同特徵。

第一個階段是以職業階層為核心的社會秩序（staendische Gesellschaft）。在這個階段所有種類的經濟產業都已遠離宗族（社會）秩序時代的個人發展特性。階層社會承載著新的財富類型與產業結構，展現全新的社會秩序，並且將社會秩序中的經濟行為統整成以職業行會為核心的自主合作事業（Corpora-

---

[48]　Baumstark, Cameralistische Encyclopädie, 1835.
[49]　Berg, Polizei und Cameralmagasin, 1767.
[50]　Rau, Grundriss der Cameralwissenschaft 1822.

tionen）。這個階段中，以各種職業行會爲基礎的自治行政構成國民經濟個別領域的公法規範。法治的特性則是與職業行會本質密不可分的嚴格規範，同時呈現出職業階層主宰經濟秩序的不自由現象。這種職業階層嚴格規範的特性雖能夠建立一種產業、維繫一種產業，但是卻不足以讓這個產業永續發展。

第二個階段的興起在於國王統治與政府公權力以其所代表的有機人格國家理念能夠整合與掌控傳統職業階層所代表的自主力量。我們稱這段時期的管理爲警察治理時代（die polizeiliche Epoche）。警察治理改變了職業行會獨霸經濟產業的傳統特權。取而代之的，或者基於主政者的主觀認知，或者基於施政的客觀努力，就以全體國民統一適用的成文法令促進國民經濟的發展，又或者警察治理的政府公權力總是自我相信最能深刻瞭解產業的眞實需求，所以會用盡全力制訂恩威並濟、扶植產業的法令。爲了達到這個規範作用，警察治理的公權力必須使它的治理正當性完全取代職業階層的特權與法制，這個公權力的形式就是特許制度（das Privilegium），因此這個階段主要表現在特許式的商業經營法制。它的制度特徵則是針對個別產業開放商業經營自由，同時廢止職業行會自治行政的原則。這個階段開啓了大規模的產業立法時代，立法的哲學基礎則是政府應該照護國民的民生福祉，透過公權力實踐國民福祉原則（das Eudaemonismus）就成爲施政的最終目的，同時作爲國家領導者個人努力的終極方向與國家整體發展的基礎。這個階段一直持續到十九世紀，並且成爲下個階段的過渡時期。

第三個階段則是市民社會的時代，它也爲經濟行政各論帶來新的結構。市民社會的最大原則便是個人自由，不僅適用於經濟領域，也包括其他所有領域。它首先淘汰職業行會的法律制度與職業特權，取而代之的則是各種產業的發展自由，以及職業選擇自由。然而在市民社會的階段，國家及其政府公權力同時又代表最高的公共利益。在公共利益的概念下，國家也認知到所有產業必須達到最大可能發展，才是眞正的價值。因此也形成國家行爲的第二個原則，爲完善個別產業的發展，國家必須創設個別產業發展所需要的特殊條件，前提是當這些特殊條件不能夠由個人或個別產業自行完成。在這個基礎上，建構出這個時期經濟行政各論的外部條件，那就是立法權與行政權在這個領域的自主分工。發展經濟與產業利益既然脫離了警察治理的權力，成爲個人自由的基礎，也就成爲立法權的規範對象。立法的努力目標是爲了取代過時的經濟生產

法令，因此必須創設出適合特殊產業領域的職業教育機構，過去警察治理時代的經濟與產業法令則限縮適用在治安警察的權責。另一方面，政府為了實踐上述國家任務的轉變，必須依據主要的產業類型，在政府內部的組織分工上，建立專責功能的部會與附屬機構；至於每個產業為了達到本身自主運作所必需的行動機制，則是那些從職業行會約束中獲得解放的人民團體得以從事自由的產業經營，這個社會秩序轉變的時代背景正是企業經營團體（die Unternehmungsvereine）與職業利益團體（die Interessenvereine）在概念與功能開始明確區分的原因所在[51]，這個區分不僅僅促進企業經營的效率，在全面且多層次的擴展之後，得以正確理解真實的經濟發展需求，再進一步影響到社會層面的人民團體分工[52]。在此同時，經濟理論與企業經營技術不斷提升，這個階段最具體的成果則是產業領域公私界限的區分，在公法的規範與行政措施之外，任何促進產業生產行為的**人民團體**組織型態與科技水準才真正成為主宰產業經濟發展的力量。因此，在十九世紀中葉以後才真正進入各種產業領域的經濟行政各論的時代，它的內涵豐富，為了盡可能的完整論述，以下依據主要產業領域分別說明。

第一節　礦業行政及其公法規範

第一款　基本概念與原則

開發原物料的經濟意義就在於，透過它的勞動特質使得自然資源開始與土地分離，進而成為製造產品與某種財貨的生產力與生產行為。為此所設立的產業型態就稱為礦業（der Bergbau）。

礦業就如同任何一種企業型態，必定遵循生產行為與生產力的法則。它所需要的科技就是開發原物料的科技理論，因此，礦業原本是屬於個人與個體的事務。然而，礦業所開發的自然資源與相關的勞動規模也必定成為整體經濟生

---

[51] 「企業經營團體」指的是從職業行會的組織型態區分出公司法人的企業經營組織，「職業利益團體」指的是勞資雙方各自組成的利益團體。參閱本書第一部第二篇第二章第三節人民團體。

[52] 進一步促成社會層面人民團體的分工：工會成為勞動階級的利益團體，專職勞資談判；除此之外，專為勞動階級的勞動成長與互助團體，例如合作社組織型態的消費合作社、生產合作社與信用合作社。參閱同上。

活的關鍵要素，所以它就像一般生產行為的發展過程，很快就具有某種重要的公共意義，並且形成獨立功能的法律制度，這個法制領域的內涵使得礦業遠遠超越原本個別經濟產業的意義。

首先，原物料的規模必定是有限的，不論國家整體的貧富狀況如何，原物料對於整體生活又是絕對必要的。基於原物料的有限性，在公共利益的考量下，對它的生產行為必須是理性開發；基於原物料對於整體的必要性，對它的生產行為又不能因為其他個人的土地權益而受到阻礙。其次，開發礦業的設備與經營資本相當巨大，所以必須以公司的組織型態才足夠應付資本需求，公司的組織型態又以人民團體法制的完備為前提。第三，礦業經營在本質上必定與礦業勞動固有的危險密不可分，經營者在自身特殊利益的考量下，容易輕忽這份危險。因此，公共利益會在這個問題上要求制訂公法規範與行政管理，與這三點相關的所有法規我們統稱為礦業行政（das Bergwesen）。

礦業行政因此也成為礦業開發的公法秩序，在這個法秩序的運作下，個別當事人的特殊利益與權利成為公共利益的支配對象。所以礦業與其他產業領域一般具有相同的歷史發展過程，直到十九世紀才擁有完整的礦業法制（das Bergrecht）體系。

十九世紀時礦業行政已有相當豐富的文獻，主要區分成三大方向：技術類、經濟類與法學類，其中法學類發展得最完整，因為它涵蓋了礦業行政所有學說的法制形式。因此得以主導立法的方向。

第二款　礦業行政法制史

宗族秩序的時代還無從認知從土地分離的礦業法律制度。礦業權及其相關法制的興起，在於礦業成為一個單獨的產業型態，隨著這個發展而出現的問題是：私有制的保障範圍是否得以在自有土地上排除這種開發礦產行為。撤銷上述私有制的保障範圍，顯然對整體國民經濟的發展是非常的必要，但是只有統治權力才有撤銷的權力。撤銷的行為就是礦業的解禁令（die Freierklaer-ung），這樣的宣示被視為礦業公法規範的開始，源自於十三世紀。隨著上述國王統治行為所宣告的「公益使用」權力（das Entwaehrungsrecht），接著形成公法理論的國家高權行為概念（die Regalitaet），它具有雙重的內容，這個

內容一直到十九世紀都未能建立清楚的認知，一方面是土地礦產與天然資源的國有原則（das Prinzip eines Obereigentums）[53]，另一方面則是實際經營行為的高權監督原則（das Prinzip der Oberaufsicht）。依據前述的國有原則衍生的思維是，開採礦產必定需要一份授權的證明，但是問題是：誰有權力發出授權證明？國王或者諸侯。依據前述的監督原則就開始啟動法規範的實際操作，這些法規範必須是基於礦業開發的需求所設立，並且涵蓋所有資本與勞動的互動關係。以上的分析是屬於職業階層秩序的時代，在其中任何的產業都是獨立運作的職業行會，各自制訂職業行會的法規範。到了十八世紀開始有了新的理解與認知，認為礦業是整體國民經濟生活不可或缺的一部分，因此政府公權力應該採取積極規範：這項國有資源應以法律並依公共利用原則實施管理（參見1772年馬德堡礦業規則），於是開始設立專責行政機關，原則上仍然屬於警察治理的權力範圍，並且嚴格取締非法濫採礦產。從職業階層秩序的時代，出現了十七世紀與十八世紀較新的礦業法令，雖然具有新的礦業法制的知識，但是仍然混淆國家高權行為的國有原則與監督原則。新的礦業法知識或者呈現在專論著作中，或者成為德國民法的部分規範，或者成為國家法的內容。直到十九世紀才開始將礦業的職業自由完全列入國民經濟發展，於是整體礦業制度才被納入國家行政治理的內容。接著出現礦業行政體系，未來必定成為行政法的有機內容。

第三款　礦業法制體系

礦業法制體系包括礦業領域所有的公法規範，其目在於以這個產業的產值促進公共利益的實現，它的主要內容如下：

第一，礦業行政的組織型態區分成兩個部分。首先是礦業主管機關的行政組織，以執行國家的監督權力，這個權力直到十九世紀才脫離財政機關的權責範圍；其次是人民團體的行政組織型態。德國的礦業法制基本上源自於礦工工會（die Gewerkschaften）的運作，礦工工會正是礦業公司營運型態下的職業階層組織，關於礦工工會的傳統職業權益至今仍然有效保留的是礦工分紅制度

---

[53] 我國憲法第143條第2項：附著於土地之礦及經濟上可供公眾利用之天然力，屬於國家所有，不因人民取得土地所有權而受影響。

（das Kuxenwesen）。礦業公司營運如今已進入股份公司的型態，因此，人民團體法已經完全取代傳統職業階層所適用的工會法制，唯一例外的是礦工分紅證書的發行數量及其轉讓限制，這個部分仍屬礦工職業階層的特權。

第二，礦業的經營權與所有權，基本上的思維是地面下資源所有權與土地所有權互相分離，得以單獨構成經營權與財產權的體系。這也是國家高權原則的適用。因此，礦業經營權與財產權構成礦業立法的核心規範。立法明確保障任何人均有採礦權，即使是在他人土地範圍內，亦得探勘礦苗，配套的行為措施則發給探勘許可證，成為一種土地徵收的合法形式，探勘許可（Schuerfung）本身也構成財產權，奧地利的探勘權（Freischurf），經過法定程序之後，甚至可以成為取得所有權的依據，並且是土地登錄的項目之一，上述法律關係構成礦業法的核心。

第三，礦業法對於勞動權益與勞資關係的特別規定，部分源自於礦業公會（Knappschaften）傳統上就已實施的職業階層特殊權益，其他部分則基於礦業本身的特性。最原始的礦業公會勞動規範幾乎已不可考。在警察法時代曾對礦業勞動者組織做過某種程度的規範，而且基於職業倫理的互助性原則，將加入危險團體的道德義務提升成法律義務，但是只限於德國礦業法的規範範圍。這些傳統規定隨著當代勞工社會保險立法的實施，已經顯得過時。

第四，國家行政為了實現監督權曾經直接參與礦業公司的企業經營行為，在十八世紀發展出許多的管理措施，到了十九世紀則集中在礦業的經營管理（die Betriebspolizei），並且僅限於礦場安全、衛生事項，以及取締非法濫採礦苗等行為。行政機關的行為目前集中在司法性質的調解與仲裁，傳統針對礦業的直接補助，例如木料建材的運送、資金借貸與特殊權益保障等均不復見。

第五，十九世紀國家對於礦業最重要的扶助措施則屬專門職業學校的設立。德國對於職業學校的建制原則在於，相關的課程與結業資格必須成為企業管理階層執行業務的法定資格；法國職業教育的原則就僅適用於行政機關的職務資格。

第二節 林業行政

第一款 基本概念與原則

　　林業行政與礦業行政的性質不同，因此有必要先釐清一些基本概念。每一片樹林本身都是一種資本的型態，就這點而言，它與其他資本相同，都依據私經濟的法則與權利義務發生作用。但是林木以其存在的本質，又會成為一般生產行為的材料與條件，因此會被視為公共利益規範的對象。這樣的主張也已經被國民經濟學家普遍認同，這個公共利益的規範方式就表現在長期維持樹林資本型態的有機存續與生產行為，我們稱這些在公共利益原則下經營的林業，並以長期維持這項資本及其規律生產行為的林務原則為林業經濟（die Forstwirtschaft）。

　　上述林業經濟的基本法則不僅適用於任何種類樹林的經營行為，其中國民經濟的公共利益原則對每一位資本所有者都有相當的拘束力，不論是國有財產或是私有財產。這項拘束力的內涵及其強制適用性，將隨著共同生活文明程度的提高，成為更普遍的共識，並且成為國家及其行政管理的任務，亦即將這項共識落實成為具體的法律條文與法律行動。為了達到上述林業經濟的目的，所制訂的法律、命令與設立機關以從事所有林業資本型態與林務產業的經營管理，我們稱為林業行政（das Forstwesen）。

　　林業行政也有它的發展史與體系，其內涵與要素分析可藉由林業經濟與林業行政的大量文獻，依其主要論述方式區分如下：首先是法學文獻，論述主旨為皇室的林務財政高權（das Fostregal）應該具有的法規範內容，從十七世紀就出現這類文獻。法學文獻到了十八世紀則進一步區分成民法與國家法兩大領域。第二類文獻將林業經濟視為警察學的內容，並且在十八世紀與十九世紀已經發展出林業行政的基礎，但是並不包括林業開發的工程技術層面。純粹技術層面的林業經濟理論主要集中在官房學。相對於國民經濟主要探討整體性的論述，十九世紀所出現的問題則是私經濟的自由原則是否應該適用在林業經濟。十九世紀初的文獻，普遍支持自由原則，但是到了1820年代則出現法律強制規範的必要性，並且逐漸成為通說，隨著林務機關的設立，更具有普遍性，也成

爲林業立法的精神。至於第三類的行政理論，則必須以官房學的林業技術與國民經濟的整體論述爲基礎，集中處理公共利益相對於個別產業的利益及其法律制度所必須發揮的導引作用。

第二款　林業行政法制史

林業行政的發展過程，適足以彰顯公法理念逐步超越個別產業自主行政的自由原則，它的發展階段可以依據其中的立法行爲作成明顯的區分。我們因此區分林業高權（das Forstregal）、林業國權（das Forsthoheit）與林業行政（das Forstwesen）三個階段。

在林業高權的時代，國家對於林業經濟的支配權是建立在錯誤的想像上，那就是皇室所享有的皇權最高性（das Obereigentum）當然涵蓋所有林業資源，當時爲了區分公私法界限的爭議，創造了那個時代林業法制的體系與理論，例如林業仲裁制度、林地獨占權與狩獵權、使用權與地方公有地的共同使用權等。

在林業國權的時代，透過十八世紀警察學建立那個時代林業管理的主要內涵，通說都認可政府基於公共利益的理由，有權力以法律與警察法規管理林業經濟。因此也建立了十七世紀以來的林業行政命令與林業法律，以及林業主管機關的行政組織，在此同時，原本屬於官房學體系一部分的國有林地，逐漸形成一個獨立的領域，並且成爲林業行政的核心任務，至於林業的法律制度則變化不大。

到了十九世紀，已經不再需要國家高權與特別國家權力（行政權、立法權）的概念建立林業行政的正當性，而是依據國民全體的概念，將林業經濟視爲一個整體的概念，再依此建構出林業行政的內涵，並成爲國家內務行政及其法制的一個獨立領域，逐步統合林業行政在單一的立法體系與行政體系。

第三款　林業法制體系

第一目　法制原則

林業行政的法體系基礎在於，依據上述林業所具有的國民經濟整體意義以

維護其狀態與生產力，並且將這個基本理念應用在所有實際發生的林務經營行為，再依不同的林業分工，分別以法律與行政措施落實這項基本理念。

然而我們面對的法律事實卻是，所有的林業資源或者屬於國有林地，或者屬於地方自治範圍的地方林地，或者屬於事業團體與職業團體、甚至屬於個人的私有林地，這些分歧的產權狀態對於林業行政的法體系而言，都是不穩定與不明確的因素，因此更有必要歸納出普遍適用的法制原則。

這個法制原則首先建立在國民經濟的理論高度，將所有國內林業資源視為一個不可分割的整體，不論產權狀態如何，都受到整體經濟發展的支配，而且完全依據國民經濟的利益以實踐林業經濟的發展；其次則是林地統計必須在國境內確實實施，目的在於區分出不適宜永續經營的林區，這部分就移轉民間經營，享有完全自由的產權轉讓；最後則是針對林地所有權，在上述過程中受損者給予補償，並且準用農地的平均地權（die Grundentlastung）與農地重劃（die Abloesung）的補償程序。

如果不能貫徹上述基本原則，亦即整體林業經濟不能統合在單一行政領域之中，那麼林業行政理念就不完整，林業經濟的理論與實務就不可能保持進步。事實上，目前林業行政的發展史都在這個基本理念的軌道上，緩慢但穩定的前進，而且呈現出兩個主要的內涵：首先，國有林業是私有林業的經營典範；其次，私有林業如果欠缺國有林業的指導，進行開墾行為時就必須尋求林業行政機制的認可。如果我們依據上述觀點，就不難建立林業行政的體系。

第二目　法制體系

一、林務機關

林務機關及其行政組織，目前只在國有林地範圍進行管理。它們負責國境以內的林務行政。依據上述林務行政的基本原則，林務機關必須做到兩件業務：首先是建立準確且公開閱覽的全國林地分布圖（der Waldkataster）；其次是授權地方自治團體，得設立與變更地方林務機關，並參與全國性的林務行政。地方自治的參與將是林務行政組織的重要工作。

二、林業教育

關於林務的專門職業教育直到十九世紀才正式納入公立的職業教育與大學教育體系，並且授權學校教育體系認證職業資格與任用資格，這項認證適用所有林業體系。

三、林務管理

基本原則在於落實林業經濟的公共利益在所有的林地，所有公有林地除了它的短期獲利行爲之外，都依據長期資本型態進行林務行政管理，爲了達到這個目的，林業經濟提供必須的理論基礎，林業行政機關負擔經營責任，實際的經營行爲可以區分成兩大項目，這兩大項目也構成林業經濟的目的。

（一）林地保護

第一個經營項目爲林地保護（der Forstschutz）。林地保護又細分爲保護措施（die Forstpolizei），防止林地與林相受到人類與大自然災害的破壞，進一步規範合法的使用林業資源（例如砍伐枯木、林地除草），以及排除危害林地的自然因素（例如火災、水災）；開墾規範（das Rodungsrecht），基本原則爲未受許可不得從林地向外運送土石；使用規範（das Bannenrecht），原則上基於資源保護的理由（例如對抗火災、水災），得以禁止特定林區從事經濟開發；毀損林業資源的賠償規範（der Waldschaden），破壞林業資源與盜採林木的刑罰規範，或爲刑事刑罰，或爲行政刑罰。

（二）林地復育

第二個經營項目爲林地復育（die Forstpflege）。林地復育屬於林業經濟的領域，行政理論則依其發展狀況列入林務行政的內容。具體應用在行政法制的下列四項行政措施：

其一，林業經濟的自由化必定要求撤銷傳統的林地使用特權（die Servituten），這些專屬使用權大多基於傳統理由所取得，而且源自於木材低度開發利用的年代。撤銷專屬使用權的內涵與原則（例如木材取用、樹葉蒐集、放養牲畜、牧場用草等），應該先進行林地分類，再撤銷專屬使用權。

其二，植樹計畫（die Pflanzungsordnung），被砍伐與被破壞的林地，以及不穩定的林區地形，應該進行植樹計畫，廣泛種植行道樹木，至於可食用的樹種，例如果樹、桑椹等則不屬於林業經濟的範圍。

其三，伐木規則（die Schlagordnung），基本原則就是未受主管機關允許，禁止從事林業開墾，明確規範林業產製品的砍伐程序與買賣流程。

其四，木材運送（die Holzbringung），或者自行開設便道運輸，或者鋪設溝渠引道將木材滑到山谷（Riesen），或者應用河流浮力運送，配套措施為木材護送的防衛權利，以及暫時放置鄰地的原則。

第四款　狩獵法

狩獵行為的經濟意義就是一種對於土地的利用方式。然而，在某些土地，例如林地，狩獵行為則屬於完全的利用林地。依據第一句的經濟意義原則，狩獵享有完全自由；依據第二句的完全利用原則，就必須在公共利益的原則下受到限制。因此所產生的公法規範構成狩獵行政（das Jagdwesen）。

狩獵行政的發展史同樣與社會變遷的過程密切相關。社會變遷的過程中，可以呈現狩獵行為不同的利益內涵與行為意義。在宗族秩序的時代，狩獵的權益被認為理所當然與土地相連結。隨著宗族秩序的支配者與被支配者形成兩極化的社會地位，亦即貴族與農夫兩種差異地位，狩獵的權益就與土地分離，農夫喪失狩獵權益，而貴族則獨占這項利益。再加上當時的統治理念，認為所有的貴族特權都是源自皇室諸侯的統治權，所以創設出狩獵高權（Jagdregal）的概念，下層農夫階級與日俱增的不自由，使得農夫淪為狩獵行為的隨侍與勞役。隨著國家權力的理念逐漸超越傳統諸侯勢力的時代，則興起狩獵國權（Jagdhoheit）的概念，狩獵權益分別受到立法權與行政權的規範，然而狩獵行為的真實意義與行動，則必須等到農村平均地權的實踐，由此創設出所有土地的自由，進而涵蓋狩獵行為。在這些條件下，才形成真正的狩獵立法。立法原則在於明確規範合法狩獵的條件，依此原則，即使在自有土地上行使這項權益，狩獵行為仍然被認為是在公共利益範圍內的一種經濟生產行為。立法規範的三個合法條件分別為禁獵時期（die Hegezeit）、規劃適當的狩獵區域（die Jagdreviere），除了符合這兩項條件，還必須簽訂租賃契約關係（die Verpachtung），才得以行使狩獵權，主管機關應該屬於地方自治權責，但是針對危險的肉食性猛獸，其狩獵的合法條件則屬於農業經濟的行政職權。如果建立完善的林業行政體系，狩獵的公法規範就相對簡單，狩獵的行政管理也因

此會成為林業行政的一部分。

第五款　漁業法

　　漁業的行政發展史及其制度原則，基本上與狩獵法相同，比較特別的是，漁業必須先區分海水漁業與淡水漁業。海水漁業向來被視為航海的一項訓練課程，因此在有漁獲利益的前提下，它也被視為經濟生產行為受到保護。淡水漁業基本上是水權私有制的衍生事務，接著成為公共利益的內涵，受到行政權的規範。行政權介入漁業資源的規範，歷經相同的發展過程，從漁業高權到漁業國權，在國家立法與行政分權的作用下，產生漁業立法，其規範主旨在於確立禁獵時期與漁獵種類。最近也將人工養殖業列入漁業行政的管理範圍，它雖然屬於私人企業的營利行為，但是基於經濟生產的理由，未來應該成為主管機關的權責項目之一。

第三節　農業行政

第一款　基本原則

　　農業領域不再像前述礦業與林業，後兩個經濟領域都是依其原物料的型態與特質，而成為公共利益與行政法的規範對象。農業是最典型、也是最傳統的自由經濟體系，因此，針對農業行政的首要問題就是，面對這個本質上屬於自由經濟的領域，行政權能夠有什麼具體措施？又應該採取什麼具體措施？對於農業原本存在這樣的看法，許多人都認為所謂的農業行政就是一套分別存在的各類行政措施所構成的形式體系，農業的發展與興盛歸功於這一個形式體系，所以有必要針對這個看法，檢視它的主張內容。

　　首先，依據自由經濟的概念與本質，當然排除行政權力的直接參與或干涉。在自由經濟的體系中，所有的個人都應該自主發展，都應該透過自助達到個人與整體的自主發展。如果行政權力取而代之履行這項自主行動，透過直接補助主導農業體系的內在發展，甚至直接設定農業體系內的生產秩序，對於個人及其自然本性，農業將會失去任何價值。然而，自由經濟體系之外，還存在

著第二個領域，是上述偉大的自主行動原則所不能及的。那就是在個別經濟之外，為達到整體經濟的進步，所需要的共同條件，以及整合這些共同條件的力量。在個別存在的自由經濟體系形成之後，這個共同條件的整合問題，就與個別經濟體系分離，它自己也成為一個獨立的行政領域，由此所形成的一般法則，就能夠有效應用在農業領域之中，換言之，整體經濟發展的重點必定落在經濟行政的**總論**之中，而**各論**的內容就等於個別經濟領域所需要的特殊行政任務與行政措施，這些行政目的與措施必定基於個別經濟領域的特質所產生。綜上所述，自由經濟體系所需要的核心行政作用為農業交通制度與農業信用制度，其他的行政措施都只能歸類為補充性質。

其次，上述分析的正確性是建立在一個重要的前提。這個前提就是個別的經濟體系都必須是自由發展的。對照歷史的過程，也可以應證這個觀點，所有的個別經濟類型都曾經在宗族秩序與職業階層秩序的時代受到不同程度的限制，歷經百年的社會變遷過程，才成為自由的經濟產業。事實上，個別經濟領域的自由發展，必定伴隨著十九世紀市民社會的歷史階段。目前正在發展中的市民社會法律制度，在各方面都等同於社會秩序及其行政管理從不自由到自由的演進過程。在這些條件充分成就之前，不論是經濟領域所需的開發技術理論，或者基於經濟領域特殊性所形成的專門行政措施的特殊價值，甚至它們的基本原則都不可能具體成形。依據前述經濟、社會與行政的交互觀點，我們提出下列農業行政的主張：

如果前述個別經濟領域的自由足以構成所有真實發展的基礎，這個認知又形成當代的共識，那麼所有真實的發展都可歸納在一個宏觀思維之下，並且由其主導後續發展。國家及其行政權力既然有能力完成上述的經濟與社會自由化，當然也能夠在經濟自由化，尤其是農業經濟領域做更多的努力。然而，行政權力在農業領域所能夠採取的積極作為，或者它在農業經營方面所能夠介入的面向，其實是非常的有限，甚至比其他任何的國民經濟領域都不具實質意義。事實上，行政權力對於農業經濟最大的使命，就是創造農業的自由。如果行政權做到這點，就已經善盡積極作為的責任。在這個自由的基礎上，農業經濟已經能夠免除過去歷史加諸其上的限制，它就必須以己力成為一個自主運作的經濟領域。它必須自我認知到自身功能對於國民經濟發展的重要性，它也必須瞭解到以自身努力創造的財富，才可能贏得產業自主性與持續的資金收入，

這份可貴的認知必須取代政府公權力的任何形式津貼與補助，在這份認知中，才是眞正對抗農業經濟危機的最大助力，如果農業本身對於法律與政府措施的價值與成效還有不切實際的想像，上述分析也提供最眞實且受用的決策依據。農業經濟的自由化終究只是對於過去歷史加諸限制的否定，至於相關行政法令及其配套的特別規定都只是次要的，眞正讓農業經濟穩定進步的基礎，是一群辛勤勞動、在整體國民經濟發展條件支持下的所有農業從業人員（der Landwirth selber）；促使農夫勞動的行政組織型態，除了政府公權力之外，當屬以農業經營爲目的的人民團體（Vereinswesen），農業團體才是促使農業發展與整合的有效機制，而這個機制正是所有農夫爲自己產業所採取的積極作爲。

　　關於農業的文獻相當豐富，但是卻欠缺某種體系。如果我們將現有的文獻視爲一個整體，可以區分出下列脈絡：十八世紀中葉開始，農業文獻已經普遍認同農業的重要性。最初的文獻或者屬於警察學的體系，或者自成一格的論述。除此之外，所謂的農業立法主要處理農夫農事行爲相關權益的法定負擔與限制。十九世紀初，農業理論才脫離警察學與法學的框架，自成一套理論體系，由此而發展出更高層次，屬於化學領域的土壤學（die Bodenkunde），接著則出現農業的生理學與農業肥料理論。這些科技觀點都屬於官房學的體系，國民經濟學主要處理法律制度的歷史發展過程，而且大多同時討論經濟與行政的議題。至於行政法制的觀點則以實證法爲對象，目的在於區分經濟與行政的探討方式。不過可以確定的是，直到行政理論的體系與論述方式，才形成農業的完整法律制度，其中最重要的當屬農地從不自由到自由的法制史分析。

第二款　農業行政法制史

　　儘管農業歷史的變遷過程相當曲折，但是農業行政發展史的原則與目的卻相當明確，它的基本脈絡就在於「公益使用」的理論（die Entwaehrugslehre）。農業的公益使用理論之所以開始適用，原因倒不在於政府公權力認知到農人有權利享有土地的自由，反而是政府公權力認知到農業生產品對於政府財政與國民經濟的重要性。這個認知在十八世紀中葉開始普及，在德國以尤斯提（Justi）最早提倡，但是一直到重農主義者（die Physiokraten）的鼓吹，才將這個認知事實發展成理論體系。重農主義造成下列兩個階段的影響，農業行政

的第一個階段主要表現在德語系國家，開始為農業行政設立主管機關，訂定全新的農業法令，進行農業管理，其中重要的影響則屬廢止農奴制度。法國大革命的年代，1789年8月4日宣告完全廢止農事行為的所有限制，同時開啟了農業行政的第二個階段，它的主要成果則是體系性的訂定法令，保障農事行為不受傳統地主權力的拘束，我們統稱這些法令為農村平均地權與農地重劃（Grundentlastungs-und Abloesungswesen）。這兩種農地制度都不是真正發展農業的措施，而是發展農業的法制條件。直到這兩種制度能夠發生效力，才出現這兩個針對農業本身的問題與配套的法律，那就是農地的自由處分權（das Recht der Theilbarkeit），以及穀物關稅（der Kornzoll）的保障制度。第一個問題早在十八世紀就已經隨著土地重劃（die Gemeinheitstheilungen）開始浮現，而且從絕對自由處分原則發展到區分公有地的想法，將地方公有地歸類為地方財政的基礎；至於穀物關稅的問題，原本為嚴格保護的措施，到了十九世紀卻成為自由貿易的基礎。第一個農地是否自由處分的問題，與社會對立的背景密切相關；第二個問題則與工業化的發展程度互相呼應。在上述領域中，當財貨的變動愈自由，生產力的變動愈趨向自由，那麼農業經濟行政的公權力領域就愈限縮，因此逐漸形成這樣的確信，亦即國家公權力對於農業的實質作用，雖然僅限於經濟行政總論的範圍，但總論的各項措施當然也能夠以其充分落實的狀態，進而為農業創造出該有的利益。因此，農業行政也必須區分出總論與各論兩個部分，兩者又以其共通原則結合成農業體系，從而建構出當今的農業行政體系。

　　本文將德國的土地自由化歷史，特別是與平均地權與農地重劃相關的法制與歷史，整合在一個抽象的「公益使用」理論（die Entwaehrungslehre）。如果將公益使用的理論應用在農業行政領域，可以得到下列結論：英國完全欠缺完整的農業行政，因為透過土地租賃的制度（Verpachtung），每一個農業的領域都具有自由產業的特性；法國除了農地管理的措施之外，同樣欠缺體系性的理論與法制；在德國地區，又可以區分出普魯士與奧地利兩種法制樣式，普魯士十九世紀初便廢止領主及其階層社會對於土地的傳統勢力，也建立較為體系化的法律制度，1807年10月9日廢止農奴制度，立法意旨為：從此普魯士應該都是自由國民；1830年則開始進行現代意義的農村平均地權與農地重劃。然而土地改革並不及於農夫的政治自由，傳統領主對其財產範圍內的專屬審判

權（Patrimonialjurisdiktion）則仍然保留。奧地利除了推行完整的農業自由之外，還擴及地方自治。普魯士爲了推行農村平均地權，在1860年設立專責的銀行。奧地利則立法強制實施土地改革的配合義務。但是，如果將平均地權與農地重劃制度列入當今的農業行政項目，則是一種嚴重的錯誤，這樣的安排會混淆農業行政的功能。

第三款　農業行政體系

農業行政體系的目的在於，行政權力以其行政組織與法令推行適當措施，以促使農業自由化經營，實現所需要的條件，這些必要條件又不是個人與個別組織能夠自行創造的。

農業行政體系的運作原則在於，不直接介入農業經濟，透過適當的措施，提供各種保護與扶助，使得農夫有能力，也有這樣的意識，以其所享有的經濟自由，促進經濟的發展，它的相關領域分析如下。

第一目　農業行政組織

從十八世紀開始推行至今的農業行政組織，其施政重點都在於以公權力制訂法令，落實農業自由化的各項措施。除了政府公權力之外，作爲行政組織型態之一的人民團體也積極發生影響力，主要貢獻在農業經濟的教育領域，隨著農業自由化與自主性的範圍愈廣，政府行政組織的功能將會愈形限縮，而人民團體的影響力將愈形重要。農業領域人民團體未來的重要工作，將是有效結合農業信用團體與農業教育團體兩者的功能，目前在這方面還欠缺可行的模式。農業行政到了十九世紀，行政機關與人民團體幾乎在所有德意志諸侯國都具有同樣重要的功能，前者主要執行法規範，後者部分成爲農業教育團體，部分則成爲農業利益團體。

第二目　農業行政管理

農業行政管理係依據前述農業行政的基本原則，推論所需要的具體措施以提振農業經濟，這些具體措施可以區分成總論與各論兩大領域。

一、農業行政管理總論

此處所稱的總論，是指經濟行政總論應用在農業經濟領域所形成的特殊內涵。這個內涵的結構本身並不複雜，但是具體的實踐則需要相當深厚的專業知識。這個結構事實上也等同於我們當代經濟行政的核心內涵。它包括下列五個領域：土地交易自由、農產品保護、農業交通制度、農業信用制度，以及農業教育制度。

（一）土地交易自由

土地自由交易的法律意義就在於土地的可分性（frere Theilbarkeit）。關於土地可分性的自由，歷經兩個歷史階段：第一個階段表現在土地脫離職業階層社會支配關係後經濟上的自由，這毫無疑問是一種自由化的趨勢；第二個階段則出現法律保障土地自由交易的目的性何在的問題，這個問題同時包括經濟危機與社會危機的考量，也包括土地劃分過細，以及土地併購做大的現象。相關的爭論，不論是基於統計的事實，或者是基於理論的分析，都無法得到某種共識與結論，儘管歷經半世紀之久，因為一直會有新發生的事實推翻既有的學術通說。因此，我們可以很清楚的看到，在合目的性與經濟、社會危機的考量範圍內，是不可能獲致明確的結論。唯一正確的立場，就是必須超越這兩種觀點。土地的劃分過細或者兼併做大，本身並沒有好與壞的評價問題。即使禁止分割土地，也無法防堵人們透過抵押權進而分割土地的價值，同理可證，即使透過法律規範，也無法防堵大規模領地與大地主的形成，凡是人們能力不及者，就不必朝思暮想如何作為。事實上任何禁止與限制土地自由交易的法令，都不是這種或那種國民經濟的論述，而是宗族秩序表現在土地法制上的殘餘影響力，至於土地自由交易則屬於市民社會及其運作原則在土地問題上所發生的影響力。依據這個社會變遷法則，市民社會終將取得主導優勢，所有的對抗都注定無效。我們因此得以確定這句話：只要在人的經濟能力有效範圍內，所有的自由化都是有益無害的。如果要限制前述的自由化，不僅在國民經濟的領域會有爭議，而且無異宣告農夫階層的無行為能力，這要比農地過度劃分的影響更為深刻。至於大地主的形成也不必過於憂慮，只要大規模的土地財不會因為長子繼承制（Fideicommisse），只許繼承，不得買賣，而被完全排除在自由交易的範圍。我們必須正確理解上述分析的真實性，亦即透過土地自由貿易所

產生的弊病，只可能透過相同的土地自由貿易制度獲得修正，就能夠瞭解土地的可分性原則在當今所有文明國家都被視爲進步農業的必要基礎之一，爭論這個原則的價值都只剩下回顧過往的意義。

法國自從大革命之後，便採行完全自由交易，普魯士則於1811年制定土地法開放土地自由買賣，奧地利於1868年，巴伐利亞於1852年，薩克森於1864年分別立法開放，在這期間也沒有統計資料顯示土地自由交易的弊病。

（二）農業保護政策

農業保護政策具有雙重意義。首先是指農產品適用國際貿易的關稅保護主義，通常簡稱爲穀物關稅（Kornzoll）。任何形式的穀物關稅都是錯誤的，因爲它根本沒能力提高農產品產量，每個年度的農產品，產量與產值基本上是依據農業人口與工業發展所決定。穀物關稅即使用來補償農地課稅的損失，也是錯誤的措施，它同樣無助於農業提升。穀物關稅對於整體社會而言也是弊大於利，因爲這種關稅愈高，造成民生食品的價格上漲，反而容易造成負面效應。因此，透過穀物關稅保護農產品的措施，是找不到任何理性論述的依據。關於穀物關稅的議題正反爭議很大，首先提出穀物關稅弊端的，當屬重農學派。他們同時指出穀物關稅必須與農業交通、運輸的議題合併討論。重農學派基本上主張農產品交易的自由。本文認爲，課徵農產品進口稅在十九世紀是否仍然具有合理的目的，還是有待觀察，不能一言以蔽之。

農業保護政策的第二個意義在於農業經營的保護。在這方面，傳統的認知是如何運用治安警察以保障農業經濟秩序。現代的認知則是建立體系性的制度，以對抗自然力（die Elemante）與人爲作用（die Menschen）對於農業生產所造成的危險與障礙。因此，第一個也是最基本的保護領域在於建立農業經濟賴以維持的天然資源管理，具體的項目：農業用地規劃、整治；農田水利制度，特別是引水與灌溉系統，這兩者既屬於純粹農業經濟制度，也屬於人民權利義務關係的法律制度；農產保險制度，特別針對冰雹天災與牲畜的財產保險。前面的章節已經分析過，這三項農業天然資源的行政管理，主要屬於人民團體的功能，但是目前的農業團體在這方面卻鮮少作爲，要達到這三項行政管理的目的，現今的農業團體應該充分發揮人民團體應有的行政管理功能，針對農業天然資源的維護，或者成爲團體本身有組織的行動，或者明確列入團體組

織章程，人民團體在這方面之所以能夠發揮最有效的行動力，理念依據就是相互性原則（das Prinzip der Gegenseitigkeit）的作用。與牲畜財產保險密切相關的領域則是牲畜傳染病防治制度（das Viehseuchenwesen）及其行政管理，到目前為止，只有在德國已經建立完整的體系，針對感染的牲畜執行無條件的撲殺銷毀，嚴格控管受感染牲畜的活動範圍，強制關閉相關場所，按時執行牲畜傳染病檢驗，同時必須規範行政補償機制，在牲畜單純遭受環境感染強制銷毀時，補償農民的財產損失。

第二個保護領域在於建立專業且有效率的農地利用與管理，這主要屬於地方自治的責任範圍，立法應該規定基本原則，縣級地方自治團體訂定命令層級規範，鄉鎮地方自治團體負責具體執行。

（三）農業交通制度

農業交通屬於全國路政體系中的單獨建制，大宗農產品運輸則與鐵路連結。基本原則在於，與鐵路連結的農用道路，包括水路與陸路，都被視為農業交通制度的一環，而且優先依據農用目的設置與管理。這類道路對於農業至關重要，屬於省級議會，以及依據特殊行政目的而成立的跨區行政型地方自治團體（Verwaltungsgemeinde）的權責。

（四）農業信用制度

農業信用的特性在於結合個人信用與財產信用，以協助農民取得農業經營所需資金。財產信用甚至常常被認為等同於農業經營的信用制度，其實農業信用只是財產信用的一種，財產信用關係原本就適用於所有的產業類型。適用於農業經營的個人信用關係通常是針對農民的特別扶助措施，因為現金對於農業而言屬於罕見的資本型態，而且取得上又必須花費更多的資金，與都會地區的手工業比較，農業資金多屬長期借貸，需要長期清償期限。因此，農業信用制度必須建立專屬的信用機構，有些信用機構提供遺屬給付、經營儲蓄業務，或者提供其他貸款業務。但是，農業信用制度的成果卻常遭受批評。

（五）農業教育制度

在十八世紀農業職業教育開始納入大學教育的範疇，或者屬於農業行政管理體系，或者列入官房學的領域，十九世紀農業成為自主的典型經濟領域，才發展出專屬的農業教育機構。目前仍待克服的核心問題在於：如何將農業經濟

的理論元素融入國民義務教育高年級的課程。至於農業的再教育機制，通常藉由定期舉辦的農業博覽會作爲公開參與與學習的機制，這部分則由農業團體負責與主導，農業教育機構則由國家設立與經營。

二、農業行政管理各論

農業行政各論的功能在於，將上述總論中的原則與機制，應用在農業發展的各種產業類型與項目。要達到這個目的，需要相當規模的事業知識，儘管如此，政府公權力在這方面能做的並不多。這個領域屬於人民團體發揮功能所在，或者透過農業人力的共同專業討論，或者透過定期設置的組織力量，或者透過目前各處興辦的農業博覽會，提供獎金與其他贊助措施，促進各種農業類型與項目的多元發展，尤其舉辦農業博覽會更屬於人民團體有效且積極的作爲，這方面的活動是必須依據在地文化與事務的需求，而有因地制宜的特殊作爲。主要的農產業類型如下：園藝業及其專業團體普遍種植的觀賞植物與鮮花培育；畜牧業，其中尤以馬匹育種與繁殖居於核心角色，政府公權力在這個產業項目給予最多的協助；紡織業，包括密切相關的養蠶業；果農與水果產業；蜜蜂養殖業。目前相當重要的，則是如何將這些多元型態的農業團體，逐漸整合成全國性的農業團體，然而這樣的整合功能與民間組織卻尚未出現。

第四節　手工業行政

第一款　基本概念與原則

手工業行政之所以成爲一個獨立的行政領域，必須在產業概念與行政原則這兩方面能夠與商業、工業兩個產業領域明確區分。

手工業在概念上是指以人力資源（das persoenliche Capital）爲主要內涵的營業型態，並且建立在特定與長期的經營行爲，這個固有的產業型態與工業的主要區分在於，手工業是以工具（Werkzeug），而不是以機器從事勞動，但是依據目前快速發展的各類型手工業經營行爲，未來已經不可能再執著這個生產設備的形式概念界定手工業。因此，我們必須站在更高的觀點才能真正掌握它的概念。

　　依據手工業更抽象的特徵，是指個體的生產行爲以滿足個人的生活需求。依此推論，不論在生產端與消費端，這個產業的核心在於個人生活，對於消費端而言，它是爲滿足個人生活的目的與手段；對於生產端而言，它必須具備專屬於個人的經驗與能力。因此，手工業的發展必須要有充分明確的**個體意識**，這個個體性也成爲個人人格自主的自然形體與表現方式。因此，任何一種手工業的類型都需要個人自由與個人自主的環境，中古世紀不可能發展眞正的手工業，手工業的興起必定代表著個人自由的市民社會逐漸超越宗族社會與職業階層社會的時代，這樣的發展過程絕不是建立在行政的措施與功能，必定屬於產業自身的提升，所有介入手工業經營的法令規範與行政管理，都只是輔助性與過渡性的措施，以上的各項推論，我們可以總結成一句話：「手工業行政法制的最高原則，就是最大可能的營業自由（die hoechste gewerbliche Freiheit）。」

　　然而，手工業還是需要一些特定的條件，透過上述的制度原則是不可能完全實現。這些特定條件一方面在於對抗自身產業固有的風險，有些風險存在於手工業本身的營業模式，有些風險則是整體手工業必須面對的，預防發生這類產業風險就是政府公權力的責任；另一方面，則是個別類型手工業的特殊發展條件，這些條件在上述最大營業自由保障的前提下，部分可以透過政府提供，更多部分就只能透過自由運作的人民團體自行創設。在上述特定條件的作用下，整體手工業就能夠自主發展，以擺脫傳統職業階層特權的過時限制，也得以從工業領域區分出專屬於手工業的產業型態，如此就形成一套專門適用於手工業的公法規範，我們稱爲手工業行政（das Gewerbewesen），或者稱爲手工業的整合（Organisation dcr Gewerbe）。

　　然而這個演進過程經歷了幾百年才形成當今的制度規模。值得注意的是，探討手工業制度的學術文獻，一直扮演著批判現狀、引導進步的角色。德國向來對於手工業的認識，一直拘泥在各個手工業的傳統組織型態所具有的形式上區分，但是到了十九世紀就已經不再做形式上的區分，取而代之的則是所有手工業共同具備的特色，亦即手工業的經營行爲，在這個基礎上也得以區隔傳統職業特權的法律制度，而將法制重點設定在手工業營業自由的概念與法制。手工業的相關文獻，通常先探討全國與地方的手工業營業規則（Gewerbeordnungen），這類營業規則具有警察學的規範特性，還未明確區分商業、

工業與手工業的領域，但是已經宣示營業自由的原則。十九世紀才開始出現手工業的專門著作，同時探討傳統手工業行會（die Zuenfte）的存廢問題。對抗階層社會時代興起的手工業職業行會及其特權，開始於亞當史密斯（Adam Smith）的國民經濟理論，這種對抗關係一直持續到十九世紀。當代國民經濟學派延續亞當史密斯的見解，基本上採取有保留的營業自由。至於法學文獻，則將手工業制度納入民法體系，雖然累積相當著作，但是只有法制史的意義。儘管如此，法學文獻仍然提出一個重要的問題，那就是如果營業完全自由，是否有可能透過法律創設一個手工業一體適用的整合制度。實際上，以自營作業個體戶（Kleingewerbe）為主的手工業必須與工業體系分離之後，始能真正成為一個自主的領域。

第二款　手工業法制史

手工業法制史的內涵相當複雜，但是基本脈絡卻相當簡單明確。回顧它的發展過程，我們目前正站在一個新時代的起點，這個新時代的特質在於，手工業的營業自由已經完全取代傳統職業階層獨占手工業的不自由，透過營業自由所爭取到的人格自主，在它邁向更高層次發展的同時，卻必須開始對抗資本的力量，資本的特質同樣要將手工業勞動納入被支配的對象。這就是當代手工業制度的基本狀況，也只有基於制度本身的歷史回顧，才能掌握它的真正意義。

手工業的興起在於勞動行為得以脫離傳統諸侯領主的宰制勢力，並且在城市地區建立起發展基礎與營業秩序。但是，職業階層的行會力量總是能夠形成巨大的拘束力，因此，職業行會與同業公會獨占營業利益的不自由，同樣籠罩在手工業。手工業勞動者透過自由結社所組成的傳統行會與同業公會（die Zuenfte und Innungen），在十三世紀就已經形成完整的職業階層組織，具有獨占營業利益的自治特權，並且訂定自身適用的法令與行規，也享有行政管理的自治權力。然而，手工業本身所固有的自主營業與自主勞動兩大特質，與職業階層的高度拘束力，以及因此衍生出特殊利益對於整體手工業的支配關係，都構成深刻的矛盾，矛盾的結果就是十六世紀以來手工業的沒落與發展停滯，同樣的情形也發生在農民的職業階層。隨著現代主權國家興起，尤其是國民經濟理論的建立，這兩大潮流同時都反對國家體制以外的傳統自治權力，手工業的

情況開始轉變，開始爭取專屬手工業的營業自由（die Gewerbefreiheit）。首先出現的是，以國家公權力的警察對抗明目張膽的濫用職業特權；其次則是特許制度（das Concessionswesen），政府以頒發特許營業執照的方式，在傳統入會嚴格又行規嚴苛的手工業公會與行會之外，創設新的手工業營業類型；第三則是制式生產流程（die Manufaktur）的出現，導致十八世紀工業開始與手工業區分成本質不同的產業領域，當時的工業雖然還沒有機器生產，但已經採行大規模的制式生產程序；第四則是職業特權都必須經過公權力認證程序，目的在於逐步取代職業行會基於傳統自治權力所擁有的獨占、排他特質，同時開啓十八世紀重農學派與亞當史密斯學派，從理論層面建構勞動自由的理念，接著法國大革命的發生，將手工業法制史推向第三個發展階段。

　　第三階段的法制基礎，一方面在於所有國民都平等的享有自由權利，另一方面則是經濟快速發展的情形下，傳統上各類型手工業各自為政、區分清楚的界限，即使藉著法令的拘束，也不可能完全維持。在這兩種前提下，對於手工業的營業限制已經與當代國民經濟理念形成深刻的矛盾對立，依據後者的理念，只能夠接受手工業自由的概念與法制。相對於法國與英國對於手工業的不限制，德國則有比較獨特的法制史。德國境內首先由普魯士開始實行手工業的營業自由，它的基本思維在於警察治理的模式。普魯士雖然強制規定手工業脫離傳統職業行會的拘束力，同時卻將所有手工業納入特許制的適用範圍，管理的措施則是由行政機關舉辦資格考試或者頒布暫停、禁止執業的法令。相對於其他的德意志諸侯國，普魯士算是開啓先河，其他的諸侯國直到十九世紀都還不能擺脫職業行會及其特權的傳統勢力，仍然適用源自於中古世紀附屬於不動產、也隨不動產產權變動而移轉的手工業營業權（die Realgewerbe），以及職業行會對於業者違反行規逐出行會的自治權力（die Bannrechte）。手工業營業權原本是屬人的權利，以姓名登錄在營業執照或者特許執照上，原則上不能轉讓。唯一的例外就是上述附屬於土地與房屋的手工業營業權，得以準物權的方式買賣、贈與、抵押與繼承。如果成為土地登記簿的登錄項目，就隨同不動產所有權而轉移[54]。

---

[54]　會有這種制度，主要源自於傳統諸侯領主的規定，藉此擴大收入來源。參閱http://www.1133at/document/view/id/350。

　　1848年的社會革命雖然帶來一些改革，但是，決定性的改革則要歸功於奧地利1859年制定的手工業營業規則，強制規定手工業營業行為的完全自由。由奧地利帶領的手工業營業自由，接著影響了其他德意志諸侯國群起仿效，也希望普魯士能夠有所借鏡，放鬆全面管制的立法。

　　經過了上述立法過程，就浮現了一個相當實際的規範性問題，亦即在手工業營業規則全面營業自由的立法趨勢下，是否仍然保有行政的規範空間？以下就分析手工業行政規範的基本原則，體系上可以準用農業行政。

　　在德國以國家公權力強制介入職業行會的自治領域，可以回溯至1558年，首部完整的法律制定於1731年，明確宣示職業行會濫用特權，獨占營業利益，但是該法卻根本未觸及營業自由的理念。這樣的規範模式，直到十九世紀都構成警察學文獻的基礎。此外，法制史的文獻主要探討手工業法制的傳統特色，有些文獻還是支持職業行會基於傳統自治所行使的行政特權，或者分別探討各種類型的手工業，例如：磨坊業、釀酒業、糕餅業等，或者探討整體手工業的法制史，法學文獻同樣見諸當時的國家法著作、民法著作，甚至財政法著作中。部分國家理論則將手工業管理列入工業許可制的國家高權，十九世紀的國家則展開立法的強制規範，例如：1810年普魯士立法採手工業報備制，列舉手工業營業項目，同時繼續存在職業行會的自治行政，1845年的手工業營業規則基本上維持類似的規定，職業行會繼續存在，但是不得行使特權，取而代之的則是行政機關全面辦理職業資格的認證考試，以上可以歸納為普魯士模式。第二種更重要的模式則屬奧地利1859年的手工業營業立法，該法正式終結特許制，開啟營業自由的時代。

第三款　手工業行政體系

　　如果我們將營業自由視為手工業行政法規範的核心，那個手工業法制的體系就是公共利益如何在營業自由的前提下獲得實現，為了達到這個公益目的，所有手工業相關的行政法規，以及所有體現營業自由的各項權益，都可以被認為是歷史發展的事實與結果。

　　因此，手工業法制體系同樣涵蓋三個領域：手工業行政組織、手工業行政總論與手工業行政各論。

　　探討手工業法制時，必須避免將手工業營業規則當作唯一的內容。手工業營業的相關立法都只是手工業制度的一部分，同時也只是手工業制度發展的結果。對於體系中還存在的不自由與傳統限制規定，都應該適時檢討刪除，歸類到歷史資料中。

第一目　手工業行政組織型態

　　手工業行政組織包括一般行政組織共同內含的三種基本型態。政府的公權力是指行政機關依據法律與管轄權進行手工業管理。管理的任務通常具有地方特性，如果持續擴大管轄範圍，通常會同時涉及商業、工業與農業事務。手工業營業自由愈高，行政權力介入程度就愈低。至於是否設立手工業專屬管轄權的法庭，本文認為完全不必要。

　　地方自治團體會設立手工業委員會（die Gewerbekammern），通常附屬在商業委員會的組織中（die Handelskammern），以代表手工業業者的利益。

　　手工業的自由程度往往與該行業人民團體的運作程度成正比，而且人民團體才是真正有效率的手工業行政管理機制。人民團體的功能開始於普魯士所制定的手工業營業規則，該法目的之一就是將傳統的手工業行會（Zuenfte）轉變成手工業同業團體的人民團體組織型態（Gewerbevereine），但是並未成功，同樣的立法目的規定在奧地利的手工業營業規則，它同樣以同業公會的組織（Genossenschaft）取代傳統的手工業行會。但是這種組織必須由手工業者自行動員，建立人民團體模式的組織，才可能發展出獨特的意義。專為手工業技術成長與教育訓練的組織就成為一般性質的人民團體，手工業的產業團體大多成為公司的組織，比較有意義的則屬手工業的利益團體，也就是手工業同業團體（Gewerbevereine）的組織，它的任務在於推廣手工業，擴大手工業的產業利益，具有最重要的效果。

第二目　手工業行政總論

　　手工業的行政總論是將經濟行政總論的內容，依據手工業的產業特性，擇要應用在這個領域。這部分是指手工業所需要的教育制度與信用制度。手工業的教育制度固然在體系上屬於經濟領域職業教育的一環，它的本質在於提升手

工業的產業特質，尤其突顯手工業與工業的差異，那就是致力於建構個人化的生產力。這個個人化的生產力只可能透過獨特的審美觀（der Geschmack）作為教育核心才可能達成，只有透過獨特的審美能力才可能賦予產品與服務不同於工業製品的自由價值。對於手工業的學徒，這樣的教育機構在於藝術與美工的養成教育，對於手工業的技師，則在於手工業職業公會或者職業團體的專業展演，以及公開舉行的專業博覽會。因此，手工業的教育機制通常屬於人民團體的功能。至於手工業的信用制度，依據產品與服務的特質，這樣的信用關係既不是單純的即期清償，也不是單純的企業經營信用關係，而是結合兩者特質的創業補助信用關係（der Vorschusscredit），它的資本規模屬於小型資金，資金的保障在於產品與服務的如期完成，一但售出即可以進帳償還小額債務。因此，手工業信用團體必定建立在相互性原則（Gegenseitigkeit）的基礎上，它得以募集股份型態的資本（Aktiencapital）作為信用團體的財務來源，但是它必須以商業授信的專業經營方式為每一個信用關係提供安全保障，至於會員之間的相互連帶責任，則是保障信用團體的永續經營，以及低利率的營運方式，以利會員籌募資金。為此而設立的手工業信用機構，我們歸類為手工業銀行與國民銀行[55]，但是這樣的信用機構，目前只有部分自成一格脫離其他商業信用機構。除此之外，還有提供個人信用的融資機構或者典當機構，這些機構通常針對緊急資金需求的情況，而不會考量較長期的手工業企業經營的信用關係。

　　德國關於手工業的教育機構，在十八世紀就已經形成普遍共識。十九世紀的作法，則將手工業的基本知識融入國民教育與職業教育的課程，前者為初級職業學校（die Realschule），後者為手工業技職專門學校。依此課程分工形成手工業的職業教學體系。如果在手工業課程中混入商業類與藝術類課程，則是錯誤的。

---

[55] 類似我國現行的中小企業銀行與信用合作社所經營的信用業務。另外，財團法人中小企業信用保證基金，係由政府捐助設立之財團法人，目的事業主管機關原為財政部，為使我國信用保證制度及產業輔導機制更能緊密配合產業發展需要，使產業政策之制定與執行方向更為一致，自民國92年5月15日起，本基金主管機關改為經濟部。本基金創設宗旨，在基金捐助章程第1條即揭櫫：「設置目的，在提供信用保證，以協助中小企業獲得金融機構之融資。」具體言之，設立本基金的宗旨，在以提供信用保證為方法，達成促進中小企業融資之目的，進而協助中小企業之健全發展，增進我國經濟成長與社會安定。功能在補充中小企業融資擔保能力之不足，透過提供信用保證，協助其自金融機構取得融通資金。參閱www.smeg.org.tw/index_general.htm。

第三目　手工業行政各論

所謂手工業的行政各論，是指手工業依其產業本質，將業者傳統上對內管理行為與對外營業行為適用的民法規範，逐漸修正適用，形成行政法規範的過程。基於對內管理行為的修正過程，就構成手工業營業規則（die Gewerbeord-nung）；基於對外營業關係的修正，則構成手工業的管理措施（die Gewerbe-polizei）。這兩套行政法規依據手工業營業自由的核心價值共同建構手工業的行政各論，因此，各論之中可以區分成各種手工業類型共同適用的營業規則與管理措施，同時又存在各類型業者個別適用的自治規則與管理措施。

一、手工業營業規則

手工業營業規則包括兩個領域：一方面是手工業營業行為的法規範，核心概念為營業自由；另一方面則是技師與學徒之間的法律關係。

手工業的營業自由，保障所有人都有權利自由從事任何手工業，只要依據民法規定具有完全行為能力。如果只依據品行是否端正的抽象概念，或者依據戶籍地限制外人參與手工業，都違反營業自由的原則。至於職業的登錄行為只用於判斷納稅義務所在。

依據普魯士與奧地利手工業營業規則，包括法院基於裁判禁止經營手工業，或者基於刑事犯罪而撤銷營業許可，甚至在概念上界定手工業營業類型等規定，都違反營業自由原則。至於職業資格的認證則屬於手工業營業管理的項目。

手工業從業人員的傳統頭銜，如師傅、伙計、學徒等，在營業自由的概念下，都只屬於歷史概念與過時的法律關係，所有從業人員之間的從屬關係完全依據民法規定。然而，大多數深具傳統特色與自主基礎的手工業產業團體，在從業人員的稱呼關係上，還是依循傳統的手工業營業規則，而且會持續維持。因此，我們主張如果能證明僱傭契約存在，那麼企業與從業人員之間就依契約為主；如果不能證明契約存在，就必須依據手工業營業規則，輔助性的判斷權利義務關係。以上就是從業人員權益與手工業營業規則之間的關係。

二、手工業仲裁制度

手工業仲裁制度（die Gewerbegerichte）的歷史沿革，源自於傳統職業行

會的自治行政權力。即使在手工業營業自由的原則下，仍然保留部分的職業行會自治權力，原因在於師傅、伙計與學徒之間的從業關係還是被認爲具有特殊的內涵，並不適合一般的法院訴訟程序。英國在這方面一直維持調解制度（der Friedensrichter）的傳統權力；法國向來區分手工業與工業兩種產業領域，手工業的仲裁採行勞動法庭的組織方式；只有德國仍然維持手工業職業行會的仲裁制度。

三、手工業管理措施

　　手工業管理措施法規範的目的在於，保障任何人免於遭受手工業營業行爲所產生的危害，英國、法國與德國各有不同的制度理念。英國未實施所有手工業都適用的營業管理法規，而是個別手工業類型自行制定管理規定，行政機關並不介入管制，若有爭議則由利害關係人向調解機關提出公益訴訟或民眾訴訟（Popularklagen）；依據法國法制，係針對營業設備的安全問題列爲行政機關的權責，其他事項則無特別規定；至於德國法制，在取消完全手工業營自由之後，就創設了一套相當完整的行政管制體系。這個體系有以下三個重點：首先，爲了保障公眾的安全，特定的手工業必須具備不同程度的專業教育資格；其次，基於公共衛生的理由，以及保障周邊住戶，特定手工業的營業設備必須取得主管機關的使用許可，爲了保障公共秩序的安全，特定手工業的營業行爲必須取得執業許可；第三，有權禁止的行政機關才有同意營業的權力。相較之下，這些管制重點更爲進步，因爲對於實際生活而言，英國制度透過簡易的仲裁或調解程序，並不足以取代這些行政管理的效果。

　　關於手工業管理措施的範圍與項目，幾乎在各國都屬於手工業營業規則的核心，規範的主旨在於以法律確認營業行爲中，個人權益與公共利益的界限。法國的法制依據危險程度區分三等級的手工業：第一級規範營業設備具有水災、火災等危險，必須遠離住宅；第二級規範營業設備的影響範圍，造成鄰居居家利益的直接侵害（例如工廠設備）；第三級則針對鄰居居家利益的不便與干擾。依據不同等級，會有不同的設立許可行政程序，但是等級之間的劃分常有爭議，爲此又必須訂定更多的補充規定。這些經驗可以證明等級制並不恰當，德國法制採取特定營業項目與設備的許可制，較爲可行。德國法制對於手工業營業行爲，原則上採許可制，例外採自由設立；奧地利則相反，自由營業

為原則，許可制為例外。

四、各種手工業單行自治規則與管理

　　在手工業營業自由成為相關法制的核心後，手工業的管理措施實質上便轉移到各種手工業的單行自治規則，這些手工業的自治管理，或者成為整體生活的必要條件，也對整體生活產生不可避免的危險。前者是指提供民生必需品的手工業，例如糕餅業、屠宰業、釀造業與餐飲業；後者是指利用自然資源與水火等自然力的營業行為，例如機械工廠、營造業、內河運輸業、清煙道業等。這些手工業的單行管理規則必定源自於手工業的本質，因此，大都保留傳統法制與權益，每個手工業類型都需要持續深入的探討。

第五節　工業行政

第一款　基本概念與原則

　　如前所述，基於國民經濟的行政管理必要性，我們必須區分工業與手工業兩個產業領域，這樣才得以區分兩不同性質的行政領域，依據不同的經濟功能而有各自自主的發展。同時，工業行政也是一個完全不同於手工業的法領域，有其獨特的法制內涵與體系。

　　工業依其形式概念包括所有以機器作為勞動力的經濟生產方式。即使手工業與工業的形式要件可能雷同，甚至難以區分，但是改變不了這個以機器取代勞動力的本質。

　　依據上述形式區分的基礎，可以得知工業的產業本質在於透過機器生產，基於這個機器生產的本質，使得財貨的資本型態（das Guetercapital）成為企業經營的必要條件，不再像手工業一般主要依賴人力資源的資本型態（das persoenliche Capital）。這樣區分的結果就是，手工業的營業行為還是維持資本與勞動密切關係的同時，工業的經營已經明確區分資本與勞動這兩個要素。當這兩個要素相互分離時，不僅代表兩者各自擁有不同的利益，更重要的是，兩者同時也形成矛盾對立。因此，行政的任務就不僅是為這兩個要素創造它們各自所不能創造的發展條件，更要營造整體工業發展都需要的第三個發展條

件，那就是工業制度的社會意涵：勞動與資本的和諧。當這個和諧被破壞，並且造成工業發展的危險時，就是行政應該積極介入上述兩個工業要素，依據以上的分析，我們更必須在手工業行政之外，專門探討工業行政的體系。

手工業與工業在國民經濟理論與立法上都有明確的區分，應該是不可否認的趨勢，而且兩者在法律制度上也有本質上的不同。儘管我們已經將工業行政視爲一個獨立的行政領域，但是十八世紀時的法學與國家學文獻顯得相當分歧，或者將工業列爲手工業的一環，或者將手工業納入工業的體系，或者根本不提工業的概念。相形之下，國民經濟的論述就進步許多。

第二款　工業行政法制史

如前所述，工業行政法制史與手工業行政法制史各有不同的特質。兩者之間尤其不同的是，工業依其本質是無法吸納傳統職業階層的行會特權。工業的本質屬於市民社會的產物，它的基礎在於自主的資本；它的動力源自於蒸氣機所帶領的機器生產力；它的內在結構甚至完全超越資本與機器，並且發展成涵蓋全歐洲的事實認知，亦即資本與勞動的互動關係與矛盾對立。在這個認知上，我們必須區分三個發展階段，這同時也足以對照工業行政制度的發展階段。

第一個階段通常是指使用機器進行生產之前的時代，同時也是資本處於無助與內在不安定的時代，它還沒有能力自主的發生作用。這時的工業發展原則是國家直接補助，而且也只針對工業萌芽階段個別出現的生產類型，其中也不乏國營事業的組織。國營事業的經營型態通常被視爲典範的工業機構，但是它的組織規模仍然比不上國家直接對工業的補助，隨著機器大量生產的出現，這些傳統國營事業的經營方式就失去它的重要性。

藉著機器的自動生產方式，就進入第二個階段，這階段的特徵就不再是個別資本家發揮的角色，而是整體國民經濟的金錢資本都投入各種工業的經營，而且完全發揮資本所需要的生產動能。這個經濟生產方式的變動，迅速擴展到所有的產業類型，任何產業都必須應用大量資本以提高生產力，而且不只是透過購置機器與操作自動生產流程，而是透過新的生產行爲轉變成新的企業經營行爲（der Betriebe）。影響所及，必定使得工業的概念以其生產方式迅速涵蓋

礦業、林業與手工業，而且在日常語言的表達中，工業的概念已經不再是它原本的意義。然而，不變的是它的事務本質，所謂的工業就是以資本作為生產動能，所有用於生產行為的資本總合就構成工業的本質，以上就是國民經濟發展的事實，這個事實也完全支配了這個時代。

認知到上述工業資本化的事實，以及工業與手工業在本質上的差異，再加上資本的國際競爭關係，行政權力在這個階段所採取的原則與體系就是保護關稅（der Schutzzoll）。保護關稅的行政措施也就是資本集中應用在生產行為的時代特色，也是那個時代的行政法。這樣的行政法還不會認知到**勞工**，它只會認知到作為生產要素之一的**勞動**，這樣的行政法還不會關照到社會層面，只會關照到經濟層面的互動；即使在經濟層面，行政法所能介入的並不是行政權的原則問題，而只是合目的性的考量，只要這個以保護關稅為核心的行政法制時期，就足以證明工業的發展還不到它的完整意義。

到了第三階段，才讓我們認識到工業發展的完整面向，那就是當工業生產完全依據資本法則發生作用時，欠缺資本的勞工就根本不可能成為某個經營事業的主角，因此永遠脫離不了依賴資本的困境。因此而形成資本與勞動互相對立的認知，在這個關鍵點上，經濟問題就演進到社會領域。即使這種情形，工業行政仍然有它固定的任務。工業行政的任務並不在於解決社會問題，但是它必須防止勞動與資本的有機關係可能會因為個別勞工與個別資方的任意作為而受到干擾。因此，工業行政的基本原則不會以改變經濟法則與社會法則為目標，而是在於維繫整體秩序，使得經濟法則與社會法則都能夠各自充分發展。如果我們將如何獲得資本作為勞工問題的核心，那麼面對工業領域，行政的任務就在於如何妥善建構出「勞工生活秩序」（die Arbeiterordnung）。提出這樣的勞工生活規劃，並且維持它與社會發展的與時俱進，就構成當今工業行政的特色，同時也涵蓋所有相關的行政作為。依據以上的分析，我們因此得以討論一個完整自主的工業行政領域，相較於手工業領域，兩者雖然具有相同的外在要素，但是內涵卻是完全不同。

工業行政相關的立法與文獻呈現相當一致的特質。法制上並未見以工業法為名的法典體系，現行的工業法令或者明訂在手工業營業規則中，或者針對個別工業部門而有單獨適用的立法與行政措施。事實上也不可能建立這樣統一的工業法典，只要學術上開始區分工業與手工業本質上的差異，並且著重分析工

業行政之中具有社會意義的行政作爲，學術的工作就能夠承擔與取代統一工業法典的整合功能。

第三款　工業行政體系

　　如前所述，手工業行政及其法制的核心思維在於，建立中小企業自營作業者的自主行動能力，那麼對於每個企業都擁有專屬資本的工業領域，它的行政就必須是建立工業更高的自主行動能力。工業本身不僅應該有能力自助，政府的扶助只應該屬於例外，工業本身甚至應該隨著產業發展狀況，適時建立具有工業特性的行政組織型態與相關法律制度。工業對於行政法制的最大意義在於：工業領域最能夠展現自治行政的極致功能。換言之，在自治行政的作用下，工業最能夠發揮它對整體生活及其公法規範最大的影響力，因此，所有國家的工業領域也都被視爲整體經濟達到自主發展的教育啓發者。工業領域最有效發展的行政組織型態就是經濟性質的人民團體，我們也視之爲自治行政的基本組織型態，並且連結社會性質的人民團體。這個組織原則適用所有工業部門，工業也因此具有自主行動力，我們甚至可以如此強調，其他的產業領域都在展現政府應該有何作爲，工業反而展現沒有政府的扶助下，能夠如何發展與應該如何發展。在工業領域，政府的功能具有相當明確的輔助性質，如何證明這點，就是工業行政體系接下來必須說明的。

　　在這裡就必須回顧亞當史密斯（Adam Smith）對於歐洲大陸的影響。針對傳統上一向的主流見解，認爲國家必然的透過政府直接補助工業發展，尤其是重商學派（das Merkantilsystem）的主張，亞當史密斯是首位提出毫無保留的反對理論，他的批評：「照顧私人工業是相當粗鄙、無禮又專橫的行爲。」這句話甚至成爲當時流行的口頭禪，藉著他的理論，才使得歐洲的國民經濟領域脫離政府的全面監護，並且依據國民經濟自身的法則，取代行政機關的法令。亞當史密斯爲這個領域帶來關鍵的進步，他的理論也開啓了自由貿易的理念，關稅問題也只是這個理論的應用。但是，即使是自由貿易的理念，如果欠缺具體機制仍然不可行，也不夠完整，人民團體的功能正是這個有效的具體機制，因爲工業行政的關鍵不在於行政的不必作爲，而在於透過人民團體的自主功能所能夠達成的必然作爲。在這樣的理解下，我們得以開始面對下個自由經

濟的工業時代。

第一目　工業行政組織型態

　　工業行政的組織型態，依其形式概念包括所有的組織方式，它的功能一方面代表工業的產業利益，另一方面建構工業的法制。十八世紀的工業組織，政府公權力居於主導地位，社會之中的組織型態雖然已經出現，卻不是明確的產業組織結構與法律關係。直到十九世紀普遍出現勢不可擋又自主行動的資本力量，才催生人民團體成為工業組織型態的重要基礎。人民團體的組織力量與行動，一旦發生作用就會產生相當的影響力，導致政府公權力在工業領域的功能實質轉變。因為在人民團體的充分運作下，得以在政府公權力的公共利益之外，甚至在現有整體利益的基礎之上，代表特定企業與工業部門的特殊利益得以充分發生作用，並且在政府公權力的職權能力之外，以人民團體的力量針對重要且必要事務採取積極作為；另一個重要功能則是，以人民團體的力量為其自身所代表的特殊利益，在促進整體利益的前提下，劃定工業發生作用的範圍。上述人民團體的發展事實要成為一種普遍的共識，我們就必須同時認知到，工業的發展過程其實就是資本與勞動的對立鬥爭過程，這個對立過程的核心則是展現在以資本利益為主的經濟性人民團體，逐漸轉變衍生出以勞工利益為主的社會性質人民團體。因此，當政府對資本的規劃作用已經完全由經濟性人民團體的功能所取代時，那麼政府在工業領域的職權能力，將會面臨資本與勞動的雙重障礙。在這種情形下，得以建構出工業領域相當獨特的行政組織型態，其中商業部門負責政府的主要作為，地方自治團體則以商業委員會與手工業委員會負責地方自治的行政行為，人民團體的部分則是代表資本與勞動各自的特殊利益，而這個專屬工業領域的行政組織型態，在整體的功能與特質仍然欠缺人民團體應該發生的作用，未來則必須充分認知人民團體對於工業行政的意義。事實上，要瞭解工業領域的實際行政作為，就必須充分掌握上述三個行政組織型態的分工特性。

　　在所有歐洲國家的內務行政領域中，只有工業行政最能彰顯出國家特質，詳細的情形當然有待更深入的分析。總體而言，英國工業行政重點在於人民團體，而且包括資本與勞工的面向；法國的工業行政則以政府為核心，地方

自治與人民團體的自治行政不具重要功能；德國的政府與自治行政共同扮演各自不衝突的角色，但是欠缺整體工業行政組織的認識。以下就針對整體性的工業行政進行分析。

第二目　工業行政總論

我們依據經濟行政的總論，分析它在工業領域的應用，可以明確觀察到，工業領域與經濟行政總論的關係與前述手工業行政完全相同，亦即關於國家的功能，在手工業、工業與商業領域之間幾乎毫無分別。這包括經濟領域職業教育機構的設立，初級職業學校與國民義務教育的分流，透過公開展演與博覽會所建立的工業專業教育，甚至促進整體經貿流通的各種基礎交通設施與交通機構。只不過工業在這些方面要求的範圍更大而已，從這裡也表現出工業行政的特性。事實上，工業發展需要多大範圍的經濟要素，國家並沒有能力單方決定或者獨力完成，因為國家必須進行全方位平等的積極作為，不可能只偏重單一領域，工業在這方面必須是自助的。自助的機制則是人民團體，而且包括人民團體的兩大類型，其中利益團體（die Interessenvereine）深化工業的認知[56]，並且表達工業的特殊需求，企業經營團體（die Unternehmungsvereine）為工業創設基本發展條件[57]，並且將工業特有的大量財貨流通與高額價值流通特性，設定成為自主經營的企業類型。這些企業經營團體的類型例如針對財貨流通而設立的鐵路交通運輸，針對價值流通而設立專屬工業領域的銀行與信用機構。由此而產生工業行政的基本原則，亦即行政必定透過人民團體的機制達成對於工業的扶助功能，從而政府公權力的功能與作為，就在於監督前述人民團體，監督的事項與範圍如前所述。愈是高度發展的工業，這個基本原則愈是明確，我們也愈能清楚看到，國家透過直接的介入，既不符合工業的本質，也無法達到積極的效果。同樣的特性也適用工業領域的各個部門，而且愈能彰顯這個原則的重要性。

如果不能充分掌握人民團體的有機功能，就無從正確理解工業行政，也無從掌握工業發展最重要的關鍵：工業有能力、也應該自助。國家在這方面就只

---

[56] 勞資雙方各自所組成的工會團體與資方團體。
[57] 財團法人或者公司法人的企業經營型態。

能促進工業自助機制發生自助功能（Selbsthuelfe helfen）。

第三目　工業行政各論

工業行政總論的分析同樣適用於個別工業領域的行政事務，促成個別工業領域發展的實質性與積極性的要素都在於人民團體的功能，至於規範性，甚至消極性的要素則在於政府機關的功能。這些功能同樣表現在工業的兩大結構面向：一個面向是指個別存在的工業部門的共同需求；另一個面向則是貫穿其中的資本與勞動關係。

一、個別工業部門

不論何種工業類型，除了需要建立即期清償與企業經營兩種信用關係，以及經濟行政總論中所分析的所有經貿流通機制之外，它們尤其需要的是專屬於工業的專業知識與資本規模。在政府直接介入的時代逐漸淡去之後，取而代之的則是當代工業經營的基本模式，那就是建立股份公司（Aktiengesellschaft）已成為唯一有效的工具，以促成上述工業經營所需要的人民團體組織型態，透過公開募集的股份，也使得這些企業成為具有公共性質與公法制度的人民團體。因此，保障股份公司的設立自由，就成為政府機關促進工業實質成長的唯一規範機制。除此之外，則是建立工業管理的具體項目，一方面是指機器與生產設備的管理機制（die Maschinenpolizei），對於必須使用天然水火能源從事機器生產，如何防止機器生產過程中對於勞動可能產生的危險；另一方面則是類似手工業營業規則的規範意旨，建立工業生產設備監理機制（technisches System von Vorsichtsmassregeln），以確保生產機具的使用安全。

股份公司的組織型態使得工業領域的企業經營展現完全不同的態樣，透過股份公開募集的特性，使得企業經營具有公共性質，不僅產生工業領域的全新產業結構，而且它的影響力絕非人的知識能力能夠全盤掌握。在這種情形下，工業管理就愈形重要。關於工業機器的管理制度源自於法國在1823年與1843年所建立的法律制度。德國則規定蒸汽鍋爐的使用許可，操作工業生產設備所需要的職業教育與專業技術證照，體系性的建立全面的生產設備監理制度。例如奧地利於1854年、巴伐利亞在1852年所制定的相關立法。

二、勞工生活秩序

前一個段落所涉及的議題限於工業領域不同資本之間的關係，這個段落處理的是另一個議題，工業的特性在於資本與勞動的分離，因此在工業領域之中，這兩個要素分別依附在兩個各自獨立又自主行動的載體，更明確的說，是兩個矛盾對立的利益載體。所有勞資利益對立的形式，以及所產生的現象，我們統稱爲勞工問題（die Arbeiterfrage）。

要正確的解決勞工問題，必須先區分它的雙重內涵。勞工問題首先是一種純粹經濟性質的利益關係；其次它又屬於一種社會現象。我們在這裡所要分析的則是第一種純粹經濟利益的觀點。

針對這個觀點，行政的立場通常認定是一種利益對立的問題，資方的立場在於最低工資與最長工時，勞方的立場則在於最大工資與最短工時。我們雖然能夠透過一些具體措施，或多或少的優惠方案，短時間內爲這方或另一方創造一些非凡的成果，但是經濟學門的研究已經能夠在這方面提出絕對的結論，那就是勞動與工資之間的關係絕不能透過人的獨斷意志或者單方利益所決定，它必須依循一個永恆不變的法則：工資絕不能高於商品價格中的勞動價值；工資絕不能低於整體勞動的需求總額[58]。

如果上述的經濟法則正確，那麼行政機關就絕對不能夠直接介入勞工與商品價格之間的關係，避免直接干預勞動價值，針對經濟性質的勞工問題就應該放手由前述經濟法則支配，儘管它的效果緩慢卻不可違逆。即使政府機關有能力採取行動，政府不適宜、也不應該去排除或者壓制勞資利益對立的現象。政府機關的基本原則必須開放勞資利益對立的自治空間，但是，前提必須不妨礙公共生活秩序與公法規範秩序；政府機關的積極作爲在於，保障前述經濟法則及其效果不會因爲當事人一方的行爲受到外在因素的干擾。因此，行政權力從來不必認眞思考自行解決勞工問題，它也不應該阻止勞工問題自然的解決方式，它應該積極作爲的是勞工生活秩序的行政管理。換言之，行政的任務就是在工業領域積極經營「勞工生活秩序」（die Arbeiterordnung）。

所謂的勞工生活秩序包括兩大內涵：首先，它專指勞資兩個對立的利益都

---

[58] Der Lohn der Arbeit kann nie grosser sein, als der im Preis des Produkts ausgedrueckte Werth derselben; und nie geringer, als die Summe des durch die Art und das Mass der Arbeit gesetzten Beduerfnisses.

在人民團體的組織型態中成為運作有序的共同體；其次，建立個別勞工與其工資之間的有機關係與法律制度。這兩大領域相互影響，因此更需要區分彼此的功能，以獲致清楚明確的結論。

（一）人民團體法制化

依據勞資的立場，代表其利益的人民團體區分為兩種形式：資方組織的目的在於建立最低工資的共識；勞方組織的目的在於建立最高工資及其有效途徑的共識。關於後者，我們必須進一步區分兩種勞工組織的概念，一種是消費合作社的組織型態（Associationen und Consumvereinen），屬於社會性質的自助組織；另一種是勞工聯盟的組織型態（die Coalitionen），目的在於提高工資。工業行政所要創設的勞工生活秩序專指後者。

依據傳統的見解，行政權通常認定爭取工資的勞工聯盟對於公共利益與整體生活都是一種危險，所以相信禁止這類的結社，就能夠排除勞資利益的對立鬥爭，這種見解當然已經過時。目前行政權普遍具有新的認知，那就是人民團體如果能夠在結社權的法治範圍內運作，對於勞資對立具有正面作用，一方面它將勞資各自主張的利益帶到整體經濟能否負擔的認知層次，勞資雙方藉著這個程序都能夠磨合出正確的利益規模，另一方面既能防止資本剝削勞動，也能防止勞動剝削資本。因此，當代對於勞資對立的行政原則就在於保障結社自由（Freiheit des Vereinsrechts），但是配套的法制則是嚴謹明確的人民團體法與集會遊行法。只不過法律制度的實踐並不在於強大的警察，完善的法制還必須依賴勞資雙方對於法治的確信。為了達到這個目的，我們目前還欠缺結社權與人民團體法的法學研究，以及運作正常的訴訟程序。相反的情況也必須清楚規範，如果勞工組織的目的在強制個別勞工加入這類組織，或者脅迫個別勞工參與組織的抗爭活動，不僅在刑事上構成犯罪，而且得由法院以裁判宣告組織解散，也得由警察命令暫停活動。另外，治安警察亦得在職責範圍內依據相關法令介入集會遊行與勞工聯盟事務，維護合法權益同時取締違法行為。

關於勞工生活秩序的立法行為，一方面與人民團體法制有關，另一方面則與勞工整體發展密切相關。目前各國法制都受這兩個要素的影響。英國最早立法承認勞資雙方都享有完全的結社自由，因此勞資雙方的利益藉著人民團體制度都能夠有秩序的運作，而且勞資團體針對經濟生活的失序也有權力完全排

除；法國在這方面仍然相當嚴格，超過20人的勞工聯盟，必須取得成立許可，否則禁止結社，而且文獻上也明確區分勞工合作社與勞工聯盟的不同功能；德國與奧地利針對勞工聯盟的組織則以警察權力禁止結社。關於勞工生活秩序的建構，歐洲大陸還欠缺結社自由的法治確信。

（二）勞資關係法制化

除了上述勞工團體法制化之外，勞工生活秩序的另一項任務，在於創設個別勞工與資方關係的法制條件，這個任務有以下三個項目。

1. 勞動證書

勞動證明書（die Arbeitsbuecher）原本純爲警察治理的目的而設，以確認勞工身分，以及僱傭契約與薪資狀況，尤其載明受僱期間長短與職務名稱等。除此之外，立法目的還將勞動證明視爲一種勞動貢獻的書面資料，以提升勞工社會地位，由此而產生勞動證明的相關法制。法制原則首先在於持有這份證明的義務，並且記載勞動履歷，例如就職與離職的時間與地點；其次則是雇主有權利出具在職證明，實質上等同於雇主與資方得以認證勞工的工作績效。依據實務的經驗，第一項持有義務的執行，前提必須是勞資雙方對此都有共同的利益才有可能；第二項雇主的認證權利幾乎毫無實益可言。因此，法制上儘管仍然維持勞動證明的規定，但是對於勞工問題已經完全不具任何實質意義，最多被當作戶籍地、居住地或者個人權益的證明文件。

法國是勞動證書法制的發源地，德國勞動證書的制度源自於遷徙證明書（die Wanderbuecher）。法國廢止傳統手工業組織之後，就將手工業的伙計視同勞工，並且規定所有勞工都有勞動證明書的持有義務。奧地利則在1859年新訂手工業營業規則時，納入這項規定，將勞動證書視同勞工績效證明，其他歐洲國家的手工業營業規則也有類似規定。但是，實務經驗都顯示這個制度毫無實益，其他僕役長工證書亦同（die Gesindezeugnisse）。

2. 勞動時間

以法律規定勞動時間（die Arbeitszeit）並不能完全推翻勞資雙方自由約定的工時，法定工時的功能在於，當勞資雙方未明訂勞動時間，有明文依據得以確定工時的長短；第二個功能係針對婦女與童工的權益，基於衛生理由與精神負擔的考量，強制規定婦女與童工的工作時間。因此，以法律規定勞動時間，

就如同以法律規定工資一般，兩者都應該限縮在最必要的範圍內；至於針對婦女與童工的法定工時則應該超越商業經營經營的考量，而成為行政法的規範對象。

3. 勞工法庭

設立勞工法庭（die Arbeitergerichte）專職審判勞資雙方的爭議，目的在於有必要以專業的知識，才能夠正確判斷勞資爭議，相較之下，普通法庭在這方面可能需要花費更多的司法資源，或者拖延更長的訴訟時間。勞工法庭尤其適合審理按件計酬或者派遣勞動所發生的爭議，這類爭議通常集中在勞動品質的認定，至於其他的爭議則適用普通法庭的訴訟程序。如果繼續維持勞動證明制度及其工作績效的認證功能，專職勞工法庭就有存在的必要性，但是勞工法庭所代表的道德價值還是大於它的實質功能。

勞工法庭源自於法國1806年與1810年的法制，原本的目的在於取代傳統職業行會中師傅對於伙計與學徒的支配權力，後來則限縮在法律事項的爭議。奧地利手工業營業規則授權同業公會（die Genossenschaften）得以調解資方與受僱伙計、學徒之間的爭議。普魯士於1849年開始設立勞工法庭，但是不能發揮應有的功能，所以逐漸消失。

第六節　商業行政

第一款　基本概念與原則

對於商業的重要性人們向來就有高度的共識，然而一直以來欠缺的共識是：國家公權力在這個領域的作為。為了澄清這個問題，我們必須確認商業的基本概念，尤其著重商業與國家之間的關係。

我們在經濟行政總論中，將「經濟貿易」（der Verkehr）的概念定義為，經濟活動中促使單一財貨從一個經濟領域轉移到另一個經濟領域的整體現象，換言之，促使單一財貨在不同經濟領域間產生移動的整體現象，那麼商業在經濟貿易活動中的功能就在於，將上述財貨移動的機制獨立成為一個自主的產業型態。這類產業的經濟功能在於，為每一個財貨尋找最高價格，然後在買賣價差中找到獲利。所以每一個商業行為最初都在為己謀利。另一方面，商業的功

能對於整體國民經濟具有決定性的意義，因為商業為每一個財貨所找到的價格，必然會成為那種產品背後生產行為與消費行為的基礎與條件，商業因此成為規模龐大的經濟變動過程，在過程中主宰經濟的兩大要素得以發生作用：價值的法則與生產力的法則。只有透過商業活動，國民經濟才能有穩定規律的進步，在這個進步中，商業也能建立它的重要性與最大可能的規模。所以就不難理解，人們不僅努力追求商業發展，長期以來也都將整體國民經濟建構在商業的表現，並且致力於它的最高度發展。所以任何時代都會有這樣重要的問題，那就是國民全體以及代表國民全體的國家能夠為商業做什麼，又應該有何種作為。

這個問題當然也有它的歷史過程。也只有透過歷史分析，才能掌握事務本質並呈現它的真實樣貌。

在整體國民經濟領域中，商業尤其是建構在個人的勤奮努力與經營能力之上，以充分算計所有財貨在不同地區的價值與價格差異。因此，商業主要建立在人力資源的資本型態（das persoenliche Capital），依賴人的行動與教育，這些要素所需要的環境與條件，正是每個國家為經濟生活提供完全自由的可能性。所以，商業發展的最真實、也最重要的條件，既不是隨機發生的行政措施，也不是無所不在的行政功能，而是教育與自由（Bildung und Freiheit）。商業的興盛在於此，衰敗也在於此。商業的真實發展在於這樣的基本行政作用，尤其是前述經濟行政總論在這兩個領域所發揮的功能。只有在特殊的商業領域需要特別適用的法規範與行政機構。上述的基本原則主導商業法制史，以及商業法制的體系。

商業的概念在文獻中一直是個不確定的概念。本書的任務，首先將商業與經濟行政總論中的「經濟貿易」（der Verkehr）做出區分；其次則區分商業與工業的概念與體系。第一個區分有助於正確理解買賣契約法（Verkehrs- und Vertragsrechts），這是純粹的民法領域，也有助於正確理解商事法（das Handelsrecht），它是基於商業本質，以公共利益的觀點調整、修正民法中的契約法及其適用。第二個區分則有助於行政理論建立商業行政的領域。法國商事法典的最大缺點就是未明確區分商業概念與經濟貿易的概念，如果將商業窄化成商業行為更是一個相當不完全的概念。所謂的商業行為，並不是單指某種反覆發生的交易行為，而是專指公司的行為（eine Firma），如果不依據公司

的概念，是不可能正確理解商業行為。同樣未明確區分的是，將手工業的概念當作商業的上位概念，原因就在於，不能清楚認知商業所生產的不是某種財貨，而是價值。相較於其他國民經濟的產業領域，也只有商業的概念，最常被不同的學者放在不同的體系中。

第二款　商業行政法制史

人類相互之間的經貿關係應該是亙古存在的現象。但是經貿關係之中的商業行為之所以開始發展，在於不同民族彼此之間的互相接近，商業的外在自主性就建立在海洋沿岸所發生的特定生活型態，並且成為民族之間建立經貿關係的原始組織形式，然而，公共性質的商業制度，也就是國家以行政力量建立自主運作的商業行政，則是開始於發現美洲大陸之後的世界商業貿易年代，每個國家都竭盡全力參與世界貿易，理論上則是建立在重商主義的體系，依其見解，商業創造財富，財富也應該透過商業行為累積。從此展開了一連串的經貿現象，我們區分成兩大階段：第一階段稱為商業政治（die Handelspolitik）；第二階段稱為商業自由（die Handelsfreiheit）。每一個階段所包括的基本原則與具體措施，都是由國家設定為行政的任務，藉著公權力體系促進商業制度的自主發展。

第一目　商業政治時期

這個階段的基本原則，認為國家應該將商業發展視為己任，直接採取行動，因為商業行為構成國家財富的基礎。這個時代屬於警察治理的商業制度。警察學的特色在於透過國家公權力建立商業的組織力量，及其創造財富價值的能力。商業政治的時代，傳統手工業職業行會的組織普通擴展到商業行會組織，以及地中海沿岸的貿易城市，它們擁有巨額的資本，也有商業貿易的特權，這些商業組織雖然相當活躍，但是力量卻不足以掌握新興的世界貿易。於是在商業行會的基礎上，國家公權力致力於建構更大規模的公司組織，這就是十七世紀商業公司（die Handelscompagnien）的功能，這些商業公司的資本大到足以從事橫跨大西洋的貿易活動，並且享有法律保障的特權與經濟獨占的優勢。一旦開始運作，商業公司就依據資本法則經營大規模貿易關係，國家行政

也控制不了它們的發展，但也因爲商業公司的積極運作，使得商業政治的年代有了第二個內涵。對於世界歷史而言，這個年代將歐洲推向全球貿易的中心，成爲主宰全球的政治力量，但是它同時製造歐洲國家彼此之間的競爭關係，同時也催生這樣的思考，那就是即使歐洲國家處在競爭關係之中，每一個政府還是應該盡力維護歐洲商業貿易的最大利益。因此，在橫跨大西洋的商業公司之外，也出現專以歐洲爲中心的商業政治內涵，兩相權衡，在大西洋商業利益與歐洲商業政治之外，更進一步形成有益與無益的商業貿易平衡概念（die Handelsbilamz）。這個理念對於歐洲歷史具有高度的重要性。首先，透過商業行爲與國民經濟的內在連結關係，使得整體國民經濟的統計資料，及其所衍生的有機法則成爲公眾思考的議題，進而形成歐洲國家所特有的國民經濟意識；其次，在歐洲經貿關係中，催生兩個重大的制度，對於國民經濟的個別領域都產生影響：第一個是商業貿易條約（die Handelsvertraege）；第二個是配合商業行爲的關稅制度（das Zollwesen），它不同於農業行政保護關稅的意義，最極端的措施就是禁止進出口與出口獎勵，這種關稅制度的目的不在於保障工業產製品，而是保障全體臣民的資金。在上述商業政治的趨勢下，國家公權力採取相當積極的作爲，但欠缺另一種認知，亦即商業發展的眞正動力並不在政府的作爲，而在另一個更高層次的力量。

第二目　商業自由時期

這個更高層次的力量推動商業法制史進入第二個階段，我們稱爲商業自由的時代。這個時代，人們充分認知到商業發展必須依據商業的本質，那就是商業經營與企業組織的自由移動（die freie Bewegung），這樣的商業自由開始於十八世紀。重商學派首先主張賦予商業自由最基本的內涵，儘管還有若干負面的批判，其次則是亞當史密斯的理論眞正促進商業自由的快速發展，他的主要貢獻，在於建立工業與商業兩種產業領域的內在連結關係，並且分析「禁止出口」與「商業特權」這兩種制度對於整體國民經濟的利弊得失，使得商業自由成爲普遍共識。在這個基礎上，商業行爲與行政權開始有三種互動關係，這三種關係同時呈現歷史上的先後關係：第一種就是在十八世紀末已經成爲共識的商業自由原則，它的目的不是排除農業行政的保護關稅制度，而在於保障商業

經營的自由，廢止商業利益獨占、商業經營特權，以及地方性的獨占行為，這些都阻礙商業及其資本的自由移動；第二種互動關係則是簽訂商業條約的新趨勢，從十九世紀開始，商業條約的目的就不再只保障個別國家的利益，反而在於實現所有商業貿易行為的平等關係；第三種互動關係在於關稅保護與商業自由兩種理念的對抗，在這種對抗激盪下，形成理性的關稅體系，以及認知到工業資本的發展法則與重要性。所有這些行政與商業行為的互動關係，連同國民經濟在教育領域的蓬勃發展，都很清楚的證明，提升商業的真實條件不在於商業政治的保護措施，而在於經濟行政總論中各項制度的充分發展，尤其是信用制度，以及經貿相關的交通建設與組織機制，畢竟商業行為是所有國民經濟領域中最能夠、也最應該自助的，政府的直接介入應該限定在一個單一的作用，那就是為商業關係提供穩定的法秩序。

上述多元影響下的長期效果則是依據法國商事法典的模式，歐洲國家紛紛透過商事法典與商事法律實務建立完整的商事法律制度。目前這些商事法典大多著重在法釋義學層面的概念解釋，下一個階段就應該依據商業貿易的本質去理解商事法典，這樣才能夠充分結合純粹法秩序層面的商事法，以及法制背後的商業貿易制度。

目前關於商業發展史的論述較少處理商事法的演進，商事法律的文獻又不能涵蓋商業行為的商業貿易本質。所謂的商業學（die Handelswissenschaft），指的是依據商業本質所理解的商事法律。十七世紀的商業公司舉例如下：1595年成立的荷蘭東印度公司，於1795年10月16日解散；1621年成立的荷蘭西印度公司，於1795年解散；1663-1710年英國非洲公司；法國東印度公司與西印度公司則在1664年成立，於法國大革命之後解散。

第三款　商業行政體系

如果以個體自主為核心的商業經營自由能夠成為商業發展的基礎，那麼國家相對於這樣多元發展的商業，它的行政任務必定具備多元特質。國家相對於商業自由，不可能自行設立特定機關，主導商業多元發展的條件，重要的是，商業必須自行創設這類發展的機制，而且必須自行管理。因此，基於商業興國的歷史名言：「商業自由所創造的成果，必定透過行政機制，再以相同的自由

回饋國民全體。」由此，同樣印證一個歷史事實，商業國家向來具有深刻的共和政體特質，在各方面都會抗拒警察治理的權力型態。整個歐洲就在這個與商業高度接軌的時代中，開創了高度的國家自由，在接軌過程中，地方自治行政組織能夠維持既有的特性，而人民團體則開創了積極功能與運作空間。上述事實對於理論體系的建立產生相當的挑戰，尤其必須在區隔手工業與工業領域的前提下，建立專屬於商業管理（die Handelspolize oder Handelspflege）的體系內涵。

　　依據上述說明，行政對於商業能夠採取的作為，可以歸納為商業自由的外在條件與內在條件。所謂商業自由的外在條件，指的是國家對外的商業關係；內在條件則是商業為其自身發展所創設的國內發展狀況與有機關係。前者著重國際經貿關係的自由化；後者則是整體商業提升，以及內含的特殊商業型態建構而成的法秩序。不論內在或外在條件，兩者的交集則是商業組織型態（der Organismus des Handels）的議題，探討商業組織型態之所以必要，原因在於這個議題維繫商業行政與其他經濟行政領域在國家整體關係上的密切連結，至於個別的商業領域，則不排除在這個共同議題之外，各自具有特殊的利益與發展條件，包括任何單一的公司與企業的特殊發展需求。

第一目　商業管理

一、組織型態

　　商業行政的組織型態具有雙重特性。一方面它必須增進國民對於商業發展的認知，促進商業發展條件的落實，這個條件包括經濟行政總論的各項措施，以及構成商業實質內涵的手工業與工業的持續進步；另一方面則代表商業本身的特定目的。因此，重點在於依據上述功能去判斷商業的行政組織，而不必執著於組織形式與名稱。

　　商務部（das Handelsministerium）的主管範圍不僅限於商業，而是在國民經濟領域內創造商業發展的條件。由於商務部的職權範圍涵蓋整體經濟行政，因此它負責整合經濟利益、創造利益和諧的最高機關，商業領域成為商務部業務的指標。

　　商業的自治行政是指地方自治團體的商業委員會（die Handelskammern）。同樣基於上述理由，商業委員會不僅負責地方商業活動，還包括工業與手工業事務。

人民團體參與商業活動有三種組織形式：股份有限公司、封閉式與開放式公司，以及兼具有限責任與無限責任的兩合公司（die Commandite），這些都屬於人民團體性質的商業公司，也是在商業活動中最常見的組織形式，相較之下，經營團體（die Unternehmungsvereine）則多屬工業領域的組織形式[59]，至於利益團體（die Interessenvereine）則通常兼指代表商業利益與工業利益的人民團體[60]，單以外在組織形式已不足以區分兩者。

以上政府機關、自治團體與人民團體在商業行政之中共同發揮組織力量。其中自治行政與人民團體的功能愈廣泛，商務部就必然降低直接介入的功能，轉而成為調和對立的利益，造就商業在劇烈變遷的環境中仍然是一個進步的整體。

二、商業條約

以行政權進行商業管裡的主要目標，在於創設本國商業與他國商業進行自由貿易所需要的條件，這些條件的完成又超出任何個體的能力範圍。這類必要的行政措施可分為兩個面向：其一為商業條約；其二為海關制度。

商業條約的目的在於保障本國商業與他國商業的平等互惠，尤其包括公司開設、經營權利與商業關係的建立。商業條約的內容必須依據不同國家而有不同的互動關係與規範需求，過去的歷史顯示，商業條約通常高舉歐洲經濟生活的兩大原則：共同體與平等原則，進而成為國際法的普遍內容。這兩個原則必定出現在歐洲國家之間發生戰爭之後所簽訂的和平條約中，直到十八世紀中葉，歐洲民族國家的建構已經形成穩定的局面，經濟層面的共同體與平等原則才脫離和平條約的框架，單獨成為國際法的協商議題，到了十九世紀，這兩個原則又有了不同的內涵。隨著經貿活動的規模日益擴大，人們也普遍意識到他國企業在本國的營業自由可以帶動國內企業的進步。基於這個認識，所以相互性原則成為國際商業條約的基本規範，它主要表現在國家之間相互承認彼此享有的「最惠國待遇」（das Recht der meist beguenstigten Nationen），在這個原

---

[59] 財團法人或者公司法人的企業經營型態。
[60] 勞資雙方各自所組成的工會團體與資方團體。

則的持續發展下，國際商業活動的各項主要內容，都逐漸成為商業條約的單獨協商議題，因此而形成商業條約的體系。這個體系包括：設立企業條約，締結國雙方同意對方股份有限公司得在本國成立；交通運輸條約，締約國所屬船隻的航行權，以及最近常討論的鐵路運輸；郵務機構條約與硬幣匯率條約；商業條約體系中最重要，同時公認最關鍵的議題，就是締約國對於雙方的司法確定判決是否得在本國具有執行力，這個問題到目前仍無定論，有鑒於日益頻繁的商業互動與利益交流，司法互助與互相承認是一個必然趨勢。

三、海關制度

為了完全認識海關制度在經濟行政領域中的獨特意義，單純的說明海關的定義與關務行政的內容，顯然並不足夠。我們必須從制度沿革的過程掌握海關對於國民經濟的重要性。

海關的形式意義就是國家針對特定貨物、經過特定路線所徵收的入境、出境與過境費用。這樣的海關是一種稅務海關（Steuerzoll），它的設立目的就是針對特定貨物徵收關稅，徵收費用的依據就是一般稅務準則。如果關稅的徵收帶有某種經濟目的，就會成為一種行政海關（Verwaltungszoll），或者稱之為保護關稅（Schutzzol）。稅務海關與行政海關兩者之間在形式上難以區分，還不如分析兩者的制度原則，比較能夠區分兩者的差異，因為在同一項稅率與稅額中有可能混合著兩種徵稅模式。在這種情形下，凡是超出一般稅務準則所徵收的費用，都屬於保護關稅的範圍。稅務海關屬於財政學的領域；行政海關或者保護關稅的徵收，就屬於國民經濟的行政作用。行政海關的目的在於徵收關稅，抬高售價，降低外國產品與本國產品的競爭力。海關的法令與措施以達到貨物完稅抬高價格的目的，這原本就屬於海關制度的本質。然而這個經濟能力的高低卻主導者海關制度的沿革，它主要區分成兩個階段：保護主義時期（das Prophibitivsystem）與行政海關時期（das Schutzzollsystem），兩者雖然都屬於關務措施，卻有完全不同的性質。

（一）保護主義時期

保護主義（das Prophibitivsystem）的基本思維，在於防堵支付價金於進口貨物，導致資金流向國外。保護主義因此並不在乎收入面的問題，它不僅直接干擾物價，甚至價格抬高到無法銷售，如果是純粹消費性質的外國商品，就直

接禁止進口，至於可供生產用途的外國商品，則不在此限。保護主義對於不同類型生產行爲彼此之間的內在關係，還未能清楚掌握，它幾乎是完全針對手工業與工業的特性所建構的保護體系。它的存在有下列時代背景：當不同國家分別擁有不同的生產類型，彼此之間沒有競爭關係，即使偶有類似的貨物，但是規模與品質的差距仍然很明顯。它的目的在於保護國內新興工業，爲這類工業創設國內市場。保護主義對於資本力量與企業組織的經濟作用，還沒有建立完整的認識，它只認識到**資金流動**與**工資規模**的問題。

（二）行政海關時期

　　保護關稅就完全相反，它的興起背景在於工商業的充分發展，導致資本力量與公司企業這兩種經營型態成爲主流，但是各國卻不一定都能夠擁有相同的資本與組織規模。資本之間如果因爲分期攤還、貸款經驗與信用關係等因素導致國內企業再多的努力也無法與國外企業公平競爭，至於新興的工業相對於資本雄厚的工業，所欠缺的也正是這些較低市場價格的條件，如果不能維持這種價格優勢，前述國內企業或者新興工業根本無法生存，這些經營條件又不是企業本身能夠自行創設，因此，行政的任務就在於提供有效的競爭條件，具體的作法則是藉著海關機制，基於行政裁量以提高外來貨物的市場價格。這類的海關措施就稱爲行政海關（das Schutzzollsystem），整個保護關稅制度的充分應用，就構成行政海關的體系。

　　如前所述，行政海關體系雖然是應用在商業領域，但是它所要保護的對象實際上是工業領域，尤其是所有應用於生產行爲的**整體資本**。行政海關的重點不在資金與工資的問題，所以不同於稅務海關的功能。然而，行政海關的運作直接牴觸商業的利益，因爲抬高外來貨物的市場價格必定限縮貿易行爲。在這種情形下，首先必定衍生出商業利益與工業利益的矛盾對立，進而形成利益搶奪，搶奪的現象與結果會促使新的公共意識介入其中，亦即充分認知到所有工業領域各部門彼此之間所具有的內在關聯性；其次則是行政海關的必然性，它其實是以某一種資本的受害，變成另一種資本的受益，所以行政海關必須從一些隨機發生的行政措施提升成一種具有整體發展能力的行政體系，只有建立這樣的行政體系才可能落實它的制度理念。這套行政體系包括下數的制度原則、制度內涵與制度執行三個部分。

1. 行政海關的制度原則

　　就是將行政的一般原則應用在海關制度：行政海關原則上只能爲國內資本創設這些資本自身所不能創設的發展條件。這樣的情形通常專指本國工業與他國資本之間的不公平競爭，他國資本如果透過更優惠的分期低利貸款方式（Amortisation）取得產品價格上的優勢，換言之，他國工業如果能以更優惠的貸款利息參與國際競爭時，那麼行政海關就必須採取積極作爲保障本國新興工業在價格競爭關係中的平等地位。本國新興工業所需要的發展條件就是：能夠負擔相同分期低利貸款的前提下，產業能夠提供的產品價格。如果透過行政海關的措施能夠創造這樣的價格優勢，那麼國內新興工業就應該設法在金融市場上取得這樣的分期低利貸款條件。如果國內產業依其自身狀況達到上述競爭條件，那麼行政海關就不必強制實施相關措施。因此，行政海關制度的最高原則就在於，如何使自己成爲不必要的保護措施。如果人們對於自由貿易（Freihandel）的議題，不能夠理解到零關稅（Zolllosigkeit）的意義，那麼上述行政海關的最高原則可以當作這兩大原則爭論不休的最佳詮釋。

　　正確的行政海關絕對不會採行出口關稅與過境關稅這兩種行政措施。行政海關也不會採行普遍一致或者長期不變的海關稅率。相反的，海關稅率必定依據不同工業部門的特殊狀況適度調整，因此，合理的行政海關必定會形成以統計資料爲基礎的海關稅則體系。這樣的海關稅則也必須確保每一項海關稅率只會在特定期間內施行。每一項行政海關所訂定的海關稅率基本上會依循三個立法上的週期：第一個階段是完全適用完整稅率；第二個階段則調降到百分之五十的稅率；第三個階段則完全停止適用。整體海關的稅率高低原則上應該依據國內所有應用於工業生產行爲的資本總額做調整，海關徵稅稅率應該調整到所收稅額高於整體工業生產行爲所必須的資本總額。至於生產行爲如果不需要使用到相當的資本規模，也就不屬於工業的範疇，就不應該對這些產業實施行政海關的保護措施，因此，原物料的生產與手工業的生產，原則上應該是零關稅的。有些理論認爲透過海關稅收可以用來平衡國內不同的稅務負擔，這種理論本身雖然是正確，但是卻非常不實際。海關稅率的最高界限，除了維持前述與國內產業資本總額的關係外，最多就再加上檢舉走私的獎金總額，而且我們永遠不能忘記，對於大多數進出口貨物而言，通關程序（Zollbehandlung）的效率要比海關稅率的問題重要許多。

本書認為行政海關制度與自由貿易之間的論戰，其原因一方面將國內意義的商業自由概念混用到國際意義的自由貿易，另一方面則是誤解零關稅制度的本質。再者又有重大的政治動機參雜其中，使得客觀的論述相當困難。李斯特（Friedrich List）首度將行政海關的制度與體系寫入1841年出版的政治經濟學著作，也成為歐洲大陸相關立法的範本。至於行政海關制度的存廢，重點不在於何種理論，而是取決於資本競爭之間是否能夠維持平等關係。

2. 行政海關的制度內涵

則是針對特定地區或者針對商業關係的特性，在普遍適用的海關稅則之外，特別規定例外的優惠措施（die Zollbeguenstigungen），以促進商業發展所需要的特殊條件。舉例如下：免稅商港（Freihaefen）的設立，尤其是商港的倉儲設備欠缺或不足時，就有必要指定免稅商港以促進跨洋商業貿易。倉儲設備（Lagerhaeuser, Waarenhaeuser），則是用於存放進口等待報關貨物的設施，等到國內進口商確定國內消費使用後，再行報關繳交關稅。倉儲設施屬於行政海關的必然配套制度，因為它既能保障大宗進口貨物在確定國內消費使用之前享有免稅的便利（der Zwischenhandel），又能防堵重複進出口行為的逃避關稅（der Eigenhandel）。原則上在每一個海關處所都應該設立倉儲設施，至少在大規模海關處所一定設立。它能夠提供快速運作又費用低廉的海關行政。關稅信用措施（Zollcredite），提供高額海關稅額的分期償還機制，以減輕國內進口商的經濟負擔。退稅措施（Rueckzoll），專指進口原物料關稅的退稅優惠，這是適用前述行政海關制度原則的必然結果，但是這項優惠措施很容易產生弊端與危險，通常屬於特殊例外的海關措施，尤其需要明確的規範。租稅優惠措施（Steuerverguetung），如果只針對國內生產貨物，在貨物出口時可得享有的退稅補償措施，這會是錯誤的制度，因為只有在特殊情況下針對特定項目才訂定這樣的規定。

免稅商港的制度通常代表一種尚未完整建立的海關體系，它在十九世紀中葉就幾乎消失。倉儲設施則是蓬勃發展，逐漸成為大宗貿易重要的基礎。

3. 行政海關的制度執行

專指依據海關稅則所實施的關務行政（die Zollverwaltung）。它在體制上屬於財務行政的一環。關務行政的原則主要在於低負擔與快速通關服務，海關的刑罰規定必定輔以沒收充公（Confiskation）的宣告，海關亦得自行訂定報

關與通關文件。比較困難的情形，則是依貨物價值所建立的關稅稅率，或者依據貨物的品質差異而導致相當複雜的關稅稅率。因此應該避免訂定以貨物價值為基礎的海關關稅（die Wertzoelle），並且減化關稅稅率。

　　依據上述分析，可以歸納歐洲國家的海關制度為三種類型：第一種類型，所有的海關稅率各有其獨立的原因與歷史，需要個別判斷。第二種類型，單一國家的海關立法具有某種特定的一致性，這個一致性通常依據整體資本發展而定，基本原則在於，愈是傳統產業加上資本取得相對於其他國家產業低廉者，行政海關（保護關稅）的功能就會逐漸消失。英國就屬於完全的零關稅，目前適用的七大類海關關稅事實上都屬於稅務海關的性質，而且僅限於民生物資類的稅務海關。法國的海關立法還帶著十七世紀（Colbert 1664-1668）的特質，它的海關稅率體系基本上不受他國影響，完全自主規定而且稅目詳盡，雖然在理論上頗有說服力，但是實務上卻不一定對本國有利。除此之外，法國海關的行政執行規定相當的官僚，卻也相當按部就班，關於訴願的規定更具參考價值。歐洲關稅同盟的海關稅率基本上依據法國海關的運作模式。第三種類型，整個歐洲自1848年就依循這套關稅體系，德國更是從1824年起就在所有的海關適用這套體系。這套海關體系完全就是一種國家為達到政治目的的工具。藉著海關制度直接促成了德國的統一與擴張，關稅同盟的發展史也就是德國歷史的一部分，海關稅則的訂定主要依據各諸侯國的利益妥協，所以海關原本特質根本就不重要。1848年之後，這套海關體系曾經成為一種主流，主要的例子如：1853年奧地利與普魯士簽訂的關稅貿易條約（der Februarvertrag）；1860年法國與英國簽訂的商業條約；1862年法國與德國簽訂的關稅貿易條約，1854年法國與比利時簽訂的關稅貿易條約。但是，上述的海關體系毫無疑問的必定逐漸過時，歐洲的海關制度在未來還是會回歸到各國獨立自主的運作模式。

第二目　商業法制

一、基本概念與原則

　　在前述商業條約與海關制度的分析中，商業行政成為國際經貿活動的管理機制，但是在商業法制的概念下，它的內涵則展現商業行政針對國內商業活動的作為。

　　當商業在國民經濟領域中成為一個自主存在與發展的產業型態，它必定依據自身特質產生兩個現象代表它的自主性。首先是在整體經貿制度（der Verkehr）中形成某種新的結構及其相對應的法律制度，一種專屬於商業關係的契約法，我們通常稱為商事法（das Handelsrecht）；其次則是因應商業活動而量身打造的機構與行為模式，這些機構與商業行為又會形成具有商業特色的秩序與規範。當然，那些在商業領域針對所有問題錙銖必較又拼盡全力維護自身利益的買賣雙方，都必定以各自的方式促成上述商業現象，然而商業領域基於貨物與價值快速流通的特質又會要求這些商業現象在所有問題上都具有穩定且客觀的拘束力。要達到這個全面客觀且穩定的商業規範及其拘束力，商業領域依其本質卻做不到。國家必須將這個商業規範與拘束力提升為立法行動與內涵，然而也因為這個特質是基於商業領域自主發展的需求，所以商業中的產業利益必定會在立法制定的過程中，積極參與商業法秩序的形成，並且在不同的商業領域制定各自適用的法律制度。依此過程而產生的法令與機制，我們稱為具有公法規範效力的商業法制。這是商業行政的核心，其中兩大領域：商事法與商事仲裁，共同構成公法商業秩序的體系。

二、商事法與商事仲裁

　　商事法基本上是依據商業行為的特性發展而成，而且平等的適用在所有的商業領域。但是，如果我們不清楚商事法與民法的關係，就不可能在理論上掌握商事法的本質與功能，以下分析商事法與民法本質上的不同：

　　民法基本上將個別的自然人及其人格視為法律主體，商事法的法律主體則為企業（das Unternehmen）。民法中自然人彼此之間的交易機制為契約，但是企業之間的契約，本質上是一種商業行為（ein Geschaeft）。契約的內容由雙方的意思表示所決定，商業行為本質上則是基於商業利益，它的內容則依據其他商業行為而定，不論是發生在前或者預定在後所簽訂的商業行為。所以商業行為的商業利益本質上不同於契約關係所涉及的個人利益，因此而產生商事法律制度的特性。依據上述分析，我們通稱企業及其商業行為的法制為商事法，因此有別於民法契約及其經濟意義。

　　基於商事法的上述特性，我們得以推論商事法的體系內涵，它具有以下三個部分：企業所具有的人格，是以公司的組織型態所呈現。公司具有代表企業

的法律能力，不僅包括公司中的個人，也包括整體組織意義的商業團體，這通常也被視爲人民團體的一種類型（ein Verein）。商事法表現在公司這個組織型態的法人格有三種基本態樣：首先是個別的自然人，其次是三種型態的公司：有限公司、無限公司與兩合公司，第三種則屬股份有限公司。以上是商事法的各種法人格，它們彼此之間的法律關係構成商事法體系的第一部分。體系的第二部分則是修正民法契約法律制度，以適應不同於契約行爲的商業行爲，依據商業行爲的特質，分別針對概念定義、契約成立、履約行爲，以及公司備置商業簿冊（die Handelsbuecher）且有訴訟證據能力的特別規定。這個部分構成商事法的核心。對於商業而言，它卻是最重要的制度條件，促使商業的法律關係在民法契約體系之外，建立客觀的拘束力與自主性，建構這個部分的法律體系就是商業行政的核心任務，因此而形成商事法典。正由於商事法典構成商業法律關係的基礎，不同於民法所規範的契約關係，所以體系的第三個部分，商業必定依其特質進一步要求專屬商事法律的訴訟，尤其關於法院的組織與程序的參與，都必須納入商業的職業階層，基於這個原則而產生適合商業訴訟的商事仲裁制度（das Handelsgericht）。以上就是商事法體系的三個部分，這體系同時構成商事法的總論。

　　本書認爲現行的商事法，就像其他的行政法體系一般，都只依據法釋義學構成個別發展的法學體系，如果要完整理解商事法，就必須建立商事法在民法與行政法之間的有機連結。畢竟商事法的歷史必定早於商事法典的制定，商事仲裁制度同樣如此。

第三目　個別商業領域

　　商事法的各論之所以形成，關鍵首先在於商業領域中的各種企業都能夠依據自身所屬的商業行爲，建立獨特且自主的次級領域；其次則是因應前述獨特且自主的商業領域所形成的特定機構，以代表並賦予這類商業事務更大的影響力。不論是商業的次級領域，或者更具專業性的商業機構，都必須由商業自身所創設。然而，不論是多麼多元的次級領域或者多麼專業的商業機構，它們共同需要的則是一套穩定且有效率的法秩序，爲了這個目的所創設的法令，我們稱爲商事法的各論。

一、商業型態

商業型態的概念專指區分商業的次級領域及其獨特的商業行為，區分的標準則依據商業活動中的勞動類型。這些勞動類型等同於商業的各種功能，進而形成各自獨立的企業，上述分析也構成商事法各論的法制原則。這個法制原則包括特定民事法律的修正適用，特別是那些促使企業具有獨立商業功能的法律條文，這些商業功能的經濟特質，尤其應該被視為商事法各論的立法元素。上述獨特的商業行為可以區分為代理買賣行為（das Commissionsgeschaeft）的貿易商；承攬貨運業務（das Speditionsgeschaeft）的運送承包商；以及負責交通運輸（das Frachtgeschaeft）的運輸業。商品與貨物在不同經濟主體之間的移動，必定依賴這三種商業行為及其三種勞動行為，它們的法律制度也必定成為商業持續發展的條件，因此也成為商業行政的核心法制，再構成商事法典的內容。

相關的文獻主要集中在商事法典的條文解釋，屬於法釋義學的觀點。更全面的觀點當然是國民經濟的理論。

二、商業機構

特殊商業機構（die Handelsanstalten）的產生完全是因應商業交易的需求，機構型態的多元才足以展現商業本身對於市場秩序的規範作用。這些多元機構所呈現的多元市場秩序必然需要更穩定、更具客觀拘束力的規範作用，以維護商業發展的自主運作環境。因此而產生諸多商業機構型態，它們所具有的價值、規範能力與影響程度，又會依據自身所處商業領域的規模與自主發展程度而有差異。

三、集中交易

集中交易（die Boerse）的機制建構出最典型的商業行為。集中交易所也就成為商業交易的市場所在。依據前述商業組織的型態，只有股份有限公司的組織型態具有集中交易的法律能力（boersefaehig）。集中交易的商業行為本質上與其他任何商業行為都相同，但是集中交易所卻有專屬的特定功能，首先，它必須建立某種市場價格（ein Marktpreis），以取代個別商業行為透過個別契約關係所形成的契約價格（der Vertragpreis）；其次，它必須確立專屬集中交易的給付義務（die Erfuellungspflicht），否則就必定依賴個別發生的契約

關係自行約定。對於集中交易機制，這兩點之所以重要，就在於它構成股票、證券、期貨等金融交易法制（das Boesenrecht）的核心。依其規範，在某個特定時間點，前述的市場價格就轉換成交易價格（Cours），並且由法律規定集中交易的履行期間（Lieferzeit）。這套法令的執行，屬於金融交易委員會的權責（der Boersenkammer），通常屬於政府設立的公權力機關，它並負責審議金融交易的爭議事項。前述金融集中交易的法秩序，不論交易標的為資金或期貨，都屬於法律保留範圍，當然，資金或期貨這兩項交易標的之間的差異，必然造成履行期間與形式的不同。

　　金融交易法必定屬於商事法的一部分，然而它們卻不一定在同一個法體系中，德國商事法典也只有提到這個概念，卻未詳細規定；義大利最早進行金融集中交易制度，一直到十八世紀才在商事法典中以獨立章節規範；奧地利於1854年制定資金金融集中交易法，1860年制定期貨集中交易法。

四、金融經紀人

　　金融經紀人（die Makler）屬於前述商業機構的一環，它的制度目的在於透過經紀人的中介功能，確保商業行為在交易標的、價格與履約等契約關係能夠客觀確定，再透過經紀人商業登錄事項的法定證據能力，排除商業行為的不確定性。這項中介功能源自於商業行為的特質，因此經紀人的任命必定透過集中交易制度的公權力機構：金融交易委員會或者商業委員會，在政府監督之下進行，經紀人的職業資格及其執行業務的法律責任均屬法律保留範圍。因此經紀人的法制通常屬於金融集中交易法制的一部分，原則上也屬於商事法體系。關於經紀人的任用條件、履約責任、登錄事項及其證據能力均屬於法律規定的範疇，依據不同的商業領域，如資金、票據、期貨等交易行為會有差異，商業的自由特性也會為經紀人創設經紀人職業公會的自治團體，它的主要目的則是監督經紀人執業行為的合法性與正當性。

五、商展與市集

　　隨著商業制度的高度發展與商業組織的有效分工，傳統定期舉辦的商業展覽與地方市集（Messen und Markte），除了少數例外情形，大多失去固有的意義。這些例外情形如定期舉辦的大型書展，對於出版業還是具有相當的商業意義，或者傳統上依然活躍的週末市集，就完全屬於地方自治事務。針對這些商

業機構及其商業活動，政府的任務就在於明確規範日期與期間，執行機關則屬縣市地方自治團體的自治權責。這個領域完全屬於商業自由的範疇，行政權不宜過度介入。

六、大型市場

針對地區性的經濟活動，或者城市地區的民生物資集散，大型市場（Markthalle）有其必要，城市愈大愈有必要設置大型市場。這類商業機構當然是屬於自治行政的範圍。

七、登門銷售

在十八世紀對於登門銷售（Hausirhandel）的商業機制還有諸多質疑，部分堪稱合理，目前則屬於特許制的手工業營業型態，為了保障不特定消費者的權益，而有營業管理的法令規範。監督與主管機關通常為縣市自治團體。

第七節　智慧財產行政

第一款　基本概念與原則：精神創作的財產價值

人的精神生活原本是個自我存在的世界，它有自己的運作法則與目的，完全與現實世界分離，可以不受現實世界所左右。當然這個區分只是一種形式與概念上的認知。所有的存在與現象，尤其是經濟活動，都充滿了精神作用，以及相對的勞動類型，也由精神及其勞動賦予所有的存在現象該有的獨特性。文明的程度愈高，我們愈能清楚知道，精神及其勞動正是經濟持續發展的最重要關鍵。基於這項認知，我們因此主張，促進精神生活及其作用，同樣屬於經濟行政的任務。所以，問題不在於經濟行政對於這項原本屬於教育制度的精神層面到底能做什麼，反而是行政能夠採取什麼積極作為，以結合**精神創作**與**經濟價值**，甚至以精神創作建立自主的經濟價值。

要回答這個問題，我們還是依據經濟行政的特性，區分總論與各論兩個部分。行政權針對智慧財產領域（der geistige Erwerb）所能採取的總體作為，我們稱為經濟目的的職業教育（die wirtschaftliche Berufsbildung）。這類教育體系在目的上屬於國民經濟的一環，在教學內涵與方式上，則屬於教育行政的領

域，兼具兩個領域的特性。

　　各論的部分，則涵蓋不同種類精神創作的智慧財產，各依其特定的精神勞動類型，透過勞動成果的產出，獲得特定的經濟收入。這裡包括兩種智慧財產類型：具有經濟價值的**藝術作品與科技發明**。這兩者對於整體發展的高度意義毋庸置疑，然而它們都屬於精神上的自由創作，行政權當然不可能直接參與，只能為它們創設必要的發展條件，使其持續自由創作。這些必要的發展條件具有雙重性質。首先，它們是純粹的精神作用，個體的精神作用有賴創造能力的發揮，每個個體都必須自主發現這份創造能力。這個層面不是行政的功能所在；其次，這些必要條件具有經濟特性。任何的精神勞動型態，除了精神作用與精神價值，還具有經濟價值，正因為這個經濟價值，才促使精神勞動產出勞動成果。前述經濟價值是否真實存在，又具有何種規模，並非行政的任務。然而，只要這個價值存在，那麼為這個價值創設權利保障的機制，就必定成為每個勤奮的個人樂意進行這項精神勞動的必要條件。此處的權利保障機制，就如同其他類似的權利，通常都先依據民法中的權利規範。然而，民法直到1870年代都還未承認上述價值具有所有權或物權保護對象的法律地位，即使具有這樣的法律地位，但是在很多情況下都很難證明這項價值，或者必須是花費不成比例的鑑定費用，使得上述經濟價值即使存在，也可能損益相抵之後所剩無幾。在這個問題上，行政權得以公共利益的立場介入，而且它的原則就相當清楚。首先，它必須承認精神創作的勞動成果具有獨立存在的經濟價值；其次，它必須將這項經濟價值轉換成具體、特定、得以證明存在的標的物，並且得以司法途徑主張權利救濟。因此，智慧財產的行政法制實質上就是，透過創設規範與整合規範的方式，將精神創作的經濟價值轉換成所有權與物權的保護標的，就像抵押權的功能，實質上就等於將某種財貨的價值設定為類似所有權權能的準物權效力，只不過智慧財產的行政法制是以行政法令規範權利的項目與範圍。這些行政法令提供兩類智慧財產權利：精神創作類的著作權（literarisches Eigentum）；科技發明類的專利權（Patenrecht）、圖樣權（Musterschutz）與商標權（Markenrecht）。

　　在法學領域，如果我們不站在所有權的觀點，將智慧財產的運用與價值視為一種單獨的私有財產，使得它們有能力成為所有權與物權保障的標的，就不可能建立一個合理又具公信力的法律制度。而且，除了私有財產的觀點，其他

的論述方式也不可能得出清楚完整的結論。目前的文獻大多將智慧財產領域的文字創作與科技發明分別處理，完全忽視兩者的內在連結。因此，可以說出發點就已經不正確，即使在國家學體系相關著作也不例外，以下的分析就著重在最基礎的說明。

第二款　著作權與複製權

如果我們不依據所有權與物權的概念與本質，就不可能建立著作權的概念與本質。一般而言，任何的精神創作本身，就精神性與創作性而言，都不可能成為私有財產，因為它們不屬於任何標的物的概念。然而，精神創作的表現方式卻使得它們成為某種標的物。這種表現方式例如手稿、圖畫等。既然它們是一種標的物，就應該具有標的物的各種要素，因此它們得以被占有，例如手稿；得以某種目的而被使用或被運用，例如排版、印刷、閱讀等，因此具有某種價值，得以酬金（Honorar）的形式進行交易，得以繼承並適用消滅時效的規定，它們得以成為交易的對象，成為契約的標的。因此，精神創作得以成為一種所有權與物權性質的私有財產。

同時，精神創作也是一種財貨（ein Gut）。它不僅是以想像力為原料，透過精神勞動進行生產，例如創作過程，同樣也以想像力為基礎，透過精神勞動進行消費，它之所以具有某種經濟價值，得以成為經濟所得的基礎，原因就在於酬金等同於產品的價格，酬金的交易使得產品得以成為後續勞動行為的對象。上述的分析如果成為共識，就得以順利進行以下論述。

依據上述分析，我們得以推論，具有這樣的經濟價值對於精神創作而言，就成為它是否能夠獨立存在的絕對條件，其他的經濟財貨也是如此。如果精神創作的成果對於任何相對人原本毫無價值可言，就不可能在不獲得價值的情形下，創造出某種普世都認同的價值，這是一種絕對的矛盾，不會成立。但是，隨著機器印刷的生產行為問世之後，關係就完全轉變。機器印刷依據上述價值的法則是會毀滅產品的價值，亦即精神創作的著作，因為它快速增加產品的數量規模，以致於產品價值逐漸消失在機器生產的成本關係中。對於一個已經完成交易的精神創作而言，如果面對的是毫無限制的機器印刷權利，絕對違反任何財貨的本質，也是一種絕對的矛盾，因為它將精神上具有高度價值的產

品轉變成經濟上毫無價值的產品，並且完全剝奪精神創作的財貨特性。在這種情形下，透過精神創作產生經濟財貨的可能性就完全消失。如果精神創作對於整體生活是個不可或缺的要素，對於經濟生活尤其重要的話，那麼行政的任務就在於，積極保障精神創作的經濟價值，特別是精神創作過程中絕對需要的物質條件。

行政的具體作為就必須在客觀上建立使用上述價值的法律關係，亦即以法律明文規範，取得標的物的同時，是否同時享有不受限制的使用權利，尤其使用權利是否包括機器印刷的行為。然而，依據前述的說明，如果我們承認精神創作具有相當的經濟財貨特性，就不可能發生無限複製著作的情形。精神創作的所有權必定配合著有限的使用權，這種共生關係也必定成為精神創作具有經濟特性的必然結果。這個必然結果的法律語言就構成下列的法制原則：任何精神創作的機器複製權利都是一種單獨成立的權利，取得精神創作的產品（著作），並不等於取得複製權利，這個權利必須被普遍認定屬於交易行為與契約關係中的單獨標的。因此，關於精神創作的機器複製成為一種單獨成立的權利，我們稱之為著作權（das literarische Eigentum）。

基於上述說明，這個著作權具有三種內涵：首先，關於機器複製的權利應該適用繼承權的相關制度，基本原則在於，隨著著作人的死亡，產品繼續創作的可能性便消失，所以產品價值的經濟特性更無所依附，產品價值與其附隨的權利也就一併終止，因此在著作人死亡一定期間之後，機器複製便完全自由；其次，在出版契約中得以約定機器複製的數量，如果數量未明訂，依據出版印刷的作業流程，就以第一版為限；第三，違法使用他人著作權者，包括作者或出版者的著作權，不僅侵犯他人權利，同時也屬於刑法課責對象。

以上就是著作權的分析，它的本質其實很簡單，前提必須普遍承認精神創作的價值（der werth），等同於交易行為中一種單獨存在的財貨（das Gut）。如果建立上述的共識，那麼理論的建立就能有明確的方向。著作權屬於民法體系，適用繼承權、物權與契約法制，違法複製、盜版則屬刑法範疇，關於著作權的舉證責任與方式，為此目的而設立的法規範與登錄管理機構，以及在國際智慧財產交易行為中，如何以契約或國際條約保障著作權，則屬行政法體系中的智慧財產行政。

關於著作權的文獻已經相當豐富與全面，與其著重分析這些大量文獻，

更重要的是掌握著作權概念的歷史發展過程。這個部分涉及事務本質的探討，任何時代都不會忽略它的重要性。另一方面，在傳統習慣法的適用上，還是難以將私有制與所有權應用在抽象的價值上，這個問題一直到十九世紀才逐漸具有共識。我們將這個發展過程區分成三個階段：第一個階段是以特許制的方式對抗違法複製，在這個階段，精神創作的繼承權與交易法制都還不是完整的法律制度。最早的著作印刷特許出現在1491年6月3日義大利威尼斯，1495年在米蘭，1501年在德意志紐倫堡。法國最早的特許出現在1507年，英國則在1518年。第二個階段就必須處理著作複製的合法問題，進一步建立複製的法制。這個階段才真正開始認識著作權的本質，1738年有言論認為複製行為是一種對物的使用竊盜行為（furtum usus），相對的概念是對物本身的竊盜行為（furtum possessionis），也有人反對著作權適用所有權的概念。1827年普魯士制定第一部著作權立法，禁止非法機器複製，並且在各諸侯國之間簽訂條約，但是隨後82家書商聯名請願，於是另外發布聯邦命令，規定每一位著作人得以自行決定是否在其他諸侯國主張著作權的保護。1840年代後，著作權開始成為國家法的內容。在這個基礎上，進一步適度修訂出版契約的法定內容。出版契約接著成為商事法的內容。第三個階段，著作權的概念與制度已經完整，只有在定位與內涵仍未具共識。

第三款　發明權的概念與原則

如果我們依據以上的分析能夠確立著作權的本質與法制，就能夠同樣掌握發明權。所謂的發明，在本質上就是一種獨立創作與獨立思考，並且具有經濟上的使用價值。發明之所以成為標的物的形式，就在於具備某種圖案樣本的布局模式，這個基本模式亦得成為交易的對象。對於發明所具有的財貨特性，同樣不能欠缺下列條件，那就是複製的權利，得以無限使用圖案樣本布局模式的權利，並且不必然隨著標的物的交付而自動取得，它始終是另一個單獨交易行為的標的物。在這裡也適用同樣的法律原則，發明行為具有經濟價值的原因在於，發明的後續應用行為必須成為勞動行為的一種條件。行政的功能就在於制定特殊的法令與措施，以補充民法物權與所有權的不足，或者鬆綁民法的規定。所有相關的基本原則構成發明權的內容（das Recht der Erfindung）。

　　如果我們站在上述的立場，就可以清楚的判斷這個問題：發行權的保障是否因爲它實際上必須產生某種實益，才值得創設這樣的法律制度？這個觀點基本上是錯誤的，因爲發明權並不是帶有特定目的的手段，它只是一種特殊型態的物權與所有權，所有行政的法令與措施，不管名稱是獨占權、專利權或者其他任何概念，都不會創設這樣的權利，行政規範的目的只在於將相關法令設計成發明行爲的前提要件。只有在這層意義下，發明權才具有目的性，也才眞正屬於行政理論的內涵。

　　如果對上述發明權保障的目的具有共識，那麼行政的功能就很明確。它原則上應該專注在發明權的舉證問題，而不是如何創設這個權利。舉證問題涉及三個面向：首先它必須處理發明權的存在形式，其次則必須提供證明方式，最後則必須推廣發明權的適用，減輕可能的制度障礙。這三個面向分別應用在三種發明的型態，就構成發明權的體系，分別是專利權（Patentrecht）、圖樣權（Musterrecht）與商標權（Markenrecht），三種權利出現在保障發明行爲的國際條約，就形成發明權的國際法。

　　三種發明權的權利型態，它們彼此的關係同時構成自身歷史發展的基礎。其中專利權是最早出現的保障問題，基於專利權的特性，所以發明權的保障，通常由國家公權力爲了整體經濟發展的利益，給予特別優惠的保障措施，相對的，圖樣權與商標權則在出現時就被歸類於民法範疇。正由於欠缺行政法的清楚認識，使得發明權的體系尙未形成一個完整的結果。我們相當確信，發明權如果要獲致清楚的體系結構，前提必定在於民法與行政法明確區分成各自獨立功能的法領域。

第一目　專利權

　　專利權的概念，包括所有的基本原則與法令規範，用以確認與實現單一發明行爲的權利型態。

　　促成發明具有價值的首要條件，必定在於確認發明的事實，以及這個發明帶來創新的使用價值。爲了達到保障專利權的目的，確認發明事實的公權力作用，與其依一般法定程序向法院提出聲請，還不如透過行政機關執行。其方式則是設立某種專利委員會的組織，並得自訂申請專利程序。完成申請程序，代

表以公開透明的機制取得發明權。同時，發明人對於發明事實也取得機密保護的權利。專利委員會既然有權力審查，也有權力宣告該項申請不具創新性。但是，儘管設立上述行政機制，並不代表發明權唯有透過專利委員會的認證才成立，任何人原本就應該享有的權利救濟，得以在法院訴訟程序中舉證證明自己是首位發明人，發明中具有獨特創新之處，擅自使用該項發明者，必須依據一般法律原則返還使用該項發明所產生的利益。立法者通常依據保障權利的手段與目的考量，基於公共利益的理由，原則上必須禁止模仿發明的行為，甚至規定刑罰的配套機制。在這樣的立法模式下，立法者同樣基於保障權利的手段與目的關係，也有權力明確規定禁止模仿發明的期間限制，畢竟請求制定法律的創制權與保障物權都屬於永遠存在的兩種權利，如何制定法律，有待立法者裁量。當然在這個過程中，專利委員會必須要有審查的權力，而且在手段與目的的考量下，應該加入公開透明的審查機制。我們也要充分認知到，上述專利權保障及其程序事項，相對於發明權本身都只是次要的。關於發明權，真正的困難反而在於私法與公法不同功能的區隔，在這方面法國制度頗值得參考，專利在該國向來就被視為一種基於經濟發展而產生的權利。至於其他歐洲國家的立法也都趨向一致，針對發明權的保障，國家權力介入的重點在於保障的手段與目的關係如何設定，而不在於權利本身的問題。

　　英國在1623年就已經承認專利權；美國國會則在1787年受理人民請願制定發明權的保障法案，1793年通過法案；法國則在1787年開始討論立法，1791年通過法案，該法雖承認發明人為發明物的所有權人，並視同財產權受保護，但是引起強烈的反對意見。

第二目　圖樣權與商標權

　　如果說發明權的意義在於具有某種特定的使用價值，那麼圖樣與商標的使用價值就建立在特定企業為其整體商品所擴張的抽象價值。圖樣與商標使得產品能夠具有獨特性，商標的價值就等同於產品獨特性所內含的價值，這個價值本身雖然無從計量，但是在實際交易行為中卻可以表現在單項商品較高的銷售價格，或者確保產品銷路與銷售的穩定成長。圖樣與商標的基本原則在於，除非特別成立契約，否則其他企業即使取得專利使用權利，卻不等於取得產品

圖樣與商標的機器複製權利。相關的法律規定與行政措施同樣不會創設這個權利，而只是在保障它，保障的範圍就稱爲圖樣權與商標權。權利的執行則屬於行政法，權利的基礎則在財產法。行政法制的原則必須確保權利的實現過程簡單明確。具體的作法，一方面透過官方的登錄與發給證書，另一方面針對故意不法模仿與冒用行爲的刑事追訴，以確保權利人使用商標權所獲得的產品銷售利益。

第三篇
社會生活的內務行政

社會生活的概念

共同生活的第三大領域，亦即內務行政的第三大領域，就是我們所稱的社會（die Gesellschaft）。在這個領域，行政理論並不像前兩大領域都有既成的概念可以直接應用。如果要在這個層面的生活領域進行行政管理，行政理論就必須自行創設所要面對的特定範圍。即便要在這個社會生活領域建立行政理論，也必須先具備兩個認知的前提，否則根本無處著手，也會無以為繼。這兩個前提為：首先對這個領域的基本架構及其要素已經建立相當程度的認識，所欠缺的只是有機串聯的整體論述；其次則是社會生活的基本運作原則已經確立，不待行政理論另行確立。有了這兩個前提，才可能將社會生活納入獨立的行政領域，並且進一步在社會生活中落實行政的基本原則。

社會理論的基本架構

社會的概念

社會的最簡單基礎就是人類共同生活體的概念，在這個共同生活體的整體概念中，所有的個人都具有相同的自由權利，以及相互平等的人格。

社會就是基於人的共同生活體發展而成，在這個發展過程中，透過人際之間個人財富、經濟資源與精神資源的自然分配過程，必定會產生某種差異性（eine Verschiedenheit）。這個差異性會形成所有外部生活的差異，它首先表現在能力的不同，接著表現在意念與行為的不同，然後是所有需求的不同，最終則構成人際之間及其人格內涵的差異。差異性一方面表現在較高的社會地位（die Stellung），這代表著個人從較低到較高的發展過程，社會地位如果作為工具，進一步助人或害人，則呈現差異性的另一個面向，也就是社會影響力（die Geltung）。社會地位與社會影響力如果達到公認的程度，就等同於榮譽（die Ehre）與權力（die Macht）的概念。所以我們可以初步確認，透過人的差異性，必定會在整體生活關係中產生相對的榮譽與權力的差異性。

這個差異性不僅僅只是客觀的事實，而且它還是人類生活最大的有機原則。因為，基於差異性，下層才會努力達到他人所擁有的上層發展，同時上層

最大的滿足則源自於對下層的付出，這種上下的互動關係，使得所有的上下差異現象，得以產生生動有力的精神層次生活。因為，社會層面的生活首重上層與下層的有機互動，絕對的平等其實就等於死亡。所以從來不存在絕對平等的人類生活，不可能有這種現象，也不會由誰創造這種現象。

　　如果以上論述正確，那麼差異性必定會成為人類存在的特質，並且涵蓋整個的生活關係。差異性會成為自主的力量，它會成為一種認知，具有意志力，再發展出相應的外在結構。由於差異性的內涵就是內在於人格本質，也由於差異性所包括的上下與變動構成所有發展的絕對要素，所以這個自主力量不會淪為單純的偶然或者恣意行為，它會是一種創造生活的不可逆的力量。這個過程之所以能夠發生，必定是差異性與人的生活要素相互結合。生活關係中包括人自身的要素、精神層面的要素，以及經濟物質的要素等三種。由此而產生三種基本的生活形式，同時也是人類基於差異性所產生的三種共同生活作用，過去如此，未來亦復如是。第一種作用是基於個人身家、血緣要素所形成的生活秩序，也就是家庭的組織型態以涵蓋人的全部生活，我們稱之為宗族社會（die Geschlechterordnung）；第二種作用則是基於純粹精神要素所衍生的精神勞動與行為方式，以涵蓋人的全部生活，我們稱之為職業（der Beruf），基於職業的生活秩序，會在外部人際關係上產生某種職業階層（der Stand），在這個基礎上所形成的生活秩序，我們稱之為階層社會（die Standesordnung）；第三種作用則是基於自由競爭財富，以形塑人的全部發展與差異性，包括前述的兩種生活秩序，隨著財富的消長而改變榮譽或權力的差異性，也由於自由的勞動關係主宰著這個時代每個個人的生活秩序，所以我們稱之為自由的秩序，如果強調其中的自由權利，也可以稱之為市民社會（die staatsbuergerliche Ordnung）。以上就是構成人類整體生活的三種基本生活秩序，當然它們彼此之間都處在一種發展的狀態，而且任何時候都是混合著三種基本的生活關係，同樣的道理，前述三種要素也都不是單獨依附於個人的人格之上，它們通常是同時存在，也同時對人格發生影響，所以在每一個發展狀態，都會同時呈現三種要素的核心作用。在宗族秩序之中，會存在階層秩序與市民社會，在市民社會之中，也會存在另兩種生活秩序，完全單一的社會秩序，過去未曾存在，未來也不會出現。這不僅僅是自然的事實，而且也是高度發展的象徵，如果我們深入觀察，會發現任何一種社會秩序，都有其特定的倫理功能。宗族社會將特定的

家世榮譽提升為所有社會成員都樂於尊敬的正派象徵；職業階層社會創造出精神勞動的高度意義與進步象徵；市民社會則代表著個人以其自身的努力與勇氣，以對抗與改變差異性對個人的箝制，以及差異性對人類生活的既定影響。它們共同發生作用，共同構成一個有機運作法則，沒有一種秩序足以完全取代另一種秩序，更不可能完全排擠其他。這三種社會秩序彼此之間強力而且全面的交互作用，就構成一幅人類生活的圖像，這三種社會秩序所呈現出的基本原則、價值認知、組織結構與交互作用，也就構成社會的概念。以學術的方法認知社會的基本概念與運作法則，就是社會的學術，所呈現出的成果就是社會理論（die Gesellschaftslehre）。

本書認為社會是一個高度不確定的概念，最簡單掌握社會概念的方式，便是依其形成的歷史過程進行分析。首先，社會概念最初源自於法國文化中的社群概念（societas），以及自然法文化中的法規範概念（Jus naturae），它代表著「人類共同生活體」的意義，其中最重要的特徵便是差異性的存在；其次的發展則由共產主義與社會主義所主張，認為前述的差異性必定會從有產者與無產者的差異，進一步形成資產階級與無產階級的差異，再形成階級的對立，而這種階級對立是無法藉由國民經濟或者憲政法制完整分析與緩解對立，這個時期人們才開始理解財富概念所具有的倫理意義[1]；第三個階段開始理解到，社會的內容不只是單純的資產階級與無產階級的矛盾對立，這些不過是社會生活的一個部分，這個完整的社會及其變動將構成人類歷史的內容，接著出現的則是對社會概念進行全面且有機的理解方式[2]。

社會的法律制度

上述三種社會的要素及其構成的三種社會秩序雖然得以個別分析與認識，然而社會的整體只有透過自身所形成的法律體系才具有客觀的實在性。

社會自身之所以會形成法律體系，它的基礎在於：產生差異性的原因，

---

[1] 財富的倫理意義指的是財富具有規模與種類的特性，規模形成大中小的差異，進而出現上中下層的社會階級差異；種類則形成土地財、精神財、生產財的差異，進而出現宗族社會、階層社會、市民社會的社會類型差異；透過社會階級與社會類型的交互作用，構成完整的社會秩序概念。

[2] 史坦恩的社會理論可參閱史坦恩著，張道義譯注，國家學體系：社會理論，民國97年11月，聯經出版事業股份有限公司。

亦即精神資源與經濟資源及其交互效果會成爲法規範保障的對象；除此之外，差異性所造成的差異分配後果，同樣會轉換成法規範的內容。由於每一個個體都擁有某種特定的資源，所以當他接受這個保障自身資源的法律體系，同時也承認了這個法律體系所保障的分配後果，也就是他自己的社會地位；在保障自身資源法規範的基礎上，他就會進一步應用並且擁護鞏固自身社會地位的法規範，由於社會地位及其附隨的好處具有更大的利益，所以他必定會爲了社會地位的利益，而更加擁護社會的法規範。在這過程中，就形成了法制建構的基礎，亦即所有法規範都保障特定的資源，同時都帶有社會支配的建構因素，因而所有的法律體系，事實上就是透過社會秩序所主導與建立的法秩序，在這種情形下，抽象的法律永遠不會基於自身的文字形式就成爲有拘束力的行爲規範，每一個有拘束力的法規範通常都是本質上抽象、平等的人格彼此之間透過利益交互作用，再逐漸形成具有差異社會資源（差異社會人格）的變動結果。因而我們認爲，法哲學（die Rechtsphilosophie）的功能主要探討法學的本質，法學的本質則是基於人格哲學而來；法律學（die Rechtswissenschaft）的功能則等同於現實存在的法律，主要呈現出法學與經濟生活、社會生活的互動關係。在這個認知基礎上，我們將進入下一個領域。

　　我們同時也很清楚，上述抽象的法哲學與社會層面的法律學，在實際運作時是無從區分的，以致於難以清楚區分出社會層面的法規範，更難以針對社會的法律制度進行詳盡的分析與論述。如果要進行清楚的分析，必須是個前述個別的社會要素，例如宗族社會、階層社會、市民社會或者個別的社會階級與社會類型等，不再以其個別力量制定出獨厚自身利益的法制，而是整體社會秩序有意識、有目的的介入並且形塑成整個法秩序。這種情形之所以發生，必須是這些社會秩序確實掌握國家的立法力量。透過財富與社會地位所形成的利益作用，驅使這些社會要素無所不用其極的掌控國家的立法力量。然而，能夠做到這個程度的只有上層階級。因此，我們可以推論出一個國家生活的有機法則：三種社會秩序的上層階級都會掌控國家權力，並且利用國家權力，將所有符合自身利益的法規範都轉換成一體適用、具有普遍效力的法規範。如果這個推論成爲事實，就會出現由社會利益所主導的立法與行政（die gesellschaftliche Gesetzgebung und Verwaltung）。形成這個國家生活有機法則的原因在於，任何實際上存在的國家，雖然在抽象要素分析上，均源自於平等的人格本質，但是國

家實際上所呈現的個體性與特殊性，則往往源自於主流社會秩序的支配作用，社會秩序的支配力量必定會將符合自身利益的法規範，透過立法與司法機制，轉換成普遍適用的法規範，因此而呈現出社會秩序與現行法秩序的相互一致。在這種情形下，我們認為所有的憲政與行政都具有濃厚的社會性格，而所有現行有效的憲法與行政法也必須依據相應的社會秩序與利益作用進行理解，方得以全盤掌握憲政與行政的意義，因為任何實證法制都是依據社會要素所建構。基於上述理由，我們得以歸納這個普遍存在的事實，亦即現行有效的民法典也都是抽象法哲學的社會結構化與社會秩序化的結果，所有成文民事法律的制定或修訂，通常都標示著重大社會變動的結果，只是藉由成文的民法典標示它的里程碑。在這個觀點上，會對法律生活產生另一種全新的理解，但我們在此不打算繼續深入[3]。綜合以上的分析，這種社會化的法制建構通常都與支配階級的財富與社會地位，以及支配階級與被支配階級的互動密切相關，並且必定會將社會支配所內含的經濟資源與精神資源的優勢，以及它們的不可侵犯性，一併轉換成為實證法的原則，透過上述方式自主形成的社會秩序及其法制，我們稱之為社會的法律制度（das Gesellschaftsrecht）。

我們在此同時也指出一個社會生活行政管理的領域。為了更清楚論述這個社會層面的行政領域，必須先掌握社會歷史演進的基本原則，以及社會歷史與國家政治的連動關係。

本書認為，到十九世紀末葉的社會理論之所以未曾出現完整的體系，原因就在於未曾深入探討社會與國家的關係，而且也忽略社會力量對於國家法律建構的關鍵性影響。兩份對於社會與國家作過深入分析的文獻：史坦恩的《法國社會變動史》，以及格奈斯特的《英國憲法與行政法》[4]。德國法學界目前還欠缺社會歷史與國家政治的整體認識。

社會歷史變動的兩大原則

綜上所述，社會的歷史發展及其矛盾對立，將會是所有民族內部、甚至整

---

[3] 史坦恩此處分析法律與社會的關係，強調法律的社會意義，詳細論述請參閱前揭書頁60以下：實證法秩序及其社會意義，以及頁211以下：法秩序是社會建構的最後階段。

[4] Gneist, Englisches Verfassungs- und Verwaltungsrecht; Lorenz von Stein, Die Geschichte der sozialen Bewegung in Frankreich, Bd. 3.

個世界內部歷史的真實內涵。因而我們有必要更進一步確定其兩大原則，因為這兩大原則主導著整個世界歷史的變動法則。

　　第一個原則是市民社會必定逐步超越宗族秩序與階層秩序。因為只有市民社會建構在邁向未來的核心要素之上，那就是每個人以自身勞動創造榮譽與權力於一身的人格自主性。當然，市民社會不會毀滅或者取代前階段的兩種社會秩序，反而吸收與改造這兩者，只有能夠以自身力量創造並且實踐市民社會的民族，才是永續的民族。所有其他民族，必定會消失在歷史中。因為只有生產財有可能賦予市民社會必需的物質基礎，而物質基礎又創造並維持人格自主的自由，因而民族歷史能夠發展到這種關鍵時刻，也就是國民經濟與社會歷史的合流時刻，前述爭取以自身勞動進行自由營利的歷史過程，其實也就是市民社會對抗另外兩種社會秩序的歷史過程。最後，由於每一種社會秩序都會形塑自己的憲政、行政以及民事法規範，因而得以推論上述的關鍵時刻也等於法制史的重要時刻，它代表著市民社會的法秩序超越宗族社會與階層社會的法秩序。到了市民社會的發展階段，就已經完全融合了前階段的各種要素，並且在豐富多元的生活之中創造出屬於自身的有機整體。

　　第二個原則與第一個原則平行發展，但第二個原則才是真正構成社會生活行政治理及其法制的基礎。

　　每一個社會秩序之中都有它的三個階級：上層、中層與下層階級。階級差異本身是一個有機關係，所有消滅階級差異的努力，都違反生活的法則，因為生活本身只有透過差異性才能夠持續發展。這個階級差異性正足以彰顯每一個人格自由的無限目的，那就是每一個人都有可能透過自己的天賦能力與後天勞動，從低階向上提升到高階，同時他也有可能因為自己的過失責任或者其他自然發展，而從高階向下沉淪到低階。全世界無時無處都在發生這個過程，我們稱之為社會階級流動（die gesellschaftliche Classenbewegung）。在階級流動之中，整體社會秩序不會消失，階級流動也不會只發生在單一社會秩序中。不論是宗族秩序、階層秩序與商業秩序的市民社會都會發生各自的階級流動。但是它不僅僅是一個社會生活的事實，階級流動所彰顯的基本原則，就是人的生活不再永遠限定於偶然加諸己身的社會地位，而是每一個人都能以自身勞動達到社會上層，這個基本原則就是社會自由的原則（die gesellschaftliche Freiheit）。社會自由的意義因而不等於社會平等（die gesellschaftliche Gleichheit）

的意義，過去如此，未來亦是如此，它代表著法律上與事實上的可能性，以使得每一個下層階級成員都能參與向上提升的階級流動。如果這個可能性消失，將會是社會生活的停滯；如果這個可能性的消失導因於上層階級訂定的法規範，將會是社會不自由。因而社會層面對立鬥爭的眞實本質絕不是對抗不平等本身，而是對抗法秩序，因爲這個法秩序剝奪個人勞動的可能性，只有透過勞動，個人才能夠向上提升，成爲上層階級的一份子。在宗族秩序、階層秩序與市民社會的時代，這種對立鬥爭雖然各有不同的結構內涵，但是內在本質則同一，它的原則在於：社會秩序與社會結構的公平良善，往往取決於階級流動的順利與否。依據這個原則，階層秩序因此更優於宗族秩序，而市民社會又優於階層秩序。因爲精神資源與經濟資源的規模並非關鍵，重要的是每一個社會成員都能享有自由且開放的階級流動，才是民族的福祉所在。然而這個社會生活最崇高的原則，卻牴觸上層階級的利益，因爲個人擁有多大規模的資源不是關鍵，關鍵在於人際之間資源與地位的差異性，才眞正決定個人是否滿足，因而利益的作用就在於擴大差異性，如此又再度、反覆出現社會自由的宿敵。以上就是人類生活最深刻的矛盾所在，在這最矛盾的深處，正顯現出國家以其擬人化的最高本質介入社會生活的最必要性，基於這個論點，以及上述社會生活本質密切相關的最適當國家功能，也就構成社會生活行政治理的基本原則與內涵。

社會生活的行政治理

基本原則

綜上所述，可以得出兩個基本原則，以涵蓋國家行爲與社會變動之間的關係。首先必須確認的是，國家既不能塑造社會，更不可能以其公權力領導社會秩序。所有的社會秩序都具有自我完成的特徵，就如同國民經濟的秩序與型態，它們都依循自己發展的法則，如果要直接影響社會結構，或者主導經濟秩序的價值與價格法則，是完全令人無法理解的。接著必須要問的是，國家在這個領域的作用何在？

要分析這個問題的答案其實也不難，只要我們緊扣住社會發展的概念，

以及社會發展密切相關的階級向上流動的概念。依據前述概念即可推導出國家既不能、也不應該自行創造這些發展與變動，因爲任何的發展與變動都必須由個體自行發動與自力完成，然而國家卻應該創設前述發展與變動的各項條件，而且是個人在現行社會秩序之中，無法透過己力自行創設的條件，以促使低階向高階流動的可能。在前述個人人格自主原則的要求下，國家行爲的起點，應該在於個人依其能力與本質無從實踐上述發展與變動的目的，在這個起點上，才是國家行爲的著力點。因爲國家依其統合所有人格的整體概念，應該代表所有人民利益的最極致和諧狀態，依據這個本質，國家人格的勞動能力就在於提升這個精神和諧狀態，如果欠缺這個能力，國家必定走向衰竭。如果國家不能夠實踐它的社會功能，這個社會功能不應該是某個社會利益完全支配另一個社會利益，而是對立社會利益的和諧發展，否則必定就會出現任何形式的原始暴力，以取代國家公權力的地位，導致內戰進而摧毀全體福祉，甚至動搖國家本身的存在。以上就是社會生活行政治理的最基本原則，要知道這個原則的內涵，就必須進一步分析這個原則的體系。

行政治理的體系

綜上所述，社會生活行政治理的體系並不是社會自身的體系，就像前述經濟生活行政治理的體系不等於國民經濟的體系。由於社會之中包含著所有生活要素及其影響力，所以另一點很清楚的是，社會生活必定涵蓋個人的生理發展（leibliche）、精神發展（geistige）與經濟發展（wirtschaftliche）作爲社會自身運作的前提，否則個人不會進入社會生活。然而，對於學術與實務都非常重要的認知，雖然社會要素在生活中無所不在，但是眞正的社會生活行政治理，指的是國家施政應該專注於創造整體社會自由變動的條件[5]。依據這個認知，我們進一步論述社會生活行政治理的體系內涵與組織型態。

社會生活行政治理的體系涵蓋下列三個領域：首先是社會自由（die gesellschaftliche Freiheit），其目的在於透過國家力量以排除社會變動的法規範障礙；其次是針對急難困境，由國家興辦的社會救助（die gesellschaftliche

---

[5] 反而不在於改變或更動這些存在的社會要素，例如宗族、階層與市民社會的變動關係，或者社會階級與社會類型的差異。

Noth），以創造個人自主的物質條件；第三則是社會進步（die gesellschaftli-
che Entwicklung），以達到向上提升的階級流動。每一個領域各有其獨特的次
級體系與功能。

　　上述社會領域的體系與功能，如果依據行政有機體的觀點，將會更加清楚
明確。因為，所有其他行政領域都不如社會治理的行政能夠彰顯國家行動力的
三種組織型態[6]。

　　針對傳統法規範所形成的發展障礙，創造社會自由的相關條件，最適當的
機制在於立法與政府機關；執行社會救助的最適當機制在於地方自治；創造社
會進步相關條件的最適當機制在於人民團體。當然這些機制在各自職權範圍內
都不必然排除其他機關的共同協力，但是這並不妨礙最適功能與特質的判斷。

---

[6]　政府治理、地方自治與人民團體三種組織型態。

第一章

社會自由的行政

第一節　基本概念與原則

　　社會自由的概念之所以是首要與必要，因爲在每一個社會秩序中，上層階級爲追求自身利益，勢必依循社會自身的法則，進一步利用國家權力，制訂維護自身利益並且排除社會下層獲得相同利益的「除外權益」（ein ausschliessliches Recht），以維繫較高社會地位所需的各種條件永遠爲己所有。但是國家依其理念必須消除這些除外權益，並且代之以法律保障所有精神資源與經濟資源的平等取得。一個世界歷史之所以持續發展的關鍵，就在於我們深刻瞭解到，如何透過政府與立法機關，逐漸落實保障自由的法制，以取代傳統宗族與階層秩序所累積的社會獨占與社會排除的現象。這個過程的結果，就是貫徹市民社會的法治原則，亦即以形式平等的法治取代前兩個發展階段的特權現象（Privilegien und Vorrechte）。但是這並不代表、也不應該要消滅宗族秩序與階層秩序，因爲它們都將成爲社會有機要素的一部分。然而它們畢竟以其中古世紀的特殊結構進入市民社會，再者，其上層階級也仍然會以其支配地位轉換成法律制度與政治權力的優勢，所以市民社會的國家仍然必須正視這些結構因素，以確保社會流動，這些事項就構成社會自由的內涵與功能。我們以下進一步細分三種型態，並提出其相應的行政與立法原則。

　　社會自由的概念涵蓋家庭事務、宗族事務與職業階層等三種生活型態，維繫這三種生活型態的支配原則分析如下：

　　家庭、宗族與職業階層的建立是一個自然的過程，國家既不可能創造，也不可能干涉，更不應該阻撓。它們是社會生活中自在自爲的有機組織，並依其獨特方式發生影響力。所以它們的建立過程，應該是自主且自由的，就像生活在其中的每個個人彼此之間自然形成各自的人際關係。然而它們不應該自訂特別規範，在內部生活範圍內限制成員的自由流動，這種特別規範更不應該具有

外部客觀的法拘束力。透過社會自由原則逐步排除這些特別規範與法制，就構成市民社會時代以行政治理介入社會生活的第一個基本功能。

第二節　家庭與僕役制度

家庭不僅僅是所有成員人格統合的原初形態，同時也是最基本與最自然的社會團體。構成家庭的要素有婚姻、家庭成員與僕役。這些家庭要素構成任何生活與生命的絕對現象與有機關係。因此，家庭之中必定會自行產生也自行創設生活秩序，這個生活秩序也必定反映出家庭要素彼此之間最自然的基本關係。如果這個生活秩序是基於家庭中長輩對晚輩的精神影響與人格形塑，它屬於一種倫理的規範。但是當長輩將其個人意志變成家庭中具有客觀拘束力的規範時，倫理規範就轉變成為法規範的要素。這種情形下，家庭就變成一種不自由（unfrei），這是家庭生活的第一個部分。隨著文明的進步，開始出現對抗這種不自由的情形，它的結果則是表現在逐步限制家庭長者支配權力的法制中，以有利於家庭成員的自由發展，這樣就形成親屬法制的發展史。它的發展過程首先是承認家中男子的經濟獨立，以及家中女子的經濟獨立，表現的方式在於財產繼承制度，以及家中長者的遺囑權利，這些制度與權利都將在保障家庭成員獨立自主的名義下，透過應繼分與特留分（das Pflichttheilsrecht）的制度予以限制。到了市民社會的發展階段，則會逐漸提升成為普遍認同法律規範，以限制前述家族長者的自然權力，並且成為民法典的一部分，同時發展的，則是女性自由結婚與離婚的權利，以使女性重獲獨立自主的地位。這樣的發展過程同時也形成法制史的內容，而且這個過程只有透過上述社會要素的分析，最能掌握其脈絡。以上便是本文所稱的「市民行政法」（das buergerliche Verwaltungsrecht）的部分內容，這還有待特別整理。

家庭生活的第二個部分則是僕役制度（das Gesindewesen）。這個制度專指家庭事務所僱用的人力，他們的地位屬於一種不確定的依賴關係，而他們的權利義務，一方面必須服從家規，另一方面與家庭之間又屬於不確定內容與範圍的歸屬關係。僕役制度通常源自於奴隸，然後演變為不具自由意志的勞務工作，這就是現行通稱的僕役，接著演變到家庭與僕役之間的純粹僱傭關係（das Lohnverhaeltnis）。在這個階段，服從義務完全回歸到純粹的私法契

約。很明顯的，純粹契約關係最符合市民社會的生活秩序，僕役制度變動的關鍵倒不在於家庭與僕役之間歸屬關係的轉變，而在於如何明確訂定服從義務的界限，過去完全缺乏，也迴避明確的規定，所有因此衍生的問題，都是依據家庭與僕役間固有的依賴關係中尋求解決方法。所以市民社會僕役制度的基本原則在於，家長與僕役的倫理關係完全屬於彼此的個人行為，其法律關係則應該屬於契約的自由約定。儘管發展到市民社會的階段，曾經產生諸多弊端，但是卻不可能阻擋上述的發展趨勢，僕役必定會以純勞工的身分取得獨立於家長的法律地位。英國與法國都已經達到市民社會的發展階段，兩個國家之中，都不再出現僕役的概念與相關法制。部分的德意志法律仍然基於歸屬家庭的觀點，規範僕役制度，這當然是錯誤的立法方式，如果這種歸屬關係不再是社會生活的產物，基本上就不應該、也不能夠再以法律強制維持其效力。

德意志僕役法制的基本原則在於家庭與僕役的歸屬關係，依此衍生出服從關係，相對的，家長則具有適當的懲罰權，以及照護僕役疾病的義務，上述的主僕關係一直維持到十八世紀，當時的僕役大多來自下層不自由的家庭，而他們在所屬家庭中的不自由狀態，也只不過是原本宗族社會不自由的翻版。十九世紀開始興起的人格獨立思潮，也對僕役制度產生影響，舊的主僕關係開始鬆動，立法者也開始著手修訂僕役制度，一直到1830年代，僕役制度仍然依據家庭依賴關係的法則，家長具有懲罰權並輔以相對的照護義務，儘管當時私法法律關係已經是個普遍共識，僕役制度已經依據個別契約約定。雖然實際社會生活已經普遍接受契約法律關係，認為僕役應該脫離家庭依賴關係與家長支配全力，但是卻未完全適用到所有的僕役僱傭契約，新的立法通常採行法國制度。十八世紀末、十九世紀初，德意志各地仍然有效施行所謂的僕役規則（Gesindeordnung）。

第三節　宗族法制

第一款　概念與內涵

家庭以外的第二大社會現象，便是宗族血緣關係（das Geschlecht）。宗族制度與宗族法制同時也構成完整歷史不可或缺的重要史實之一。我們目前所處

的階段，仍然可以看到基於宗族關係衍生的生活現象，相關的行政任務，必定還是一個尚未完成的發展過程。因此，我們必須針對宗族的本質，那就是貴族（der Adel）與長子繼承制（das Majorat），區分兩者的差異。

宗族是指歷經數個世代同財共居的家庭，它的精神要素建立在特殊的功績與相應的榮耀。宗族的存在代表家庭中某種力量強大到足以抵抗分家的勢力，而且足以激勵家中成員，為了維護宗族榮耀而貢獻己力。由此可知，基於家庭建立宗族的動力，不僅值得敬重，而且對於整體生活而言，同樣具有高度價值。宗族的建立既然是基於家庭的自然本質，它必定不是立法、也不是行政作用的對象，而是社會生活的自然過程，不論哪種民族與時代都是如此。但是一旦從宗族制度出現貴族現象，就會改變宗族的特質與法制。

貴族之所以出現，是因為宗族透過自身力量長期占有某種公共職位，以彰顯家庭所擁有的榮譽與權力。長期占有某種公共職位必然會進一步擁護與此職位相關的法律制度，透過這種方式逐步取得公職領導地位的整體現象，我們稱之為一種宗族世家（die Geschlechter）；宗族世家藉此謀取支配地位並形成特定的社會秩序，我們稱之為宗族支配（die Geschlechterherrschaft）的社會歷史階段，附屬在宗族支配之下的個別家庭，則構成廣義的貴族概念。至於狹義的貴族，則專指擁有土地並依此地位行使領主支配權益的家庭與宗族世家，這種地位通常透過姓氏中某個家族稱謂的歸屬性（von），表達透過土地為權力基礎的領主支配權益。因而在所有的民族之中，都會形成宗族支配的現象，但是以姓氏歸屬性表彰基於土地的領主支配地位，通常只發生在日耳曼民族。

基於上述宗族本質自然形成的生活現象，在特殊利益作用下會進一步創造有利的社會制度，以使得特定宗族享有參與國家公權力的除外、而且獨占的條件。依據這個發展過程，就會從宗族與貴族的自然事實，再衍生出專屬的特權（das Vorrecht）。與這些特權密切相關的則是其他配套的專屬權益，它們不論財富高低，僅依據出身宗族支配的事實，就享有特殊的權益，諸如擔任司法審判、擁有貴族頭銜、宗族世家旗幟與標章等等。然而這些法律制度卻與社會的自由變動，以及文明的高度發展背道而馳，因為它們將參與特定公權力的權益依附在出生的偶然事實，而不是依據個人能力的高低，而且以法律制度固定這種不平等的現象，也等於否定所有個人的能力與價值，因而在市民社會的自由權利發展原則成為共識之後，就會出現對抗貴族勢力，在這個過程中，國家

與政府扮演關鍵的角色。這個過程可以區分成兩個階段：首先是剝奪貴族所享有的特權，其次則是針對貴族本身的改革。第一個階段有兩個方向：一方面隨著政府的任務日趨重要與專業，所以公權力職位的分配不再依據身世而必須依據能力，這是十七世紀以來各國政府的特色，從宗族與職業階層的封建勢力中，重新塑造國家觀念及其權力來源，並且在封建勢力之外，建立以專業能力為基礎，輔佐國家領導者的的公權力機制（der Amtsorganismus）；到了十九世紀，這個發展過程進入另一個新的方向，那就是將對抗貴族制度提升到憲法的位階，這些議題屬於制憲的歷史，它的核心議題則是「階層代議制」與「國民代議制」的區別，也就是上議院或參議院（das Oberhause）的制度，區分的焦點在於依個人能力的代議制，以及依身家財產的代議制，兩種制度的對立，由此衍生的議題屬於憲法的範疇，本文就不再深入探討。第二個階段與前階段具有本質上的不同，它包括廢除所有貴族的身分特權，以及建立貴族與平民的平等對待。這個市民社會的發展原則已經在英國、法國與奧地利完全實現，其他國家還存在的專屬貴族權益事實上都只是一種特殊權益的假象，必定日漸消失。最能代表這個歷史階段的結束，就是貴族只代表某種出生事實，毫無法律意義，而貴族又逐漸退回宗族現象，宗族頭銜也喪失所有與國家公權力連結的意義，就只代表某個宗族本身。這樣發展的結果，則是宗族頭銜不能再隨意自封，因為任何一個家庭已經不足以構成宗族。接著則是由國家元首直接授予宗族頭銜，這原本是宗族秩序的開始，因為它以出生事實代表著某種社會地位，但是如果家庭不再有能力形成宗族，自然就會失去宗族頭銜的權力。但是對於既有宗族頭銜的名稱權益，則不必一定禁止，只不過這些頭銜不再具有法律意義與影響力（例如不再用作出生認證、公司登記證明或者任命公職等情形）。因而貴族作為一種社會生活現象，只要排除它享有的特權，重要的倒不是消滅它，而在於對任何人的平等開放，而且是將貴族現象回復到宗族建構的階段。

　　德國文獻之所以處理貴族的議題，是因為貴族以其固有的身分特權，曾經是德國民法、土地法與法制史的規範對象。歐洲的貴族對於法律與國家的特殊意義，源自於孟德斯鳩（Montesquien）的主張，貴族一直到十八世紀都是國家基本法的規範對象，德意志帝國承認封建領主（宗族與貴族）的權益，先以契約方式承認其特殊地位，再以入憲方式保障其權益。

第二款　宗族繼承制與長子繼承制

只要貴族擁有特權的特殊地位，那麼爲了整體宗族的利益，維繫這個特權，就是個必然的結果。由於特權地位的物質基礎在任何社會秩序都是財富，所以宗族利益的核心就在於永遠的保有財富。要達到這個目的，就必須將宗族財富排除在交易行爲之外，並且使之成爲遺產不可分割的一部分。這樣的宗族財富，我們稱之爲長子繼承制（ein Majorat oder Fideicommiss）[7]。排除在買賣交易之外的方式有兩種：首先透過繼承法制；其次則透過諸侯領主（der Landesherr）的特定授權。家長自行決定遺產中的某部分財產禁止對外交易，並且自行訂定遺產的繼承順序，我們稱之爲「家長自治權」（die Autonomie），其原則源自於諸侯領主固有的自主統治，直到十九世紀都還能例外的存在。對於非貴族的一般平民，家長特權只能透過皇室的特別授權，而且只限定於特定的個別財富上。

如前所述，長子繼承制構成宗族秩序繼承法制的核心，事實上貴族所適用的長子繼承制也都是源自於傳統的宗族法制。所以當市民社會興起之後，長子繼承制就與階級自由流動勢同水火，前者不僅將市民社會的潮流排除在外，並且創造一個對任何人，即使是善意債權人都得不到的財富，同時賦予財富所有者一個他人再怎麼努力也得不到的社會地位。因而市民社會的潮流會不停的挑戰，迫使長子繼承制變動，必須在傳統宗族社會與市民社會之間取得某種平衡。由此而形成長子繼承制在英國、法國與德國間不同的發展，但是可以得出其發展的基本原則，那就是逐漸消失在市民社會的持續發展中。

本書區分宗族秩序的繼承法制爲以下三個發展階段：最初的階段是發生在農村的宗族秩序中，它的基本法則也就構成宗族社會繼承法制的特性，依此特性，土地並非個人的私有物，而是屬於宗族共有，並由長子管理，不在遺產分配範圍，這個基本法則的效力從小村莊到大領主的宗族秩序一體適用；第二個階段就是本書所稱的「家長自治權」階段，屬於貴族世家的特權，據以確定遺產繼承的順序；第三個階段則是在「家長自治權」的時代，逐漸形成地方諸侯特有的認證權力（das Recht des Souverains），以某種公權力的形式授權行使

---

[7]　專指不供買賣交易，只能整體繼承的財富。

「家長自治權」並確認其效力，同時農村宗族秩序屬於宗族共有的繼承法制卻仍然持續有效。英國在十七世紀，法國在十八世紀的大革命之後，撤銷地方諸侯對於繼承法制「家長自治權」的認證權力，到了十九世紀隨著領主莊園制度的沒落，這項特權也徹底消失，但是長子繼承制度卻一直有效存在。這個原則在第三階段之後的市民社會浪潮中，仍然屹立不搖，持續有效，只不過不再屬於貴族的特權，而成為每個人都享有的權利，個人得以自行決定在何種條件下採行長子繼承制度。因此，我們可以這樣推論，宗族秩序的物質要素（土地繼承），取代了宗族秩序的精神意義，在市民社會中成為繼續有效的繼承法制。這些就是目前有效施行的繼承制度，但是隨著農村土地改革強制實施的土地可分原則持續衝擊著農村的繼承法制，上述宗族秩序的繼承法制應該會消失在十九世紀。

第四節　職業法制

　　當宗族秩序還在某些領域保有其影響時，隨著市民社會的到來，職業法規範的領域已經完全擺脫傳統職業階層勢力的影響，不再依循職業行會頒行的特殊限制。除了某些職業仍然保有職業團體自治的特性，例如教會團體與學術團體，這些職業領域仍然具有傳統職業階層的制度特性。但是只要某種職業本身足夠形成某種自主存在的生活領域，具備未來自主發展的動力，就不必再受限於傳統職業階層的支配，而得以依據職業本身的特性，以及職業本身的發展需要，自行訂定特殊規範[8]。目前只有服務於公權力的職業屬於這種情形，在市民社會之中，只有公部門仍保有某種程度的階層特性，例如軍職、公職、教職等，但是公部門的職業規範與執業特權屬於國家層次的服務法令，屬於國家組織權力範圍。這已經不屬於內務行政的固有領域，但可做為國家歷史的豐富教材。

---

[8]　例如平等的職業教育、職業資格、執行業務的特殊規定等。

第二章 ▶▶▶
社會救助的行政

第一節　基本概念與原則

　　除了上述傳統法規範限制人格自由發展外，影響社會自由變動的第二個要素，在於欠缺人格自由的物質條件。這樣的狀態，我們稱之為貧窮（die Noth）。對抗貧窮因而成為社會發展的第二大前提。然而，構成貧窮的原因應該在於個人處於無力自助的狀態。貧窮狀態也因此成為行政的任務，這個任務同時構成社會生活行政治理的第二個領域。

　　當然貧窮可以區分成不同的形式與程度，但是有一點則是共同的：貧窮使得本質上自由的人格屈服於物質的力量。因而貧窮不僅僅是一種危險，對於落入其中的人，它更代表不自由（Unfreiheit）。因此，對抗貧窮不再只是個人事務，而是共同事務。綜上所述，社會救助行政的第一個原則在於，必須以共同體的力量救助實際陷入貧窮中的個人。

　　對於上述實際發生的貧窮，社會生活中固有的倫理規範，或者基於善心，或者基於義行，也會促使某個個人去幫助貧困中的他人。但是發生在個人之間的互助，並不屬於行政事務。有鑑於貧窮是一種永遠存在的生活狀態，它也不會永遠停留在個人的生活，所以一個個人不論多麼努力，也不可能完全自助或者助人脫貧。對抗貧窮狀態的救助措施，因此成為一種社會生活的重要措施，不論貧窮的本質、作用或者貧窮的實際情形，都屬於共同生活體的重大事務之一。因而對抗貧窮必定成為行政的重大事務之一，只要共同生活體存在，不論現在與過往都是如此。

　　如果以上論述正確，那麼貧窮的概念與範疇都不再只侷限於某個個人的現象與特質。首先，個人對其他個人的片面、偶然的救助不僅完全不夠；其次，表明貧窮與請求救助，也不應該完全歸屬於個人事務；最後，共同的救助措施更不應該只停留在抽象、輔助的救助行為。只要以行政力量輔助性的提供救助

措施，並且視之爲法定義務，也形成特定的行政行爲類型，那麼就需要更進一步的發展出適用所有貧窮個案的整體原則（Prinzip），也需要發展出符合個案特殊性所形成的救助體系（System），最後則需要發展出某種自主行爲的有機組織（Organismus）。以上整體的有機論述，就構成濟貧制度的行政理論，我們稱之爲社會救助。

如果上述不同類型的任務，得以整合在一個有機體系中，就必須爲這個行政整體，設定一個整體原則。這個濟貧制度的整體原則其實也就是所有行政領域的最高原則。

縱然在貧窮狀態中，仍然必須承認人格自由。如果給予一個人自身能力範圍以內的救助，就等於毀滅人格自由最內在的本質。任何救助措施的起點都在於個人自助的不可能，救助措施的範圍，必須等於個人自助不可能的範圍，以維繫住個人的自助能力。但是在人格自由的前提下，這種不可能性是否成立、程度如何，只要是行政事務，就不再是個人主觀的感覺與判斷，而是由行政機關依法解釋與裁量。但是，行政機關如果要知道如何因應貧窮，它就必須在貧窮概念之下分析其特殊性。基於貧窮個案特殊性所形成的體系，必定有助於社會救助行政體系的建立，社會救助行政體系再依據行政體系的一般原理原則進行分工。

第二節　社會救助的體系

貧窮現象原本只是一種單純的生活問題。然而在高度文明發展的學術與實務都讓我們更深刻的認識到，貧窮現象內含一些不同的要素，這些要素各有其特性，也需要不同的處置。構成貧窮的要素，首先是物價攀升（die Theurung），這個要素造成貧窮現象的物質原因；其次出現懶惰的習慣，這個習性會造成人格自主的貧窮，產生乞討的現象；接著貧窮會複製到孩童身上，或者產生棄嬰，或者發生在孤兒身上；最後則出現眞正的貧窮現象與相關的濟貧制度。這個領域就構成行政體系中的社會救助。

依據上述貧窮現象的結構分析，得以進一步建立行政領域的體系。即使建立相關的行政體系也必須依循貧窮的事務本質，絕非某種隨意的組織安排。首先，各種貧窮類型所具有的共同要素，這是立法與行政的任務，設定全國一致

性與整體性的制度；其次，貧窮現象通常也有地區特性，這包括它的成因與採取何種因應措施，這部分則屬地方自治的職權範圍；最後，貧窮的形成與困境都由個人所承擔，針對個人的具體困境，則屬人民團體的業務功能。以上就是對抗社會貧窮的任務分配原則，每一個行政層次也各有其獨特的組織、措施與發展過程。但是在上述不同層次的行政分工之外，歷史發展的過程則有其共通性，而且與三種行政分工的本質密切相關，所以分析歷史發展的要素就成爲行政分工的最佳說明。

最原始的貧窮救助階段源自於宗族秩序的救助行爲。在這個歷史階段，貧窮基本上是家庭事務，其次才是宗族事務，就如同財富分配的情形一般，此時仍無行政權力的介入。在宗族秩序的基礎上，救助的義務才逐漸轉移到共同生活體，但是透過村里與地方莊園領主針對經濟貧窮所執行的自治行政，也只是某種宗族法制的形式。第二個階段開始於職業階層的興起。在這個階段，倫理要素成爲社會救助的基礎，救助的責任則從親屬救助的自然義務轉換成普世救助的宗教義務。這樣的發展本身是美好與適當的，但是它的後果則是只知道以基督救世的名義提供救助，而不再探討貧窮的原因與規模，所以重點在於滿足個人的請求，而不問眞正需求的是什麼。這樣反而造成「有償懶惰」的現象，形成乞討的現象。對付日益增加的乞丐與遊民，則變成警察的責任，並以違警措施與刑罰處理無業遊民，然而這也只能解決部分的問題。相對的，則由共同生活體針對實際發生的貧窮給予實質津貼，隨著共同生活體的義務增加，自然有權力要求更客觀的法秩序，作爲行爲的依據，這樣就形成第三階段體系化的立法與行政。在這個階段才會興起下列認識。當我們普遍認知到勞動構成經濟獨立的基礎時，就表示我們到目前爲止所面對的貧窮，實質上是有雙重的內涵。有一種是實際的物質欠缺狀態；但是另一種狀態則是下層階級面對上層階級陷入社會對立的無力感，這種主觀感覺可能構成一種準貧窮狀態。所以貧窮階級與無產階級是有區分的，基於這個認知，到目前爲止混同不分的兩種貧窮狀態，實質上是兩種截然不同的社會生活狀態，所以也各有不同的制度。這就是目前的發展情形，現在經濟貧窮的領域已經是完全不同於無產階級的向上流動，兩者分屬各自獨立的領域，我們因此也區分以下論述的社會救助制度

（das Unterstuetzungswesen）[9]，以及第三章透過社會金融與社會保險的社會扶助制度（das Huelfswesen）。

第一款　貧窮防治

第一目　物價控制

物價的概念源自於國民經濟，它主要被認為是支付必要生活所需的價格。這種理解當然是正確的，然而物價的更高度意義在於社會層面。對於社會理論而言，支付生活所需的價格與物價控制是完全不同的概念。社會層面的物價控制指的是無資本的勞動基於工作收入支付生活所需的價格，這個價格卻高到足以妨礙、甚至阻斷資本累積（die Kapitalbildung），換言之，妨礙或阻斷無產者透過社會流動成為有產者。

然而，不論是經濟意義的物價支付，或者社會意義的物價控制，本質上都不屬於行政權的對象。行政權對於價格秩序既不應也不能任意干涉。因而行政權力如果要在價格秩序中保障無資本、無恆產的勞動，就只能針對特定地區、特殊的物價狀況。所謂地區特殊的物價狀況指的是，當地消費水準（die oertliche Consumtion）的增加，然而供給卻不能滿足需求。原因往往在於地區人口的激增，尤其是在大城市。這個部分則是行政權力的著力點，只要有大城市的形成，就必定出現物價波動，行政權就有必要監控物價，這就是我們所稱的物價控制（die Theurungspolizei）。

物價控制的行政措施經歷過兩個不同的階段，其中第一個階段已經完全屬於過去式了。第一個階段的物價控制基本上認為，物價之所以上漲，部分原因在於商業交易的利益競逐（der Handel），部分原因則在於滿足民生需求的特定手工業哄抬物價（das Gewerbe）。基於第一種觀點會出現全國性的禁止出口（die Ausfuhrverbote），在各大城市則全面禁止優先預購權與大量承購權，並且以警察權力執行禁令；基於第二種觀點，則會推行稅制，尤其是麵包、肉品、酒類與啤酒的稅制，透過特定產量的課稅，以達到控制產品價格的目的。

---

[9]　本書所稱的社會救助行政治理包含「貧窮防治」與「貧窮救助」兩個層次。

這兩種制度曾經盛行於十七與十八世紀，而且主要表現在地方法令上。

　　上述制度首先受到重農學派的批評。重農學派認為，商業交易與手工業生產的自由，才是唯一對抗價格失序的工具。亞當史密斯的國民經濟理論更進一步主張，價值與價格的決定是一種絕對的法則，如果不以警察權力介入，價值與價格必定自主形成一套機制。基於這些理論與學派，十九世紀逐漸盛行自由經濟，也就是放棄經濟管制與產品稅制的管理手段。然而隨著日漸增加的大城市與人口，地區的物價卻也漸漸成為資本對勞動的壓榨工具，成為共伴現象，於是形成「普遍貧窮」（die Massenarmuth oder der Pauperismus）的危機。人們開始認知到，商業與手工產業的自由，也會造成負面的現象，於是興起物價控制的第二個階段，開啟物價控制的正面思考，那就是大城市的民生供需概念。這個概念雖然被認定是一種原則，但是具體的做法則仍在形成中。這些具體做法也可區分成兩種不同的方式：第一種方式是將民生物資的供需直接列為行政管理的對象，也就是設立公有民生物資倉儲、公有市場與公有肉品交易等機制，這些民生物資的控管依其事務本質屬於地方自治的組織職權；第二種方式則正在逐漸形成，它主要是以股份公司（die Aktiengesellschaften）的企業經營模式供應城市的民生物資，這類企業得以進行精細分工，作成有效的供需調節。但是經營上的困難卻也相當程度的限制其功能，然而另一種企業卻能夠開發新契機。那就是股份公司的企業轉而開始興建勞工住宅（die Arbeiterwohnungen），住宅事務依其本質雖屬地方事務，然而對於整體社會流動而言，企業投資勞工住宅卻有高度的意義，也許這類以民生需求為目的的企業更能夠清楚的證明，這種實質的發展將有助於資本利益與勞動利益的和諧，以達到完全的利益共生與和諧發展。

第二目　乞丐管制與強制習藝

　　所謂的乞討是指個人的貧窮狀況已經成為個人的主觀認知，並以此獲取施捨。乞討行為依其本質而言，只要停留在上述個人層次，就屬於個人自由的範圍。然而如果成為公開行為，不論是街頭行乞或者集結成幫，這種情形就牴觸社會救助納入行政治理的基本原則。之所以牴觸的原因在於，公開與集結行乞的現象，施捨者的數量與規模不明確，受施者的貧困程度也不明確，這些現

象更會在無業或失業的狀況下，另外形成一種收入的管道。因而只要貧窮成為一種組織化的現象，乞丐就會成為警察管制的對象，社會秩序愈受影響，警察權力就愈積極。所以對於乞丐與乞討行為的管制（die Bettelpolizei），通常綜合著雙層的管制：貧窮的社會控制與治安的警察權力。行乞本身除了造成秩序敗壞，如果再加上經濟上的矛盾現象[10]，必定會衍生出相當的管制手段，那就是將乞丐以及連帶產生的遊蕩行為列入刑罰範圍。這個刑罰在社會秩序混亂的時期，必定擴大適用範圍，在社會秩序轉穩定的時期，則代之以習藝處所的強制勞動（Arbeitshaeuser）。經過相當的實證經驗可以確定，習藝處所的生產力相當低落，另外強制勞動也被視為是一種經濟性質的秩序罰（wirtschaftliche Ordnungsstrafe）。然而上述的裁罰體系還只能算是一種消極的壓制方式。至於積極的壓制方式，則是透過兩種比較現代的作法，逐漸修正消極、落伍的管制，將整個體系導向教育性質。作法之一是在習藝處所加入基本的教育機制（geistige Bildung）；作法之二則是為乞丐與遊民設置公立收容處所，內含床具、沐浴盥洗等衛生設備。這些現代作法顯然只有在大城市才有可能，因而必定屬於地方自治的範疇。在這方面我們目前仍處於過渡時期，未來的制度則必須建立在一個愈來愈清楚的認知上，對於公立收容處所的建制與投資，所付出的行政成本，必定能夠有效緩解貧窮的源頭，那就是欠缺秩序認知與教育機會，並且在有效降低貧窮救助的成本問題上，獲得相當程度的補償。這方面目前還有相當大的努力空間。

第二款　貧窮救助

貧窮現象與救助制度

　　針對貧窮的議題，不論是題材的廣泛，事務本質的重要性，以及深刻影響的後果，卻都不比掌握它的發生原因與基礎來得更加重要。

　　對於貧窮現象，尤其重要的是區分它的經濟意義與社會意義。貧窮作為一種經濟概念，它代表的是缺乏必須的生存物資，以致於危及個人的生存與生

---

[10] 指的是在無業或失業的狀況下，卻仍有經濟體系之外的不明收入。

活；貧窮作為一種社會概念，則代表著即使付出全部的勞動力，也不可能獲得一個自主的社會地位，加入向上提升的階級流動。

　　因而，單從貧窮的外部現象，是無從區分**經濟貧窮**與**社會貧窮**。然而兩者卻有截然不同的本質。經濟貧窮的原因在於個人物質的欠缺；而社會貧窮的原因則在於階級流動的障礙。毫無疑問的，這兩種狀況對於共同生活的高度發展都是一種矛盾現象。然而對於整體而言，就必須針對兩者不同的內涵，發展出不同的任務與作法，以分別處理經濟與社會兩個層面的狀況。尤其當國家開始以其行政功能與組織積極面對貧窮現象時，這兩者原始的相似狀態才逐漸呈現本質上的差異性。在這種情形下，如果將兩者統稱為貧窮現象，只依據單一觀點作規劃處理，當然是錯誤的。也只有區分經濟貧窮與社會貧窮之後，學術研究與實務工作才能夠將經濟貧窮的概念與內涵歸納在社會救助的行政治理，並且將社會貧窮的概念與內涵歸納在社會進步（die gesellschaftliche Entwicklung）的行政領域中，兩者有著截然不同的功能與制度取向[11]。

　　此處所謂的經濟貧窮，也就是欠缺生存物資，危及個人生存的狀態，這個狀態違反個人人格發展的目的。因而凡是個人依其人格自由本質避免落入經濟貧窮的作法，都應該由整體發揮力量，以救助實際陷入經濟貧窮的個人。這種有組織的行政力量，以對抗經濟貧窮為目的，統稱為貧窮救助（das Armenwesen）。

　　如前所述，貧窮救助制度的目的與內涵並不在於創造下層階級向上流動的條件，而在於救助個人所欠缺的生存物資。因而它的基本原則應該設定在，救助的數量不超出一般個人的生存所需，而且救助的程度必須是個人無法自力完成為前提。由此得以推論，貧窮救助制度屬於行政的基本任務之一，至於社會進步的行政行為以對抗社會貧窮，則非借助社會成員個人的**協力行為**是不可能完成的。因而我們也可以將對抗經濟貧窮的行政治理歸類為有組織的救助制度（die Organisation des Unterstuetzungswesen），同時將社會進步的行政治理定位成社會互助概念下的扶助團體與自助團體。

　　區分經濟貧窮與社會貧窮的概念與配套措施，也必定作為救助制度與社會

---

[11]　本書區分經濟貧窮與社會貧窮的概念與行政措施，類似我國現行社會行政區分濟貧與脫貧的概念與行政措施，濟貧屬於消極的行政行為，脫貧屬於積極的行政行為。

互助兩個行政領域完整建構的前提，目前都還在逐步落實，也構成制度發展史的重要史實，以下將進一步分析制度發展過程的關鍵要素。

救助制度的法制史

救助經濟貧窮的必要性，屬於人格本質的核心，因而從有人類歷史以來就未曾中斷過。由個人所做出的救助行為，我們稱之為施捨（das Almosen）。但是個人施捨行為不論是針對貧窮的各種救助措施，或者針對貧窮的發生態樣，都是不足夠的。只有借助整體的力量才能有效的對抗。因而救助制度必定建立在有組織的救助行為上。組織行為的基礎與特性又與當時的社會秩序密切相關，所以構成救助制度發展史的要素，既是人類歷史，也是下述四個社會發展階段的關鍵要素。

宗族社會時代的救助制度，它的基本認知在於貧窮屬於家庭與宗族事務，所以是由後兩者救助。因而宗族秩序的濟貧機制通常在於村莊（das Dorf）。隨著諸侯領主及其統治權力的興起，濟貧的倫理義務轉由領主負擔，實際的救助行為或由領主執行，或交由附屬的村莊執行，後者的執行效果通常更優於前者。這個基本模式就是諸侯領主時代的救助制度。只要領主制度存在，就一直存在這類的救助措施，也基於這個時代的傳統，於是逐漸確立一個基本原則，那就是居住的縣市成為最重要的濟貧主體。

到了**階層社會**的階段，救助制度開始呈現第二個內涵與型態。此時基督教的倫理扮演關鍵要素，救助貧窮就成為神職人員的義務。因而只要教會的神職人員擴展成為具有組織力量與自主財富的職業階層，那麼在前述縣市自治體之外，教會也就成為濟貧機制，以其自有財力提供救助，教會濟貧也就成為諸侯領主以外的平行義務與機制。教會濟貧的倫理原則在於以宗教神愛世人的理念，促使教會對貧困者救助財物，它的實際影響層面卻更廣，教會倫理促使濟貧制度超越領主受限於地域的範圍，而成為一種普世的人道義務。在這個出發點上，所有提供救助物資的機制都是依循人道義務，例如教會例行聚會的捐獻，以及成立的人道基金會等。行政領域的濟貧自然也保留這份理念與價值。教會的濟貧義務內含著普世的人道義務，教會組織對於貧窮現象承擔著精神提升與宗教慰藉，最後則形成教會的教區與鄉鎮自治體（die Ortsgemeinde）在

濟貧機制上的相輔相成。即使如此，貧窮救助仍然還不足以成為一種整體客觀上的義務。

　　到了**市民社會**的發展階段，才出現這種客觀義務的訴求，而且這個客觀義務也擴展到市民社會才逐漸成型的社會扶助制度（das gesellschaftliche Huelfswesen）。當教會在宗教改革的浪潮下，失去它傳統上的社會階層地位，也不再能夠繼續全面性的濟貧工作時，就開始產生整體客觀義務的訴求。因為貧窮持續發生，救助義務也持續存在，所以必須由國家開始管理。基於前述必然的發展階段，現在則進入救助制度的第三階段，我們稱之為法定救助制度（die gesetzlichen Armenordnungen）。法定濟貧的原則在於，任何陷入貧窮者都有請求救助的公法請求權，同時提供救助的義務也納入公法規範，立法者一方面必須將乞丐與遊民視為濟貧法制的濫用，並且以警察權力採取強制作為，另一方面則必須確保有秩序而且足夠的救助物資透過鄉鎮（必要時透過教會組織）送達貧窮者。救助制度也因此成為行政作用的一部分，主要屬於縣市層級地方自治的權責，所依據的則是全國一致的社會救助立法，並受政府的監督，至於監督的方式則可能依國情而有差異。

　　上述第三階段之後，則是第四個**工業社會**發展階段，它的產生背景在於十八世紀末期產業轉型為工業，再加上工業化帶來的人口集中問題，第一種情形衍生失業問題，造成生活陷入困頓；第二種情形衍生物價上漲，造成薪資相對下降。這就是所謂的生產人口的貧窮化（die Armth der Erwerbsfaehigen），再加上原本就存在的非生產人口的貧窮，這兩者透過工業化使用機器的擴張速度，於是在無產階級之中形成一種普遍現象。這個現象就是「普遍貧窮」（die Massenarmuth oder der Pauperismus）。隨著普遍貧窮的出現，前述貧窮概念的兩大要素也有了新的意義，經濟貧窮專指非生產人口，而社會貧窮則涵蓋生產人口。前者是一種永恆的現象，後者則是暫時的現象；前者透過救助措施得以緩解，後者所需要的其實不是救助，而是勞動與所得。在十九世紀前半葉，近五十年的時間，這兩者並未被明確的區分，甚至通說都認為應該以相同的制度對抗貧窮。就在立法仍固守傳統觀點的時候，學術界已逐漸認知到兩者深刻的差異，從而更深入的分析貧窮救助制度。雖然本世紀初以來，已經有大量的文獻探討貧窮議題，但是對於解決的方式則沒有太多進展，甚至整個歐洲學界也是如此。主要的原因就在於欠缺社會觀點的分析，以致於容易混淆

兩種不同性質的貧窮，所以只會在緩慢進度中逐漸接受社會貧窮的概念，而且接受社會貧窮的解決之道，不限定在政府有機體制中，也在於地方自治與人民團體的層面，直到1830年代才眞正擴展較全面的觀點，能夠對於貧窮的不同面向，進行個別的分析判斷，進一步形成某種體系化的觀點，這才是眞正的價值所在。這個體系化觀點指出，所有個別存在的部分，都應該形成某種獨立的理論，而且發展出各自的行政治理與法律制度，傳統上的經濟貧窮，曾經長久被認爲是全部的濟貧作爲，現在也只是救助制度的一部分，而且整個的貧窮救助體系都被提升到更高度的社會理念，被視爲是社會發展與變動的一環，並且在社會進步的行政領域中也得以自成一個單獨的領域。我們目前正處於這樣的快速發展階段。然而，就像貧窮救助制度經過緩慢過程才建立它的社會觀點，同樣的過程在不同的國家也會有不同的理論與實務。可以確定的是，在這些差異性中，個別社會的發展狀況，尤其是教會在共同生活中的地位，將扮演關鍵性角色。行政理論必須充分認知到，現行社會救助的行政治理絕不是隨機發展而成，而必須被認爲是個別社會依其自身有機體發展的結果。這個救助制度的特性主要依據兩個要素發展而成：首先是教會在各自社會生活中對世俗事務的影響程度；其次則是中央政府及其組織權力的發展程度，至於救助制度由地方自治團體執行的基本原則，則是全歐洲都相同的。

第一目　救助組織

當制度化的濟貧機制成爲一種普遍認知的社會發展狀態，並且一方面納入行政任務，另一方面針對貧窮的各種特殊現象進行行政分工，就形成貧窮救助制度的行政組織。探討濟貧的組織型態具有高度的重要性，但是到目前爲止僅限於少數文獻。它與社會生活型態密切相關，因而每一個國家都有其組織特色，然而其中的構成要素卻又高度類似。我們還是有必要將這個問題回歸到行政權的組織型態，以避免重複說明行政組織的基本原則。依此，社會救助的行政組織型態分析如下：

首先是政府與議會的貧窮立法，它的目的在於確立濟貧制度全國一致的適用原則，政府就必須依據法律規定，平等的執法。立法與執法的功能區分就代表貧窮已經不再只是某個地區的現象，而是一種普遍發生的生活型態。這種

貧窮也是現代生活的產物，所以可以明確的看到這個趨勢，那就是立法通常會直接或間接的同時規範社會互助的理念與制度，而政府的權力與功能主要表現在分層負責的機制與作為：中央政府通常設置全國最高專司貧窮救助的行政機關，而且社會互助機制的立法密度愈大，代表社會貧窮的現象已經能夠從經濟貧窮的現象中清楚區分，這樣的專責行政機關就愈有必要。

　　第二類救助制度的組織型態在於地方自治團體，他們才是真正的濟貧主體。但也必須進一步區分各省級、縣市自治體與教會（民間基金會）等三層組織分工，因為他們不僅各有獨特的組織權責，同時也各具不同的組織功能。各省級的行政組織在於承擔縣市與民間基金會能力所不及的更廣泛任務，另一方面則是行使監督權，因而各省原則上應該指定專責機關。縣市則負責執行行政區域內的貧窮救助，並且在每一個地方政府中設立專責單位，至於濟貧的實務工作則交由志工團體（die Armenvaeter）依個案進行。民間基金會則依其設立目的執行濟貧事務，通常依其組織章程進行分工，或者受縣市委託承辦諸如醫療機構等事務，基金會承辦縣市濟貧事務者，必須接受其監督。

　　以上就是以地方自治團體為主的濟貧組織，它的持續發展必須建立在以下三個基礎。首先，如果設立某種救助機構對於單一縣市是過重的負擔，就必須針對貧窮救助的特殊行政目的成立跨區行政型地方自治團體（Verwaltungsgemeinde）。這既是政府，也是各省級地方自治體應該承擔的責任，進行規範並輔助這類型的行政合作組織，以確保濟貧的實務工作都能納入社會救助體系中。在這方面，英國是最成功的例子，普魯士從1842年之後也採用這種組織模式。

　　其次則是救助制度的內部體系分工不應該只停留在一般文獻與書面資料，或者個別團體與個人對於這個問題的重視程度，每一個救助主體都有義務建立年度的統計資料，以呈現貧窮現象的特徵，並深入分析地區的特殊需求與現象。各省級自治體則應該監督下級自治團體確實建立上述資料，而且每年編列各省的整體統計年刊。這部分是目前最弱的行政工作，所以到目前為止，對於貧窮問題的主要認知，反而都落在文獻探討的層次，遠遠超過行政的認知程度。

　　第三個，也是最重要的基礎，則是上述地方自治體如何籌措財源的財政問題。貧窮救助的財政體系可以區分成以下三個部分：

　　第一是自由捐獻（die zufaelligen Beihuelfen）。自由捐獻是一種基於個人善意的行為，這種財源通常不具有任何的穩定性與規律性，例如捐贈與遺贈等方式。另外則是基於慈善機構的布施行為，特別是宗教團體的定期募捐（das Klingbeutelwesen）與公開募捐（die Sammlungen）。民間機構團體募捐的用意，一方面在於補充個人不規律捐獻造成濟貧制度無法建立完整體系的缺點，另一方面又不致於讓個人的善意被排除在社會救助體系之外。所以兩者都應該納入法律的規範，立法的基本原則在於，定期募捐可以由宗教團體內部自行規範，公開募捐則應事前報請縣市主管機關核準後施行。核准之中並且應該記載公開會計報告作為條件或附款。

　　第二是濟貧機構的自有財產（das eigene Vermoegen）。財產的類型當然非常多元，但是即使是教會資助成立的濟貧機構，它的財務狀況也應該定期公開會計報告。

　　第三是建立濟貧稅制（die Armensteuer）。當貧窮作為一種普遍存在的狀態，也納入國家救助法制規範對象時，就是討論濟貧稅制的時候。但是對抗貧窮卻不應該納入全國性租稅通則的稅目之一，否則濟貧稅將會取代所有的稅目。關於濟貧稅制可以分下列三點分析：

　　真正的濟貧稅應該屬於省級與縣市地方稅。救助貧窮也不應該直接列為一般性地方稅的稅目，而必須專款專用，並且專案管理。只有在這些條件下，濟貧稅作為一種特殊的自主稅制（die Selbstbesteuerung）才得以發揮救助貧窮的價值。

　　如果以法律強制規定某些營業項目或消費支出作為濟貧稅的課稅基礎，例如戲劇表演收入、娛樂支出等，同樣是錯誤的，因為對抗貧窮應該是全民參與的層次，上述限定課稅基礎將有害濟貧的高尚目標。

　　某些縣市財力暫時性或長期性不足以支付濟貧事務時，基本上必須由上級議會列入討論案，並以議會決議的方式提供下級地方自治團體短缺的經費。只有發生非常緊急狀況，才由國家提供上述經費。

　　以上就是地方自治範圍內貧窮救助制度的組織型態與權責區分。它的內涵當然是相當多元，也有相當的地區差異。目前法制的建立已有相當的成果。法制的基礎主要是英國與普魯士的立法模式，在組織型態上，依據社會變動的觀點，區分傳統型態的社會救助，以及社會成員互助性質的扶助與自助兩種制

度，社會救助與社會成員互助，兩者各有不同的原則與功能，如果混淆兩種制度，勢必阻礙應有的成果。同樣的情形也適用人民團體。

　　第三類濟貧的組織型態則是依據人民團體相關法令所成立的扶助團體（die Huelfsvereine）[12]。這部分則不需要特殊的說明，直接適用人民團體的設立自由與相關權益規定。

第二目　救助權利

　　前述救助組織的概念在於分析國家以其整體行動力面對貧窮狀態的組織分工與權力分配，救助權利的概念則專指個人依據現行有效法令，對於整體救助資源請求參與分配的權利，可以分成以下三個部分[13]。

一、戶籍請求權與自由遷徙

　　戶籍權（das Heimathsrecht）是指個人基於長期居住事實，對於該救助主體的縣市取得申請救助的權利。戶籍請求權基本上是依據居住縣市的「歸屬原則」獲得貧窮救助。戶籍請求權與歸屬原則的差別在於，法定請求權在個人與縣市自治體之間會形成某種客觀存在的法律關係，不論地方自治體同意與否。因而，長久以來對於戶籍請求權在何種條件與時間點成立，一直是爭論的焦點，也構成立法的困難。但是成立戶籍制度與相關戶籍權益的基礎卻很簡單，那就是當市民社會的發展趨勢能夠超越對於故鄉歸屬的感情依戀。所以基本原則就是，如果沒有其他戶籍地，那麼出生地就是戶籍地。從甲縣市搬到乙縣市屬於個人遷徙自由（die Freizuegigkeit），具體表現則是自主的居住權（freies Niederlassungsrecht）。如果居住必須滿足一定的法定期限，期限屆滿就自動取得戶籍權益與救助權益。所以真正的問題其實是，如何定義居住的概念，例如工作關係是否、或者何時屬於居住該地，其次則是縣市救助主體是否有權力，又在何種法定條件下，對於外來人口得依其居住於原戶籍地的期間給予救助，因此支出的費用又如何與原戶籍地進行結算。立法在這兩個問題會有相當詳細與嚴格的規定，同時這裡也會形成救助權利最清楚明確的法律適用，而這

---

[12]　例如紅十字會、婦女工作會、社福基金會等組織。
[13]　三個部分包括戶籍權利、自由遷徙、救助請求權。

個正是以下救助請求權所欠缺的。

二、救助請求權

　　救助請求權是救助法制的核心概念，指個人透過戶籍地得以行使的救助權利。請求權的基礎在於登錄有案的貧窮人口；請求權的性質則是私法權益；請求權的結果則是津貼性質（der Vorschuss）的現金給付。這三個特點通常被認為是救助請求權的特點，其實也可以準用到其他的救助權利上。救助請求權當然有它的歷史發展過程，它的給付形式目前也都還在發展中。最原始的救助請求權只是一種倫理上的訴求，每一個人都能享有，至於請求如何被滿足則無固定制度。接著取代倫理訴求的，則是救助機構自己所制訂的內規，這些內規並不足以成為貧窮者得以行使的權利。接著則是濟貧義務成為救助機關的公法上義務，從而救助機關必須履行義務，提供法定給付項目。當然也有質疑上述公法義務的論點，以及法定請求權的概念，甚至認為救助請求權只有在少數例外情形下，才會被認為是一種私法請求權。法定救助請求權的制度前提，應該在於明確區分屬於社會救助層次的濟貧制度，以及屬於社會進步層次的扶助機制與團體（das Huelfswesen），至於救助權利的給付項目，則依救助機構的不同，而有不同的給付項目。但是，這整套救助權利是非常有必要，也必然的會以法律的形式規定其程序與要件，並且適用所有的救助機關。

第三目　救助體系

　　救助體系的形成，在於針對貧窮多種表現方式的各種救助行為，它們各有其獨自的功能、任務，也各有其獨自的救助方式。這個體系當然不會是一種整體、有序的發展，而是各個領域都有其獨特的組成方式，自行籌措所需財源，自行管理救助流程等，甚至各有其專屬的立法。但是學術上則將這個體系視為一個整體，主要區分成三個次體系：貧困兒少救助（die Armenkinderpflege），貧民醫療救助（das Armenkrankenwesen），以及貧民補助安置（die eigentliche Armenpflege）。

一、貧困兒少救助

　　針對貧困兒童與少年，原本並沒有一個單獨存在的救助體系，長久以來

兒少救助一直隱身在更大範圍的貧窮救助制度中。法國天主教修士聖文生保羅（Vincent de St. Paul, 1581-1660）首度、而且畢生致力於貧困兒少的救助，也極力主張兒少救助應該與一般貧民救助安置的體系分離，除此之外，他也爲這個獨立的體系建立倫理的必要性，使得兒少救助具有完整的道德基礎，成爲一個獨立的救助體系。因此，在十八世紀針對孤兒（die Waisenpflege）與棄嬰（die Findelhaeuser）開始出現以法律爲基礎的獨立救助體系，到了十九世紀，則依據社會責任的觀點持續擴展兒少救助，並且在這個體系中加入教育的目的與功能，轉型成爲托育機構（die Krippen）與教養機構（die Warteschulen）。兒少救助體系也因此具有高度重要性，並且在實務上與學術上自成一個完整的體系，這個體系也逐漸成爲下層階級脫離社會救助，過渡到社會流動與進步的階段。兒少救助的個別項目，也都有專屬的機構，形成專業文獻的討論，甚至獨立的立法。

（一）孤兒照護

　　藉著孤兒照護（die Waisenpflege）的概念，使得貧困兒少的救助脫離一般貧窮救助的體系，它的主要目的在於彌補父母親原本對於子女應提供、卻未提供的物質層面需求，更高的目的則是提供教育機會，使得貧困兒少在未來能夠具有工作能力與謀生能力。所以，最初的孤兒院通常同時具備收容貧困兒少的功能與機制，一直到十九世紀才演變成貧困兒少的教育機構（Armen-Erziehungsanstalten），這也是它們目前的發展狀態。通常它們都屬於地區性的濟貧機構，所以只有一定規模以上的縣市自治團體才有可能供應必要的食品之外，再提供基本教育所需的人力與物力設施。如果達不到上述兩種狀況，次要的選擇就是家庭安置。如果已經達到設立孤兒院的規模，那麼就不必僅限於眞正的孤兒，也可擴及於父母暫無能力撫養的臨時性兒童安置，此外，孤兒院的教育機構也應該進一步擴充成爲貧困兒少教育的基礎，不應該只停留在孤兒院的教育功能。相關的行政管理機制則是由各省級自治區域內的縣市自治團體負責，縣市應該設立專門的組織分工與行政人力，並由各省級自治體針對教育機構內的生活條件與教學設施行使監督權。救助孤兒的期間應該至少救助到足以參加初級職業訓練的階段，在這期間的生活與教育也不應該涉及宗教教派的差異。孤兒院的教育機制如果能夠完全結合貧困兒少的教育機制，會使得這類機構具有

不可取代的獨特社會地位與價值。

十九世紀的歐洲，英國比較少見單獨設立的孤兒救助，這類救助大多附屬在專供貧困兒少就讀的學校，至於孤兒院更是少見；在法國，孤兒救助則是附屬在更廣泛的一般兒童照護機制中（Haus des enfants），這是十四世紀時就有的制度，西元1793年的立法雖然將所有的貧困兒童照護列為國家的照護義務，卻與新生兒童的照護列入同一機制中（enfants abandonnes），一直到西元1814年才將孤兒照護列為單獨的國家照護義務；至於普魯士則有地區性單獨設立的孤兒院；奧地利在1850年代就有針對孤兒照護的行政法令與組織。

（二）棄嬰照護

集合公眾力量照護棄嬰（Findelkinder）則是十四世紀時的宗教會議（Concil von Ricaea）就已經確立的共識，也不曾有過爭議。但是要在組織上達到棄嬰收容機構的程度，則必須設立專為新生棄嬰的收容機構，提供替代母職的專業照護人力，並且不向父母收取任何費用。在這些條件下，棄嬰收容機構的真正目的反而在於保護生母的名譽，也可擴及預防殺嬰，以及任意墮胎的風險。此外，棄嬰照護其實等同於孤兒照護，所以通常由同一類機構負責收容。以機構的組織、秘密的方式收容棄嬰，真正的價值就在於是否能夠實現上述目的，因而收容棄嬰如果與孤兒照護分開辦理，那麼收容棄嬰的機制就只是某種治安警察的功能，而不屬於貧窮救助的機制。依據現有的統計資料，單獨設立的棄嬰收容機構既無法達到上述目的，也不能預防殺嬰與墮胎。所以根本的解決方法，應該將棄嬰收容列為孤兒院的首要功能，其他關於棄嬰照護問題與規範則等同於更細緻的孤兒照護，將兩者納入同一個體系中。

英國從十八世紀開始出現棄嬰收容，1756年倫敦成立棄嬰收容所，收容期間可以到15足歲；法國則從十六世紀開始，1791年透過立法確認國家收容義務，以及棄嬰被收容的權益，1841年立法整合涵蓋所有新生兒、孤兒與棄嬰的照護機構；德國的棄嬰問題由醫療機構與助產機構負責照護，制度規劃主要基於警察治理的觀點，其次則併入孤兒院體系中。

（三）托育與教養機構

上述孤兒照護與棄嬰收容主要針對已經發生的貧困兒少問題，然而，相對於實際發生的貧困兒少現象，另外則是針對某種家庭狀態，這種特殊的家庭狀

態，不論責任的歸屬，卻可能造成無辜兒童落入身體與道德墮落的危險，此時則有賴托育以及教養機構的功能（Krippen und Warteschulen）。這兩者的目的在於，當父母的職業或者身心狀態不足以養育子女時，即時取代父母的養育功能。這類機制之所以有其必要，是因爲父母常常必須遠離家庭，這類機制之所以愈顯重要，就在於勞動人口與密度的快速增加。到目前爲止，只有透過人民團體維繫這兩種功能。但是我們必須深刻認知到，隨著人口的增加，托育與教養機構將會成爲縣市自治團體無從逃避的照護義務，它必須由法律明確規定，以行政權力執行照護功能，並且成爲每一位理性國民的基本共識。這類機制將會成爲全面性國民教育制度的基礎，而且成爲社會進步行政治理的重要過渡階段。

（四）貧困兒少教育制度

　　貧困兒童學校教育（Armenschul-und Armenerziehungswesen）的目的是，幫助教養機構中的兒童順利進入國民義務教育體系。貧困兒童的學校組織可以延長到中學年紀，教育內涵則針對貧困兒童的特殊學習狀況。但是，貧困兒童的學校不僅止於提供免費教育，學校還有兩項重要的組織原則。首先是嚴格的管理權力，有權力強制在外遊蕩的孩童進入學校就讀；其次則是有義務提供在學兒童的餐點飲食，並且要求整潔衛生。縣市自治團體應該提供上述學校教育所需經費，上級自治機關的監督範圍尤其應該涵蓋這項業務。如果縣市必須自辦孤兒教育，這通常也就等於貧困兒童的學校組織。但是貧困兒童的教育制度不僅限於兒童的國民義務教育，還擴及更高年級的中學教育。

二、貧民醫療救助

　　疾病救助與貧窮救助原本是同時存在的問題，但是到了十九世紀，針對貧民的疾病救助才形成一個單獨的領域。它的原初組織方式是附屬於教會的醫療處所（die Hospitaeler），屬於地方教會興辦的事業團體（Stiftungen），十九世紀才開始從一般貧窮救助體系中成爲一個單獨領域，到目前爲止，還處於初步的發展階段，主要的功能在於治療已經發生的疾病，並未觸及疾病發生原因的防治。

　　如上所述，附屬教會的醫療機制是最早出現的貧民醫療組織，十八世紀之後陸續出現專門收治瘖啞、視盲與精神障礙的醫療處所。它們都源自於地方教

會興辦的救助事業團體，並且由教會行政體系自行管理。同時也在十八世紀之後，逐漸歸屬衛生行政監督，具有單獨的法規範，以及自主管理的機制，部分機構也同時具有醫療學術研究的功能。貧民醫療機制會隨著城市規模的擴大，而愈來愈有其必要性。由於這類醫療機構的業務範圍不會一直侷限於貧民，所以這部分的行政管理將併入衛生行政的章節中。

　　所謂的貧民醫療係針對有固定住居所的貧民，提供醫療服務的機制。這個機制有兩個特點：首先是藥局的免費藥事服務；其次則是公衛醫師制度（die Armenaerzte）。這兩個特點是無法由教會醫療團體所取代，目前英國與法國都沒有這兩種制度。在德國也不見得完整，目前德國雖然有縣市自治團體所設置的公衛醫師，但也只限於大城市。公衛醫師在未來更崇高的任務與功能，在於成為貧窮人口健康照護的代言人，特別是針對居住房舍與工作場所的衛生問題。這部分能夠做的事，可參見本書衛生行政關於公共衛生制度的說明。我們目前還沒有到達這個發展階段，但是如果我們都深刻認知到這兩個事實：健康者百分之五十的疾病狀況可能源自於某種傳染病的散播；有錢人則可能透過貧窮人口無力醫治的疾病而感染類似的疾病，大家就會在濟貧制度中充分發展健康照護事業[14]。

三、貧民補助安置

　　真正的貧民救助則包括所有針對成年貧民的急難救助。這個領域已經有一個相當明確的範圍，在其中也可以看到類似救助制度發展的三個階段：首先是隨意而無組織的個人施捨行為；其次是教會團體的濟貧行動；以及最終出現行政作用下的貧民救助，以行政機制執行貧民救助的基礎在於縣市自治團體的法定救助義務，它的救助體系則是針對各種不同的成年貧民貧窮現象。在這個領域，學術與實務工作都已累積相當的成果，大致可以區分成三種措施：貧民補助（die Unterstuetzung）、貧民安置（die Versorgungshaeuser）與技藝訓練（die Armenarbeit）。這些措施雖然都能夠由人民團體負責執行，然而地方自治團體則應該負全部的責任，任何人民團體都不足以取代它的法定義務與功能。

---

[14] 貧民健康照護之所以在救助制度的章節只有重點式的說明，是因為在衛生行政已將貧民健康列為重要的議題。

我們當代最重要的進步，則是更清楚的認知到貧民救助與社會問題在本質上的差異。這個區分的必然性已經不需要再做多餘的說明。然而，必須再次強調的是，正因為建立了兩者的差異性，所以真正的貧民救助才會簡化成下述的三種類型。

（一）貧民補助

貧民補助（die Armenbeteiligung）是指直接給予的補助，形式雖然多元，但是基本原則卻很簡單。如果是由縣市自治團體提供補助，則應該由該自治團體自行決定補助原則與標準，人民團體提供補助，由該團體自行決定補助原則。

補助對象應該盡可能的數量確定，以利針對不同個案提供適當補助。補助措施應該盡可能不提供現金或津貼，而改以實物給付（Naturalien）。補助期間則以短期間為原則。最長的期間則以滿足急難需求的期間為限。提供補助之前應該先確定急難狀況，不應該只依據貧窮就作出補助。應該隨時注意是否得以停止補助。如果接受補助者被證明拒絕從事工作，即使是低薪工作，就應該停止提供補助。接受補助者應該隨時準備成為勞動者。提供有工作能力者任何形式的貧民補助，都屬不法行為。

（二）貧民安置

貧民安置（die Versorgungshaeuser）的工作，一向是由隸屬於教會的慈善機構（die Stiftungen）負責，這項工作也適宜由教會執行，也不會有人將這種針對成年貧民的安置機制列為行政機關貧民救助的項目。所以貧民安置通常依據教會團體的相關法令辦理，並且由縣市自治團體行使監督權。在當代，安置措施則逐漸由社會自助體系取代，社會自助的價值與重要性也已經開始超越社會救助體系。

（三）技藝訓練

至於設立貧民的技藝訓練處所，則已經不再是成立與否的原則問題，而是如何達到技藝訓練目的的技術問題，同樣的情形也適用技藝訓練所的各種設備儀器。縣市自治團體有義務優先提供就業機會與訓練。至於救助原則與標準則必須因地制宜採取不同的措施。

第三章 ▶▶▶
社會進步的行政

第一節　社會問題的概念

　　愈是高度發展的文明，社會問題的內涵也必定脫離貧窮的範疇，而且在各方面都超越貧窮所產生的現象。

　　如果我們不回顧社會問題及其實質內涵，就不可能完全掌握這一個愈來愈影響深邃的領域。因此，探討社會問題的本質必定源自於社會的學術與理論。

　　社會本身，以及所屬的各層次生活秩序，都會有不同的階級區分。但是人格發展自由的本質卻會在階級的上下差異之中，產生向上的變動。這種階級的向上變動屬於社會生活的有機現象。如果階級變動停止，對於整體社會的自由是一種危險；如果階級變動持續，則是共同福祉所在。階級變動的前提，一方面要創造社會自由的條件，另一方面則必須對抗貧窮。階級變動的實質內涵，必須是每個人都有能力以其自身的資本轉換成經濟意義的資本，實踐之道則是每一個人都能以其營利行為實際獲得某種資本。與上述階級變動相反的作用，則在於資本自身的利益，因為任何資本都會壓制勞動，使其獲利歸零；除此之外，則是資本競爭的法則，任何大資本都會壓制小資本的獲利空間。上述的作用必然形成社會最深刻的矛盾，這不僅阻礙社會自由發展，而且會讓每一個人感受到經濟上的不自由，以及個人發展的不自由。從上述矛盾中，必然衍生出對立的危險，從危險之中，則產生問題，這個問題就是，如何使得無資本的勞動，取得資本，並獲得經濟獨立能力，這就是社會問題的本質（die Sociale Frage）。

　　我們可以清楚看到，社會問題在本質上不同於貧窮問題。另外也很清楚的是，社會問題同樣也是一個高度重要、並且構成獨立的行政領域。為了解決社會問題，而由國家所推行的所有措施與機制，稱之為社會進步的行政（die Verwaltung des gesellschaftlichen Fortschrittes）。

這個部分的行政與其他獨立行政領域都有其專屬的歷史過程、各自的組織與體系，但是在十九世紀後半葉才開始全面的發展。

隨著這個制度的發展，必定浮現國家責任的問題，國家必定贊同向上提升的社會變動，那麼是否應該由國家主導社會變動。這個問題到目前為止，確實未曾完全釐清，所以，未來社會進步與發展的關鍵問題，就在於國家行政在社會變動中的作為與界限。這個作為與界限目前只可能以單一原則呈現。但是，只要我們愈向前發展，這個原則也會愈清楚呈現。社會進步的行政治理，它的本質不必然的侷限於某一個特定的行政領域，而是涵蓋所有的行政領域，在具體的行政措施中都能夠貫徹前述的原則，那就是提供勞動階級社會變動的條件，不論勞動階級屬於體力勞動或者精神勞動，如果欠缺資本的累積，勞動本身是不可能自力完成這些社會變動的條件，至於勞動階級在這些條件下實際上能夠獲得多少資本，則依其具體努力而定。所以，縱然是社會進步行政治理的概念，也不會形成某種超越社會成員自治意義的行政體系，它所代表的就是一個社會層面互助理念的行政分工，如果我們完整的認識行政本質，那麼毫無疑問的，我們目前正面對它的高度發展。同時，社會成員的自治與互助也逐漸建構出一個獨立的行政體系。

本書認為十九世紀的行政理論，所面對的最重要生活事實，便是從貧窮救助制度中區分出具有上述社會理念的行政治理模式，以及充分認知社會救助與社會進步分別依循不同的原理原則，而這個重要事實的確立，則必須歸功於共產主義與社會主義長期以來在理論上的貢獻。依據這個認知，貧窮（die Armuth）與無產（der Nichtbesitz）是兩個截然不同的概念[15]。從此以後，社會問題的核心便從貧窮議題延伸到無資本的勞動階級及其生活秩序。社會自治、甚至自助的理念在這個階段，則是比較不明確的隱身在團結合作性質的法令中（das Associationsrecht）。1848年之後，開始一個新的發展，法國人爭取普選權與勞動權，並且推動國家政治進入共和政體。同時德國1848年也有類似的勞工運動，而且在學術上也逐漸認知到，任何的社會變遷都會產生各自的憲政與行政的變動，劇烈的社會變動也都會形成特殊的歷史變遷過程[16]。在警察學

---

[15] Stein, der Socialismus und Communismus des heutigen Frankreiches, 1.Aufl. 1842.
[16] Stein, Geschichte der Socialen Bewegung in Frankreich, 1850, 3.Bde.

的著作中，首度將階級對立的問題與普遍貧窮現象相提並論，再以此特性成爲國家行政的範圍[17]。在這個階段，德國學界才逐漸接受社會（Gesellschaft）的概念，在1850年代也出現社會自助的理念，首先由舒茲德里次（Schultz-Delitzsh）提出。到了十九世紀末葉，總結以上的社會變動，出現人民團體法制，首先是德國式的生產合作社組織（Erwerbsgenossenschaft）；然後則是英國式的勞工聯盟組織（Coalitionsrecht），隨著這些自助性團體日漸強大的影響力；接著出現不怎麼明確的「社會民主」（Socialdemokratie）概念。這個歷史過程的主要成果，則是社會問題正式成爲公共生活的重要議題，而且成爲行政治理的範疇。所以十九世紀末葉，德國才在既有扶助無資本勞動的機制之上，明確歸納出「社會自治行政治理」的概念[18]，它的內涵如下所述。

第二節　社會自治的法制史

我們都知道，不論任何歷史時代或者社會秩序之中，都存在某種形式與程度的階級對立。然而，宗族秩序與階層秩序的階級對立與當代的階級問題，具有本質上的不同。因爲在前兩者之中的階級向上流動，所缺少的並非資本，而是欠缺法制所保障的平等權利，以致於無從追求資本。所以宗族與階層秩序的階級矛盾不會演變成資本與勞動的對立，反而是下層階級與上層階級獨占特權的對立，所形成的社會鬥爭是針對造成不公平階級差異的的法律制度。直到這種社會的法律制度全面廢止，再形成全面的社會自由狀態，才可能展開我們當代偉大的社會變動階段，甚至出現歐洲的未來願景。而我們目前也正處於這個階段的起點。

基於上述的變動過程中，我們將其劃分爲三個階段，它們的特徵不僅有助於我們對於社會變動歷史的理解，而且也有助於我們對未來發展的判斷。

第一個階段開始於十八世紀，隨著市民社會超越宗族社會與階層社會的不自由而拉開序幕。它的基礎具有雙重特質：一方面，市民社會的基礎在於權利

---

[17] Mohl, Polizeiwissenschaft I. §67-70.
[18] 「具社會理念的行政治理」（sociale Verwaltung），是本書在社會進步的章節中特別提出的概念，它強調社會層面的自我管理與自主進步，爲了與前述社會自由與社會救助的行政在概念上有所區隔，也爲了方便以中文分析三者的差異，以下就以「社會自治行政」統稱之。依據社會自治的概念，可以區分成上層階級對下層階級的「社會扶助」，以及下層無產階級彼此之間的「社會自助」兩種型態。

的平等，以及人格發展的平等；另一方面，市民社會卻又普遍形成無資本勞動力的事實，這個事實透過工業發展而遍及全歐洲，並且隨著城市人口聚集，再進一步形成無資本與零獲利的「普遍貧窮」（der Pauperismus），進而轉換成僵化的社會結構。在上述雙重事實的基礎上，促成社會變動持續向前的精神力量[19]，也促使勞動階級認知到自身的自主性正處於無力與被動，於是進一步提出參與資本分配的訴求，畢竟在勞動階級的自主認知中，資本是透過勞動行為所創造出的。這促使人們思考資本的社會意義，在這種認知下，資本不再只有經濟功能與力量。思考的結果，就是我們通稱的共產主義與社會主義。前者的基本立場在於否定資本與私有制；後者的基本立場則是更不切實際的將資本置於勞動之後。然而，這兩者卻是新時代在這個從未被研究過的社會領域所投射出的第一道光芒。它們並沒有對當時的生活提供有效的指引，但是卻喚醒了社會意識的認知，並且藉此進入社會自治行政法制的第二個發展階段。

在這個發展階段，人們更清楚的認知到，不可能要求市民社會的資本力量自願讓出支配地位，甚至自願放棄。如果要在下層無產階級中形成向上提升的階級變動，是不可能單獨依靠共產主義的原始暴力或者社會主義的虛幻理論，而必須透過第三種勢力，它超越資本與勞動之上，卻不脫離社會發展的最高理念。這個勢力就是國家。這時已是1840年代，勞動階級開始進行自身社會變動，其方式則是將國家權力與理念視為階級變動的工具，或者更具體的視為無資本勞動者實現階級利益的工具。為了避免空泛的認識，我們有必要對這個現象進一步分析。這個原本涵蓋所有社會利益的國家，向來具有雙重的權力特性。它具有憲政與行政的權力機制，如果人們要國家採取某些權力行為，他們必定不會只向國家這個概念喊話，他們必須針對憲政或者行政的權力機制採取行動。這兩者互動所產生的巨大力量，即使一般人不清楚兩者的差異，也無礙其力量的形成。社會變動也會依據這兩種力量，區分成兩個方向，它們的概念與內涵都已是我們所熟知。其中之一的社會變動訴求是針對憲法，它的基本原則在於無資本的勞動者躍身成為立法的代表，也就是在國家法的層次，使得國家的意志為下層階級的利益而服務，它的政治訴求則是改革選舉制度，爭取普通、平等、無記名，並且與財產高低無關的選舉權。另外一個訴求則是

---

[19] 這種精神力量指的是每個個人都有自我提升的道德，整體上就形成唯心論的最高理性與最高精神。

針對行政，它的基本原則在於國家公權力應該介入無資本勞動者的保障，它的政治訴求首先是提升勞動權成為勞動者憲法層次的權益，其次則是設立國家機構，由國家分配給勞動者一定程度的資本與資源，也就是國家補助制度（die Staatshuelfe）。上述的社會變動曾經分別以不同的形態出現，首先是以武力推行，接著出現共和政體，然後是民主體制，接著則是社會民主體制，但是它們的變動規律與命運卻都相同，就是失敗。因而知道它們為什麼失敗，就是一件很重要的事情。

原因在於，國家應該是所有個人合法權益的統一體。所謂的個人合法權益，必定只是在促進整體發展前題下的某種個別條件。勞動當然是整體發展的某個條件，而且是首要條件，但是資本同樣是條件之一，而且重要性不下於勞動。妨礙個人合法權益的自然發展，或者妨礙現行資本在經濟領域的自然功能，對於無資本的勞動同樣都是危險的情形。所以，國家不能、也不會以其權力與機制單純扶植勞動進而支配資本，相反的，國家會以其力量對抗任何有害資本與勞動自然互動的外在因素，以及這個外在因素所形成的支配關係。即使是勞動所內含的最大暴力，也不可能改變國家的抽象本質。基於上述理由，說明前述社會變動不可能達到其預期的勝利，於是開始了另一個新的階段。

第三個發展階段的基本思維在於，所有的人格發展，包括勞動者的人格發展，如果要達到有機生活的高度理念，就必須透過社會成員自治與自助完成自己的目標。外來的恩惠對於真實的進步與發展不具有任何的意義，這句話同樣適用無資本勞動者直接接受他人給予的資本。如果無資本勞動者要獲得資本，以及相應的經濟與社會地位，就必須以自己的力量累積資本。這個基本理念就是以自身努力累積資本，它可以提出的正當訴求則是在努力過程中沒有不當的限制，他的實踐方式則是自助（die Selbsthuelfe）。達到自助的過程，需要更全面與深刻的勞動方式，這種勞動所達到的目的，其實就等同於勞動者透過累積資本以達到脫離資本依賴的目的。能夠自助也就有能力持續進步。由於自助並不侷限於單一行動，一旦它的理念被認同，就會自動發展出互相串聯的體系性行動與機制，事實上，正是這種致力於發展特定機制與行動的力量，完全突顯當代社會問題的核心結構，以及社會自治行政治理的核心理念。

第三節　社會自治的體系

社會自治的行政體系，依其概念專指以整體力量扶助無產階級，使其得以達成自由階級變動的所有行政作為。它們可以區分成兩大領域。首先是所有個別行政領域中，都有提升下層階級的行政措施與作為，因而為求理論體系的完整，也必須納入社會自治的行政體系。這些行政措施與作為尤其表現在衛生行政與教育行政，以及在信用制度與工業行政所面對的勞工問題，但是不包括社會救助的行政。在這個領域隨處都可以呈現我們之前所提出的具有社會精神或者具有社會意識的行政治理，這個概念隨時提醒我們上述行政領域必須具有的高度社會意義。第二個領域則是社會自治行政治理的具體作為，它的功能在於表明真正的社會變動不是國家法律的規範效果，它只可能透過社會成員自身的要素以竟全功。這個社會成員自身的作為機制就是人民團體。因而，社會自治的行政體系，依其所具有的高度意義，將會與社會團體的體系相同，並且自主決定其組織行為。這種社會團體可以區分成兩種類型：第一種是扶助團體（Huelfsvereine），由此而發展出階級互助的團體（Huelfsclassenwesen），它的基本原則在於，上層階級為協助下層階級累積資本，所提供的財務管理機制；除此之外，第二種則是自助團體（die Selbsthuelfe），它的基本原則在於，無產階級自行組織人民團體，透過成員自主管理、協力與合作達到累積資本的階級利益，它們的類型相當多元，但是都有相同的基本原則。在不同的歐洲國家，上述的**扶助團體**與**自助團體**也有不同的組織結構，但是都表現出相同的基本功能。

本書認為社會自治的行政領域之所以較難建立體系，原因在於概念不清。尤其應該依據組織形式區分扶助團體與自助團體。目前德文文獻幾乎將兩者全部涵蓋在貧窮救助，即使依據性質作進一步區分，卻也未見體系的建立。另一方面，英文文獻也以善心團體（friendly societies）泛指所有扶助團體與自助團體，甚至將保險團體也列入自助團體，法文文獻亦同（association mutuelle）。所以應該放棄無所區分的泛稱，改以功能與組織的分類，這也是我們是否完整掌握社會問題的關鍵。

第一款　扶助團體

扶助團體的功能

　　所謂的扶助團體是指特定類型的人民團體，它們由上層階級集資成立，以協助下層階級累積資本。所以扶助團體及其基金的普遍設立，其前提在於階級的差異已經普遍存在。它們的經營基礎通常建立在國民經濟的原則上，在下層階級無資本的經濟條件上，致力於節約行為，因而成立的宗旨原本多在於防止貧窮，理論上也歸類於這個體系。一直到階級對立成為普遍的現象，而且出現無產階級自主行動的理念，才會在這類人民團體中出現國民經濟之外的社會要素，在這個發展背景之下，扶助團體的性質自然會被定位成無產階級自主行動的次要選項，再依此原則發展其自身特質。這個相對於無產階級自主行動的扶助團體，其特質就專指個案的協助，而不再具有全面性應對社會問題的能力，因而，這個機制雖然具有某種高度的價值，卻只有低度的權力，它們有典當、借貸與儲蓄三種基本的組織形式。

第一目　典當借貸機構

　　典當機構或稱之為無產階級個人信用的信貸機構，依其概念屬於一種提供信用的組織型態，依其實質內涵則屬於無產階級的社會生活型態。它的目的並不在於累積資本，而在於急難救助，以避免急難情形成為資本剝削的對象。典當機構因而成為無產階級社會層面的信用管制者，在這一點上，正是基層地方自治得以促進社會變動的所在。它是最古老的，同時也是最底層的社會自治行政機制。

第二目　地方儲蓄銀行

　　儲蓄銀行（die Sparkassen）的目的，則是在無產階級欠缺資本的經濟環境中促進資本的累積，而且是募集並管理那些無生產能力的小額資金。它的作法，首先讓小額資金有募集的可能，然後再使得這些資金具有孳息的功能。同時在會員間設置急難互助金（ein Huelfscapital）。基於上述的要求，資金必須

再作穩當獲益的投資，而且必須隨時有支付急難互助金或者償還的準備。這兩種任務就是儲蓄銀行的核心任務。形式意義上，儲蓄銀行屬於經濟性質的人民團體，所有投資者同時也成為社團成員，撤資就失去社員資格，所募集資金由管理委員會負責經營；但是社會意義上，儲蓄銀行卻是由資產階級以無給職的方式負責實際的經營，因而資產階級的管理委員會取代社團成員的議決制度而主導人民團體的經營。透過這個奇特的組織方式，儲蓄銀行成為人民團體與地方自治行政的過渡現象，兼具兩者的特性。它因而具有行政機構的組織特性，受上級機關的監督。儲蓄銀行有三項行政任務：第一項行政任務是吸收資金，發行儲蓄憑證；基於資本自由化，儲蓄憑證雖然記載姓名，仍然享有無記名債券（das Inhaberpapier）的相關權益，以及分期償還債務的優惠。依據儲蓄銀行在社會功能的觀點，這個觀點首先在法國普遍採行，儲蓄銀行只收取一定金額範圍內的投資，而且只有限定的資本額保留在銀行內。這個觀點有其經濟考量，超過一定金額的投資與解約，對於經營都是一種負擔，除了行政作業之外，還有利息的負擔。第二項行政任務則是投資管理。為了如期支付利息，有兩種可能的經營管理體系。第一種是完全自由的模式，管理者完全依其專業判斷決定資本投資策略。第二種則是部分或者完全依據法定方式進行資本投資，最終的法定經營方式之一，則是解繳國庫，或者購買國庫債券。德國儲蓄銀行屬於第一種的經營模式；法國與英國則屬第二種。不論如何，針對已經穩定投資的資本額應該妥善分配在不動產，或者期貨證券。第三項比較少探討的行政任務，則是基於盈餘購置資產的財產管理。當然，這些不可能變成任何私人的私有物，應該具有某種公共財的性質，原則上可以成為小額商業信用貸款的資金來源。因而在地區儲蓄銀行之上，得以設立涵蓋縣市範圍的扶助基金，但是這必須基於人民團體自治行政，以及所有債務人連帶責任的基礎上。如果能夠如此發展，自然會從儲蓄銀行進而發展出更高層次的自助組織，並且賦予儲蓄銀行更高度的意義與功能。當自助組織的意義被充分的認識，將會出現上述的發展過程。

儲蓄銀行在國民經濟與社會自治兩方面的重要性，在十九世紀才獲得普遍共識，而且隨著社會對立的深化，這個共識愈顯深刻。目前各國已經建立相當完整的立法規範。英國與法國採行國家管理模式；德國則採行自由經營模式。英國於1818年與1828年相繼制定專法，基本原則如下：所有的資金得自由轉存

國營行庫，並由國營行庫支付優惠利息（百分之四），儲蓄銀行只須處理存款與提款業務，不必再做其他資本投資，因此，每年限定個人投資額度，也有個人最高投資金額的限制。所有的資產都列爲一種國家債務，由國庫負最終擔保責任。儲蓄銀行有義務編列並公開年度會計報告，它的成立資金主要來自於資產階級的資本盈餘，社員有最低存款金額的規定，每半年計息一次。這項制度後來併入郵政儲金，存款業務不必再到特定儲蓄銀行，在任何郵局均得處理。法國制度的基本原則同樣是由國家負責資產的管理，所有結算金額必須在24小時內轉存公營行庫。每一個縣市自治體都應設立儲蓄銀行，銀行主席爲縣市首長，每三年改選管理委員會，監督機關爲財政部，社員也有最低存款金額的規定，也有每週個人最高存款額度，以及個人最高投資金額的限制。每個儲蓄銀行得自訂內部經營管理章程，並由主管機關核准後施行。德國體系則完全不同，基本原則如下：儲蓄銀行得由地方自治體或者人民團體設立，自行決定經營管理，因此屬於自由經營模式。隨著它的重要性愈形顯著，國家才開始制訂普遍適用的立法，立法原則明訂人道團體享有優先設立儲蓄銀行的權益，地方自治體必須在地方議會全體同意承擔法律責任的條件下設立儲蓄銀行。奧地利在1846年制定專法，規定儲蓄銀行盈餘應做公益使用，管理委員會原則上得自行決定經營管理，主要投資項目必須爲不動產，其次爲國家債券，再其次爲現金業務。儲蓄銀行有義務編列並公開年度會計報告，內部經營管理章程由主管機關核准後施行。普魯士於1838年制定專法，立法內容類似奧地利，儲蓄銀行得由地方自治體或者人民團體設立，自行決定經營管理，1847年立法規定盈餘使用原則，以及政府對儲蓄銀行應該採行優惠措施，尤其是省級地方自治體得設立各類型扶助團體，以使無產階級獲得必需的資本。

第二款　社會保險制度

相對於儲蓄銀行的目的在於累積小額資本以建立自由資本，保險制度（das gesellschaftliche Versicherungswesen）的目的則在於，透過規律繳費形成相當程度的資本規模，以對抗特定事故造成的經濟負擔。所以保險制度依其廣義概念屬於國民經濟與經濟行政的領域，而且制度本身並不排除任何狀態與規模的資本。因而對於所有階級而言，社會保險制度具有相同的社會功能。這個

社會功能就是，不論是資產階級的家庭或者無產階級的家庭，透過保險資本的累積，以防止家長死亡時造成整個家庭突然落入更下層的社會地位。當然這樣的社會功能主要是針對勞動階級。這也是我們之所以稱呼這種保險制度爲社會保險的原因，而且進一步將社會保險界定爲人身保險（die Lebensversicherung），以區分另一種不同性質的產物保險（die Schadensversicherung）。因而，我們認爲不論何種形式的人身保險，都是一種社會機制。

　　然而上述的社會功能卻不會改變保險制度的本質。保險就是一種企業經營，它必須依據特定的經營模式，而且完全不同於社會問題的思維。即使社會保險制度在其目的範圍內要爲無產階級謀取資本利益，也必須依循它固有的經營模式。依據保險原則，保費必定隨著保險給付的增加而提高，經營成本必定隨著保費規模的擴大而下降。如果只要求社會保險制度爲無產階級謀福利，這是一種錯誤的想法，社會保險制度的正確運作方式在於：適當的結合無產階級與資產階級在一個保險制度中，結合的方式就在於任何一個保險類型都要納入一定規模與相當範圍的資本以提供保險給付所需的財務基礎，從最低規模、開始計息的小額資本到某個資金範圍內的大額資本都包括在內。必須特別強調的是，給付與對待給付的相互關係，在社會保險制度中仍然適用。可是，即使是相互性（Gegenseitigkeit）的制度原則，歐洲主要的國家也有相當不同的作法。

　　英國的社會保險制度建構在眞正的英式原則上，它的保險團體（die Assurances）通常範圍明確，身分限制，並且排除無產階級的適用，因而勞動階級與資產階級的人身保險分屬截然不同的制度，彼此獨立發展。爲了達到資產階級的保障水準，無產者必須自行組織基於相互性原則的社會保險團體，並且自主管理，這種英國式無產階級的保險團體就是該國通稱的社會保險（friendly societies）。它們的組織原則顯然優於實際的經營效果。

　　法國同樣將上述社會保險的理念充分實現在特定制度中（Association mutuelle），然而只限定在少額資本與相互性原則，並不像英國式人民團體組織的自由發展。法國制度在抽象原則與法律制度之間的矛盾，已有相當的文獻探討，但是並未眞正出現範圍明確又獨立運作的保險組織，所以法國政府必須強力運作以促成無產階級的社會保險團體（Caiss de retrait）。

　　只有在德國自始便有正確的認知，無產階級的社會保險必須與資產階級

的社會保險合併辦理。所以德國的社會保險制度自始便避免英國排除小額保險費的錯誤，也避免法國由政府自行成立社會保險的困境。德國社會保險制度除了不排除小額保險費之外，並且盡可能納入所有的保險事故，再加上建立在精算基礎上的保費制度，所以在社會層面而言，毫無疑問的堪稱世界上最好的制度。透過這樣的制度，才有可能從扶助團體之中明確區分出自助團體，分別加以論述分析，而這兩者在英國與法國制度中卻彼此不分。德國的社會保險制度因而有能力在社會自主運作的前提下，促成資產者與無產者的利益和諧。

第三款　自助團體

第一目　基本原則

　　自助機制依其概念，指的是一種基本的信念，那就是無產階級真實的向上變動，必須透過己力完成。它的組織形式則是獨立自主的無產階級人民團體。它的成立前提不僅僅是在組織形式與實際運作，而且是從內在認知上，就必須明確的區分出勞動階級與資本力量的不同。自助機制的內涵，則是充分認知到不同於資本利益的自助利益。它的基本原則就在於這個信念：每個成員都必須透過自己的努力，將法律平等提升成社會平等。自助機制與自助團體形成的時代背景，在於階級的社會對立現象已經轉化成為普遍的認知，而這種認知的力量正是形成階級差異的原因與內涵。自助團體最直接與自然的政治行動，便是透過普選制在立法過程中取得決定性的力量；它的第二個行動，則是將成員的資本累積當作自助團體成立的目的。這類型的自助機制與自助團體在1848年之後出現，並且從此成為社會變動的核心議題，也就是社會問題的核心議題。這類型自助機制最具代表性的組織名稱便是某某協會（die Association）。這個名稱最早出自於社會主義，在合作社的組織模式之下，社會主義也從一種抽象理論進入實際生活，發揮實際的影響力，在這種演變趨勢下，前述社會保險保險團體的概念（die Société）反而轉換成經濟性質的團體，而合作社性質的協會組織卻轉換成為社會的概念。自助機制及其團體在它自身的物質基礎之上，漸次發展出特有的體系。這個物質基礎指的是獲得財富的兩種基本方式：其一是透過某種營利行為達到累積資本的目的；其二是針對工資條件達到累積資

本的目的。依據這兩種方式，就產生兩種類型的自助機制：其一是勞動協會（die Association- oder die Arbeitervereine）；其二是職業工會（die Coalitions- oder die Arbeiterverbindungen）。通常的情形是先有勞動協會，才進而產生工會組織，然而工會組織的出現並不會排除原本勞動協會的存在。它們的法律制度同樣都屬於人民團體法的範疇，它們的體系卻涵蓋了勞動者生活領域中能夠向上提升的所有訴求。因而在社會進步的行政領域對這些自助機制與團體進行體系分析，具有相當重要的意義。正因為它們未來具有高度的意義，所以目前的情形只能算是組織不成熟、力量不集中的狀態。這些團體目前彼此之間並未建立聯繫，在理論探討上也只有呈現個別職業領域的現象，而且通常限定在某種利益的層面，尚未達到全面體系的意義與目的。然而它們的存在卻顯現一個偉大的事實，它們呈現出社會問題在地方自治與人民團體領域中的行政治理模式，自助機制的具體作為將決定它們在行政領域中的特殊地位，同時也表現出自助機制在不同國家的特殊性質。在英國，由於完全的人民結社自由，所以社會對立的形式完全表現在資本與勞動兩大要素的對立，造成的後果則是英國自助機制與團體的發展重點不在勞動協會，而在於職業工會；法國則因為人民團體法的嚴格限制，難以成立勞動協會的組織，因而僅僅流於秘密結社的情形，而且從七月革命之後便是如此，所以自助團體的組織形式反而不具顯著的意義；在德國，自助團體的發展則以取得信用保證與累積資本為目的的勞動協會為開端，然後仿效英國模式持續成立工會組織以爭取工資權益，在此同時警方則依據法國經驗強力取締工會組織的運作，最後才依據市民社會的自由原則，承認工會組織屬於合法的結社權。我們的說明，已經清楚地呈現自助機制與團體的發展脈絡。

第二目　自助團體體系

一、勞動協會

綜上所述，勞動協會專指無產階級的團體組織，由其成員透過選舉產生管理與領導，組織的目的在於累積協會自身的資本，以促進成員的向上變動與提升。成立這樣的勞動協會必然是基於自我管理、自主發展的理念所建立的相互性原則，尤其表現在公平的會費負擔，以及對外的共同責任。依據勞動協會的

成立目的，它的組織範圍必定涵蓋各種的勞動類型，至於它所能發揮的眞實效果則有賴自身體系的擴張。勞動協會的主要類型如下：

社會信貸團體或稱之爲信用合作社（die Vorschusscasse），專指集結社員的小規模資本及其完全責任，不僅用於經營獲利，更重要的則是爲其社員提供最大可能的信用保證（ein Credit）。因而它的組織基礎在於信用團體，甚至可能擴及商業銀行的業務，以吸收社員以外的資本。這類勞動協會的發展，需要長期穩健的經營能力。德國正是這類協會的發源地。

生產協會或者產銷合作社（die Produktionsvereine），其目的不在於提供社員信用保證，而是爲了某種共同經營的事業，集資購進生產設備，以累積另一種形式的事業硬體與經營資本（ein Anlage- und Betriebscapital）。這類勞動協會有賴於社員完全服從選舉產生的領導管理，個體的利益完全依賴整體利益的發展（devouement），法國是這類協會的發源地。

消費合作社（die Consumvereine）的目的，在於自行管理控制日常生活所需的民生物資，透過小額原物料或者民生物資的大量採買，將價差所產生的利潤再回饋全體社員。這類協會高度發展的關鍵，在於能夠將利潤轉換成設備與營運成本，再擴大事業經營規模，如此則消費行爲本身將轉換成爲生產力的基礎。這類協會的高度發展有賴商業天賦，英國正是它的發源地。

德國學界最早對自助機制與團體做全面性的論述，並且建立完整的體系。代表作則是舒茲德里次（Schulze-Delitzsch）於1855年提出信用合作社的社會信貸機制當作國民銀行的主張；1848年，在柏林首度出現信用合作社的組織；1850年在德里次（Delitzsch）出現信用合作社的組織，之後再擴展到農業人口。

二、職業工會

職業工會與勞動協會，在組織要素上兩者高度雷同，唯一的區別在於組織目的。職業工會的組織力量與目的都在於提高工資，它的運作方式已經不在於提升勞動價值，而在於集體罷工（gemeinsame Arbeitsniederlegung）。罷工的國民經濟基礎是建立在特定思維之上，藉著強迫性的提高工資，間接地參與企業盈餘的分配。罷工的社會思維則在於，不僅使得勞動階級與無產階級在經濟層面取得與資本相同重要的地位，而且也包括下層階級以自助的行爲提升社

會地位與影響力。達到這個目的的手段因而也有雙重的特質：首先，透過繳納的會費，職業工會必須設置足夠的罷工基金，以補助勞工參與工會發動集體罷工所損失的日常生活經濟來源；其次，透過媒體與演講，提升勞動階級的認知力量，以使其在精神上有能力與資本力量對抗。職業工會的權利基礎則在於勞動自主權（die Arbeit ist frei）。他們通常在罷工程序中嘗試與資方業主進行協商，修改勞動契約，以達到提高工資或者相關的期待利益。任何行政權力當然都不會忽視罷工對於經濟秩序所產生的危險，它不僅造成許多人的急難與貧窮，而且造成勞動逐漸侵蝕資本體系的完整。因而行政權力對於職業工會的成立與運作，在開始的階段必定設法防堵。但是行政權力很快便知道，消極防堵成效不彰，而且行政力量也阻止不了勞動自主權的力量，除非完全放棄國民經濟的自由發展。所以公法的自然發展趨勢，必定會在現行法律中確認職業工會的結社自由權，並且原則上適用集會結社自由權的相關法律制度。職業工會則必須謹守協商程序完全公開透明，如果工會為了達到提高工資的目的，直接或間接運用強制手段要求會員或其他第三人奉命行事，則必須解散工會，並對負責會員科以相當刑罰。一個符合上述職業工會自由權的運作體系目前並未出現。但是未來則必須在這個問題上建立充分的法治認知，並且落實成為具體可行的法規範原則。上述勞資問題的真實解決必定在於利益和諧的理念（die Idee der Harmonie der Interessen），這不僅單指某個地區層面的問題，即使國民經濟的理論也證實，促成經濟進步的條件之一當然是大資本的功能，第二個條件則是勞動能力的發揮，以自行努力達到經濟上與社會上的獨立自主。就像其他重大歷史問題，藉著以上的論述，我們開始真正瞭解當代的勞資狀態與社會變動，也能將所有的現狀都視為未來的過渡階段，藉著未來的發展才足以正確的教導我們如何判讀錯誤的選擇與適當的選擇。

本書認為所有職業工會的發展歷史，必定都會經歷兩個階段：首先是警察法的禁止活動，然後才會有法制規範，尤其是人民團體法規範下的職業工會結社自由；第二個階段的實現，必定先從一般性結社自由中區分出政治性結社自由後，才會出現真正的職業工會結社自由。

德中對照

A

die Abloesung 農地重劃

der Adel 貴族

Amortisation 分期低利貸款

das Amt 公務機關

der Amtsorganismus 公權力機制

Aktiengesellschaft 股份有限公司

Aktienvereine 股份制的人民團體

das Almosen 施捨

Angestellte 職員

die Anweisung 付款單據

Armenvereine 社福團體

Anweisungen 支付票券

die Appellation 法院訴訟

die Arbeitergenossenschaft 生產合作社

die Arbeiterfrage 勞工問題

die Arbeitergerichte 勞工法庭

die Arbeiterordnung 勞工生活秩序

Arbeiterverein 勞動協會

die Arbeiterverbindungen 工會組織

die Arbeiterwohnungen 勞工住宅

die Arbeitsbuecher 勞動證書

die Arbeitshaeuser 遊民習藝

gemeinsame Arbeitsniederlegung 集體罷工

die Arbeitszeit 勞動時間

die Armenaerzte 公衛醫師

die Armenarbeit 貧民技藝訓練

die Armenbeteiligung 貧民補助

Armen-Erziehungsanstalten 貧困兒少教育機構

die Armenkinderpflege 貧困兒少救助

das Armenkrankenwesen 貧民醫療救助

die eigentliche Armenpflege 貧民補助安置

die Armenvaeter 志工團體

die Armenpflege 救助體系

das Armenrecht 救助權利

die Armensteuer 濟貧稅制

die Armenverwaltung 救助組織

das Armenwesen 貧窮救助

die Armuth 貧窮

die Association 協會

die Associationvereine 勞動協會

das Associationsrecht 團結合作的法令

die Auswanderung 人口移出

eine Aufenthaltskarte 居留證

die Ausfuhrverbote 禁止出口

die Autonomie 自治權

die Autonomie 家長自治權

B

eine Bank 銀行

ein Bankhaus 錢莊

der Bankfonds 銀行資金總額

die Bannrechte 職業行會除名權

der Belagerungszustand 戒嚴狀態

das Bergerecht 撈貨權

die Bettelpolizei 乞丐管制

die Beobachtung 觀察

die Bedingungen 條件

der Begriff 概念

das Behoerdensystem 行政機關體系

die Behoerden 行政機關

der Bergbau 礦業

das Bergrecht 礦業法制

das Bergwesen 礦業行政

der Beruf 職業

die Berufsbildung oder Fachbildung 職業教育

die Berufspruefung 資格考試

die Beschwerde 訴願程序

Beitraege 會費

Beitragsvereine 會員制人民團體

der Betriebe 企業經營行為

Bevoelkerungswesen 人口行政

die Bevoelkerungslehre 人口理論

die Bevoelkerungsstatistik 人口統計

die Bevoelkerungsordnung 人口管理

die Bevoelkerungspolitik 人口政策

das Bewusstsein 認知

die Bildung 教育

die allgemeine Bildung 文化教育

Bildungspolizei 教育行政

das Bildungswesen 教育行政

das Bildungssystem 教育體系

die Bodencreditverein 土地信貸團體

die Boerse 集中交易

der Boersenkammer 金融交易委員會

das Boesenrecht 金融交易法制

C

die Cameralwissenschaft 官房學

die Censur 出版檢查

die Chirurgen 外科

die Classenpruefung 學校考試

die Civilehe 公證婚姻

Commandit-Gesellschaft 兩合公司

das Cabinet 國務府

Classenbewegung 階級變動

das Classensystem 班級體制

die Coalitionen 勞工聯盟

die Coalitionsverbindungen 職業工會

Code Penal 罪刑法定主義

das Commissionsgeschaeft 代理買賣

die Competenz 行政職權

Confiskation 沒收充公

die Corporation 合作事業

die oeffentliche Constituierung 制度性保障

die Controlle 審議機制

das Concessionswesen 特許制度

die Consumvereine 消費合作社

Cours 交易價格

die Creditbanken 信用銀行

der Creditcassenschein 信用兌換憑證

die Creditnoten 信用紙幣

die Creditvereine 授信團體

das Creditwesen 信用制度

D

das Darlehen 借貸

Darlehenscredit 借貸信用

die Despositenbank 儲蓄銀行

Diener 職工

die Dienstpruefung 公職考試

die Direktion 事務人員

der Discont 貼現費用

Despotismus 絕對專制

aufgeklaerter Despotismus 開明專制

das Dorf 村莊

Drohung 警告作用

ein Durchschnitt 平均值

E

die Ehe 婚姻

die Ehre 榮譽

literarisches Eigentum 著作權

die Elementar-Verwaltung 資源保護

Elle 呎

die Entwaehrung 公益使用

Eudaemonismus 國民福祉原則

die Einwanderung 人口移入

die Enteignung 公用徵收

die Entlastung 平均地權

die Entschaedigung 行政補償

die gesellschaftliche Entwicklung 社會進步

Erwerbsgenossenschaft 生產合作社

F

die Fachbildung 專業教育

die Feuerpolizei 消防制度

ein Fideicommiss 長子繼承制

die Findelhaeuser 棄嬰照護

Findelkinder 棄嬰

Folge 後果

das Folium 土地登錄謄本

die Forsthoheit 林業國權

die Forstpflege 林地復育

das Forstregal 林業高權

der Forstschutz 林地保護

die Forstwirtschaft 林業經濟

das Forstwesen 林業行政

das Frachtgeschaeft 交通運輸

die gesellschaftliche Freiheit 社會自由

Freihaefen 免稅商港

die Freizuegigkeit 遷徙自由

das Fremdenwesen 人口申報制度

der Friedensrichter 調解制度

die Fuhrwerkpolizei 載重管理

die Fundation 銀行資產總額

G

das Gastrecht 保護私人

die Gebuehr 行政規費

Gegenseitigkeit 相互性

das Geleitsrecht 請求護送

Gegenseitigkeitsvereine 相互性人民團體

Generalversammlung 會員大會

Genossenschaft 同業公會

der Gehorsam 服從義務

ein Geist 精神

das Geldwesen 貨幣制度

die Geltung 社會影響力

die Gemeinde 縣市級地方自治體

　　die Ortsgemeinde 鄉鎮地方自治體

　　die Verwaltungsgemeinde 行政型地方自治體

　　die Kreis-und Bezirkgemeinde 聯合縣市自治體

das Gemeindebuergertum 市民身分

die Gemeindeordnung 地方制度法

die Gemeindeverfassung 地方基本法

die Gemeindekirchenbuecher 地方教會執事記錄

die Girobank 匯兌銀行

das ordentliche Gericht 普通法院

das Gesammtministerium 總理府

das Gesetz 法律或法則

Gesetzgebung 立法權力

Geschaeftscredit 商業信用

das Geschlecht 宗族

die Geschlechter 宗族世家

die Geschlechterherrschaft 宗族支配

Geschlechterordnung 宗族社會

der Geschmack 審美觀

die Gesellschaft 社會

die Gesellschaftslehre 社會理論

das Gesellschaftsrecht 社會的法律制度

Gesuche 陳情

die Gesittung 文明

die vollziehende Gewalt 國家行動力

die Gewerbebanken 合作金庫

die Gewerbefreiheit 營業自由

die Gewerbekammern 手工業委員會

die Gewerbeschulen 商業學校

die Gewerkschaften 礦工工會

die gesellschaftliche Gleichheit 社會平等

die Gemeinheitstheilungen 土地重劃

Gemeinschaften 共同體

Gesellschaften 公司

　　Commandit-Gesellschaft 兩合公司

　　Aktiengesellschaft 股份有限公司

ein Geschaeft 商業行為

Gesindeordnung 僕役規則

das Gesindewesen 僕役制度

die Gesindezeugnisse 僕役長工證書

die Gesundheitspflege 國民健康

Gesundheitspolizei 疾病防治

das Gut 整體資源

ein Gut 財貨

die Grundherrlichkeit 封建領主

die freie Geschlechterverfassung 宗族法制

das Gesundheitswesen 衛生行政

die oeffentliche Gesundheit 國民健康狀態

die Gewerbegerichte 手工業仲裁制度

Gewerbeordnungen 手工業營業規則

das Gewerbewesen 手工業行政

Grund 基礎

der Grundbesitz 土地

die Grundbuchsfuehrung 登記程序

das Grundbuchswesen 土地登記制度

die Grundentlastungen 平均地權

die Grundherrlichkeit 莊園領主制度

die Gutsherrlichkeit 莊園領主制度

H

Habeas Corpus 人身保護令

die Hafenpolizei 港務管理

das Handelsbuch 商業書表

die Handelskammern 商業委員會

das Handelsrecht 商事法

die Handelscompagnien 商業公司

das Handelsgericht 商事仲裁制度

die Handelsgesetzbuecher 商事法典

die Handelskrisen 經濟危機

die Handelsfreiheit 商業自由時期

die Handelspolitik 商業政治時期

die Handelspolize oder Handelspflege 商業管理

die Handelsvertraege 商業貿易條約

die Handelswissenschaft 商業學

Hausirhandel 登門銷售

die Hegezeit 禁獵時期

das Heilwesen 醫療制度

das Heimathsrecht 戶籍權

Heimathscheine 居住文件

das Heimatswesen 戶籍管理

Helfsvereine 扶助團體

das Huelfswesen 社會扶助

Honorar 酬金

der Hof 內務府

die Holzbringung 木材運送

die Hospitaeler 教會醫療處所

die Hypotheken 不動產抵押

die Hypothekenbanken 不動產抵押銀行

die Hypotheken-Versicherungsvereine 不動產保險團體

I

die Identitaet 識別性

die Idee 理念

das Industriesystem 工業主義

das Inhaberpapier 不記名債券

Innung 手工業行會

das Interesse 利益

die Interssenvereine 經濟利益團體

J

Jagdhoheit 狩獵國權

Jagdregal 狩獵高權

die Jagdpolizei 刑事警察

die Jagdreviere 狩獵區域

das Jagdwesen 狩獵行政

Jus naturae 自然法

K

die Kameralwissenschaft 官房學

die Kapitalbildung 資本累積

die Klage 訴訟程序

Kleingewerbe 自營作業者

die Kammern 各級議會

Knappschaften 礦業公會

das Koenigtum 君王

das Konkurswesen 破產管理

der Kornzoll 穀物關稅

die Krone 皇冠

die Koerper 權利義務主體

Koeperschaften 職業行會

Krankenvereine 保健團體

Kreditpapier 信用憑證

die Krippen 托育機構

Krippenvereine 身障團體

Kunstvereine 藝術團體

das Kuxenwesen 礦工分紅制度

L

Lagerhaeuser, Waarenhaeuser 倉儲設備

das Landwegewesen 陸路運輸

die Landschaft 省級地方自治體

die Landtafel 貴族土地登記制度

die Landwirtschaftspflege 農業行政

die Lebensversicherung 人身保險

Lesevereine 讀書成長團體

die Lehnhoheit 封建高權

der Landesherr 諸侯領主

das Lehrerwesen 教師制度

der Lehrplan 教學計畫

Lehrerconferenzen 教師聯合會

Lehrervereinen 教師團體

die Lehrordnung 教學規則

die Legitimationskarten 身分證

das Lohnfuhrwesen 民間運送業者

das Lohnverhaeltnis 僱傭關係

M

die Macht 權力

das Majorat 長子繼承制

die Makler 金融經紀人

die Manufaktur 制式生產流程

Markenrecht 商標權

die Massenarmuth 普遍貧窮

die Mediciner 醫科

das Meldungswesen 申報制度

die Methodologie 教育方法論

das Merkantilsystem 重商主義

der Ministerrath 政務委員

das Ministerialsystem 政務機關體系

der Muenzfuss 法定金屬標準值

das Muenzwesen 硬幣

Musterschutz 圖樣權

N

Naturalien 實物給付

die Naturwissenschaft 自然科學

Jus naturae 自然法

Navigationsgesetz 航海法

das Niederlassungswesen 長期定居

der Nichtbesitz 無產

die gesellschaftliche Noth 社會救助

die Noth 貧窮

die Nothverordnung 緊急命令

die Notenbank 中央銀行

O

das Oberhause 上議院或參議院

das Objekt 標的

die Oberaufsicht 監督權

das Obereigentum 皇權最高性

Organismus 有機組織

die Organisationsgewalt 行政組織權

die Organe 行政組織

die Organisation 組織型態

die Ordnungsstrafe 秩序罰

die Ortsgemeinde 鄉鎮地方自治體

P

das Papiergeldwesen 紙幣

die Passkarten 護照本

das Passwesen 護照制度

die Paedagogik 教育學

Patenrecht 專利權

Patrimonialgerichtsbarkeit 專屬審判權

der Pauperismus 普遍貧窮

Petitionen 請願

die Pfahlbuerger 村民身分

der Pfandbrief 抵押憑證

Pfandcredit 抵押信用

die Pflanzungsordnung 植樹計畫

das Pflegschaftswesen 監護行政

das Pflichttheilsrecht 應繼分與特留分

Pfund 磅

die Peelsakte 皮爾法案

die Physiokraten 重農主義者

Politik 政治

die Polizei 警察

die Polizeihoheit 警察國權

die Polizeiverfuegung 警察職權命令

Polizeiwissenschaft 警察學

Polizeirecht 警察法

das Polizeiverfahren 違警裁罰程序

das Polizeigericht 違警裁決所

die Polizeistrafgesetzbuecher 違警罰法或社會秩序維護法

das Polizeiwesen 警察行政

Popularklagen 公益訴訟或民眾訴訟

das Portosystem 郵票制度

die Praerogative der Krone 君王特權

die juristische Persoenlichkeit 法人格

Populationistik 人口學

die Praemie 保險費

der Praemientarif 保險費標準表

Praesidium 負責人

die Presse 平面媒體

die Presspolizei 媒體管制

das Pressstrafrecht 媒體刑事法

Privilegien 特權

das Privilegium 特許制度

das Prohibitivsystem 媒體禁止制度

die Produktivitaet 生產力

die Produktionsvereine 產銷合作社

Q

die Quarantaine 港口檢疫

R

Realcredit 財產信用

die Realgewerbe 附屬於不動產的手工業營業權

die Realschule 職業學校

ein ausschliessliches Recht 除外權益

die Rechtsphilosophie 法哲學

die Rechtswissenschaft 法律學

der Recurs 聲明異議

die Republik 民主共和

die Regierung 政府

die Regalitaet 國家財政高權

das Remedium 合理誤差

die Repressivsystem 媒體管控

die Reserven 保險準備

der Reservefond 保險基金

Rueckzoll 退稅措施

die Rubriken 登記項目

S

das Sanitaetswesen 公共衛生

die Schadenversicherung 產物保險

die Schiffbuechern 船舶登記

die Schiffahrtsverwaltung 海商行政法

die Schlagordnung 伐木規則

der Schlagschatz 鑄幣合理成本

Schuerfung 探勘許可

die Schulgeld 學費

Schullast 學校預算編列

Schulverbaende 學校協會

die Schulordnung 學務管理

die Schulpflicht 入學義務

das Schulplan 教務計畫

die Schulverwaltung 學校行政

die Schulzwang 強制入學

die Schutzbuerger 村民身分

der Schutzzoll 保護關稅或行政關稅

das Seerecht 海商法

die Selbsthuelfe 自助

die Servituten 林地使用特權

die Sicherheitspolizei 治安警察

die Sicht 票據到期日

Socialdemokratie 社會民主

die Sparkassen 地方儲蓄銀行

das Speditionsgeschaeft 承攬貨運業務

das Staatsnothrecht 緊急動員

die Statuten 內部章程

die Sittenpolizei 公序良俗

der Staatsrath 國務資政

die Staatswissenschaft 國家學

die Staatswuerde 國璽

das Staatsoberhaupt 國家元首

Stadtgemeinde 城邦地方自治體

der Stand 職業階層

die Standesordnung 職業階層社會

das Standrecht 戒嚴法制

die Stellung 社會地位

Steuerverguetung 租稅優惠措施

Steuerzoll 稅務海關

die Steuerwaehrung 法定貨幣

Stiftungen 教會事業團體

die Studienordnung 學業規則

Selbsthuelfe 自助團體

die Selbstverwaltung 地方自治

der Selbstverwaltungskoeper 地方自治體

Seuchenpolizei 傳染病防治

die Staatsgewalt 國家統治權

das Staatsgericht 憲法法院

Staatswaehrung 國家貨幣

die Staatswirtschaft 國家經濟

Stiftungen 基金會

die Statuten 章程

das Staendewesen 行會制度

System 體系

die Standesregister 身分登記

die Statistik 統計

das Strandrecht 棄貨權

die Strompolizei 河川管理

T

die Tariflehre 給付標準

die Theurung 物價攀升

die Teurungspolizei 物價控制

Tyrannis 暴力獨裁

U

die Uebertretungen 違警行為

Ursache 原因

Unterstuetzungsvereine 救助性團體

das Unterstuetzungswesen 救助制度

das Unternehmen 企業

die Unternehmungsvereine 事業經營團體

Unternehmungscredit 企業融資信用

das Unterichtswesen 教學制度

die Unzucht 妨礙風化罪

V

Verband 公益協會

Wasserverbaende 水利會

Schulverbaende 學校協會

Wegeverbaende 路權協會

die Verkehrsanstalten 交通機構

die Verkehrsmittel 交通設施

Verkehrswaehrung 市場貨幣

das Verkehrswesen 經濟貿易

das Verlassenschaftswesen 遺產管理

die Versorgungshaeuser 貧民安置

die Vertretung 地方議會

Vollziehung 行政權力

die freie Verwaltung 自由行政

das buergerliche Verwaltungsrecht 市民行政法

das Vereinswesen 人民團體

Volksschriftenvereine 民俗文化團體

Lesevereine 讀書成長團體

Beitragsvereine 會員制人民團體

Gegenseitigkeitsvereine 相互性人民團體

Aktienvereine 股份制人民團體

Helfsvereine 扶助性團體

Unterstuetzungsvereine 救助性團體

Arbeitervereine 勞動協會

die Interssenvereine 經濟利益團體

die Unternehmungsvereine 事業經營團體

Krankenvereine 保健團體

Krippenvereine 身障團體

Kunstvereine 藝術團體

das Wasser-Regal 水利高權

das Wasserrecht 水權

der Wasserschutz 治水工程

Wasserverbaende 農田水利會

die Wassertriebkraft 水力工程

die Wasserverkehrswege 水路運輸

die Wasserversorgung 飲用水設施

die Wasserverwaltung 水利行政

Wasserwege 水路運輸

der Wechsel 票據

das Wechselrecht 票據法

Wegeverbaende 路權協會

Wirkung 結果

die Wirtschaftsgenossenschaften 消費合作社

Wohlfahrtspolizei 良善警察

der Wucher 暴利

Z

Zahlungscredit 即期清償信用

das Zaehlungswesen 數據資料

die Zahlung 支付方式

das Zahlungsrecht 清償權利

das Zahlungswerth 清償價值

der Zins 利息

Zollbehandlung 通關程序

Zollcredite 關稅信用

die Zollverwaltung 關務行政

das Zollwesen 關稅制度

Zunft 手工業行會

die Zustaendigkeit 法定管轄

die Zustimmung 副署或同意權

der Zwang 行政執行

wirklicher Zwang 即時強制

die Zwangsgewalt 行政執行權

das Zwangsrecht 行政執行法

中德對照

公益協會 Verband

　水利會 Wasserverbaende

　學校協會 Schulverbaende

　路權協會 Wegeverbaende

公用徵收 die Enteignung

公司 Gesellschaften

　兩合公司 Commandit-Gesellschaft

　股份有限公司 Aktiengesellschaft

公序良俗 die Sittenpolizei

文化教育 die allgemeine Bildung

文明 die Gesittung

內務府 der Hof

內部章程 die Statuten

木材運送 die Holzbringung

不動產抵押 die Hypotheken

不動產抵押銀行 die Hypothekenbanken

不動產保險團體 die Hypotheken-Versicher-ungsvereine

不記名債券 Das Inhaberpapier

中央銀行 die Notenbank

河川管理 die Strompolizei

水利公用徵收 die Wasserenteigung

水利管理 die Wasserpolizei

水利高權 das Wasser-Regal

水權 das Wasserrecht

水力工程 Die Wassertriebkraft

水路運輸 Die Wasserverkehrswege

水利行政 die Wasserverwaltung

水路運輸 Wasserwege

反抗政府 der Widerstand

支付方式 die Zahlung

支付票券 Anweisungen

手工業行會 Zunft

手工業行會 Innung

手工業委員會 die Gewerbekammern

手工業仲裁制度 die Gewerbegerichte

手工業營業規則 Gewerbeordnungen

手工業行政 das Gewerbewesen

分期低利貸款 Amortisation

戶籍權 das Heimathsrecht

戶籍管理 das Heimatswesen

五

立法權力 Gesetzgebung

皮爾法案 die Peelsakte

平面媒體 die Presse

平均值 ein Durchschnitt

平均地權 die Entlastung

平均地權 die Grundentlastungen

生產力 die Produktivitaet

生產合作社 die Arbeitergenossenschaft

生產合作社 Erwerbsgenossenschaft

付款單據 die Anweisung

市民行政法 das buergerliche Verwaltung-srecht

市民身分 das Gemeindebuergertum

市場貨幣 Verkehrswaehrung

外科 die Chirurgen

代理買賣 das Commissionsgeschaeft

民間運送業者 das Lohnfuhrwesen

民主共和 die Republik

七

社福團體 Armenvereine

社會影響力 die Geltung

社會 die Gesellschaft

社會理論 die Gesellschaftslehre

社會的法律制度 das Gesellschaftsrecht

社會平等 die gesellschaftliche Gleichheit

社會自由 die gesellschaftliche Freiheit

社會進步 die gesellschaftliche Entwicklung

社會扶助 das Huelfswesen

社會救助 die gesellschaftliche Noth

社會民主 Socialdemokratie

社會地位 die Stellung

社會運動 Volksbewegung

扶助團體 Helfsvereine

利益 das Interesse

利息 der Zins

君王 das Koenigtum

君王特權 die Praerogative der Krone

村民身分 die Pfahlbuerger

村民身分 die Schutzbuerger

村莊 das Dorf

志工團體 die Armenvaeter

戒嚴狀態 der Belagerungszustand

戒嚴法制 das Standrecht

出版檢查 die Censur

呎 Elle

身障團體 Krippenvereine

身分證 die Legitimationskarten

身分登記 die Standesregister

附屬於不動產的手工業營業權 die Realgewerbe

良善警察 Wohlfahrtspolizei

孤兒照護 die Waisenpflege

即期清償信用 Zahlungscredit

即時強制 wirklicher Zwang

八

林業國權 die Forsthoheit

林地復育 die Forstpflege

林業高權 das Forstregal

林地保護 der Forstschutz

林業經濟 die Forstwirtschaft

林業行政 das Forstwesen

林地使用特權 die Servituten

法人格 die juristische Persoenlichkeit

法定貨幣 Waehrungswesen

法定貨幣 die Steuerwaehrung

法定管轄 die Zustaendigkeit

法定金屬標準值 der Muenzfuss

法定監護 das Vormundschaftswesen

法哲學 die Rechtsphilosophie

法律學 die Rechtswissenschaft

法律或法則 das Gesetz

法院訴訟 die Appellation

近似值 die Wahrscheinlichkeit

治水工程 Wasserbau

治水工程 der Wasserschutz

治安警察 die Sicherheitspolizei

金融交易委員會 der Boersenkammer

金融交易法制 das Boesenrecht

金融經紀人 die Makler

官房學 die Cameralwissenschaft

官房學 die Kameralwissenschaft

兩合公司 Commandit-Gesellschaft

沒收充公 Confiskation

長子繼承制 ein Fideicommiss

長子繼承制 das Majorat

免稅商港 Freihaefen

服從義務 der Gehorsam

宗族 das Geschlecht

宗族世家 die Geschlechter

宗族支配 die Geschlechterherrschaft

宗族社會 Geschlechterordnung

宗族法制 die freie Geschlechterverfassung

制式生產流程 die Manufaktur

制度性保障 die oeffentliche Constituierung

長期定居 das Niederlassungswesen

抵押憑證 der Pfandbrief

抵押信用 Pfandcredit

承攬貨運業務 das Speditionsgeschaeft

物價攀升 die Theurung

物價控制 die Teurungspolizei

妨礙風化罪 die Unzucht

命令訂定權 die Verordnungsgewalt

武裝警察 die Waffenpolizei

協會 die Association

居留證 eine Aufenthaltskarte

居住文件 Heimathscheine

事務人員 die Direktion

事業經營團體 die Unternehmungsvereine

九

保險準備 die Reserven

保險基金 der Reservefond

保險費 die Praemie

保險費標準表 der Praemientarif

保健團體 Krankenvereine

保護關稅或行政關稅 der Schutzzoll

保護私人 das Gastrecht

信用合作社 Vorschusskassen, Vorschussverein

信用銀行 die Creditbanken

信用兌換憑證 der Creditcassenschein

信用紙幣 die Creditnoten

信用制度 das Creditwesen

信用憑證 Kreditpapier

相互性 Gegenseitigkeit

相互性人民團體 Gegenseitigkeitsvereine

封建領主 die Grundherrlichkeit

封建高權 die Lehnhoheit

狩獵國權 Jagdhoheit

狩獵高權 Jagdregal

狩獵區域 die Jagdreviere

狩獵行政 das Jagdwesen

省級地方自治體 die Landschaft

政務委員 der Ministerrath

政務機關體系 das Ministerialsystem

政治 Politik

政府 die Regierung

除外權益 ein ausschliessliches Recht

退稅措施 Rueckzoll

城邦地方自治體 Stadtgemeinde

租稅優惠措施 Steuerverguetung

股份有限公司 Aktiengesellschaft

股份制的人民團體 Aktienvereine

施捨 das Almosen

皇冠 die Krone

皇權最高性 das Obereigentum

重商主義 das Merkantilsystem

重農主義者 die Physiokraten

負責人 Praesidium

牲畜傳染病防治 das Viehseuchenwesen

津貼 der Vorschuss

十

班級體制 das Classensystem

特許制度 das Concessionswesen

特權 Privilegien

特權 Vorrechte

特許制度 das Privilegium

特定事項同意權 Virilstimme

借貸 das Darlehen

借貸信用 Darlehenscredit

消防制度 die Feuerpolizei

消費合作社 die Consumvereine

消費合作社 die Wirtschaftsgenossenschaften

後果 Folge

疾病防治 Gesundheitspolizei

倉儲設備 Lagerhaeuser

倉儲設備 Waarenhaeuser

陸路運輸 das Landwegewesen

秩序罰 die Ordnungsstrafe

紙幣 das Papiergeldwesen

財產信用 Realcredit

海商行政法 die Schiffahrtsverwaltung

海商法 das Seerecht

航海法 Navigationsgesetz

原因 Ursache

教育 die Bildung

教育學 die Paedagogik

教育行政 Bildungspolizei

教育行政 das Bildungswesen

教育體系 das Bildungssystem

教養機構 die Warteschulen

教師制度 das Lehrerwesen

教學計畫 der Lehrplan

教學制度 das Unterichtswesen

教師聯合會 Lehrerconferenzen

教師團體 Lehrervereinen

教學規則 die Lehrordnung

教會醫療處所 die Hospitaeler

教育方法論 die Methodologie

教務計畫 das Schulplan

教會事業團體 Stiftungen

家長自治權 die Autonomie

陳情 Gesuche

財貨 ein Gut

破產管理 das Konkurswesen

棄貨權 das Strandrecht

個案行政處分 die Verfuegungsgewalt

差異性 eine Verschiedenheit

造路財政負擔 die Wegelast

通關程序 Zollbehandlung

十一

商業學校 die Gewerbeschulen

商業信用 Geschaeftscredit

商業行為 ein Geschaeft

商業書表 das Handelsbuch

商業委員會 die Handelskammern

商事法 das Handelsrecht

商業公司 die Handelscompagnien

商事仲裁制度 das Handelsgericht

商事法典 die Handelsgesetzbuecher

商業自由時期 die Handelsfreiheit

商業政治時期 die Handelspolitik

商業管理 die Handelspolize oder Handelsp-flege

商業貿易條約 die Handelsvertraege

商業學 die Handelswissenschaft

商標權 Markenrecht

產銷合作社 die Produktionsvereine

港口檢疫 die Quarantaine

探勘許可 Schuerfung

貧民技藝訓練 die Armenarbeit

貧民補助 die Armenbeteiligung

貧困兒少教育機構 Armen-Erziehungsanstalt-en

貧困兒少救助 die Armenkinderpflege

貧民醫療救助 das Armenkrankenwesen

貧民補助安置 die eigentliche Armenpflege

貧民安置 die Versorgungshaeuser

貧窮救助 das Armenwesen

貧窮 die Armuth

貧窮 die Noth

救助體系 die Armenpflege

救助權利 das Armenrecht

救助組織 die Armenverwaltung

救助性團體 Unterstuetzungsvereine

救助制度 das Unterstuetzungswesen

莊園領主制度 die Grundherrlichkeit

莊園領主制度 die Gutsherrlichkeit

國民教育 das Volksbildungswesen

國民教育 Volksunterricht

國民經濟理論 die Volkswirtschaftslehre

國家行動力 die vollziehende Gewalt

國民健康 die Gesundheitspflege

國民健康狀態 die oeffentliche Gesundheit

國民福祉 Eudaemonismus

國務資政 der Staatsrath

國家學 die Staatswissenschaft

國璽 die Staatswuerde

國家元首 das Staatsoberhaupt

國家統治權 die Staatsgewalt

國務府 das Cabinet

國家貨幣 Staatswaehrung

國家經濟 die Staatswirtschaft

國家財政高權 die Regalitaet

憲法法院 das Staatsgericht

清償權利 das Zahlungsrecht

清償價值 das Zahlungswerth

票據 der Wechsel

票據法 das Wechselrecht

票據到期日 die Sicht

棄嬰照護 die Findelhaeuser

棄嬰 Findelkinder

專利權 Patenrecht

專屬審判權 Patrimonialgerichtsbarkeit

專業教育 die Fachbildung

遊民習藝 die Arbeitshaeuser

條件 die Bedingungen

階級變動 Classenbewegung

貨幣制度 das Geldwesen

基礎 Grund

基金會 Stiftungen

港務管理 die Hafenpolizei

理念 die Idee

組織型態 die Organisation

鄉鎮地方自治體 die Ortsgemeinde

郵票制度 das Portosystem

產物保險 die Schadenversicherung

船舶登記 die Schiffbuechern

章程 die Statuten

授權命令 die Vollzugsverordnung

副署或同意權 die Zustimmung

十二

登記項目 die Rubriken

登記程序 die Grundbuchsfuehrung

登門銷售 Hausirhandel

給付標準 die Tariflehre

單一法定貨幣 Waehrungseinheit

貴族 der Adel

貴族土地登記制度 die Landtafel

勞工問題 die Arbeiterfrage

勞工法庭 die Arbeitergerichte

勞工生活秩序 die Arbeiterordnung

勞工聯盟 die Coalitionen

勞動協會 Arbeiterverein

勞動協會 die Associationvereine

勞工住宅 die Arbeiterwohnungen

勞動證書 die Arbeitsbuecher

勞動時間 die Arbeitszeit

道路私權 Wegerecht

道路高權 das Wegeregal

道路行政 die Wegeverwaltung

道路收費 die Wegeabgaben

集體罷工 gemeinsame Arbeitsniederlegung

集中交易 die Boerse

訴願程序 die Beschwerde

訴訟程序 die Klage

授信團體 die Creditvereine

貼現費用 der Discont

絕對專制 Despotismus

開明專制 aufgeklaerter Despotismus

婚姻 die Ehe

著作權 literarisches Eigentum

普通法院 das ordentliche Gericht

普遍貧窮 die Massenarmuth

普遍貧窮 der Pauperismus

硬幣 das Muenzwesen

無產 der Nichtbesitz

植樹計畫 die Pflanzungsordnung

強制入學 die Schulzwang

稅務海關 Steuerzoll

傳染病防治 Seuchenpolizei

統計 die Statistik

集會 Versammlungen

創業補助信用 Vorschusscredit

飲用水設施 die Wasserversorgung

結果 Wirkung

十三

農地重劃 die Abloesung

農業行政 die Landwirtschaftspflege

農田水利會 Wasserverbaende

禁止出口 die Ausfuhrverbote

禁獵時期 die Hegezeit

會費 Beitraege

會員大會 Generalversammlung

會員制人民團體 Beitragsvereine

違警行為 die Uebertretungen

違警裁罰程序 das Polizeiverfahren

違警裁決所 das Polizeigericht

違警罰法或社會秩序維護法 die Polizeistraf-
gesetzbuecher

媒體管制 die Presspolizei

媒體管控 die Repressivsystem

媒體刑事法 das Pressstrafrecht

媒體禁止制度 das Prohibitivsystem

概念 der Begriff

資格考試 die Berufspruefung

資源保護 die Elementar-Verwaltung

資本累積 die Kapitalbildung

罪刑法定主義 Code Penal

載重管理 die Fuhrwerkpolizei

經濟危機 die Handelskrisen

經濟利益團體 die Interssenvereine

經濟貿易 das Verkehrswesen

經濟行政 die Volkswirtschaftspflege

酬金 Honorar

債券憑證 Vorschussscheine

十四

僕役規則 Gesindeordnung

僕役制度 das Gesindewesen

僕役長工證書 die Gesindezeugnisse

團結合作的法令 das Associationsrecht

銀行 eine Bank

銀行資金總額 der Bankfonds

銀行資產總額 die Fundation

認知 das Bewusstsein

榮譽 die Ehre

遷徙自由 die Freizuegigkeit

遷徙證明書 die Wanderbuecher

精神 ein Geist

匯兌銀行 die Girobank

僱傭關係 das Lohnverhaeltnis

圖樣權 Musterschutz

路政 das Wegewesen

路權協會 Wegeverbaende

十五

價值觀 Die Weltanschauung

價值 der Werth

價值流通 der Wertumlauf

撈貨權 das Bergerecht

國家圖書館出版品預行編目資料

行政理論與行政法／Lorenz von Stein著；
張道義譯. ──初版. ──臺北市：五南，
2017.09
　　面；　公分
譯自：Handbuch der Verwaltungslehre und
des Verwaltungsrechts
ISBN 978-957-11-9150-8（平裝）

1.行政理論　2.行政法　3.德國

588.943　　　　　　　　　　106005226

4U03

行政理論與行政法
Handbuch der Verwaltungslehre und des Verwaltungsrechts

作　　者 ― Lorenz von Stein

譯　　者 ― 張道義

發 行 人 ― 楊榮川

總 經 理 ― 楊士清

副總編輯 ― 劉靜芬

責任編輯 ― 吳肇恩　林晏如

封面設計 ― 姚孝慈

出 版 者 ― 五南圖書出版股份有限公司

地　　址：106台北市大安區和平東路二段339號4樓

電　　話：(02)2705-5066　　傳　　真：(02)2706-6100

網　　址：http://www.wunan.com.tw

電子郵件：wunan@wunan.com.tw

劃撥帳號：01068953

戶　　名：五南圖書出版股份有限公司

法律顧問　林勝安律師事務所　林勝安律師

出版日期　2017年9月初版一刷

定　　價　新臺幣520元